RADEGUNDE
Ein Frauenschicksal zwischen Mord und Askese

Herausgegeben im Auftrag der Stadtverwaltung Erfurt von:

Hardy Eidam und Gudrun Noll

**WIR DANKEN FOLGENDEN LEIHGEBERN
FÜR EXPONATE UND ABBILDUNGEN:**

Belgien

Brüssel, Musées Royaux d'Art et d'Histoire

Morlanwelz, Musée royal de Mariemont

Deutschland

Bamberg, Staatsbibliothek

Bonn, Rheinisches Landesmuseum

Dillingen, Stadt- und Hochstiftmuseum

Erfurt, Universitäts- und Forschungsbibliothek Erfurt/Gotha

Essen, Ruhrlandmuseum

Gars am Inn, Katholische Kirchenstiftung Mariä Himmelfahrt

Gotha, Staatsarchiv

Halle, Landesmuseum für Vorgeschichte

Kassel, Universitätsbibliothek - Landesbibliothek und Murhardsche Bibliothek

Mainz, Römisch-Germanisches Zentralmuseum

Mannheim, Universitätsbibliothek

Müdesheim, Katholische Pfarrkirchenstiftung St. Markus und St. Ulrich

Mühlhausen, Stadt- und Regionalgeschichtliches Museum am Lindenbühl

Stuttgart, Württembergisches Landesmuseum

Weimar, Landesamt für Denkmalpflege und Archäologie mit Museum für Ur- und Frühgeschichte Thüringens

Wolfenbüttel, Herzog August Bibliothek

Worms, Museum der Stadt Worms im Andreasstift

Frankreich

Amiens, Musée de Picardie

Arles, Musée de l'Arles et de la Provence antiques

Chelles, Musée Municipal Alfred Bonno

Clamecy, Musée d'Art et d'Histoire Romain Rolland

Nancy, Musée Historique Lorrain

Paris, Bruno France-Lanord

Poitiers, Bibliothèque municipale / La Médiathèque Francois Mitterand

Poitiers, Musées de la Ville de Poitiers

Poitiers, Eglise Sainte Radegonde

Saint Benoît, Abbaye Sainte-Croix

Saint-Germain-en-Laye, Musée d' Archeologie Nationale

Österreich

St. Paul im Lavanttal, Benediktinerstift St. Paul

IMPRESSUM

Ausstellung und Publikation sind ein Beitrag des Stadtmuseums Erfurt zum kulturellen Themenschwerpunkt 2006 „Deutsch-Französisches Jahr" unter der Schirmherrschaft des Ministerpräsidenten des Freistaates Thüringender, Dieter Althaus.

IMPRESSUM BEGLEITBUCH

Die Publikation erscheint anlässlich der Sonderausstellung „Radegunde – Ein Frauenschicksal zwischen Mord und Askese" vom 24. September 2006 bis 7. Januar 2007 im Stadtmuseum Erfurt – Haus zum Stockfisch.

Herausgeber: Hardy Eidam, Gudrun Noll
im Auftrag der Stadtverwaltung Erfurt

Redaktion: Gudrun Noll,
Karin Breitkreutz, Karola Weidemüller, Hardy Eidam,
Myriam Schmidt

Gestaltung: ARTUS.ATELIER GBR Erfurt, Susanne Spannaus

Druckvorbereitung: Susanne Spannaus, Jan Spannaus, Stephanie Lutz

Druck: Druck und ReproVerlag OHG, Erfurt

ISBN 3-938381-08-6
ISBN 978-3-938381-08-3

IMPRESSUM AUSSTELLUNG

Projektleitung: Hardy Eidam, Gudrun Noll
Ausstellungskonzeption: Gudrun Noll, Ulrich Spannaus
Wissenschaftliche Leitung: Gudrun Noll
Wissenschaftliche Beratung: Karl Heinemeyer
Künstlerische Leitung: Ulrich Spannaus
Ausstellungsgestaltung und -produktion: ARTUS.ATELIER GBR, Erfurt
Leihverkehr: Heide Böhm, Karola Weidemüller
Restauratorische Betreuung: Zentrale Restaurierungswerkstätten der Museen der Stadt Erfurt unter Leitung von Karin Kosicki
Öffentlichkeitsarbeit und Museumspädagogik: Karin Breitkreutz
Sekretariat: Iris Weih
Finanztechnische Verwaltung: Margitta Wehling
Übersetzungsdienste: Intertext Erfurt, Jacqueline Meyer-Thoene, Erich Rose
Technische Dienste: Klaus-Dieter Probst

Ein Projekt der Landeshauptstadt Erfurt, des Thüringer Kultusministeriums und des Büros für französische Angelegenheiten in Thüringen.

Gefördert durch:

Mit freundlicher Unterstützung durch: Stadtwerke Erfurt Gruppe, Stiftung „Heimattreue Erfurter", Bistum Erfurt, SIDRA Wasserchemie GmbH Bitterfeld

In Kooperation mit:

INHALT

Dieter Althaus
Grußwort des Ministerpräsidenten des Freistaates Thüringens und Schirmherrn der Ausstellung 7

Andreas Bausewein
Grußwort des Oberbürgermeisters der Landeshauptstadt Erfurt 9

Dieter Bauhaus
Grußwort des Vorsitzenden des Vorstandes der Sparkasse Mittelthüringen
und des Stiftungsrates der Sparkassen-Kulturstiftung Hessen-Thüringen 11

Hardy Eidam
Zum Geleit 13

Karl Heinemeyer
Frankenreich und Thüringerreich im 5./ 6. Jahrhundert 14

Lutz E. v. Padberg
Christianisierung der Franken und Bedeutung von Kirchenstrukturen für die Königsherrschaft 27

Wolfgang Timpel
Das Gräberfeld von Erfurt-Gispersleben. Ergebnisse zur Gesellschaft, zur Lebensweise
und zu den Bestattungssitten der Alt-Thüringer 38

Kay Peter Jankrift
Aus der Heimat in die Fremde. Geiseln und Kriegsgefangene im frühen Mittelalter 50

Amalie Fößel
Herrscherin – Regentin – Klosterfrau – Heilige. Schicksale merowingischer Königinnen zwischen Macht und Ohnmacht 56

Robert Favreau
Radegunde in Poitiers 64

Josef Pilvousek / Klaus-Bernward Springer
Caesarius von Arles und die Klostergründung der heiligen Radegunde 79

Piotr Skubiszewski
Die Darstellung der Ordensfrau und der Heiligen um 1100: Die Miniaturen der „Vita Beatae Radegundis" 96

Kay Peter Jankrift
Zwischen Wissen, Zauberkraft und Wunder. Frühmittelalterliche Heilkunde 114

Ernst Koch
Das Patrozinium der heiligen Radegunde 121

Gudrun Noll
RADEGUNDE. Ein Frauenschicksal zwischen Mord und Askese (Katalog) 128

Grußwort des Schirmherrn

Das Stadtmuseum Erfurt beteiligt sich am deutsch-französischen Jahr 2006 mit einer Ausstellung über eine Thüringer Königstochter, die in Frankreich zur Heiligen avancierte: „Radegunde – ein Frauenschicksal zwischen Mord und Askese". Eine Frau, die in schwieriger Zeit, im Übergang von der Antike zum Mittelalter, ein Leben für die Armen, Kranken und Waisen geführt hat. Gern habe ich die Schirmherrschaft über diese Ausstellung übernommen, die in die Welt vor mehr als 1400 Jahren eintaucht und früheste Verbindungen zwischen Thüringen und Frankreich aufzeigt.

Dem Stadtmuseum ist es gelungen, zahlreiche bemerkenswerte Ausstellungsstücke zusammenzutragen, die den Besuchern das Leben und Wirken der Radegunde nahe bringen. Insgesamt 31 Leihgeber aus dem In- und Ausland haben ihre Kostbarkeiten zur Verfügung gestellt: Unter anderem ist es gelungen, das älteste Buch Europas, den Ambrosius-Codex, in die Landeshauptstadt zu bringen. Auch ein über 1.400 Jahre altes Bronzekreuz aus dem von Radegunde gegründeten Kloster Sainte-Croix ist – erstmals außerhalb Frankreichs – zu sehen. Viele weitere Exponate vermitteln einen Eindruck der Welt und der Zeit, in der sich Radegunde bewegte.

Ich bin dankbar, dass sich das Stadtmuseum Erfurt diesem Thema annimmt. Die Volksheilige, die in Frankreich hoch verehrt und der viele Kirchen geweiht sind, ist in ihrer Heimat Thüringen beinahe in Vergessenheit geraten. Ein einsamer Gedenkstein auf dem Mühlberg nahe Arnstadt, wo auch die Grundmauern einer – vermutlich – der Heiligen Radegunde geweihten Kapelle stehen, erinnert noch an die Thüringer Königstochter. Dabei ist ihr Leben nicht weniger ereignisreich verlaufen, nicht weniger von christlicher Nächstenliebe geprägt gewesen, wie das der anderen großen Thüringer Heiligen: der Heiligen Elisabeth. Ihr Leben und Wirken wird im Jahr 2007 – zum Anlass ihres 800. Geburtstages – zu Recht mit zahlreichen Veranstaltungen gewürdigt.

Ich wünsche der Ausstellung „Radegunde – ein Frauenschicksal zwischen Mord und Askese" viele interessierte Zuschauer, den Leserinnen und Lesern dieses Begleitbuches eine spannende Lektüre!

Dieter Althaus
Ministerpräsident des Freistaates Thüringen

Meine Damen und Herren,

das Jahr 2006 ist für Erfurt ein ganz besonderes Jahr. Die Hauptstadt Thüringens hat unter dem Titel „Rendezvous: Deutsch-Französisches Jahr" zusammen mit anderen Partnern aus dem Freistaat ein Kulturjahr mit einem umfangreichen Programmangebot organisiert. Eine herausragende Stellung innerhalb des Veranstaltungsjahres nimmt dabei die Ausstellung „Radegunde – Ein Frauenschicksal zwischen Mord und Askese" ein, ist sie doch gleichzeitig die größte und kulturhistorisch wichtigste Ausstellung Thüringens in diesem Jahr.

Dabei geht es zunächst um das Schicksal einer außergewöhnlichen Frau. Geboren als Prinzessin vor 1500 Jahren im Herzen Germaniens, wird Radegunde zur letzten Überlebenden des Thüringer Königshauses, das am Beginn des 6. Jahrhunderts zu den mächtigsten in Europa zählte. Sowohl der vorliegende Katalog, als auch die Ausstellung, die zu den ältesten Wurzeln unserer Kultur und eines gemeinsamen thüringisch-fränkischen Raumes – ja eines mitteleuropäischen Kulturrraumes zurückgeht, beleuchten damit die Geburt einer neuen Epoche und hinterfragen gleichzeitig auch die Entstehung und Genese unseres heutigen Wertekanons.

Erstmals wird der Ursprung der thüringischen Identität lange vor dem Missionar Bonifatius in einen narrativen und emotionalen Ausstellungszusammenhang gebracht. Es wird vor Augen geführt, mit welcher Intensität ein kultureller Transfer vom Thüringer Reich in das Frankenreich vonstatten ging – also von Ost nach West und nicht wie in den bisherigen Betrachtungen vorherrschend nur von West nach Ost. Damit wird auch der Wert der Mobilität in einer scheinbar statischen Gesellschaft unterstrichen.

Zu meiner großen Freude werden in der Erfurter Ausstellung erstmalig auch sehr viele hochrangige Exponate aus der Frühzeit Europas versammelt sein. Zum ersten Mal überhaupt verlassen auch die Hinterlassenschaften der fränkischen Königin Radegunde das Land Frankreich und damit das Kloster Ste-Croix nahe Poitiers. Darüber hinaus lenkt die Ausstellung auch einen Blick auf archäologische Kostbarkeiten der thüringisch-fränkischen Kultur und zahlreiche bibliophile Prachtstücke, wie das älteste Buch Europas aus dem Benediktinerstift St. Paul in Österreich. Wir haben keine Mühe gescheut, historische Dokumente zusammenzustellen, die das Thema in idealer Weise bereichern und veranschaulichen.

Zahlreiche Stiftungen und Sponsoren haben unser Projekt unterstützt. Neben dem Thüringer Kultusministerium beteiligen sich die Sparkasse Mittelthüringen, die Sparkassenkulturstiftung Hessen/Thüringen, die Helaba, das Büro für französische Beziehungen, die Stadtwerke und die „Heimattreuen Erfurter". Allen gilt mein besonderer Dank.

Die seit Jahren zu beobachtende Wiederentdeckung der Geschichte führt auf die Spur einer zwar vergangenen, aber dennoch hochinteressanten Welt. Ich wünsche mir, dass dieser Katalog und die einmalige Ausstellung vielen Menschen Anregungen geben mögen, sich mit dieser faszinierenden thüringischen Geschichte und mit Radegundes fesselndem Schicksal auseinander zu setzen. Es ist der Schlüssel zu den Wurzeln unserer eigenen Geschichte.

Andreas Bausewein
Oberbürgermeister der Landeshauptstadt Erfurt

Grußwort

Aus Anlass des Deutsch-Französischen Jahres 2006 hat das Stadtmuseum Erfurt eine hochrangige Sonderausstellung erarbeitet, die sich den ersten bekannten Kontakten zwischen Thüringen und dem heutigen Frankreich zuwendet. Sie ist mit Radegunde († 587) einer Persönlichkeit gewidmet, deren Lebensweg beide Länder schon in früher Zeit verband. Vor allem in der Region Poitou wird sie als heilig gesprochene Klostergründerin von Ste-Croix in Poitiers verehrt. In Thüringen bestimmt heute vor allem das tragische Schicksal der jugendlichen Radegunde die Erinnerung. Als Angehörige des thüringischen Königshauses der Völkerwanderungszeit geboren, wurde sie in die dramatischen Ereignisse des Untergangs des Thüringer Reiches verstrickt, das im Jahre 531 von den Franken unterworfen wurde. Nachdem ihre Familie fast vollständig ausgelöscht worden war, sollte die erzwungene Ehe Radegundes mit dem Merowingerkönig Chlothar I. der gewaltsamen Eingliederung Thüringens in das Frankenreich den Anstrich der Legalität verleihen. Radegunde konnte später aus dieser Verbindung ausbrechen und wirkte als hochgeschätzte Nonne und Klostergründerin. Mit den zahlreichen Zeugnissen zum Lebensweg und zur Verehrung Radegundes richtet die Erfurter Ausstellung gleichzeitig den Blick auf die Anfänge thüringischer Geschichte und auf den folgenreichen Prozess der Integration des Landes in das riesige Frankenreich, das damals große Teile Westeuropas umfasste. Mit der Eingliederung in das Frankenreich wurde Thüringen Teil des entstehenden europäischen Kulturraums.

Der besondere Rang der Erfurter Ausstellung, die wertvollste Schriftzeugnisse vor allem des frühen Mittelalters und hochrangige archäologische Exponate zahlreicher in- und ausländischer Leihgeber vereinigt, haben die Sparkasse Mittelthüringen, die Sparkassenstiftung Erfurt, die Sparkassen-Kulturstiftung Hessen-Thüringen und die Landesbank Hessen-Thüringen (Helaba) zu einer gemeinsamen Unterstützung veranlasst. Durch ihr weitreichendes Engagement in der Kulturförderung tragen die Stiftungen und Unternehmen der Sparkassen-Finanzgruppe wesentlich zur Förderung von Vielfalt und Qualität des kulturellen Angebots im Freistaat Thüringen mit seiner Landeshauptstadt Erfurt bei. Dabei sind insbesondere die Erfurter Museen langjährige, nachhaltig geförderte Partner, die so den BürgerInnen und Gästen der Landeshauptstadt regelmäßig attraktive Sonderausstellungen bieten können. Der Erfurter Ausstellung zu einer besonders faszinierenden Persönlichkeit aus der Frühzeit Thüringens sind zahlreiche interessierte Besucher zu wünschen.

Dieter Bauhaus
Vorsitzender des Vorstandes der Sparkasse Mittelthüringen
Stiftungsrat der Sparkassen-Kulturstiftung Hessen-Thüringen

Zum Geleit

Seit 1999 setzt sich die Landeshauptstadt Erfurt anhand kultureller Themenschwerpunkte mit dem Wirken historischer Persönlichkeiten und Ereignisse auseinander. Erinnert sei an die „Wege zu Martin Luther", Johann Sebastian Bach, den man mit der 1. Thüringer Landesausstellung in der Predigerkirche ehrte, Adam Ries, das programmatisch äußerst anspruchsvolle und international beachtete „Meister-Eckhart-Jahr" oder Bonifatius.

Für die Mitarbeiter des Stadtmuseums Erfurt bedeutet das seit Jahren nicht nur intensive Forschungs- und Recherchetätigkeit sondern immer wieder auch das Erreichen von Belastungsgrenzen – sowohl räumlichen als auch persönlichen. Entstanden sind aber in den letzten Jahren Ausstellungen und Publikationen, die nicht nur das Profil des Museums geschärft haben sondern überregional beachtet und geschätzt wurden, was sich schlussendlich auch in der positiven Besucherbilanz und im Ausverkauf der Begleitbücher niedergeschlagen hat.

Als die ersten inhaltlichen Pflöcke für das Deutsch-Französische Jahr 2006 im Regionalen Beirat eingeschlagen wurden, hatte man selbstverständlich das 200jährige Jubiläum einer großen Schlacht während Napoleons Feldzug im Blick. Für das Stadtmuseum war es jedoch die Gelegenheit, eine bereits existierende Projektidee zu befördern. Im Jahr 2003 wurde im Museumskino des „Stockfischs" ein Beitrag aus der Dokumentationsreihe „Geschichte Mitteldeutschlands" uraufgeführt; „Radegunde – Die geraubte Prinzessin". Begleitet von einer intensiven Diskussion wurde deutlich, dass der Stoff großes Potential in sich birgt. Er führt zurück zu den Ursprüngen einer erstmals klar fassbaren thüringischen Identität; er verdeutlicht einen kulturellen Transfer im Herzen des frühen Europa und er stellt die faszinierende Biografie einer Frau ins Zentrum, die in Frankreich bis heute als Nationalheilige verehrt wird aber in Thüringen nahezu vergessen ist.

Die verständliche Fixierung des Festjahres 2006 auf einen durch die Geschichte deutlicher als Radegunde hervorscheinenden französischen Kaiser (der sich allerdings gern bei seiner Selbstinszenierung der fränkischen Wurzeln erinnerte und auf dem sogenannten Dagobert-Thron Hof hielt), ließ unsere Idee zunächst wie einen Fremdkörper wirken. Doch in den letzten zwei Jahren hat sich etwas verändert; die Befürworter wurden zahlreicher und schlussendlich wird es im Herbst sogar eine Strasse in der Landeshauptstadt geben, die nach der fränkischen Königin benannt ist. Unsere Bemühungen allein können dafür nicht der Grund sein. Vielmehr scheint es so, dass im Thema selbst eine große gestaltende Kraft liegt, die, hatten die Macher sie erst einmal entfaltet, zahlreiche Türen öffnete. Ähnliches hatten wir mit der Meister-Eckhart-Ausstellung erlebt. Die im damaligen Begleitbuch gestellte Frage, ob das von den Massenmedien vermittelte Bild eines sich immer stärker säkularisierenden Europas stimmt und die Bereitschaft sinkt, sich mit spirituellen oder philosophischen Themen auseinanderzusetzen, wurde durch die „Abstimmung mit den Füßen", also regen Besuch der Ausstellung eindeutig beantwortet!

Deshalb gebührt der erste Dank einer Frau, die trotz widriger Bedingungen ihre Überzeugungen gelebt hat. Die Wiederentdeckung ihres Lebensweges war für uns eine inspirierende Reise. Zwar erscheint vieles an Radegundes Tun fremd, ja zuweilen bizarr. Aber es ist getragen von einer eigentümlichen Konsequenz, das deshalb höchsten Respekt fordert, weil es zu einem Zeitpunkt auf die Schwachen und Bedürftigen gerichtet war als es im Verhaltenscodex der politischen Eliten nicht als ehrenrührig galt, sich eben jenen zuzuwenden.

Die Schirmherrschaft des Ministerpräsidenten Dieter Althaus hat uns insbesondere in Frankreich so manche klemmende Tür aufgestoßen. Gemeinsam mit dem Leiter des Büros für französische Angelegenheiten in der Staatskanzlei, Thibaut de Champris, konnten die Vorzüge der französischen Zentralverwaltung und des deutschen Föderalismus geschickt eingesetzt werden. Langfristigkeit und Besonnenheit bei den Vorbereitungen des Deutsch-Französischen Jahres durch den Beigeordneten, Karl-Heinz Kindervater, dem Kulturdirektor der Landeshauptstadt, Jürgen Bornmann, und Thomas Jahn versetzten den Stadtrat frühzeitig in die Lage, dem Projekt mit einem einstimmigen Mandat auf den Weg zu helfen. Das wiederum war die Voraussetzung für die Förderung des Projektes durch zahlreiche öffentliche und private Förderer, allen voran das Kultusministerium, die Sparkasse Mittelthüringen, die Sparkassenkulturstiftung Hessen-Thüringen und die Helaba. Ein ganz besonderer Dank gebührt in diesem Zusammenhang einigen Mitarbeitern, die seit vielen Jahren ausschließlich hinter den Kulissen für reibungslose Abläufe sorgen. Unter der Regie der Beigeordneten Karola Pablich haben Astrid Kühnel, Eva Koch und Margitta Wehling mit Erfolg für die Durchführung des Projektes gewirkt.

Der Mitteldeutsche Rundfunk, Landesfunkhaus Thüringen, begleitete uns mit zwei hervorragenden Redakteuren, Eva Hempel und Wolfram Christ, die den zweijährigen Bemühungen um die Thüringer Prinzessin eine ausführliche Reportage widmen. Ihr Titel „Radegunde – Eine Königin kehrt heim" macht uns stolz und hätte auch als Motto über der Ausstellung stehen können, die künstlerisch in den Händen von Ulrich Spannaus vom ARTUS.Atelier Erfurt-Marbach lag. Mit bemerkenswerter Akkuratesse bei gleichzeitiger Leichtigkeit in der Darstellung schwieriger wissenschaftlicher Sachverhalte entstand eine publikumsorientierte und zeitgemäße Umsetzung des anspruchsvollen Konzeptes der Kustodin des Stadtmuseums, Gudrun Noll. In enger Kooperation mit Susanne Spannaus arbeitete sie zudem am Begleitbuch. Mit höchstem persönlichen Einsatz meisterten alle Beteiligten den Spagatschritt zwischen Ausstellung und Buch, um mit einer punktgenauen Landung zum Eröffnungstermin abzuschließen. Angesichts der vorhandenen Personaldecke ist das heute keine Selbstverständlichkeit mehr. Deshalb sind die persönlichen Hilfestellungen, die sich nicht in monetären Beziehungsgeflechten erschöpfen um so bedeutsamer. Sei es die präzise und international geschätzte Arbeit der Mitarbeiter der Zentralen Restaurierungswerkstatt, die wissenschaftliche Beratung durch Professor Karl Heinemeyer, die Medienpartnerschaft mit der Zeitungsgruppe Thüringen, die durch ihren Geschäftsführer, Wilfried Goosmann, initiiert wurde oder die zahllosen Telefonate mit französischen Leihgebern durch Jaqueline Meyer-Thoene, die im wohl schwierigsten Moment der Vorbereitungen als wir aus Kostengründen die Kunstspedition wechseln mussten, als Muttersprachlerin bei unseren französischen Partnern immer den richtigen Ton traf. Schlussendlich war es die beispiellose Hilfe vor Ort in Poitiers durch Professor Robert Favreau, dem Nestor der französischen Radegunde-Forschung und der Äbtissin des Klosters Ste. Croix, Schwester Martina Ravaillaut. In Erinnerung bleibt hier nicht nur ein herzlicher persönlicher Empfang sondern vor allem eine ungewöhnliche und beglückende Offenheit, die in der Bereitschaft mündete, für uns die Pforten des Klosters bis hin zur geheimen und wohlbehüteten Schatzkammer weit zu öffnen, um so die Voraussetzung dafür zu liefern, dass eine Königin nach über 1400 Jahren heimkehren kann...

Hardy Eidam
Direktor des Stadtmuseums Erfurt

FRANKENREICH UND THÜRINGERREICH IM 5./6. JAHRHUNDERT

Karl Heinemeyer

Die Gestalt der thüringischen Königstochter und fränkischen Königin sowie späteren Klostergründerin Radegunde (um 520–587) vereinigt in sich gleichsam personifiziert die Geschichte zweier mächtiger Germanenreiche der Völkerwanderungszeit, des Thüringerreiches und des Frankenreiches. So wie das Thüringerreich nach dem Verlust seiner Selbständigkeit im Frankenreich aufging, wurde aus der thüringischen Prinzessin eine fränkische Königin und eine loyale Vertreterin der fränkischen Königsherrschaft.

I.

Die Franken stellten im Gegensatz zu anderen westgermanischen Völkern und Großstämmen (gentes) in ihrer Frühzeit keinen einheitlichen, fest gefügten Stammesverband dar. Vielmehr gingen sie offenbar aus einem Bund mehrerer älterer Stämme hervor, die zwischen Rhein und Weser ansässig waren, so die Chamaven, Brukterer, Chattuarier und Amsivarier. Sie erscheinen seit der Mitte des 3. Jahrhunderts in der antiken Überlieferung zusammengefasst unter dem gemeinsamen Namen Franken (Franci). Er bezeichnete wohl, wie heute angenommen wird, die „Kühnen, Mutigen"; die Bedeutung „Freie" scheint sich erst später, nach ihrer Reichsgründung, durchgesetzt zu haben und meinte dann das staatstragende Volk.

Schon vor der großen Hauptwanderungsperiode des insgesamt als Völkerwanderung bezeichneten Zeitalters, in der im 4. und 5. Jahrhundert Europa, Nordafrika und Kleinasien von zahlreichen großen und kleineren Völkern und Stämmen durchzogen und erschüttert wurden, lässt sich beobachten, wie Franken im Norden Galliens über den Niederrhein nach Westen und Süden in das Römische Reich eindrangen und in unterschiedlicher Weise – als Föderaten, als Unterworfene, als Militärsiedler oder als Veteranen des römischen Heeres – im Reichsgebiet sesshaft wurden, insbesondere erscheinen die salischen Franken als eine Hauptgruppe wohl im Land zwischen Maas und Schelde, in Toxandrien im heutigen niederländisch-belgischen Grenzgebiet. Es handelte sich um einen sozusagen schleichenden Vorgang; dabei wurden wiederholt größere oder kleinere fränkische Gruppen sowohl militärisch zurückgedrängt als auch dann wieder innerhalb des Reichsgebietes angesiedelt. Offenbar bestanden stets enge Wechselbeziehungen zwischen den schon im Reichsgebiet ansässigen und den noch außerhalb, jenseits des Rheins stehenden Teilen des Frankenbundes. Wichtig wurde dabei der Umstand, dass das römische Heer seit längerem in ganz über-

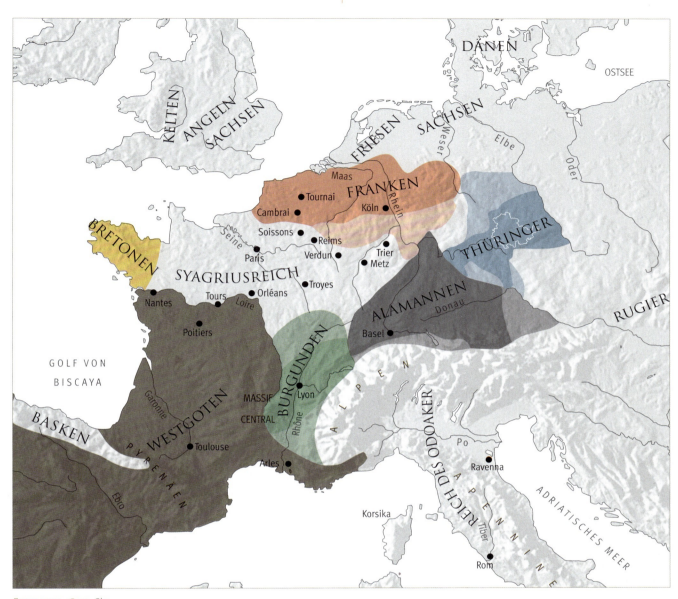

Europa um 480 n. Chr.

wiegendem Maße auf die Rekrutierung von Germanen angewiesen war, um die notwendige Truppenstärke noch zu halten. Hinzu kam, dass seit Kaiser Constantin I. (306–337) Germanen auch höhere Kommandostellen erreichen konnten. Dies führte in der Folgezeit gerade Angehörige der führenden fränkischen Geschlechter in leitende römische Positionen.

Auf breiter Front kamen dann die Franken – aber wie schon in der Vergangenheit auch Angehörige anderer germanischer Völker, die später in ihnen aufgegangen sind – in das Reichsgebiet, als zu Beginn des 5. Jahrhunderts die militärische Verteidigung der Rheingrenze weitgehend zusammengebrochen war. Der bedeutende römische Heermeister Aëtius konnte sie noch einmal über den Rhein zurückdrängen, gestattete ihnen aber dann die dauerhafte Niederlassung links des Rheins. Ebenso besiegte Aëtius 440 die salischen Franken, die unter ihrem König Chlogio/Chlodio (gest. um 455) nach Arras und Cambrai vorgedrungen waren, siedelte sie aber anschließend als Föderaten um Tournai an. Und als Aëtius im Jahre 451 in der Schlacht auf den Katalaunischen Feldern (zwischen Châlons-sur-Marne und Troyes) die eingedrungenen Hunnen unter Attila vernichtend besiegte, kämpften in seinem Heere neben Westgoten und Burgunder auch fränkische Einheiten.

Als der Heermeister Aëtius im Jahre 454 und Kaiser Valentinian III. im folgenden Jahre 455 ermordet wurden, begann die

Endphase des Weströmischen Imperiums im nördlichen Gallien und in den Rheinlanden. Nun brachen die Franken zur Eroberung der nördlichen Gebiete bis zur Somme auf. Lediglich zwischen Somme und Loire mit dem Zentrum Soissons konnte seit 464 noch für rund zwanzig Jahre der Romane Syagrius als rex Romanorum, wie ihn später Gregor von Tours nennt, eine letzte römische Teilherrschaft aufrecht erhalten. Zwar erkannte er nominell den oströmischen Kaiser als seinen Herrn an, doch regierte er tatsächlich bereits selbständig. Mit seiner Niederlage gegen den Frankenkönig Chlodwig im Jahre 486/487 bei Soissons erlosch der letzte Rest römischer Herrschaft in Gallien endgültig.

Die Franken trafen in Gallien auf eine Bevölkerung, die, ursprünglich keltischen Volkstums, längst vollständig romanisiert war und als gallorömisch bezeichnet wird. Sie lebte vorzugsweise dem mediterranen Beispiel folgend in den Städten, daneben unterhielten insbesondere die großen senatorischen Geschlechter ebenso wie andere wohlhabende Familien auch umfangreiche Latifundien und Landgüter. Mit dem Eindringen der Franken, die sich vorzugsweise außerhalb der Städte im offenen Land niederließen, bildete sich schon seit der Mitte des 4. Jahrhunderts eine frühe gallorömisch-germanische Mischzivilisation heraus. In den folgenden Perioden der fränkischen Landnahme zeichnete sich sodann eine Zweiteilung ab: In den weiter westlich und südwestlich gelegenen Gebieten zwischen Seine, Maas und Marne, in denen der gallorömische Bevölkerungsanteil offensichtlich überwog, setzte sich das romanische Element durch, sodass die Franken letztlich romanisiert wurden; in den östlichen Gebieten dagegen, so in den Mosel- und Rheinlanden, wurden die ansässigen Galloromanen in einem hier teilweise noch Jahrhunderte dauernden Prozess schließlich germanisiert bzw. frankisiert.

II.

Nach dem Ende der römischen Herrschaft treten in der zweiten Hälfte des 5. Jahrhunderts mehrere unabhängige fränkische Herrschaftsbereiche auf, an deren Spitze jeweils ein König stand: um Tournai, um Cambrai, um Arras oder Boulogne, um Köln. Zunächst bestand also, anders als bei den übrigen germanischen Reichsbildungen der Völkerwanderungszeit, bei den Franken kein einheitliches Königtum, sondern ein Vielkönigtum. Auch wenn die Könige untereinander verwandt, wie Gregor von Tours meint und sie damit der Königsdynastie der Merowinger zuordnet, zumindest aber verschwägert waren, gab es also zunächst im 5. Jahrhundert noch keine politische Einheit des Frankenvolkes. Diese Königsherrschaften waren zudem offenkundig nicht auf der Grundlage der alten fränkischen Stammesstrukturen entstanden, sondern sie lehnten sich deutlich an die vorgefundene römische Verwaltungseinteilung, an die Civitates an. Es handelte sich um regionale Kleinkönigreiche, deren Herrscher – auch das fällt auf – jeweils in einer Römerstadt ihren Sitz nahmen, sich also Residenzen schufen, und zwar sicherlich nach antik-römischem Vorbild. Auf diese regionale Herrschaftsstruktur dürfte es zurückzuführen sein, dass in der Folgezeit die alten fränkischen Stammesnamen wie Salier oder Sugambrer zunehmend außer Gebrauch kamen.

Nach dem erwähnten Chlodio und mit ihm verwandt, wohl als Sohn Merowechs, nach dem das Geschlecht der Merowinger benannt wurde, ist als fränkischer König Childerich I. (um 460–482) sicher bezeugt. Er wird zu den salischen Franken gerechnet und residierte in Tournai, war als Frankenkönig zugleich römischer Föderat und bekleidete als comes unter dem Heermeister Aegidius einen hohen militärischen Rang in der römischen Reichsverwaltung, sozusagen als General. In dieser Eigenschaft kämpfte er an der Seite des Aegidius in dessen Krieg gegen die Westgoten. Als Childerichs prunkvoll ausgestattetes Grab 1653 in Tournai entdeckt wurde, fanden sich unter einem gewaltigen Grabhügel u.a. ein Purpurmantel, an Waffen Speer und Streitaxt sowie neben reichem Goldschmuck ein Siegelring mit der Umschrift Childerici regis. Als Herrschaftszeichen erweisen Speer und Streitaxt Childerich eindeutig als germanischen Heerkönig. Daneben lässt der Siegelring mit der auf den Träger bezogenen Inschrift auf eine Kanzlei und schriftliche Verwaltungstätigkeit schließen – eindeutig Elemente des römischen Staates; der große Grabhügel schließlich ist ein sicheres Zeichen für seine heidnische Religion. So zeigt sich in seinen Grabbeigaben deutlich die Doppelstellung des fränkischen Königs, der zugleich in den römischen Reststaat und dessen Verwaltung eingeordnet war; in Childerichs Person deutet sich bereits die spätere Verschmelzung antiker und germanischer Elemente im Frankenreich an.

Childerichs Sohn Chlodwig I. (482–511) folgte seinem Vater als Kleinkönig von Tournai und ebenso als römischer Kommandant und Leiter der römischen Restverwaltung in der Provinz Belgica II nach. Er ist als der Gründer des fränkischen Großreiches in die Geschichte eingegangen. Seine wie seines Vaters offiziell anerkannte Stellung im römischen Staat kann nicht hoch genug bewertet werden. Denn sie zeigt, dass die fränkische Landnahme und Reichsgründung nicht primär im ethnischen Gegensatz zwischen Germanen und Romanen wurzelten und erfolgten, und sie kann dazu beitragen zu erklären, dass sich die Angehörigen der gallorömischen Oberschicht in den unterworfenen Gebieten rasch mit den neuen Herren arrangierten, wie sich besonders in Chlodwigs Regierung zeigt.

Als erstes wandte sich Chlodwig gegen Syagrius und besiegte ihn, wie erwähnt, im Jahre 486/487. Durch diesen Sieg über den letzten Rest römischer Herrschaft in Gallien konnte Chlodwig seine fränkische Herrschaft nun bis zur Loire und damit bis an die Grenze des Westgotenreiches ausdehnen; damit gewann er nicht zuletzt als zentrale Landschaft das Pariser Becken. Syagrius wurde übrigens als erster besiegter Herrscher der Merowingerzeit ermordet, nachdem ihn die Westgoten, zu denen er geflohen war, an Chlodwig ausgeliefert hatten.

Reich der Franken

Sogleich anschließend dürfte Chlodwig damit begonnen haben, die anderen fränkischen Kleinkönige, die ihn teilweise im Kampf gegen Syagrius unterstützt hatten, zu beseitigen. Sie wurden sämtlich, wie wiederum Gregor von Tours berichtet, ermordet, und Chlodwig trat aufgrund verwandtschaftlicher Bindungen in der Mehrzahl ihrer Reiche die Nachfolge nach Erbrecht an. Nur im Kölner Reich, das er als letztes fränkisches Kleinkönigreich übernahm, wurde er als Nachfolger König Sigiberts gewählt und auf den Schild gehoben (509/511) – die übliche germanische Form der Einsetzung des Königs durch das Heer. Zehn Jahre nach seinem Regierungsantritt unterwarf Chlodwig 491/492 zudem das Kleinreich der Thoringi, die wahrscheinlich um Tongern im heutigen Belgien saßen. Auch wenn bisweilen eine erste Auseinandersetzung mit dem großen Thüringerreich nicht ganz ausgeschlossen wird, dürfte es sich eher um Teile des thüringischen Stammes gehandelt haben, die etwa vor den andrängenden Hunnen nach Westen gezogen oder in ihrem Heer dorthin gelangt waren.

Inzwischen hatte in Italien der Ostgote Theoderich der Große, der sein Volk dorthin geführt hatte, seine Herrschaft aufgerichtet (493). Sogleich schloss er mit dem inzwischen schon mächtigen Frankenkönig Chlodwig ein Bündnis und vertiefte es durch die Heirat mit Chlodwigs Schwester Audofleda. Freilich ließ sich Chlodwig dadurch nicht von seinen weiteren Plänen abbringen. Deutlich waren seine Bestrebungen vor allem auf den Süden Galliens gerichtet, zu den noch immer blühenden Römerstädten, zu den Zentren der galloromischen Wirtschaft und Kultur und auch zum Mittelmeer, d.h. vor allem gegen das Westgotenreich südlich der Loire und gegen das östlich davon an Saône und Rhône bestehende Burgunderreich. Doch nach ersten Versuchen, das Westgotenreich zu erobern, musste er diese Ziele zunächst zurückstellen wegen der immer größer werdenden Gefahr durch die Alamannen.

Der germanische Großstamm der Alamannen hatte schon im 3. Jahrhundert die Römer gezwungen, den Limes aufzugeben und die Grenzen des Imperiums auf Rhein und Donau zurückzunehmen. Nach 455 nun hatten sie südlich von Mainz den Rhein nach Westen überschritten und Rheinhessen, die Pfalz und das Elsass in Besitz genommen. Als aber die Burgunder ihr weiteres Vordringen nach Südwesten aufhielten, wandten sich die Alamannen nach Nordwesten und bedrohten zunehmend die fränkischen Herrschaftsgebiete. Anscheinend strebten auch sie die Gründung eines eigenen Reiches in Gallien an. König Sigibert von Köln konnte sie zwar bei Zülpich (westl. Bonn) besiegen, aber nicht dauerhaft abwehren. Dies gelang dann Chlodwig wohl 497 in einer entscheidenden Schlacht. Sie führte zur Abhängigkeit des Volkes von den Franken, doch endgültig unterworfen und dem Frankenreich einverleibt wurden die Alamannen erst in einem zweiten Feldzug Chlodwigs im Jahre 506. Als Folge mussten sie ihre nördlichen Siedlungsgebiete an Main und Neckar verlassen und wurden nach Südosten verlagert; ein Teil des Stammes ließ sich unter Theoderichs Schutz in der Gegend südlich des Bodensees nieder. Die Lande an Main und Neckar aber wurden nunmehr ebenso wie das linksrheinische Gebiet südlich von Mainz bis zur elsässischen Grenze der fränkischen Siedlung geöffnet. Mit der Unterwerfung der Alamannen hatten die Franken unter Chlodwig erstmals ihre Herrschaft auf einen anderen germanischen Großstamm ausgedehnt.

Auch die Chatten-Hessen im heutigen Mittel- und Nordhessen gerieten – ohne dass die Quellen hierüber etwas mitteilten – seit der zweiten Hälfte des 5. Jahrhunderts, jedenfalls bis vor 530, unter fränkische Oberhoheit, und zwar anscheinend auf friedlichem Wege. Zunächst wird es sich dabei um das fränkische Kölner Reich gehandelt haben. Hierfür spricht, dass nach dem Bericht Gregors von Tours der Kölner König Sigibert auf Chlodwigs Veranlassung ermordet wurde, als er sich zur Jagd in der Buconia silva (im Buchenwald) aufhielt; freilich muss offen bleiben, ob es sich hierbei um die seit dem 8. Jahrhundert als Buchonia oft genannte Landschaft um Fulda und Hersfeld handelte oder um die weiter nördlich zwischen Werra und Fulda gelegenen Waldgebirge, die ebenfalls unter diesem Namen begegnen, oder gar, wie nicht auszuschließen ist, um ein weiter im Westen gelegenes Waldgebiet.

Der Versuch Chlodwigs, das Burgundenreich zu erobern, scheiterte an der Einmischung des westgotischen Königs Alarich II. (500). Daraufhin schwenkte Chlodwig um und verständigte sich mit den Burgunden gegen die Westgoten, während der Ostgotenkönig Theoderich vergeblich versuchte, auf diplomatischem Wege den Konflikt zu verhindern. Im Jahre 507 gelang es Chlodwig, in der Nähe von Poitiers bei Vouillé die Westgoten unter ihrem König Alarich II. zu besiegen; im folgenden Jahre 508 eroberte er die gotische Königsresidenz Toulouse. Damit geriet nun auch Aquitanien mit seinen weitgehend unversehrt erhaltenen römischen Strukturen unter die Herrschaft des Frankenkönigs.

Lediglich Septimanien an der Mittelmeerküste konnten die Westgoten durch Theoderichs Eingreifen halten, während dieser die ostwärts anschließende bisher burgundische Provence der eigenen ostgotischen Herrschaft unterstellte. So blieb den Franken weiterhin der Zugang zum Mittelmeer versperrt.

Unmittelbar nach dem großen Sieg über die Westgoten wurde der Frankenkönig vom oströmischen Kaiser Anastasios II. besonders ausgezeichnet: Der Kaiser ernannte ihn im Jahre 508 zum Konsul ehrenhalber, verlieh ihm königliche Kleidung und ein Diadem, und, wie Gregor von Tours weiter berichtet, akklamierte ihm das Volk; Chlodwig wurde geehrt, wie es herkömmlich den römischen Konsuln und Kaisern zukam. So wurde der König der Franken zum legitimen Vertreter des oströmischen Kaisers im Westen des Imperiums und trat damit an die Seite des Ostgoten Theoderich, der bisher als einziger Germanenkönig diesen Rang besessen hatte.

Die außerordentliche Erweiterung des Frankenreiches durch Chlodwig erforderte seine innere Konsolidierung und die dauerhafte Festigung der Königsherrschaft. Die Romanen erkannten seine Stellung als alleiniger König aufgrund ihrer Tradition im Römischen Reich ohnehin an; hinzu kam jetzt die hohe Ehrung und damit Anerkennung durch den oströmischen Kaiser. Wichtig war jedoch, auch bei den Franken seinen Anspruch auf Alleinherrschaft dauerhaft zu verankern. Zweifellos waren hierfür seine bedeutenden kriegerischen und auch diplomatischen Erfolge hilfreich. Dazu diente nun aber auch ähnlich wie in den anderen Germanenreichen die Rolle des Königs als Gesetzgeber. Die Kodifizierung der Lex Salica, des ältesten überlieferten fränkischen Rechtes, zeigt den König gleichsam als Personifizierung der Staatsgewalt, der darum besorgt ist, die innere Sicherheit und Ordnung des Reiches zu sichern. Gleichwohl lässt die Bezeichnung des Gesetzes als Vertrag (pactus) die Zustimmung des fränkischen Adels erkennen.

Von sehr weitreichender Bedeutung für die Geschichte des Frankenreiches schließlich wurde Chlodwigs Übertritt zum Christentum. Angeblich soll er in kritischer Lage im Kampf gegen die Alamannen den Christengott seiner burgundischen Gemahlin um Hilfe angerufen und gelobt haben, sich nach einem Sieg ebenfalls dem Christentum zuzuwenden – ein Motiv, das an die Bekehrung Kaiser Konstantins des Großen erinnert, aber ebenso bei anderen germanischen Führern auftritt. Zwar scheint Chlodwig in der Vergangenheit auch eine wohl eher politisch begründete Hinwendung zur arianischen Form des Christentums, der u. a. sein Bündnispartner Theoderich mit den Ostgoten angehörte, erwogen zu haben; während Chlodwigs Schwester Audofleda, wie gesagt, mit dem Arianer Theoderich verheiratet war, hatte sich auch seine Schwester Lantechilde dem Arianismus zugewandt. Nunmehr aber wurde Chlodwigs Übertritt zum katholischen Christentum sorgfältig vorbereitet; auf einem Märzfeld, der jährlichen Heerschau des fränkischen Aufgebots, ließ er sich zunächst die Zustimmung zu dem geplanten Schritt geben, der, wie jedem Beteiligten vor Augen stehen musste, von größter Tragweite für das Reich war. Am Weihnachtstage wahrscheinlich des Jahres 498 wurde Chlodwig sodann von Bischof Remigius in der Kathedrale zu Reims in einem feierlichen Staatsakt getauft. Mit ihm empfingen einige Mitglieder des Königshauses und sehr viele – angeblich 3000 – fränkische Große die Taufe. Wie auch sonst bei den Germanen und anders als in den Anfängen des Christentums im Römischen Reich, vollzog sich bei den Franken der Übertritt vom Heidentum zum Christentum gleichsam von oben nach unten, vom König als Spitze des Volkes nach unten in die Breite vordringend.

Seit Beginn ihrer Niederlassung im Römischen Reich waren die Franken auf eine durchweg christianisierte galloromische Bevölkerung getroffen und hatten neben ihnen bisher weitgehend ihr Heidentum weiter gepflegt. Der von den Franken auf dem Märzfeld gebilligte und mit zahlreichen Großen vollzogene Übertritt zum katholischen, römischen Glauben aber ermöglichte in der Zukunft das Zusammenwachsen der Galloromanen und der Franken zu einer einheitlichen Reichsbevölkerung; denn anders als in den arianischen Germanenreichen wurde im Frankenreich der ethnische Gegensatz nicht noch zusätzlich durch eine Glaubensspaltung vertieft. Schon Chlodwigs Vater Childerich hatte, wiewohl noch selbst Heide, gute Beziehungen zum Episkopat seines Herrschaftsgebietes gepflegt. Jetzt konnte der Frankenkönig neben den letzten spätrömischen Staatseinrichtungen und ihren Beamten, denen gegenüber er bisher schon als legaler Verwaltungsleiter erschienen war, sowie anderen einflussreichen Galloromanen insbesondere die Bischöfe, die der galloromischen Oberschicht angehörten, als verlässliche Stützen seiner Herrschaft gewinnen. Dies wirkte umso nachhaltiger, als sie über ihre geistlichen Funktionen hinaus vielfach in den vergangenen Wirren des sich auflösenden römischen Staates zu den tatsächlichen Stadtherren geworden waren und großen Einfluss auf die gallorömische Bevölkerung besaßen, gegenüber der die Franken nur eine kleine Minderheit darstellten.

So verwundert es nicht, dass Chlodwig sogleich nach seiner Taufe damit begann, die Kirche seines Reiches in den Staatsaufbau zu integrieren – neben der Ausbreitung der fränkischen Herrschaft und der Schaffung des Großreiches wurde dies einer seiner bedeutendsten Erfolge. Der König rückte damit in die Nachfolge der antiken Kaiser ein; wie einst Konstantin das Konzil von Nicaea (325), so berief nun Chlodwig 511 ein großes Konzil nach Orléans und gab ihm das Beratungsprogramm vor. Aus den Beschlüssen ergab sich, dass der König auch bei der Bestellung der Bischöfe ein Mitspracherecht beanspruchen konnte. So formten Chlodwig und seine Nachfolger die Kirche des Frankenreiches als Landeskirche mit dem König an der Spitze; doch zugleich trat schon Chlodwig auch in Verbindung zum römischen Papst.

Andererseits führte der Übertritt zum römischen Christentum Chlodwig außenpolitisch in einen Gegensatz vor allem zu den Ostgoten. Denn damit brach der Frankenkönig aus Theoderichs sorgfältig aufgebauten Bündnissystem aus. Zu den Folgen gehörte zweifellos, dass der Ostgotenkönig den Franken nach der völligen militärischen Niederwerfung der Westgoten den Zugang zum Mittelmeer weiterhin versperrte, da das Westgotenreich nicht vollständig untergegangen war und auch die Alamannen nicht restlos vernichtet worden waren.
Bald nach dem Konzil von Orléans starb Chlodwig noch 511 im Alter von 45 Jahren. Anders als sein Vater Childerich in Tournai, wurde er jedoch nicht mehr unter einem großen heidnischen Grabhügel, sondern in Paris in der von ihm gestifteten Apostel-Basilika (später St. Genoveva) beigesetzt.

III.
Nach Chlodwigs Tod folgten ihm seine vier Söhne in der Königsherrschaft nach. Sie wurde auf der Grundlage des germanisch-fränkischen Erbrechtes, das die Teilung des väterlichen Besitzes unter die Söhne vorsah, unter ihnen geteilt. Der älteste Sohn Theuderich I. (511 – Ende 533) erhielt den bei weitem größten Anteil, sowohl im Gebiet zwischen Rhein und Loire vor allem die Residenz Reims mit der Champagne als auch die Lande am Rhein und die fränkischen und alamannischen Gebiete rechts des Rheines; Chlodomer (511–524) bekam das Gebiet um Orléans, Childebert I. (511–558) Paris, das unter Chlodwig zur Hauptresidenz geworden war, und Chlothar I. (511–561) Soissons. Alle genannten Residenzen liegen recht dicht beieinander in der Francia, der späteren Île de France; sie bildete offensichtlich jetzt das Kerngebiet des Frankenreiches. Das erst 507/508 von Chlodwig eroberte Aquitanien wurde gesondert unter den Söhnen geteilt.

Damit begann nach Chlodwigs Tod ein Jahrhundert der Teilungen des Merowingerreiches. Es handelte sich dabei um keine Realteilungen in mehrere selbständige Staaten. Vielmehr blieb das Frankenreich als Ganzes erhalten, in dem die Könige gemeinsam herrschten; lediglich übte jeder von ihnen seinen Anteil an der Herrschaft in einem bestimmten Teil des Reiches aus. Ein Zeichen hierfür ist der Umstand, dass bei der ersten Teilung von 511 alle Könige Anteil an der zentralen Francia erhielten und das erst später eroberte Aquitanien davon getrennt geteilt wurde.

Nach dem Tode des zweitältesten Bruders Chlodomer im Jahre 524 wurden seine Söhne durch die beiden Brüder des Vaters, Childebert und Chlothar, gewaltsam daran gehindert, ihr Eintrittsrecht in das väterliche Erbe wahrzunehmen; zwei von ihnen wurden 531 von Chlothar ermordet, der dritte konnte sich retten und wurde Kleriker. Childebert und Chlothar teilten das Reich Chlodomers unter sich auf und leiteten damit die lange Reihe der im Einzelnen verwirrenden Teilungen der Teilreiche im 6. Jahrhundert und darüber hinaus ein, die hier aber nur, soweit nötig, verfolgt werden soll. Denselben Versuch, den legitimen Nachfolger gewaltsam von seinem Erbe auszuschließen und sein Teilreich an sich zu bringen, unternahmen Childebert und Chlothar 534 nach dem Tode ihres älteren Bruders Theuderich I. Doch konnte dessen Sohn Theudebert I. sich behaupten und die Nachfolge in der Herrschaft seines Vaters antreten.

Bald nach Chlodwigs Tod hatten seine Söhne mit Theoderich die gegenseitige Anerkennung der jeweiligen Herrschaftsbereiche erreicht (513). Dies und die Furcht vor dem mächtigen Ostgotenkönig und seinem Bündnissystem hielten sie in den nächsten Jahren von weiteren Unternehmungen gegen ihre Nachbarn ab. Doch als sich mit Theoderichs Tod (526) das gotisch-arianische Bündnissystem auflöste, konnte sich die fränkische Expansionspolitik wieder ungehindert entfalten.

Im Jahre 531 ging König Childebert erneut gegen die Westgoten vor und konnte die fränkische Herrschaft nun bis zu den Pyrenäen ausdehnen. Wenig später griff Theudebert, der Sohn König Theuderichs, die ostgotische Provence und das westgotische Septimanien mit der Hauptstadt Narbonne an. Aber sowohl die Westgoten von ihrem iberischen Reich aus als auch von Italien aus die Ostgoten konnten die Franken noch immer vom Zugang zum Mittelmeer fernhalten.

König Theuderich, der seit 511 in Reims residierte und dem der Osten des Frankenreiches einschließlich der fränkisch beherrschten Gebiete rechts des Rheines mitsamt dem alamannischen Land bis zum Bodensee und der oberen Donau zugefallen war, hatte in der Zwischenzeit dort seine Stellung weiter gefestigt. Donauabwärts trat er in Verbindung zu den Langobarden, die auf ihrer Wanderung im frühen 6. Jahrhundert in Pannonien, dem heutigen Niederösterreich und Westungarn, ihr erstes Reich gegründet hatten. Im Osten grenzte Theuderichs Reichsteil an das inzwischen mächtige Königreich der Thüringer, das zum nächsten Ziel der fränkischen Ausbreitung wurde und in unserem Zusammenhang näher zu betrachten ist.

IV.

Die Thüringer werden erstmals gegen Ende des 4. Jahrhunderts in der römischen Überlieferung bei Flavius Vegetius Renatus als Toringi genannt. Ihr Siedlungsgebiet erstreckte sich vom nördlichen Harzvorland über die mittlere Elbe, Saale und Mulde zum Thüringer Becken bis vor den Thüringer Wald und nach Westen bis zur Wasserscheide zwischen Werra und Fulda im heutigen Osthessen. In diesem Gebiet waren im 1./2. Jahrhundert n. Chr. die Hermunduren ansässig, die zuletzt in den Markomannenkriegen Kaiser Marc Aurels (kurz vor 180) genannt werden. Auch wenn für die folgenden rund 200 Jahre keine schriftliche Überlieferung vorliegt, zeigt das archäologische Fundbild, dass diese fruchtbaren mitteldeutschen Landschaften mit Ausnahme der Bergländer doch ständig recht dicht besiedelt waren. Die Bewohner scheinen sich in dieser Zeit ethnisch nicht grundsätzlich verändert zu haben. Da es zudem als möglich gilt, dass der Name Tor-ingi, Thur-ingi sprachlich mit dem Namen Hermun-duri in Verbindung steht, setzten die Thüringer anscheinend das Volk der Hermunduren gleichsam fort. Jedoch ist während der quellenlosen Zeit mit Veränderungen und der Aufnahme von Teilen anderer Stämme zu rechnen, so mit dem Zuzug von Angeln aus Ostholstein und in den Gebieten östlich der Saale gegen Ende des 4. Jahrhunderts von Warnen aus dem einstigen großen Gotenreich nördlich des Schwarzen Meeres. Das dann im frühen Mittelalter als Thüringer erscheinende Volk bildete sich offenbar im 4./5. Jahrhundert in dem beschriebenen Gebiet. Es kam in dieser Zeit, wie sich ebenfalls aus den archäologischen Funden zweifelsfrei ergibt, auch mit dem Römischen Reich und seiner Zivilisation in Berührung, vielleicht durch Militärdienst einzelner thüringischer Herren und ihrer Gefolgschaften in Gallien.

In den ersten Jahrzehnten des 5. Jahrhunderts gerieten die Thüringer in den Machtbereich der Hunnen, in deren Verbänden sie wiederholt mitkämpften. Nach deren entscheidender Niederlage (451) gegen Aëtius und dem Tod des Hunnenkönigs Attila (453) von der hunnischen Herrschaft befreit, errichteten die Thüringer nach der Mitte des 5. Jahrhunderts in engen Beziehungen zu Langobarden und Goten ein eigenes Königreich. Seine Könige konnten die thüringische Herrschaft in kurzer Zeit weit über das eigentliche Siedlungsgebiet des Stammes ausdehnen; im Norden reichte sie bis in die Altmark und die Gegend von Braunschweig, im Süden über das obere Mainland bis vor die Donau bei Regensburg. Sie schufen so das ausgedehnteste und wohl machtvollste germanische Reich außerhalb der früheren Grenzen des Römischen Imperiums. Es war im ersten Viertel des 6. Jahrhunderts eingebunden in das große Bündnissystem des Ostgotenkönigs Theoderich, in dem es schon wegen seiner gewaltigen Erstreckung über große Teile Mitteldeutschlands bis weit nach Norden über die Mittelgebirgszone hinaus in das Norddeutsche Tiefland und seiner Lage an der Ostflanke des Frankenreiches einen wichtigen Platz einnahm. Darüber hinaus scheinen Splitter des thüringischen Stammes auch nach Westen in das nördliche Gallien gelangt zu sein, vielleicht, wie erwähnt, im Zusammenhang mit den Kriegszügen der Hunnen.

Im eigentlichen Siedlungsgebiet der Thüringer zeigen die archäologischen Funde einen gewissen Wohlstand der recht zahlreichen Bevölkerung. Darüber hinaus lassen die reichen Beigaben einer größeren Anzahl von Adelsgräbern einen eigenen qualitätsvollen Stil des Kunsthandwerks erkennen; im heutigen Thüringen fanden sich Bestattungen solcher offensichtlich führenden Persönlichkeiten sowohl in Weimar als auch bei dem zentralen Erfurt und belegen die frühe Bedeutung beider Plätze schon im Thüringerreich.

Sicher bezeugt sind nur zwei Generationen thüringischer Könige im frühen 6. Jahrhundert. Doch schon für den oben erwähnten Frankenkönig Childerich I., der um 460–482 in Tournai residierte, berichtet im letzten Viertel des 6. Jahrhunderts

Gregor von Tours, er sei in Auseinandersetzungen mit seinen Franken vorübergehend „nach Thüringen" zu König Bisin geflüchtet. Nach seiner Rückkehr acht Jahre später sei ihm Basina, die Gemahlin Bisins, gefolgt, seine Gemahlin und die Mutter des späteren Königs Chlodwig geworden. Inwieweit dieser Bericht den Tatsachen entspricht, lässt sich nicht mehr feststellen; doch sollte er zutreffen, dürften Bisin und Basina der Generation vor dem ersten sicher bezeugten Thüringerkönig, der gleichfalls den Namen Bisin trug, dessen Gemahlin aber Menia hieß, angehört haben. Denkbar ist auch, dass Basina mit dem Thüringerkönig verwandt war. Der in Weimar in einem Adelsgrab gefundene Silberlöffel mit der Aufschrift BASENAE belegt den Gebrauch des Namens bei den Thüringern. Auch gilt die erwähnte Beisetzung Childerichs unter einem großen Grabhügel, die den Franken fremd war, als thüringische Grabsitte für herausragende Persönlichkeiten. In jedem Falle lässt sich aus Gregors Nachricht entnehmen, dass bereits seit den Anfängen des Frankenreiches Beziehungen zum gleichzeitig entstehenden Thüringerreich bestanden, und zwar schon vor der gemeinsamen Mitgliedschaft in Theoderichs großem Bündnissystem im frühen 6. Jahrhundert.

Der erste sicher bezeugte König der Thüringer, Bisin, verheiratet mit der Langobardin Menia, starb vor 510. Seine Tochter Radegunde [I.] heiratete den König der Langobarden Wacho, der nach dem Tode des Ostgotenkönigs Theoderich (526) das erste langobardische Reich in Pannonien errichtete. Die drei Söhne Bisins Herminafrid, Baderich und Berthachar folgten ihm nach germanischer Erbsitte in der Königsherrschaft nach. Die Gemahlin Herminafrids Amalaberga war eine Nichte des Ostgotenkönigs Theoderich; aus der Ehe gingen zwei Kinder, Rodelind und Amalafred, hervor. Die Gemahlinnen der beiden anderen Brüder sind namentlich nicht bekannt, doch hatte Berthachar gleichfalls namentlich unbekannte Söhne und eine Tochter, Radegunde [II.].

V.

Mit dem Zusammenbruch des ostgotischen Bündnissystems nach dem Tode Theoderichs des Großen (526), das den beteiligten Reichen bis zu einem gewissen Grade auch Sicherheit gegen äußere Bedrohung, vor allem durch die Franken, gegeben hatte, war nun das Thüringerreich dieses Schutzes beraubt. Hinzu kam, dass zunehmend die volkreichen Sachsen von Norden her nach Süden und Südwesten herandrängten. Während, wie oben erwähnt, der Frankenkönig Childebert I. von Paris im Jahre 531 gegen die Westgoten erneut zu Felde zog, wandte sich gleichzeitig König Theuderich I. von Reims mit der Unterstützung seines Bruders Chlothar I. von Soissons nunmehr gegen das Thüringerreich.

Dort strebte König Herminafrid offenkundig die Alleinherrschaft an. Mit Gewalt beseitigte er seinen Bruder Berthachar, Radegundes Vater. Anschließend, so berichtet Gregor von Tours, habe er sich schon vor 531 mit dem Frankenkönig Theuderich, inzwischen sein territorialer Nachbar, verbündet, um auch seinen anderen Bruder Baderich zu stürzen; dafür habe er dem Franken das halbe Thüringerreich in Aussicht gestellt. Baderich sei in dem anschließenden Kampf gegen die Franken gefallen, doch habe Theuderich den versprochenen Lohn nicht erhalten. Daraufhin sei er, unterstützt von seinem Bruder Chlothar, gegen Herminafrid vorgegangen. Auch dieser Bericht lässt sich nicht mehr nachprüfen; nicht auszuschließen ist, dass es sich dabei um die fränkische Begründung für den Angriff auf das Thüringerreich handelte. Der Einfall der Franken wurde unterstützt von sächsischen Truppen, die sie zu Hilfe gerufen hatten. Die Thüringer wurden von Franken und Sachsen an der Unstrut in einer Entscheidungsschlacht besiegt; der genaue Ort ihrer Niederlage lässt sich nicht mehr feststellen, da einschlägige Ortsangaben erst weit über 400 Jahre später in der sächsischen Überlieferung auftauchen.

Trotz seiner Niederlage konnte Herminafrid zunächst seine Herrschaft noch bewahren, obwohl er vermutlich den Franken tributpflichtig geworden war. Doch wenig später, 533, lud ihn König Theuderich zu Verhandlungen nach Zülpich ein; hier fand Herminafrid durch einen gewaltsamen Sturz von der Stadtmauer den Tod – sicherlich auf Veranlassung Theuderichs, wie schon die Zeitgenossen annahmen. Herminafrids Witwe Amalaberga floh mit ihren Kindern zu ihren ostgotischen Verwandten nach Ravenna und gelangte später mit ihnen im Krieg Kaiser Justinians gegen das Ostgotenreich als Gefangene nach Byzanz; dort stieg ihr Sohn Amalafrid bald in höchste militärische Stellungen auf. Schon 531 hatte König Chlothar I. Radegunde, die Tochter des ermordeten Thüringerkönigs Berthachar – damals etwa 11 Jahre alt – vermutlich als Gefangene mit sich ins Frankenreich geführt; er ließ sie zunächst in der Königspfalz Athies (östl. Amiens, Dép. Vienne) erziehen und ausbilden, bevor sie später – vor 540 – seine Gemahlin wurde.

Das thüringische Königreich hatte aufgehört zu bestehen, es wurde nunmehr Teil des Frankenreiches, das auf diese Weise seine Grenzen weit nach Osten vorschieben konnte. Den nördlichen Teil des ehemaligen Thüringerreiches bis zur Unstrut aber sollen die Franken, wie der ottonische Geschichtsschreiber Widukind von Corvey mehr als 430 Jahre später berichtet, den Sachsen als Lohn für ihre Unterstützung überlassen haben. Freilich konnte in dem fraglichen Gebiet nördlich der Unstrut und ostwärts des Harzes, das zum Kernland der Thüringer gehört hatte, die Anwesenheit von Sachsen archäologisch bisher nicht für das 6. und frühe 7., sondern erst für das fortschreitende 7. Jahrhundert nachgewiesen werden. Anscheinend hat Widukind von Corvey die spätere Zugehörigkeit dieser Lande zum sächsischen Stammesgebiet in die Zeit des Untergangs des Thüringerreiches zurückverlegt; dabei könnte ihm die Unstrut als der bedeutendste Fluss des nördlichen Thüringens lediglich als allgemeine geographische Markierung gedient haben. Jedenfalls kann von einer breiten sächsischen Inbesitznahme des Landes nördlich der Unstrut als Folge des Untergangs des Thüringerreiches im 6. Jahrhundert nicht gesprochen werden. Andererseits erhielt sich der Name Thüringen nicht in dem bisherigen weit ausgedehnten Reich, sondern beschränkte sich künftig auf das tatsächlich von dem Stamm der Thüringer besiedelte Gebiet. So könnten die Franken ihren sächsischen Helfern weiter im Norden liegende Gebiete des bisherigen Thüringerreiches, die sie ohnehin nicht übernehmen konnten oder wollten, überlassen haben. Die bisher ebenfalls zum Reich der Thüringer gehörenden und von ihnen bewohnten Landschaften östlich von Elbe und Saale gab der Frankenkönig Sigibert in den 60er Jahren des 6. Jahrhunderts bei der Abwehr der von Osten andrängenden Awaren auf; sie wurden anschließend von den slawischen Sorben besiedelt. Diese Preisgabe führte zu Umsiedlungen und Verschiebungen von Stammesgruppen, denen jedoch wie den anderen derartigen Maßnahmen seit 531/533 und in der Folgezeit hier nicht weiter nachgegangen sei.

Auf welche Weise die Franken im 6. Jahrhundert Thüringen verwalteten, wissen wir nicht. Es lag weit im Osten und am Rande des Reiches, dessen Schwerpunkte sich nach wie vor im früheren Gallien befanden. Sicher ist jedenfalls, dass die Thüringer zwar nicht politisch, aber doch als Stamm ihre Selbständigkeit bewahren konnten und dass das Land, anders als etwa die Gebiete südlich des Thüringer Waldes am mittleren Main, noch nicht in größerem Umfang von Franken besiedelt wurde. Wir erfahren lediglich von Aufständen, so als sich 555/556 die den Franken tributpflichtigen Sachsen erhoben, denen sich die Thüringer anschlossen. Der Aufstand wurde von König Chlothar I., der inzwischen den früheren Reichsteil Theuderichs übernommen hatte, in einem Feldzug blutig niedergeschlagen, wobei besonders Thüringen stark verwüstet wurde. Zur Vergeltung für diese Erhebung ließ Chlothar I. den Bruder seiner thüringischen Gemahlin ermorden, und dies veranlasste Radegunde, sich vom Königshof zurückzuziehen.

VI.

Sogleich nach der Eroberung des Thüringerreiches wurde das Frankenreich auch im Süden erneut erweitert, diesmal durch das Königreich der Burgunder, das ebenfalls Theoderichs ostgotischem Bündnissystem angehört hatte. Ein erster Angriff der drei Könige Chlodomer, Childebert und Chlothar noch zu Lebzeiten Theoderichs, die eine Krise zwischen ihm und den Burgundern ausnutzen wollten, war 523/524 noch erfolglos geblieben; Chlodomer war dabei gefallen. Im Jahre 532 nun gelang es Childebert und Chlothar, das Burgunderreich zu erobern und dem Frankenreich anzugliedern. Zwei Jahre später, 534, wurde Burgund unter ihnen und König Theudebert I., der seinem Vater Theuderich soeben als König nachgefolgt war, geteilt. Da Chlothar anscheinend benachteiligt worden war, kam es zum Krieg unter den merowingischen Königen. Sie gaben ihn jedoch bald wieder auf, als sich neue Möglichkeiten zur Ausdehnung des Frankenreiches, diesmal im Süden und Südosten, eröffneten.

Anlass war der Krieg des oströmischen Kaisers Justinian (527–565) gegen das Ostgotenreich in Italien ab 535. Sowohl der Kaiser als auch die bedrängten Ostgoten wandten sich an die mächtigen Franken, ersterer, um durch ein Bündnis mit ihnen den Krieg zu begrenzen, die anderen, um Unterstützung zu erhalten – dafür traten ihnen die Ostgoten 536 die Provence ab. Kaiser Justinian bestätigte den Franken, um sie zu einem Bündnis zu bewegen, den Besitz der Provence und damit den endlich erreichten Zugang zum Mittelmeer sowie die wenig später erfolgte Übergabe von Churrätien und der von Theoderich seinerzeit dem ostgotischen Schutz unterstellten südlichen Gebiete der Alamannen durch die Ostgoten. Die Franken unterstützten jedoch die Ostgoten in ihrem Kampf mit alamannischen und bur-

gundischen Hilfstruppen, ohne aber die Verbindung nach Byzanz abreißen zu lassen.

In diesen Auseinandersetzungen trat insbesondere König Theudebert I. (534–547/548), der Sohn Theuderichs I., hervor. Er gilt trotz seiner kurzen Regierungszeit als einer der bedeutendsten merowingischen Herrscher. Seine Herrschaft umfasste inzwischen den gesamten Osten des Frankenreiches einschließlich der für ein Eingreifen in Italien wichtigen Alpenpässe. Zudem stärkte er 537 durch die Heirat mit einer langobardischen Fürstentochter seine Stellung an der Donau, wo wenig später im Raum zwischen den Alamannen im Westen und den Langobarden im Osten die Bajuwaren begannen, sich als neuer Stamm niederzulassen; sie gerieten sogleich ebenfalls unter fränkische Oberhoheit. In zwei großen Feldzügen nach Italien 538 und 545 gelang es Theudebert, sowohl Ligurien und das südliche Vorland der Alpen als auch Venetien mit Aquileia zu erobern. Seine Erfolge beeindruckten die Zeitgenossen so sehr, dass sie vermuteten, er plane, nun auch Byzanz anzugreifen. Immerhin veranlasste ihn seine Herrschaft über mehrere unterschiedliche Völkerschaften sowie über früher zentrale Gebiete des Imperium Romanum, sich selbst dem Kaisertum zu nähern. So ließ er Goldmünzen mit seinem Namen prägen, auf denen er sich den – bisher ausschließlich dem römischen Kaiser vorbehaltenen – Titel Augustus beilegte. Auch sonst weist die Herrschaft König Theudeberts noch deutlichere Anzeichen der Nachfolge und Nachahmung des römischen Vorbilds auf, als sonst bei den merowingischen Königen zu beobachten, wie etwa die Durchsetzung der bei den Römern üblichen allgemeinen Steuerpflicht nun auch gegenüber den Franken zeigt.

König Theudeberts Sohn Theudebald I. (548–555) konnte die von seinem Vater weit gegen Byzanz vorgeschobene fränkische Stellung in Italien nicht behaupten. Nach seinem Tode gelang es Chlothar I., in seinem Reichsteil und damit im gesamten Osten des Frankenreiches die Nachfolge anzutreten. Als er dann noch 558 nach dem Tode seines letzten Bruders Childebert I. das Teilreich von Paris übernommen hatte, konnte Chlothar das inzwischen vor allem im Osten und Süden erheblich vergrößerte Frankenreich unter seiner Alleinherrschaft als König vereinigen, freilich nur für kurze Zeit, denn Chlothar starb bereits im Jahre 561.

Seit der Mitte des 6. Jahrhunderts lässt sich beobachten, dass der Osten des Frankenreiches mit den anderen germanischen Stämmen, zu denen bald auch die Baiern gehörten, im Gesamtstaat zunehmend an eigenem Gewicht gewann. Deutliches Zeichen hierfür ist die Bezeichnung Auster, Austria (Ostreich), die 561 bei der erneuten Teilung des Reiches unter den vier Söhnen Chlothars I. erstmals in den Quellen auftritt. Die Reichsteilung folgte im Wesentlichen dem letzten Stand vor der Vereinigung durch Chlothar, doch wurde die Einheit Burgunds wiederhergestellt und durch die Königsstadt Orléans mit der Francia verbunden. Hier wurde Gunthram (561–593) König; den Reichsteil mit Paris erhielt Charibert I. (561–567), das Reich von Soissons Chilperich (561–584), und Austrien übernahm Sigibert (561–575).

Wieder, wie nach Chlodwigs Tod 511, versuchten die Söhne Chlothars, ihren Anteil an der Königsherrschaft auf Kosten der Miterben oder deren Nachkommen zu vergrößern. Die bald ausbrechenden Wirren und auch militärisch ausgetragenen Auseinandersetzungen ließen das Reich für lange Zeit nicht mehr zur Ruhe kommen. Zum einen griffen nun machtvoll auch die Königinnen ein, so die Witwe König Sigiberts Brunichilde und die Witwe König Chilperichs Fredegunde; zum anderen trat zunehmend die Bedeutung des fränkischen Reichsadels hervor. Auf weiten Strecken wurden die Auseinandersetzungen, zumal in Austrien, zum Machtkampf zwischen den Großen und dem Königtum. Damit begann eine neue Periode in der Geschichte des fränkischen Großreiches.

Das Frankenreich war in den vergangenen kaum mehr als 100 Jahren zu dem mächtigsten Reich neben dem oströmischen Imperium geworden. Es stellte sich als Vielvölkerstaat dar, der von einem zahlenmäßig kleinen Reichsvolk beherrscht wurde. Wie im Falle der Thüringer gezeigt, wissen wir nicht, wie die Franken in der Frühzeit, im 6. Jahrhundert, ihre Herrschaft über die unterworfenen Stämme ausübten und wie weit deren Abhängigkeit im Einzelnen reichte. Bei ihr ist sicherlich mit unterschiedlichen Formen zu rechnen, die von einer straffen Herrschaft bis zu einer Art Föderatenstatus reichen konnten. Doch lässt sich feststellen, dass die Franken den Stämmen ihre innere Eigenständigkeit bis hin zu ihrem Stammesrecht belassen haben. Dies war eine Voraussetzung für ihre auch künftig bewahrte Identität im Rahmen des Gesamtreiches, wie sie dann besonders seit dem 8. Jahrhundert unter den Karolingern hervor tritt.

Landesfahne Thüringens in der Kirche Sainte-Radegonde in Poitiers, 2004
Foto: Stadtmuseum Erfurt, Hardy Eidam

Da die vorstehenden Ausführungen lediglich einen gerafften Überblick geben sollen, wurde auf Einzelnachweise und Belege verzichtet. Nachfolgend seien in sehr knapper Auswahl neuere bzw. wichtige Arbeiten genannt; über die angegebenen Titel lassen sich unschwer die zugrunde liegenden Quellen und weitere Literatur ermitteln.

Literatur

ALTHESSEN IM FRANKENREICH, hg. von Walter Schlesinger (Nationes 2). Sigmaringen 1975

DUŠEK, SIGRID (Hg.), Ur- und Frühgeschichte Thüringens (Stuttgart 2001)

EWIG, EUGEN, Spätantike und fränkisches Gallien. Gesammelte Schriften (1952–1973), hg. von Hartmut Atsma, 2 Bde. (Beihefte zur Francia 3/1–2). München 1976–1979

– DERS., Die Merowinger und das Frankenreich (Urban-Taschenbücher 392). Stuttgart ⁴2001 [mit Stammtafeln der Merowinger]

DIE FRANKEN – WEGBEREITER EUROPAS. Vor 1500 Jahren: König Chlodwig und seine Erben, Katalog-Handbuch in 2 Teilen. Mannheim – Mainz 1996 [mit zahlreichen einschlägigen Beiträgen verschiedener Autoren]

GOCKEL, MICHAEL, Die Westausdehnung Thüringens im frühen Mittelalter im Lichte der Schriftquellen, in: Aspekte thüringisch-hessischer Geschichte, hg. von Michael Gockel. Marburg/Lahn 1992, 49–66

HEINEMEYER, KARL, Das Erzbistum Mainz in römischer und fränkischer Zeit, Bd. 1: Die Anfänge der Diözese Mainz (Veröff. der Hist. Komm. für Hessen 39,1). Marburg 1979

– DERS., Hessen im fränkischen Reich, in: Das Werden Hessens, hg. von Walter Heinemeyer (Veröff. der Hist. Kommission für Hessen 50). Marburg 1986, 125–155

LEXIKON DES MITTELALTERS, 10 Bde. München-Zürich 1980–1999 [zahlreiche einschlägige Artikel verschiedener Autoren]

PRINZ, FRIEDRICH, Europäische Grundlagen deutscher Geschichte (4.–8. Jahrhundert), in: Gebhardt, Handbuch der deutschen Geschichte, Bd. 1: Alfred Haverkamp, Friedrich Prinz, Perspektiven deutscher Geschichte während des Mittelalters; Europäische Grundlagen deutscher Geschichte (4.–8. Jahrhundert). Stuttgart ¹⁰2004, 145–647 [mit ausführlichen Quellen- und Literaturhinweisen]

SCHLESINGER, WALTER, Das Frühmittelalter, in: Geschichte Thüringens, hg. von Hans Patze und Walter Schlesinger, Bd. 1: Grundlagen und Frühes Mittelalter (Mitteldeutsche Forsch. 48/1). Köln – Graz 1968, 316–380, 429–435

– DERS., Zur politischen Geschichte der fränkischen Ostbewegung vor Karl dem Großen, in: Althessen im Frankenreich, hg. von Walter Schlesinger (Nationes 2). Sigmaringen 1975, 9–61

SCHMIDT, BERTHOLD, Das Königreich der Thüringer und seine Eingliederung in das Frankenreich, in: Die Franken [s. oben] 1, 285–297 [mit Stammtafel der Thüringer (Könige)]

SCHMIDT, CHRISTOPH G., Im Machtbereich der Merowinger. Politische und gesellschaftliche Strukturen in Thüringen vom 6. bis 8. Jahrhundert, in: Bonifatius. Heidenopfer, Christuskreuz, Eichenkult, hg. von Hardy Eidam, Marina Moritz, Gerd-Rainer Riedel, Kai-Uwe Schierz. Erfurt 2004, 39–56

SCHNEIDER, REINHARD, König und Herrschaft, in: Die Franken [s. oben] 1, 389–395 [mit Stammtafel der Merowinger]

– DERS., Das Frankenreich. (Oldenbourg Grundriss der Geschichte 5. München ⁴2001

SIEDLUNG, SPRACHE UND BEVÖLKERUNGSSTRUKTUR IM FRANKENREICH, hg. von Franz Petri (Wege der Forschung 49). Darmstadt 1973

ZÖLLNER, ERICH, Geschichte der Franken bis zur Mitte des sechsten Jahrhunderts. Auf der Grundlage des Werkes von Ludwig Schmidt unter Mitwirkung von Joachim Werner neu bearb. München 1970

CHRISTIANISIERUNG DER FRANKEN
UND BEDEUTUNG VON KIRCHENSTRUKTUREN FÜR DIE KÖNIGSHERRSCHAFT
Lutz E. v. Padberg

I. Vorgeschichte

Drei Ereignisse im späten 5. Jahrhundert haben der Geschichte Westeuropas eine entscheidende Wende gegeben. 486 besiegte der Frankenherrscher Chlodwig bei Soissons den römischen Heeresmeister Syagrius und beendete damit die Herrschaft des Imperiums in Gallien. 496 gewann Chlodwig die Schlacht bei Zülpich gegen die Alamannen und versprach daraufhin, den christlichen Glauben anzunehmen. 498 wurde Chlodwig in Reims getauft und war damit der erste germanische Herrscher, der freiwillig zum Katholizismus übertrat. Nun waren die Weichen für die Zukunft Europas gestellt, das durch die Vormacht der Franken zu einem christlichen Kontinent katholischer Prägung werden sollte.

Dieser Sieg des Christentums stand am Ende einer längeren Entwicklung. Kleine christliche Gemeinden wird es in der Provinz Gallien schon gegen Ende des 1. Jahrhunderts gegeben haben, nachgewiesen ist ihre Existenz etwa im Rhônetal für die zweite Hälfte des 2. Jahrhunderts. Trotz immer wieder aufflackernder Verfolgungsphasen konnte sich der neue Glaube weiter ausbreiten, selbst wenn er sich in der Weite des riesigen Reiches verlor. Über das Leben dieser kleinen Christengruppen ist kaum etwas bekannt, auch nicht über ihre missionarischen Aktivitäten. Nach der Wende der römischen Religionspolitik unter Konstantin bekamen sie Auftrieb, und die Christianisierung geriet in eine dynamische Phase. Um die Mitte des 4. Jahrhunderts gab es bereits in allen Städten entlang des Rheins von Köln bis Basel Bischöfe, ebenso im Alpen-Donauraum. Die Bischöfe stiegen zu Repräsentanten der romanisch-christlichen Bevölkerung auf und nahmen, nicht zuletzt aufgrund ihrer Herkunft aus der Oberschicht, neben karitativen und sozialen auch mehr und mehr Funktionen weltlicher Amtsträger wahr. Trotz der Missionsbemühungen beispielsweise der Bischöfe Martin von Tours (371–397) und Victricius von Rouen († vor 410) gelang jedoch eine flächendeckende Christianisierung vor allem der Landbevölkerung nicht, sodass sich das spätantike Heidentum vielerorts halten konnte.

Mit dem Einmarsch germanischer Heeresverbände während der sogenannten Völkerwanderungszeit veränderte sich die Situation schlagartig. Not und Tod kamen über die Bevölkerung, Kulturland wurde aufgegeben, die Infrastruktur irreparabel beschädigt, das Alltagsleben gestaltete sich härter. Die Lebensformen wurden primitiver, die aufwändigen Steingebäude wurden von schlichten Holzbauten abgelöst. Besonders schwer aber wurde die Kirche getroffen. Vor allem in den Grenzgebieten brach ihre Organisation zusammen, und die Gemeinden hatten viel zu leiden. Die Masse der über den Rhein drängenden Germanen war und blieb heidnisch, und da sie sich jetzt mit der im alten Glauben verharrenden Stammbevölkerung vermischen konnte, gerieten die Christen in arge Bedrängnis. Ablesbar wird der Zusammenbruch etwa daran, dass die Bischofslisten von Städten wie Köln, Mainz, Worms, Speyer und Straßburg im 5./6. Jahrhundert Lücken von mehr als hundert Jahren aufweisen. In vielen Gebieten kam es zu einer Repaganisierung, und es sollte Generationen dauern, bis das Christentum zurückkehrte. Die neuen Machthaber, die sich jetzt auf Reichsboden ansiedelten, waren allerdings von der römischen Verwaltungsstruktur beeindruckt und nutzten sie zum Aufbau ihrer eigenen staatlichen Gebilde, weswegen im Inneren Galliens manche Bischofssitze ihre Funktionen auf politischem und administrativem Gebiet beibehalten konnten. Im Laufe der Zeit kam es sogar zu einer gewissen Angleichung provinzialrömischer und barbarischer Lebensformen. Daraus entstand eine galloromanisch-germanische Mischkultur, die später das Erscheinungsbild des fränkischen Reiches bestimmen sollte.

Noch verwickelter wurde die Lage durch den Übertritt mancher Germanenstämme wie der Goten und der Burgunder zum Christentum arianischer Prägung. Das führte dazu, dass im Westen des zusammenbrechenden Reiches römische Christen, arianische Christen und Heiden nebeneinander und durcheinander existierten, eine unüberschaubare Gemengelage also. Die Entwicklung lief auf gentile Landeskirchen unterschiedlicher Orientierung hinaus, und das Ideal einer einheitlichen Reichskirche war damit zunächst gescheitert. Rom hielt zwar auch in der Zeit der Krise daran fest, aber das interessierte die neuen Herrscher kaum. Gefragt war damit natürlich auch die missionarische Kompetenz der Christen. Sie konnten es doch eigentlich nicht hinnehmen, dass ihre während der Verfolgungszeiten so mühsam aufgebauten Gemeinden in den Wirren der Völkerwanderungszeit untergehen sollten. Das taten sie auch nicht, haben allerdings aus Selbstschutz auf allzu auffällige Mission verzichtet. Erst in der Bevölkerung der Mischkultur des 5. Jahrhunderts boten sich dann neue Chancen für Wiederaufbau und Neugründungen, freilich unter erschwerten Bedingungen. Für den Westen Europas sollten sie von den Franken ausgehen, die zu dieser Zeit jedoch selbst noch Heiden waren.

II. Chlodwigs Religionswechsel

Die entscheidende Figur in dieser Wendephase war Chlodwig (481/482–511, *466). Allerdings war für einen germanischen König ein Religionswechsel eine höchst riskante Angelegenheit. Wie sollte er dem Volk und insbesondere seinen Heeresführern erklären, dass die bislang verehrten Götter nun plötzlich Nichtse seien und der zuvor verspottete Christengott jetzt allein anzubeten sei? Wie würden die heidnischen Priester auf den Verrat ihres Kultherren reagieren? Und vor allem, was wäre von den alten Göttern und von dem neuen Gott selbst zu erwarten? Alles das spielte im Frankenreich des späten 5. Jahrhunderts eine Rolle, als Chlodwig sich anschickte, vom Heidentum zum Christentum zu wechseln. Schon die Zeitgenossen ahnten, dass es sich dabei um eine Entscheidung von geradezu welthistorischer Tragweite handelte. Trotzdem ist die Überlieferung recht karg und außerdem von der jeweiligen Interessenlage geprägt. Das unbefriedigende Ergebnis dieser Konstellation ist ein bis heute andauernder Expertenstreit und der Umstand, dass sich eines der Zentralereignisse auf dem Wege zum christlichen Europa nur rekonstruieren lässt. Aller Wahrscheinlichkeit nach haben sich die Dinge wie folgt entwickelt.

Die Franken tauchten zunächst in der Mitte des 3. Jahrhunderts als Piraten und Plünderer auf. Einige fränkische Gruppen setzten sich dann am Niederrhein fest, und aus den gentilen Kleinstämmen wurden Regionalverbände, die im 5. Jahrhundert immer mehr expandierten. Das gilt besonders für die Salfranken, deren König Childerich († 481/482) sich als Bündnispartner der römischen Heeresmeister und Gegner der arianischen Westgoten einen Namen gemacht hatte. Sein ehrgeizig zupackender Sohn Chlodwig, anfänglich ein Kleinkönig unter etlichen anderen, verstand es, aus dem salischen Gaukönigtum die fränkische Großmacht zu entwickeln. Entscheidend dafür waren 486 sein Sieg über Syagrius, den König des römischen Restgalliens, und sein Übertritt zum katholischen Christentum, besiegelt durch die Taufe 498. Wie sein Vater, so galt auch Chlodwig als Beschützer der Romanitas und damit ebenfalls der römischen Kirche. Von Beginn seiner Herrschaft an pflegte er gute Beziehungen zu dem galloromanischen Bischof Remigius von Reims (459–533, *437), die offensichtlich durch seinen Staatsstreich gegen Syagrius nicht getrübt wurden. Um 493 rückte der katholische Glaube noch näher an Chlodwig heran, als er Chrodechilde († 544) heiratete, eine Nichte des burgundischen Königs Gundobad (480–

516). Diese der Pflege der Beziehungen unter den germanischen Königreichen dienende Heiratspolitik ermöglichte ohne weiteres konfessionelle Mischehen zwischen Heiden, Katholiken und Arianern. Sie zeigt auch, wie sehr die Religionsdinge offensichtlich nach Gesichtspunkten der Nützlichkeit entschieden wurden. In der Anfangsphase des christlichen Europa ging es nicht um Dogmatik, sondern um effiziente Pragmatik. Denn zu der Zeit, als der Heide Chlodwig die einer arianischen Familie entstammende Katholikin Chrodechilde ehelichte, heiratete der Arianer Theoderich die Heidin Audofleda, eine Schwester Chlodwigs. Für diese politisch motivierte Verbindung musste sie zum Arianismus übertreten. Eine weitere Schwester des Frankenfürsten, Lantechilde, schloss sich ihr an und ließ sich arianisch taufen.

Diese verworrene Lage macht vor allem eines deutlich: Der von katholischen (Chrodechilde) wie arianischen (Theoderich) Kräften umworbene Heide Chlodwig befand sich in einer komplizierten Situation. Sein eigener Stamm, die Franken, war heidnisch, das von ihm beherrschte Land gallorömisch und damit katholisch, die mächtigen gotischen Anrainerstaaten schließlich arianisch. Wie immer Chlodwig sich auch entscheiden würde, allen konnte er es kaum recht machen. Entscheiden musste er sich wohl, zumal die Zukunft auch der politischen Kräfte in einer christlichen Orientierung zu liegen schien. Dringlich wurde die Sache, weil Chlodwig sein Reich durch die Unterwerfung anderer Germanenstämme allmählich zur Vormacht Europas ausbaute. Und so fiel die Entscheidung dann auch im Zusammenhang mit Chlodwigs sich lange hinziehender kriegerischer Auseinandersetzung mit den alamannischen Völkern.

So verworren wie diese Verhältnisse, so unklar sind letztlich bestimmte Details der Hinwendung Chlodwigs zum Christentum. Das beginnt mit der Frage, welche Glaubensform er eigentlich ablegte, als er am Weihnachtstage 498 in Reims das Taufbecken bestieg. War es der alte römische Polytheismus oder der fränkische? War, wie manche Forscher meinen, Chlodwig vielleicht sogar aus politischen Gründen einige Zeit arianisch gewesen, eine Phase, die der Reichsklerus dann nach der ‚richtigen' Taufe schnell aus der Erinnerung getilgt hätte? Und welchen Glauben nahm er an? Nach den kirchlichen Quellen, und nur solche berichten von den Ereignissen, konnte es nur die reine katholische Form sein. Denkbar wäre aber durchaus auch, dass Chlodwig in gut heidnischer Manier Christus als zusätzlichen Gott anerkannte und erst allmählich in den christlichen Monotheismus hineinwuchs. Erinnerungen verändern sich im Laufe der Zeit, und die Hauptquelle, die ersten vier Bücher der Frankengeschichte des Gregor von Tours (538/539–594), wurde erst um 575 aufgezeichnet. Manchem modernen Kritiker erscheint sie verdächtig, nicht nur des großen chronologischen Abstandes wegen, sondern vor allem deshalb, weil Gregor den gesamten Bekehrungs- und Taufbericht unübersehbar nach dem Vorbild Konstantins gestaltet hat. Deshalb muss er jedoch nicht falsch sein, zumal Gregor wohl aus ziemlich unmittelbarer mündlicher Überlieferung schöpfen konnte, lebte doch Chlodwigs Witwe Chrodechilde bis zu ihrem Tode 544 an seinem Bischofssitz in Tours, und die musste es ja schließlich wissen. Außerdem muss die Nachahmung Konstantins nicht spätere Legende sein, sie kann ebenso gut bewusst vorgenommen worden sein, um so politische Ansprüche anzumelden.

Wie dem auch sei, zwei Aspekte verdienen Beachtung. Erstens spricht für Gregors Bericht, dass Chrodechilde zwar eine zentrale Rolle bei der Bekehrung ihres Mannes spielte, sie diese aber nicht zu bewirken vermochte. In gut germanischer Manier war für Chlodwig die Erfahrung göttlicher Schlachtenhilfe entscheidend. In einer der Schlachten gegen die Einzelkönige der Alamannen, möglicherweise der des Jahres 496 bei Zülpich, geriet Chlodwig in so arge Bedrängnis, dass er sich schließlich mit der Bitte um Sieghilfe an Christus wandte. In diesem von Gregor natürlich rekonstruierten Gebet betont Chlodwig ausdrücklich, er habe seine Götter angerufen, doch diese hätten ihn im Stich gelassen. Was wie ein dramatisierender Einschub Gregors klingt, hat durchaus realen Hintergrund. Denn aus der Bildüberlieferung der Zeit ist bekannt, dass vor entscheidenden Schlachten in Kultübungen göttliche Kampfhilfe zu gewinnen versucht wurde, deren Erweis man sich ganz konkret vorstellte. Chlodwig verhielt sich demnach so, wie ein germanischer Heeresführer dies zu tun pflegte. Und wenn Odin versagte, konnte man es durchaus einmal mit Christus versuchen. Da prompt der Sieg eintrat, lag es nahe, sich fortan an diesen stärkeren Gott zu halten. Ein ausdrückliches Gelübde teilt Gregor allerdings nicht mit. Auf solchen Nützlichkeitserwägungen basieren die meisten Herrscherbekehrungen des früheren Mittelalters. Die Quellen berichten unbefangen davon, weil ein solches Denken den Christen nicht unvertraut war. Zwar ist im Neuen Testament von dem göttlichen Sieghelfer nicht die Rede, aber seit Konstantins Tagen war das Kreuz nicht nur Abwehrmittel, sondern auch Siegeszeichen für den Krieg. Wie öfters in der frühmittelalterlichen Christianisierungsgeschichte, so fließen auch hier germanisch-heidnische und spätantik-christliche Vorstellungen zusammen.

Zweitens ist Chlodwigs Verhalten seiner katholischen Frau gegenüber beachtenswert, die sich nach Gregors Zeugnis, das später von Nicetius von Trier († nach 566) bestätigt worden ist, besonders nachhaltig um seine Bekehrung bemühte. Denn lange vor seiner eigenen Taufe ließ er es zu, dass seine erbberechtigten Söhne katholisch getauft wurden. Was Chlodwig zu diesem Zugeständnis bewegte, ist unbekannt. Eindeutig ist dagegen, dass er damit eine klare Entscheidung über die zukünftige Glaubensausrichtung des Frankenreiches getroffen hat. Da die Taufen, wie in der Quelle ausdrücklich betont wird, in feierlichem Rahmen stattfanden, musste dies jedem Zeitgenossen, auch den arianischen Nachbarstaaten, bekannt sein.

Die Taufangelegenheit selbst entwickelte sich dramatisch und wurde nicht zu der von Chrodechilde erhofften Werbeveranstaltung für das Christentum. Denn Ingomer (* vor 496), der erste Sohn der Herrscherpaares, starb noch in den Taufkleidern. Das bestärkte natürlich Chlodwig in seiner Ansicht, der Christengott sei unfähig. Darüber hinaus könnte er den frühen Tod Ingomers als Ausdruck der Macht und des Zornes der germanischen Götter über die aus ihrer Sicht frevelhafte Taufe empfunden haben. Umso beachtenswerter ist die Tatsache, dass er auch seinen bald darauf geborenen zweiten Sohn Chlodomer katholisch taufen ließ. Selbst dieser erkrankte, wurde aber, so Gregor, durch das Gebet der Mutter wieder gesund. Das konnte Chlodwig immerhin als Machterweis des Christengottes verstehen. Trotzdem: Welche Götter handelten denn nun, wie und warum taten sie es? Mit welchem Gott als Sieghelfer ließ sich das Frankenreich ausbauen? Von solchen Fragen wurde Chlodwig umgetrieben, und es wäre vermessen, ihm aus heutiger Sicht dabei nur politische Machtgier vorzuhalten. Auch Herrscher können Orientierungsprobleme haben, bei denen sich religiöse und weltliche Erwägungen unentwirrbar vermischen. Chlodwig löste sie als germanischer Heerführer und als ‚gläubiger' Heide, indem er auf der Ebene der Nützlichkeit dachte und von Gott ein Zeichen erwartete; nicht zu Hause in der Genesung eines Kindes, sondern auf seinem ureigenen Arbeitsgebiet, als Sieghelfer in der Schlacht. Das Zeichen trat ein, die Alamannen wurden geschlagen, der Christengott hatte sich gleichsam als Krieger bewährt. Nun war Chlodwig an der Reihe, sein Versprechen einzulösen.

Da die Zeitgenossen und noch mehr die einige Jahrzehnte später schreibenden Kirchenleute die weitreichenden Folgen dieser Entwicklung erkannten, ist es nur zu verständlich, dass sie diese aus ihrer Sicht beurteilten und erzählten. Das bestimmte ihre Aussagebereitschaft und natürlich ihre Deutungsmuster, machte sie aber nicht zu Lügnern. Ihre Ausschmückungen und Interpretationen zeigen vielmehr, wie man bereits damals die Dinge sehen wollte.

Die sich durch die Taufe seiner Söhne bereits für jedermann abzeichnende Entwicklung war freilich mit dem Alamannensieg von 496 noch nicht abgeschlossen, zumal gar nicht klar ist, ob Chlodwig in der Schlacht sozusagen ein öffentliches Gelübde abgelegt hatte. Der nun fällige Übertritt des Königs war von größter Tragweite für alle Franken und konnte deshalb nicht ohne Zustimmung der Gefolgschaft über die Bühne gehen. Zunächst ließ Chlodwig sich auf Anraten seiner Königin von Remigius, dem alten Freund der Familie, im christlichen Glauben unterweisen, wobei freilich niemand mehr an das in der Frühzeit der Kirche übliche dreijährige Katechumenat dachte. Dieser Konfirmandenunterricht musste in aller Heimlichkeit geschehen, da die Zustimmung des Heeres für den Religionswechsel noch ausstand. Erst waren alle von der Nützlichkeit des königlichen Schrittes zu überzeugen, sonst hätte Chlodwig bei der Aktion seinen Kopf riskiert. Offensichtlich zögerte er aus eben diesen Gründen tatsächlich, weil es vielleicht zuvor mehr oder weniger deutliche Kritik an der christlichen Taufe seiner Erbsöhne gegeben hatte, sodass Remigius ungeduldig und drängend wurde. Wahrscheinlich auf einem Märzfeld wollte Chlodwig daraufhin die Zustimmung seiner Gefolgschaft einholen. Nach Gregors Bericht brauchte er gar nichts zu sagen, denn das Volk bekundete sofort seinen Willen, „die sterblichen Götter abzutun und dem unsterblichen Gott folgen zu wollen" (Gregor II 31). Das klingt verdächtig wunderbar, muss es aber nicht sein, wenn man ‚unsterblich' durch ‚siegreich' ersetzt. Der Glaube des Königs war keine Privatangelegenheit, sondern Bestandteil seiner integrativen Macht und eben auch seines militärischen Erfolges, woraus wiederum das Volk Zusammengehörigkeitsgefühl und Identität bezog. Wenn nun der Herrscher auf die Seite eines beweisbar stärkeren Gottes wechselte, war es kein Wunder, dass seine Leute mitzogen. Es war eine Frage der religiösen Plausibilität, dem Gott zu folgen, der sich als wirkmächtig und hilfsbereit erwiesen hatte.

Nach diesem entscheidenden Schritt konnte der Rest schnell folgen. Seit dem Volksentscheid im Katechumenenstand, meldete sich Chlodwig vielleicht am Martinsfest, einem 11. November, in St. Martin von Tours zur Taufe an und wurde in großer Feierlichkeit am folgenden Weihnachtstag wohl des Jahres 498 (auch 497 und 499 sind denkbar) von Remigius von Reims getauft. Seine Schwestern Albofledis und Lantechilde folgten seinem Beispiel ebenso wie dreitausend Gefolgsleute aus seinem Heer. Während Gregor dies in seinem Taufbericht fast schon beiläufig mitteilt, wird Chlodwigs Übertritt natürlich ausführlich dargestellt. Wohl nach Reimser Tradition deutet der geschichtsschreibende Bischof die ganze Geschichte nach der Vorstellungswelt der römischen Silvesterlegende und parallelisierte Konstantin und Silvester als exemplarische Gestalten mit Chlodwig und Remigius. Es ist durchaus vorstellbar, dass der galloromische Episkopat um Remigius diese imperiale Sicht von Beginn der Religionsverhandlungen an dem König nahe zu bringen versucht hat, um so der arianischen Option entgegenzusteuern. Nicht zufällig war gewiss auch die Vorverlegung des Tauftermins von der üblichen Osterzeit auf das Weihnachtsfest. Wenn schließlich Remigius dem an das Taufbecken herantretenden Chlodwig zurief: „Verehre, was du verfolgtest; verfolge, was du verehrtest", so erinnert auch diese Aufforderung zur missionarischen Glaubensverteidigung an den großen Konstantin (Gregor II 31). Kurzum, schon die Zeitgenossen wussten, dass sich hier vor ihren Augen eine zukunftsträchtige Wende vollzog. Was Chlodwig persönlich dabei gedacht hat und was ihn letztlich zu diesem Schritt bewog, können auch noch so scharfsinnige Historiker nicht sagen. Monokausal kann man ihn jedenfalls nicht erklären, es wird ein Bündel aus persönlichen, religiösen, politischen und militärischen Motiven gewesen sein. Nun folgten die Franken dem siegreichen Himmelskönig Christus, Christen waren sie damit freilich noch nicht.

III. Die religionspolitischen Folgen

„Euer Glaube ist unser Sieg" – so jubelte in einem Glückwunschbrief der katholische Metropolit des arianischen Burgunderreiches, Avitus von Vienne (494–518). Damit meinte er keineswegs nur, dass Chlodwigs Wende zum Katholizismus ihm in Burgund helfen würde, was zwar richtig war, aber noch einige Jahre dauern sollte. Nein, Avitus dachte in europäischen Kategorien. Nun, so hoffte er, werde das Abendland christlich-katholisch. Auch das war richtig, sollte sich indes über einige Jahrhunderte hinziehen. Das spätere Ergebnis von Chlodwigs Schritt passt allemal bestens zu der Vision des Avitus, der übrigens ältesten Quelle des Geschehens. Wegen dieser Erwartung entfaltete Avitus die Idee eines christlichen Königtums. So wie im Osten (= Griechenland) am Weihnachtstage in Christus das Licht über der Welt erschienen sei, so jetzt als dessen Abglanz im Westen der wiedergeborene König. Das regional begrenzte Sakralkönigtum der Germanenstämme wird abgelöst durch das unbegrenzte christliche Imperium, geprägt durch die Entsprechung von himmlischer und irdischer Herrschaft. Der Brief des Primas der burgundischen Militärmonarchie spricht daher alle Aspekte an, die auch später beim Religionswechsel von Königen wichtig blieben: die Gefahr, sektiererischen Einflüssen zu erliegen; die Notwendigkeit, sich von den heidnischen Vorfahren und ihrem Glauben zu distanzieren; die Pflicht, für die Christianisierung des eigenen Volkes zu sorgen und vor allem die Aufforderung zur Mission unter den Heidenvölkern. Der neue Gott, so dürfte Chlodwig schnell klar geworden sein, gewährte nicht nur Schlachtensieg, sondern erwartete auch einigen Einsatz. Da sich die Ausbreitung des Glaubens in Form von Religionskriegen bewerkstelligen ließ, dürfte dies praktischerweise dem expansiven Drang des Königs entsprochen haben.

Die Entscheidung zur Wende war also tatsächlich folgenreich, und zwar kurz- wie langfristig. Intern konnte Chlodwig jetzt sein gutes Einvernehmen mit dem Episkopat zur offiziellen Politik erklären und vor allem Galloromanen und Franken, die nun an denselben Gott glaubten, zu einem Volk verschmelzen. Fielen die Barrieren zwischen den Bevölkerungsteilen im Inneren des Frankenreiches, so konnte es nach außen nur umso mächtiger werden. Weiterhin wurde das römische Christentum nun wieder das, was es vor der fränkischen Invasion gewesen war: Staatsreligion. Es bestand kein interner religiöser Gegensatz mehr, der König selbst war ein Gesalbter Gottes und damit der Anführer der Staatsreligion, womit sich denn übrigens an der kultischen Position des Herrschers vor und nach der Wende kaum etwas geändert hatte. Chlodwig nahm in seiner Religionspolitik die entsprechenden Aufgaben mit großer Selbstverständlichkeit wahr, wie etwa seine Beherrschung der ersten fränkischen Reichssynode in Orléans im Jahre 511 zeigte. Die dort repräsentierte Übereinstimmung von politischer und religiöser Ordnung kopierte Chlodwig wie so vieles andere aus der Tradition spätrömischer Kaiser und wirkte damit stilbildend für die Folgezeit.

Extern bedeutete die Wende zunächst das Ende der von Theoderich betriebenen Bündnispolitik, welche die germanisch-romanischen Reiche stabilisieren sollte, aber auch den Anfang vom Ende der gotisch und arianisch bestimmten Übergangszeit von der Antike zum Mittelalter. Denn die Bekehrung Chlodwigs konnte, so die unmittelbare Folge, von seinen westgotischen und burgundischen Nachbarn nur als Bedrohung empfunden werden. Das bestätigte in den nächsten Jahren die expansive Politik der Franken, die schließlich sogar dazu führte, dass Chlodwig 508 von dem oströmischen Kaiser Anastasius (491–518) zum Ehrenkonsul ernannt und mit einem königlichen Ornat ausgestattet wurde. Damit hatte der ehemalige Kleinkönig den gleichen Rang erreicht wie der darob gar nicht erfreute Theoderich. Zügig ging Chlodwig daran, diese neue Ehre in praktische Politik umzusetzen. Vor allem verdrängte er ebenso brutal wie wirkungsvoll seine fränkischen Konkurrenten und erreichte innerhalb kurzer Zeit eine erstaunliche Machtfülle. Er wird dies als Beweis dafür gesehen haben, dass er sich auf die Seite des richtigen Gottes gestellt hatte, was er der Kirche durchaus zu danken wusste.

Auf lange Sicht war mit der Taufe des Jahres 498 auch eine weitreichende kulturelle Entscheidung gefällt worden. Denn zum Mittelpunkt der religiösen Kultur des Mittelalters wurde durch diese germanisch-römische Verbindung die lateinische Messe und die Verehrung der römischen Apostel. Die germanische Bibel- und Gottesdienstsprache der Goten blieb Episode, und die Zukunft lag in einem lateinischen Mittelalter. Diese Linie wird auch darin deutlich, dass Chlodwig sich aus wirtschaftlichen, strategischen und anderen Gründen für Paris als Residenzort entschied. Dort gab er gegen Ende seines Lebens ein Beispiel dafür, wie konkret er sich selbst in der Nachfolge des großen Konstantin sah. Wie dieser einst in Konstantinopel, so ließ Chlodwig in Paris eine Zwölfapostelkirche als seine Grabkirche errichten (heute St. Geneviève), in der er auch nach seinem Tode am 27. November 511 an der Seite der Stadtheiligen Genovefa (um 420–502) bestattet worden ist.

IV. Die fränkische Kirche

Im Nachhinein stellen sich Entscheidungssituationen wie die Chlodwigs immer als besonders dramatisch dar. Das gilt für die meisten mittelalterlichen Konversionsberichte, bei deren Abfassung ohnehin immer irgendwelche Interessenlagen eine Rolle spielten. Klar ist aber auch, dass herausragende Ereignisse wie die Taufe stets ein Punkt in einem längeren Wandlungsprozess gewesen sind, denn bevor sich eine neue Religion in allen Lebensbereichen durchsetzen konnte, mussten sich tiefliegende Traditionen verändern. Insofern war auch Chlodwigs Taufe lediglich der Start für die sich lange hinziehende Christianisierung der Franken.

Bei dem König selbst ist dieser Prozess nie zum Ende gekommen. Schon zu Gregors Zeiten waren sein Scharfsinn und seine Grausamkeit gleichermaßen legendär. So soll er gegen Ende seines Lebens nach Beseitigung aller Konkurrenten beklagt haben, nun keine Verwandten mehr zu besitzen. Er tat dies freilich nicht aus Kummer um deren Tod, sondern, wie Gregor lapidar bemerkt, „aus List, ob sich vielleicht noch einer fände, den er ermorden könne" (Gregor II 42). Was also die ‚Erledigung' von Familienstreitigkeiten anbetrifft, so hatte Chlodwig ebenso wie seine Nachfolger offensichtlich viel von den Römern gelernt. Die römischen Verwaltungsstrukturen hatte er schon nach dem Sieg über Syagrius übernommen. Nun ging er daran, den gallorömischen Episkopat auf seine Linie einzuschwören. Dankbar für die Möglichkeit des Ausbaus kirchlicher Strukturen, akzeptierten die Bischöfe bereits auf der ersten Synode 511 in Orléans in einer Huldigungsadresse die priesterliche Oberhoheit des Königs und festigten so seine *rex et sacerdos*-Position, ein für die Zukunft überaus folgenreiches Vorstellungsmuster. Nicht die universale Kaiserkirche, sondern die Königsherrschaft über die fränkische Landeskirche hatte Chlodwig im Sinn. ‚Die' fränkische Kirche gab es im Grunde gar nicht, nur zahlreiche von den Bischöfen und den lokalen Eliten beherrschte kultische Zentren, die von der königlichen Zentralgewalt zusammengehalten wurden. Dabei waren die Beziehungen zu Rom locker, man konzentrierte sich vor allem auf den eigenen Horizont. Dementsprechend sah es auch im Merowingerreich aus. In den Verhandlungen der Synoden ging es weniger um die Verbreitung des Evangeliums und der christlichen Ethik, sondern eher um gesellschaftliche und disziplinäre Probleme sowie die Sicherung der Bischofsherrschaft. Probleme mit Häretikern hatte man kaum, bedeutende

Theologen sind allerdings auch nicht zu verzeichnen. Mehr beschäftigt waren die Bischöfe mit der Bekämpfung verschiedener heidnischer Praktiken, die sich hartnäckig in der Bevölkerung hielten, und mit der Kontrolle der höchst erfolgreichen Heiligenverehrung, die mehr und mehr zu einem zentralen Faktor der frühmittelalterlichen Gesellschaft werden sollte.

Wichtiger als die Frage nach der merowingischen Kirchenstruktur ist die nach der eigentlichen Christianisierung der Franken. Das Christentum befand sich zur Zeit von Chlodwigs Taufe bereits seit drei Jahrhunderten in Gallien, sodass vor allem in den Städten auf funktionierende Bischofssitze zurückgegriffen werden konnte. Des Weiteren standen durch die Verschmelzung der beiden Bevölkerungsgruppen die Zeichen für eine rasche Verchristlichung günstig. Dennoch ist die Frage nicht so leicht zu beantworten. Vom König herab bis zum kleinsten Bauern ging es den Franken darum, dass sich Gott in ihrem Alltag als wirkmächtig erwies, die Glaubensinhalte und vor allem die Lehre waren dabei eher zweitrangig. Da sie aber an ihre heidnischen Götter die gleichen Anforderungen gestellt hatten, waren vielen die grundsätzlichen Unterschiede zwischen Polytheismus und Christentum kaum bekannt oder sie hatten die Lehren des neuen Glaubens missverstanden. Deshalb fällt auch heute Archäologen wie Historikern die Einschätzung von Grabfunden schwer. Sicher ist der allmähliche Verzicht auf Beigaben für den Toten Ausdruck fortschreitender Christianisierung. Zunächst aber wurde die Beigabensitte beibehalten, und es ist oft unentscheidbar, ob Beigaben traditionelle, heidnische oder christliche Bezüge haben. Sind ein Bärenzahn oder ein Kreuz immer sinnhafte Amulette oder sinnfreier Schmuck? Eines ist klar: Das Christentum musste den Leuten erst einmal begreiflich gemacht werden, und ein solcher Prozess zog sich über Generationen hin. Erziehern des Volkes wie Bischof Caesarius von Arles († 542) kostete er unendlich viel Mühe. Das Frankenreich ebenso wie die ihm einverleibten Gebiete waren altheilige Landschaften, in denen den Menschen trotz Christianisierung zahlreiche verfallende Göttertempel, verwitternde Idole sowie heilige Bäume und Quellen begegneten. Anschaulich berichten die verschiedenen Quellen davon, wie lange es dauerte, bis diese Zeugnisse einer anderen Vergangenheit durch eine neue Sakralität des Landes, die der Heiligen nämlich, überwunden worden sind.

Bis dahin war es ein weiter Weg. Im 6. Jahrhundert jedenfalls werden die Franken genauso wie die anderen Germanenstämme das Christentum erst einmal nach heidnischen Deutungsmustern verstanden und aufgenommen haben. Belegbar wird diese, von den erzählenden kirchlichen Quellen gern verschwiegene Situation durch viele Gegenstände des täglichen Bedarfs aus dem 6. und 7. Jahrhundert, die unbekümmert heidnische Tierfiguren im germanischen Tierstil mit eindeutig christlichen Symbolen wie Kreuz, Alpha und Omega, Christuskopf oder biblischen Szenen verbanden. Offensichtlich haben die Besitzer entsprechender Fibeln, Schnallen, Gürtelbeschläge, Waffen und anderer Gerätschaften die alten unheilabwehrenden Tierbilder genauso interpretiert wie die glückbringenden Zeichen des neuen Gottes. Das zeigt immerhin, dass sie von der Macht Christi wussten und diese auch für sich nutzen wollten. Wie ernsthaft dieses Bekenntnis war, wenn man sicherheitshalber die altvertrauten Amulette noch mitbenutzte, lässt sich freilich nicht sagen. Ein Beispiel für diese Vorgehensweise ist der bekannte Grabstein von Niederdollendorf bei Bonn vom Ende des 7. Jahrhunderts. Während die Vorderseite den Toten nach heidnischer Sitte zeigt, ausgerüstet mit Schwert und Feldflasche, einem auf das Haar als Sitz der Lebenskraft verweisenden Kamm sowie die verwandelten Seelen der Toten repräsentierenden Schlangen, die ihn im Reich in der Tiefe der Erde begrüßen, findet sich auf der Rückseite eine der frühesten germanischen Darstellungen Christi mit Mandorla, kaiserlicher Rüstung mit Löwen- oder Gorgonenhaupt auf dem Panzer, einer Lanze anstelle des Kreuzes, dämonische Wesen zertretend.

Die Christianisierung der Franken war also ein mühevolles und sich lange hinziehendes Geschäft. Da vollkommen neue Traditionen herausgebildet werden mussten, konnte das gar nicht anders sein. Es versteht sich von selbst, dass in solchen Prozessen auch das Christentum verändert wurde und ihm eigentlich fremde Vorstellungskomplexe aufnahm. Gerade die Veränderungen im sozialethischen Bereich brauchten im merowingischen Reich viel Zeit, kamen aber schließlich, wie etwa die Zurückdrängung der Blutrache verdeutlicht. Nach Ausweis aller Quellen muss man jedoch festhalten, dass sich die Gesellschaft der Merowingerzeit nicht nur als christlich bezeichnete, sondern es wohl auch wirklich sein wollte. Wie weit ihr das tatsächlich gelang, ist ein anderes Problem. Im Bewusstsein der Bevölkerung spielten Kultur und Liturgie des Christentums mehr und mehr eine herausragende Rolle, trotz der Beispiele für fortbestehendes Heidentum. Der eindeutige Beleg dafür mag sein, dass nirgendwo in der Überlieferung vom Widerstand oder gar einem Aufstand der heidnischen Priester die Rede ist, die schließlich durch das Christentum arbeitslos und damit zu einem Konfliktpotential geworden waren. Scheinbar mussten auch sie die größere Macht des Christengottes akzeptieren. Diese ganze Entwicklung ist durch die Taufe Chlodwigs in Gang gebracht worden. Zu Recht steht sie deshalb am Beginn der Christianisierung Europas.

V. Reformansätze

Die Christianisierung eines Volkes ist immer ein Prozess ohne Ende. Das gilt auch für die Franken. Die Kirche bemühte sich redlich um eine entsprechende Erziehung der Menschen, unterstützt von der Machtelite. Das Königtum förderte diese Aktivitäten, benutzte die kirchlichen Strukturen jedoch auch unbekümmert zur Stabilisierung und zum Ausbau seiner Herrschaft. Rasch stellten sich erste Verfallserscheinungen ein, sodass neue Impulse durchaus erwünscht waren. Sie kamen aus Irland, das seit dem 4. Jahrhundert ein von Rom unabhängiges Christentum eigener Prägung entwickelt hatte. Columban der Jüngere (543–615) war es, der kurz nach 590 mit zwölf Jüngern an der Küste der Bretagne landete und sich anschickte, unter den Franken zu wirken. Dass die Iren auf dem Kontinent nachhaltigen Erfolg hatten, ist überraschend, denn ihre monastische Askese passte so gar nicht zu der aus der Spätantike überkommenen bischöflichen Kirchenorganisation des Frankenreiches. Außerdem waren es nur wenige Persönlichkeiten, die das irofränkische Mönchtum begründeten und innerhalb weniger Generationen explosionsartig für zahlreiche Klostergründungen sorgten. Man wird diesen Beginn einer neuen Epoche der abendländischen Klostergeschichte nur damit erklären können, dass das irische Konzept der Christusnachfolge auf fruchtbaren Boden fiel. Diese Aufnahmebereitschaft gilt in besonderem Maße für den fränkischen Adel. Das verschaffte den Iren zwar Vorteile, machte sie aber auch von der Unterstützung durch die Führungsschicht des Landes abhängig, sodass Erfolg oder Misserfolg oft nahe beieinander lagen.

Columban der Jüngere also war der Erste. Missionsabsichten hatte er nicht, als er kurz nach 590 festländischen Boden betrat, vielmehr folgte er dem irischen Ideal der Peregrinatio. Im Frankenreich fand er rasch die Unterstützung von Adel und Königtum. König Gunthram (561–593) überließ ihm ein verfallenes Kastell am Westhang der Vogesen, in dem er das Kloster Annegray einrichtete. Schon bald war es mit 200 Mönchen überfüllt, und Columban gründete wenig später die Klöster Luxeuil, das zum Zentrum der irofränkischen Mönchsbewegung werden sollte, und Fontaine. Columbans Grundidee war es, sich durch Askese mit dem erniedrigten und gehorsamen Jesus Christus zu vereinen und das Leben als Weg und Aufstieg zur himmlischen Heimat zu verstehen. Seine Klostergemeinschaft sah er als die eigentliche Kirche an und errichtete daher seine Klöster entgegen der Vorschrift ohne bischöfliche Genehmigung. Indem sie sich dadurch aus der Jurisdiktion des zuständigen Bischofs lösten und nach irischem Vorbild selbst Bischöfe weihten, bildeten sie gewissermaßen eine Kirche in der Kirche. Damit waren natürlich Konflikte vorprogrammiert. Die etablierten fränkischen Kirchenführer wurden als dekadent angesehen, was zwar übertrieben, aber eben auch nicht ganz falsch war. Vor allem die andere Lebensweise und Kultur der Iren forderte sie heraus. Solange jedoch die Führungsschicht des Landes Columban unterstützte, konnten sie kaum etwas gegen den Ausländer unternehmen. In der Tat wurden vor allem die Adelsfamilien von dem asketischen Programm angezogen, viele ihrer Söhne unterwarfen sich dem strengen Leben und traten in die Klöster ein. Zu dieser Entwicklung mag beigetragen haben, dass die Elite auf diese Weise mit christlichen Mitteln ihre eigene Führungsstellung zu legitimieren und zu festigen versuchte. Heils- und Herrschaftssicherung gingen eine fruchtbare Symbiose ein. Der Erfolg der Klosterbewegung war jedenfalls grandios. Am Ende des 6. Jahrhunderts gab es in Gallien etwa zweihundertzwanzig Klöster, hundert Jahre später waren es schon rund fünfhundertfünfzig. Die von Columban angestoßene monastische Bewegung hat das Kirchenleben im gesamten Mittelalter nachhaltig beeinflusst.

Aber konfliktfrei vollzog sich diese Entwicklung nicht. Streit gab es mit den fränkischen Bischöfen wegen irischer Sonderbräuche wie des abweichenden Ostertermins. Das ließ sich aushalten, schlimmer wirkten sich jedoch Spannungen mit dem merowingischen Königshof aus. Fast zwanzig Jahre lang hatte Columban unbehelligt arbeiten können, dann aber zog er sich den unbändigen Zorn der Königin Brunichilde († 613) zu. Diese gefürchtete Dame führte nach dem Tod ihres Gatten Sigibert I. im Jahre 575 zusammen mit ihrem Enkel Theuderich II. (596–613) ein überaus hartes Regiment, sie gilt als Prototyp für den politischen und moralischen Zerfall des Reiches. Anlass der Auseinandersetzung war im Jahre 609 das Verlangen Brunichildes, Columban möge die aus einem Konkubinat entsprossenen Söhne ihres Enkels segnen. Der Gottesmann aber weigerte sich schroff und entgegnete: „Sei dir bewusst, diese werden nie das königliche Zepter tragen, denn sie stammen ja aus den Bordellen" (Vita Columbani c. 19). Das wollte die Königin nicht hinnehmen und setzte schließlich 610 die Ausweisung des Iren durch. Von Nantes aus sollte ihn ein Schiff nach Irland zurückbringen, es wurde jedoch an Land zurückgetrieben. Nach manchen Hin und Her fand Columban bei den Alamannen ein neues Wirkungsfeld. In dem Gebiet des alten provinzialrömischen Rätien lebten Christen und Heiden nebeneinander, und so konnten die Iren hier erstmals wirkliche Volksmission betreiben. Nach einem Jahr am Bodensee zog Columban dann über die Alpen an den langobardischen Hof in Mailand. König Agilulf († 615/616) überließ ihm eine halb zerfallene Basilika in Bobbio am Apennin, die er wiederherstellte und zum Kern eines neuen Klosters machte. Dort ist Columban am 23. November 615 gestorben.

Die Bedeutung der irischen Mönche für die weitere kirchliche Entwicklung des Frankenreiches ist nicht zu überschätzen. Zwar zielten ihre Aktivitäten zuerst weder auf Missionspredigt noch auf Gemeindegründungen, sie wollten einfach als rigorose Asketen in der Nachfolge Christi leben. Aber durch die Verbindung mit dem Adel und den Herrschern des Merowingerreiches gewannen sie selbst neue Energien und Wirkungsmöglichkeiten, die nachhaltig zur Christianisierung des Landes und zur Verchristlichung der Herrschaftsideologie beitrugen. Darüber hinaus breitete sich das Mönchtum mit der fränkischen Ostexpansion weiter aus und förderte so die germanisch-romanische Mischkultur.

Zu den größten Leistungen des Klosterlebens gehört die Neubewertung der Arbeit. Das viel zitierte *ora et labora*, bete und arbeite, steht zwar nicht in der Mönchsregel des Benedikt von Nursia (um 480–555/560), war aber fester Bestandteil des Tagesablaufs. Fünf bis acht Stunden Handarbeit sah Benedikt vor, denn die Mönche sollten nach biblischem Vorbild von ihrer Hände Arbeit leben. Die arbeitsfreie Zeit, ein Ideal der über Heerscharen von Sklaven verfügenden Antike, galt dem Vater des abendländischen Mönchtums als Müßiggang und Feindin der Seele. In den Klöstern Columbans kam man schon deshalb um Arbeitseinsätze nicht herum, weil sie weit außerhalb der Städte lagen und die Gegend erst einmal kultiviert werden musste. Diese beispielhaft vorgelebte Arbeit wurde zu einem Beleg ernsthafter Christlichkeit und entwickelte sich zu einem allgemein verpflichtenden Ethos. Die Landschenkungen, die manchen großen Klöstern zuflossen, waren allerdings meist Sklavenbetriebe. Hier sorgte die irofränkische Mönchsbewegung für eine allmähliche Wende, denn es bildeten sich Grundherrschaften heraus, auf deren dienst- und zinspflichtigen Unterhöfen Sklaven sesshaft gemacht wurden, was im Endergebnis zur Aufhebung der Sklaverei führte. Kurzum, die Begründung des neuen christlichen Arbeitsethos ist eine der welthistorischen Leistungen des Christentums.

Columban hat all dies natürlich nicht allein vollbracht, eine ganze Reihe von Iren ist unter seinem Einfluss auf dem Kontinent aktiv gewesen. Zu ihnen gehörte sein Gefährte Gallus († um 650), der, ganz sicher ist es nicht, mit ihm auf den Kontinent gereist ist. Er hat das columbanische Mönchtum im südalamannisch-rätischen Grenzraum vertreten und sich vor allem in der Gegend um Bregenz darum bemüht, die heidnisch-christliche Mischbevölkerung auf den rechten Weg der Christusnachfolge zu bringen. Auch noch andere Schüler Columbans ließen sich zur Mission motivieren. Audomar († um 670), ein Mönch aus Luxeuil, war seit 639 Bischof von Thérouanne (Dép. Pas-de-Calais) und christianisierte die nordgallisch romanisch-fränkische Mischzone. Amandus (um 600–676/684), der Apostel der Belgier, wirkte als Missionsbischof ohne festen Sitz im fränkisch-friesischen Grenzgebiet und unternahm sogar Missionsreisen zu den Basken in den Pyrenäen und den Slaven an der Donau. Auch wenn die irische Bewegung auf dem Kontinent am Ende des 7. Jahrhunderts an Kraft verlor und von den Aktivitäten der Angelsachsen abgelöst wurde, hat sie doch entscheidende Impulse für die weitere Christianisierung des Frankenreichs gegeben.

Der Aufstieg der Franken zur Vormacht im westlichen Europa hat durch den Religionswechsel Chlodwigs an Nachhaltigkeit gewonnen. Übernahme und Ausbau der Kirchenstrukturen haben die Macht der fränkischen Herrscher stabilisiert und zugleich für die Christianisierung des Volkes gesorgt. Dementsprechend haben auch Militärs und Missionare bei der weiteren Expansion des Frankenreiches erfolgreich zusammengearbeitet.

Literatur

Die Franken – Wegbereiter Europas. Vor 1500 Jahren: König Chlodwig und seine Erben. Ausstellungskatalog. Mainz 1996

Geary, Patrick J., Die Merowinger. Europa vor Karl dem Großen. München 1996 (zuerst Oxford 1988)

Hen, Yitzhak, Culture and Religion in Merovingian Gaul AD 481–751 (Cultures, Beliefs and Traditions 1). Leiden u.a. 1995

Kaiser, Reinhold, Das römische Erbe und das Merowingerreich (Enzyklopädie deutscher Geschichte 26). München ³2004 (¹1993)

v. Padberg, Lutz E., Die Christianisierung Europas im Mittelalter (Universal-Bibliothek 17015). Stuttgart 1998

v. Padberg, Lutz E., Christianisierung im Mittelalter. Darmstadt – Stuttgart 2006

Prinz, Friedrich, Frühes Mönchtum im Frankenreich. Kultur und Gesellschaft in Gallien, den Rheinlanden und Bayern am Beispiel der monastischen Entwicklung (4. bis 8. Jahrhundert). Darmstadt ²1988; Nachdruck 1995 (¹1965)

Steinen, Wolfram von den, Chlodwigs Übergang zum Christentum. Eine quellenkritische Studie (Libelli 103). Darmstadt 1963 (zuerst 1932)

Wolfram, Herwig, Das Reich und die Germanen. Zwischen Antike und Mittelalter. Berlin ²1992 (¹1990)

Wood, Ian N., The Merovingian Kingdoms 450–751. London – New York 1994

Apostelkirche in Sainte-Geneviève in Paris, 2003
Chlodwig I. († 511) und seine jüngste Tochter Chlodechilde wurden hier begraben.
Foto: Erfurt, Ole Bechert

DAS GRÄBERFELD VON ERFURT-GISPERSLEBEN.

ERGEBNISSE ZUR GESELLSCHAFT, ZUR LEBENSWEISE UND ZU DEN BESTATTUNGSSITTEN DER ALT-THÜRINGER

Wolfgang Timpel

Etwa 700 m von Gispersleben entfernt wurde auf dem Kleinen Roten Berg in den letzten Jahren in zwei Grabungsetappen ein Körpergräberfeld ausgegraben, das für die Erforschung von Gesellschaft und Kultur der Thüringer des 6. Jahrhunderts von größtem wissenschaftlichen Interesse ist. Anlass für die Untersuchungen waren Erdbewegungen im Rahmen von Straßen- bzw. Autobahnbau.

I. Die Ausgrabungen

Das Gräberfeld wurde auf der Höhe und auf dem Nordosthang des aus dem rötlichen Boden des mittleren Keupers mit Ton- und Gipsablagerungen bestehenden Kleinen Roten Berges angelegt. Es umfasst zwei unterschiedlich große Gräbergruppen. Zur größeren, die 1977/78 angeschnitten und untersucht wurde, gehören 62 Bestattungen und 3 Pferdegräber (Timpel, 1980, 181 ff.). Darüber hinaus wurden bei den ersten Abbauarbeiten mindestens 12 weitere Körpergräber unerkannt zerstört.

Die kleinere Gräbergruppe schließt sich im Norden an den Komplex an. Bei den planmäßigen Untersuchungen im Jahr 2001 konnten hier 18 Bestattungen sowie 6 Pferde und 1 Hund aus Tiergräbern geborgen werden.

Insgesamt zählt das Gräberfeld damit ca. 92 – 95 menschliche Bestattungen[1], denen 9 Pferde und 1 Hund mitgegeben wurden. Der Friedhof nähert sich so mit seiner Größe den thüringischen Nekropolen von Stößen und Weimar an (Schmidt 1970, 20 ff; 75 ff.).

II. Bestattungssitten

Die Toten wurden in rechteckigen, in der Regel west-östlich orientierten 0,90 – 2,00 m tiefen Grabgruben beigesetzt. Inkohlte Holzbalken und Bretter in mehreren Gräbern sind als Reste von Totenbrettern, Särgen und unterschiedlich großen Holzkammern erhalten. So lag die Frau in Grab 20/78 in einem stark vergangenen Holzsarg, von dem der inkohlte Deckel weitgehend erhalten war. Auch das Männergrab Befund 255[2] wies einen hölzernen Einbau auf. Senkrechte Holzbalkenreste in dem Grab Befund 429 zeigen, dass die Grabgrube mit starken Holzbrettern ausgekleidet war. Die Aufarbeitung aller Befunde wird zeigen, dass die Holzkammern nach Form und Größe mehreren Bautypen zuzuweisen sind[3]. Mehrfach befanden sich in den Gräbern steinerne Begrenzungen oder große Steine als Abdeckung.
Wie Gewebereste und Metallgegenstände sowie die Lage von Schmuckgegenständen und Gürtelbestandteilen erkennen lassen, waren Männer und Frauen bekleidet und hatten – wie in der Völkerwanderungszeit üblich – Gegenstände des täglichen Bedarfs und Waffen mit ins Grab bekommen. In 9 Fällen hatte man

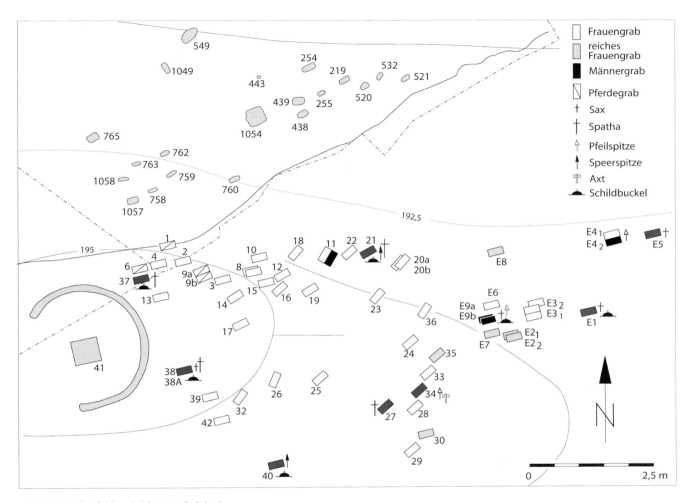

1 Plan des Gräberfeldes, *Zeichnung: G. Schade*

die Gräber direkt übereinander angelegt. Es handelt sich in einigen Fällen um Familienbestattungen, jedoch wurden jüngere Gräber auch so positioniert, um damit eine Ausplünderung der älteren Bestattung vornehmen zu können. Oft sind mit zur Seite geräumten Skeletten und Erdverfärbungen die Spuren von Grabräubern nachzuweisen, die es auf Edelmetallschmuck, aber auch auf Waffen wie die Spatha abgesehen hatten[4]. Das erschwert die Auswertbarkeit hinsichtlich der Schlussfolgerungen zum sozialen Status der betreffenden Toten ganz wesentlich.

Reitpferde und Hunde wurden in oder über reichen Männergräbern, aber auch in gesonderten Gruben neben diesen begraben. Die geopferten Pferde waren Bestandteil des Totenbrauches, sie zeugen von der großen Bedeutung der altthüringischen Pferdezucht. In der Mehrzahl wurde ein Pferd mitgegeben. In Thüringen, wo die Pferdegrabsitte auf langer Tradition beruht, sind oft zwei Tiere, in einem Fall drei Pferde in einem Grab angetroffen worden. Sie wurden west-ost-orientiert auf der rechten oder linken Seite, gelegentlich auch auf dem Bauch in einfachen Erdgruben begraben. Wie die Untersuchungen gezeigt haben, waren es meist kraftvolle Hengste, die man tötete. In dem geringeren Teil der Pferdegräber fanden sich Eisenschnallen und Teile des Zaumzeuges, manchmal trug das Pferd eine Bronzeglocke. Das Töten und Vergraben war Teil des Grabritus, der auf dem Bestattungsplatz vollzogen wurde.

Was bewog die Menschen, einem Familienmitglied ein sicher teures und begehrtes Pferd mitzugeben? Es war wohl der Glaube, dass das Tier, welches dem Herrn im Leben gedient hatte, ihm auch im Jenseits zur Verfügung stehen sollte. Der vornehme und vermögende Krieger konnte und sollte dort auf sein Statussymbol nicht verzichten.

2 Männergrab mit Schildbuckel, *Foto: Weimar, Wolfgang Timpel*

III. Austattung der Gräber

Die beiden Gräbergruppen auf dem Kleinen Roten Berg weisen einen unterschiedlichen Ausstattungsgrad auf. In der ersten Gruppe hatte man in 5 Männergräber Spathen mitgegeben. Drei der Langschwerter sind damasziert und besitzen damit einen hohen Gebrauchswert. Reste der Griffe aus Geweih und metallgeschiente Holzscheiden mit Lederüberzug lassen auf das ehemalige Aussehen der kostbaren Waffen schließen. Ein Grab enthielt eine eiserne Knebeltrense, in zwei weiteren kommen Breitsaxe (einschneidige Kurzschwerter), Speerspitzen, Pfeilspitzen und zweimal eine Franziska, die fränkische Wurfaxt, vor. Die Waffenausrüstungen lassen auf besitzende freie Krieger schließen.

Vier Frauen trugen Fibeln. Besonders die Bestattung E2/2 hob sich durch ihren Schmuck und die Beigaben, die sie als Angehörige einer wohlhabenden Familie auswiesen, von den übrigen Frauen deutlich ab. Ihr Schmuck bestand aus zwei vergoldeten Bügelfibeln mit rankenverzierten Kopfplatten und almandinverzierten Knöpfen (Abb. 3), einer kleinen Kerbschnittfibel mit Almandinen und einer Perlenkette. Ein großer polyedrischer Bergkristallanhänger wurde wohl als Amulett getragen. Zum Grabinventar gehörten schließlich ein eisernes Webschwert und eine Thüringer Drehscheibenschale. In einem anderen Grab lagen zwei verzierte Bronzeschlüssel, die von einigen Frauen als Zeichen der Hausfrauengewalt am Gürtel getragen wurden. Daneben stand eine Tonschale mit einem Deckel aus Pappelholz.

Weitere Frauengräber enthielten Bernstein- und Tonperlen in unterschiedlichen Größen und Ausführungen.

An Keramik kommen einfache Kümpfe, handgeformte Schalen mit schrägen Hohlkehlen, Thüringer Drehscheibenschalen und Rippengefäße, teils mit Stempelverzierungen vor (Abb. 4). Die Herstellung der verzierten Thüringer Drehscheibengefäße geht nach den frühesten Vorkommen der Einglätttechnik auf mitteldanubische Einflüsse des 5. Jahrhunderts zurück und bestätigt die engen kulturellen Beziehungen zum donauländlichen Milieu, in dem diese Verzierungsart üblich war.

Das Auftreten von Drehscheibengefäßen mit Einglättmustern in Böhmen und im Prager Raum zusammen mit Thüringer Kerbschnittfibeln lässt darauf schließen, dass sich die dortige Bevölkerung im 6. Jahrhundert dem Thüringer Königreich angeschlossen hatte.

In Frauen- und Männergräbern fanden sich Schnallen aus Silber und Eisen. Schilddornschnallen aus Bronze mit zugehörigen Beschlagplatten, Bronzepinzetten, Pinkeisen mit Feuersteinen, Eisenmesser sowie ein- und zweireihige Dreilagenkämme vervollständigen die Grabinventare. Eine in das frühe 7. Jahrhundert zu datierende Männerbestattung (Grab 39) war mit 25 verschiedenen Riemenzungen und Gürtelbeschlägen aus verzinnter Bronze ausgerüstet. Diese vielteiligen Gürtelgarnituren kommen im fränkisch-alamannischen Siedlungsgebiet vor. Sechs Gräber enthielten mit Tierknochen nachweisbare Speisebeigaben.

IV. Das Grab einer Fürstin

Auf der höchsten Stelle des Berges lag – deutlich von den übrigen Gräbern abgesetzt und von einem großen Kreisgraben umgeben – das 4,95 x 4,00 m große, 1,85 m in den Boden eingetiefte Kammergrab 41. Ein Gräbchen am Boden und Holzreste an den senkrechten Wänden wiesen auf einen Schwellbalken hin, auf dem die seitlichen Bohlenwände errichtet waren. Die Holzdecke war zusammengebrochen. In der Grabkammer befand sich ein seitlich zusammengestürzter zweirädriger Wagen (Abb. 5; 6). Erhaltene Holzreste und eiserne Beschlagteile ließen eine Rekonstruktion zu (Abb. 7). Auf den Resten des Wagenaufbaues lag das nach vorn verlagerte Skelett einer 25-30-jährigen Frau. Das Grab war ausgeraubt, doch hatte die Eindringlinge, die nach der Lage des Oberkörpers der Toten ein Kleidungsstück abgestreift hatten, offenbar nur der Schmuck der Frau interessiert. Braune und grüne, durch oxidierendes Metall bedingte Verfärbungen am Skelett zeigen, dass am linken Oberschenkel und im Beckenbereich Gegenstände anlagen, die von Grabräubern aus der Grabkammer entfernt worden sind, als diese noch begehbar war. Vom Schmuck waren nur noch eine schwere 15,9 cm lange goldene Haarnadel und Perlen einer Halskette vorhanden. Nach Goldfäden in Bordenstruktur und kleinen Goldröhrchen, die am Skelett anlagen und über der Bestattung verstreut waren, trug die Frau ein fürstliches, mit Goldbrokat besticktes Gewand. Die herausragenden Beigaben waren an verschiedenen Stellen in der Kammer niedergelegt. Ein bronzenes Perlrandbecken, das ursprünglich auf dem Wagen lag, wurde zerbrochen unter dem Radreifen geborgen. Darauf lagen Haselnüsse und eine kleine Silberschale italischer Herkunft mit einem Silberlöffel (Abb. 9). Der Nachweis von Blütenpollen in der Schale lässt auf eine mitgegebene Honigspeise als Wegzehrung schließen.

Neben dem Wagen befanden sich in einem hölzernen Schmuckkästchen mehrere Perlen, ein Bernsteinanhänger und ein großer Dreilagenkamm. Hier stand auch eine Thüringer Drehscheibenschale mit Eierschalen. In einer Ecke der Grabkammer lagen verzierte Bronzebeschläge und ankerförmige Henkelattaschen eines Eimers aus Eibenholz, der wie ein Trinkhorn zum fürstlichen Trinkgeschirr gehörte. Von dem qualitätsvollen Horn waren die Randbeschläge, vergoldete Mundbleche, silberne Ösen und eine Riemenschnalle erhalten. Die in einer Matrize geprägte Darstellung auf den Mundblechen zeigt in der Mitte des Bechers eine menschliche Maske und zwei antithetisch stehende, rückwärts blickende Tiere im entwickelten nordischen Tierstil (Abb. 10).

Nach dem vorhandenen Kreisgraben und der Größe der Grabkammer war über dem Grab ein Hügel von etwa 25 m Durchmesser aufgewölbt (Abb. 8). Grabhügelbestattungen sind im thüringischen Raum selten, dort wo sie vorkommen, sind sie mit hochstehenden Persönlichkeiten zu verbinden[5]. Der im Jahre 482 verstorbene fränkische König Childerich erhielt in Tournai eine prunkvolle Bestattung unter einem Grabhügel, die bei den Franken bisher nicht üblich war. Sie wurde von Basina, der Frau des Königs, veranlasst, die aus Thüringen stammte, wo hochstehende vornehme Persönlichkeiten so beigesetzt wurden. Auch die 21 Pferdebestattungen in der näheren Umgebung des Hügels gehen auf thüringische Traditionen zurück, wie die Pferdegräber im Gisperslebener Gräberfeld, in Weimar, Stößen und Mühlhausen deutlich machen.

3 Fibeln aus Grab E 2/2, *Foto: Weimar, Landesamt für Archäologie mit Museum für Ur- und Frühgeschichte Thüringens, Brigitte Stefan*

4 Rippengefäß, *Foto: Weimar, Landesamt für Archäologie mit Museum für Ur- und Frühgeschichte Thüringens, Brigitte Stefan*

Es ist zu vermuten, dass es sich bei Grab 41, das sich mit seiner Abseitsposition und Kreisgraben deutlich von den anderen Bestattungen des Gräberfeldes absetzt, um ein Gründergrab handelt[6]. Gründergräber waren die Bestattungen eines Mitgliedes der Familie, von denen die zugehörige Siedlung gegründet wurde.

Die 18 Gräber der zweiten Gruppe, die sich im Norden anschließt (Abb. 1), sind insgesamt ärmlicher ausgestattet, wobei auch hier eine mehrfach nachweisbare Ausraubung der Gräber die Beurteilung verfälscht. Die größere Häufigkeit von besonderen Holzkonstruktionen in diesem Teil des Gräberfeldes, die auf herausragende Grabkammern schließen lassen, relativiert das Gesamtbild.

5 Grabungsbefund Grab 41, *Foto: Weimar, Wolfgang Timpel*

Bei den Männern fehlen Spathaträger. An Waffen kommen in 2 Gräbern einschneidige Kurzschwerter (Sax) und in 5 Gräbern Pfeilspitzen vor. Das Inventar der Gräber besteht aus Schnallen, Messern, Bronzenadeln, einem Pinkeisen und einer Trense. An Gefäßen wurden Näpfe, Schalen und ein hohes verziertes Gefäß mitgegeben. Hervorzuheben ist ein kleines Glasgefäß fränkischer Herkunft, das einer vermögenden Frau gehört haben dürfte. In den Frauengräbern fanden sich 2 kleine Scheibenfibeln mit Almandinen und Pressblechauflage. An Speisebeigaben sind Schwein, Gans und Karpfen nachweisbar. Am Ostrand des Gräberfeldes lagen 4 Pferdegräber. Auch zu dieser Gruppe gehörte ein großes Kammergrab, das im Gegensatz zu Grab 41 inmitten der übrigen Gräber lag. Das 3,40 x 3,80 m große Grab wurde ebenfalls geplündert. Nach dem Befund war hier ein Mann in einer Kammer mit sehr massiver Holzkonstruktion beigesetzt. Auf der Holzdecke der vermutlich zweistöckigen Anlage lagen mehrere Pferde, die beim Zusammenbrechen der Holzkonstruktion teilweise in das Innere der Grabkammer gestürzt waren. Teile der Pferdekörper lagen noch auf dem Rand in der oberen Ebene des Grabes.

Die Ergebnisse der neuen Untersuchungen sind von großer Relevanz – ermöglichen sie doch die Gesamtbewertung eines der bedeutendsten thüringischen Bestattungsplätze im mitteldeutschen Raum.

V. Zur Bekleidung thüringischer Frauen

Für die Rekonstruktion der einheimischen Frauenkleidung sind die Lage der Gürtelbestandteile, in erster Linie jedoch die der Fibeln im Grab heranzuziehen. Die Befunde im Gräberfeld Gispersleben lassen nach dem derzeitigen Bearbeitungsstand keine oder nur geringe Aussagen zu, da die Fibeln hier nicht in ursprünglicher Lage gefunden wurden oder die Bestattungen so gestört waren, dass die Befunde nicht auswertbar waren. Zur thüringischen Frauenkleidung gehören zwei meist paarige Kleinfibeln, die oft auf der Brust gefunden wurden, und zwei Bügelfibeln, die im Beckenbereich der Frauen lagen. Letztere haben möglicherweise ein Leichentuch geschlossen, sie könnten jedoch auch zu einem Oberkleid oder Wickelrock gehört haben. Die Scheibenfibeln, wie sie aus den Gräbern Befund 763 und 1057 vorliegen, dürften zum Zusammenhalten eines Kleides mit seitlichen Schulterschlitzen gedient haben (Abb 12.). Mit den Fibeln aus thüringischen Frauengräbern aus Weimar, Nordfriedhof, und aus Schlotheim sowie auf der Grundlage weiterer Vergleichsfunde hat Behm-Blancke (1979, 190 ff.) die Kleidung der Thüringerinnen rekonstruiert. Danach war die Haupttracht wahrscheinlich ein Unterkleid aus leichtem Gewebe, das an den Schultern mit Scheibenfibeln oder anderen Kleinfibeln zusammengehalten wurde, und einem faltenreichen Oberkleid (Umhang), an dem zwei Bügelfibeln befestigt waren, wie sie uns aus Grab E 2/2 vorliegen. An den Beinen wurden Strümpfe getragen,

6 Grab 41, *Zeichnung: G. Schade*

deren Aussehen nicht bekannt ist, da bisher nur Schnallen und Befestigungsriemen gefunden wurden. Nach den Riemenschnallen ist auf Lederschuhe zu schließen. Bestandteile der Frauentracht waren Taschen und Gehänge, die am Gürtel befestigt waren und zu denen Schlüssel, Toilettengerät, Scheren u. a. gehörten. Die Kleidung war bei den germanischen Völkerstämmen der Merowingerzeit wohl im Wesentlichen ähnlich, wie z. B. die Darstellungen auf den römischen Siegessäulen zeigen, auf denen die Frauen mit faltenreichen gegürteten Gewändern dargestellt sind. Auch diese wurden an den Schultern von zwei Fibeln zusammengehalten.

Die schwere goldene Nadel aus Grab 41 gehörte zur Haartracht der vornehmen Frau. Nach der Lage der Fibeln vom Typ Reggio Emilia (Katalog, Foto B 8) auf der Brust handelte es sich bei der Frau in Grab 2 von Gispersleben (Altfund Ortslage) um eine in voller Tracht beigesetzte Ostgotin. Hier bestand die Kleidung aus einem geschlossenen Kleid und einem durch Bügelfibeln auf den Schultern zusammengehaltenen Oberkleid.

VI. Adel – Krieger – Bauern

Trotz der genannten Einschränkungen durch Störungen und Ausraubung zeichnet sich im Gräberfeld eine Zugehörigkeit der hier Beigesetzten zum Adel, zu bewaffneten freien Kriegern und zu einer einfachen Bevölkerung ab. Der Adel lässt sich an bestimmten Standessymbolen erkennen. Allgemein sind das bei den Männern eine kostbare Waffenausrüstung, eiserne Bratspieße, vergoldete Spangenhelme, edle Schnallen und Goldbrokat. Dazu gehören ebenfalls wie in Gispersleben besonders tief angelegte Gräber mit aufwändigen Holzkonstruktionen sowie zugehörige Pferde- und Hundebestattungen.

Bei den Frauen sind reicher Schmuck, goldene Stirnbänder, Goldbrokat, die Mitgabe besonderer Gefäße aus Edelmetall und Trinkhörner sowie die exzeptionelle Beisetzung auf einem Wagen – dem Privileg der obersten Gesellschaftsschicht – kennzeichnend. Die Bestattung auf einem Wagen ist im Thüringerreich bisher zweimal – in Erfurt-Gispersleben und Zeuzleben (Wamser 1984) – nachgewiesen. Die Frau von Gispersleben gehörte danach zweifellos dem höchsten thüringischen Adel an. Vielleicht war sie eine Angehörige des Königshauses, die in der Nähe eines bedeutenden Adelshofes noch vor dem Untergang des Thüringer Königreiches im Jahre 531 beigesetzt wurde.

Auch der Mann in dem zweiten großen Kammergrab ist nach seiner besonderen Grabanlage mit Pferdebestattungen ein Angehöriger des Adels gewesen. Weitere Aussagen lässt das Fehlen von Ausrüstung und Beigaben nicht zu. Unter den anderen Männern befinden sich mehrere, die mit ihrer Ausrüstung, den qualitätvollen Spathen, Schilden, Lanzen und den mitgegebenen Pferden ihre Zugehörigkeit zu einer Eliteschicht, zum Adel oder zu Freien, erkennen lassen. Beigabenlose oder nur gering ausgestattete Gräber weisen auf Unfreie, Knechte oder Mägde hin. Allerdings dürften auch einige Frauen in der zweiten Gruppe einem höheren Stand angehört haben. Im Gräberfeld Gispersleben sind danach neben zwei „Hochadligen" Angehörige des Adels und/oder Freie sowie Hörige bzw. Knechte beerdigt worden. Das Gräberfeld ist mit dieser Struktur als thüringischer Adelsfriedhof anzusprechen.

Demgegenüber stehen kleinere thüringische Gräberfelder in Merxleben, Unstrut-Hainich-Kreis, und Möchenholzhausen, Lkr.

Weimarer Land. In Merxleben hebt sich das Grab eines vornehmen Grundherren mit seiner reichen Waffenausrüstung – einer Spatha, Franziska (Wurfaxt), Schild und Pfeilen sowie einem eisernen Bratspieß als Standessymbol in dem Kreis einfacher Bestattungen ab. Die vermögende Frau in seiner Nähe war in einem Holzbett begraben. Zu ihrer Ausstattung gehörten u. a. eine Bronzefibel, ein getriebenes bronzenes Perlrandbecken und ein Tongefäß. In der Nähe lagen auch hier Pferdegräber (Behm-Blancke 1973, 137). In Möchenholzhausen wurden das Körpergrab eines vermögenden Mannes mit Pferdegräbern (Müller 1985, 37) und ein Frauengrab mit einer thüringischen Kerbschnittfibel aus Silber aufgefunden. In diesen Gräberfeldern spiegelt sich die soziale Zusammensetzung kleinerer bäuerlicher Bevölkerungsgruppen in der thüringischen Gesellschaft während des 5. und 6. Jahrhunderts wider.

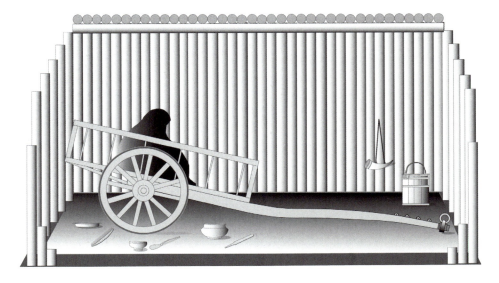

7 Rekonstruktion der Grabkammer Grab 41, *Zeichnung: G. Schade*

VII. Häuser der Bauern – Höfe des Adels

Die Thüringer siedelten, wie die Ausgrabungen u. a. im Stadtgebiet von Weimar gezeigt haben, in Einzelhöfen oder kleinen Gehöftgruppen. Ein Hof bestand aus dem mit Holzpfosten errichteten und mit Flechtwerkwänden versehenen Wohnhaus und mehreren kleinen eingetieften Grubenhäusern. Zur Aufnahme von Vorräten gab es gestelzte Speicher, die in Holzbauweise errichtet waren (Behm-Blancke 1973, 88; Abb. S. 91). Viele dieser alten Siedlungen liegen unter heutigen Dörfern, die oft seit dem 5. und 6. Jahrhundert durchgehend besiedelt wurden. Sie sind damit der archäologischen Forschung nicht oder nur partiell zugänglich. Von den im thüringischen Siedlungsgebiet vorkommenden Ortsnamengruppen mit den Endungen auf –leben, -ingen, -heim und –hausen lassen sich vor allem die –leben-Orte in ihrer Gesamtheit auf eine Entstehung in der späten Völkerwanderungszeit zurückführen.

Von der Wirtschaftsweise der Thüringer ist die Feldbearbeitung mit Pflug und eiserner Pflugschar als Grundlage des Daseins belegt. Tierknochen aus Siedlungen und Gräbern deuten auf eine umfangreiche Tierhaltung mit Rindern, Schafen, Schweinen und Geflügel hin. Auch Jagdwild – Elche, Hirsch, Reh und Biber sowie Fische – wurden gefunden.

Die Pferdehaltung der Thüringer hatte eine lange und gute Tradition. Nach dem bereits Vegetius Renatus um 400 in seiner Tierheilkunst, der „Mulomedicina", die treffliche Zucht einer ausdauernden Pferderasse bei den Thüringern rühmt, bedankte sich Theoderich der Große 100 Jahre später für die schnellen, starken und wohlgeformten Pferde, die ihm der Thüringer König als Geschenk gesandt hatte. Zahlreiche handwerkliche Tätigkeiten lassen sich aus dem archäologischen Material erschließen. Im Hauswerk formten die Thüringer mit freier Hand Schalen, Kümpfe, Näpfe und Schüsseln. Spezialisierte Töpfer fertigten die typischen Thüringer Drehscheibengefäße aus fein geschlämmtem hellgrauem Ton.

Über die Lage von vermutlich mehreren thüringischen Königshöfen ist der Forschung bisher nichts bekannt. Eine fränkische Quelle, die Vita Radegundis des Venantius Fortunatus, berichtet nur von hohen Hallen und Häusern. Widukind von Corvey, die sächsische Überlieferung aus dem 10. Jahrhundert, hingegen von einer Burg des Thüringer Königs in Burgscheidungen. Weder auf dem Burgberg bei Bösenburg, auf dem wegen der älteren Namensform „Bisinburg" der Sitz des Thüringer Königs Bisin vermutet wurde, noch auf dem Burgberg von Burgscheidungen sind bei Grabungen thüringerzeitliche Funde geborgen worden. Die systematische Burgenaufnahme in Thüringen hat keine Burgen des 6. Jahrhundert erschließen können. Auch die zeitgenössische schriftliche Überlieferung der historischen Ereignisse des 6. Jahrhunderts kennt keine Burgen der Thüringer. Es ist deshalb anzunehmen, dass König und Adel auf

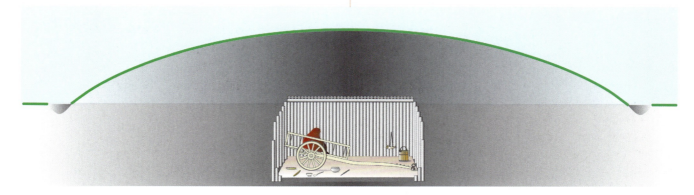

8 Rekonstruktion des Grabhügels, *Zeichnung: G. Schade*

unbefestigten oder nur gering bewehrten Wohnplätzen gelebt haben.

Die fürstlichen Holzkammergräber vom Kleinen Roten Berg werfen erneut die Frage nach einem thüringischen Königshof auf, der in der Nähe Erfurts im Bereich alter Fernverkehrswege gelegen haben könnte. Bereits vor Jahren vermutete Behm-Blancke (1973, 121) nach den damals bekannten Gräbern von Gispersleben mit ostgotischen Fibeln des Typs Reggio Emilia (Schmidt 1970, 54 f., Taf. 48,2) einen wohlhabenden Hof, der in Beziehungen zum Königshaus gestanden oder sogar zum königlichen Besitz gehört haben könnte. Vielleicht lebte hier die Ostgotin, die zum „sorgfältig ausgewählten Gefolge" der Königin Amalaberga gehörte und mit ihr um 510 aus Italien nach Thüringen gekommen war.

Mit den neuen weiterführenden Befunden, die mit dem Gräberfeld auf dem Kleinen Roten Berg heute zur Verfügung stehen, wird diese Annahme gestützt. Das Anwesen dürfte unterhalb des Gräberfeldes am Rande der Geraaue, vermutlich im Bereich oder im näheren Umfeld des heutigen Ortes Gispersleben zu suchen sein. Wenn die Angehörigen des Königshauses – wie anzunehmen ist – arianische Christen waren (Eberhardt 1981, 65 f.), könnte hier eine der ältesten Holzkirchen Thüringens gestanden haben.

Zu den großen thüringischen Gräberfeldern, die mit Adels- oder Königshöfen in Verbindung zu bringen sind, zählt der Weimarer Nordfriedhof mit 103 Gräbern, darunter reich ausgestatteten Frauen- und Männerbestattungen (Götze 1912). Der noch ins 5. Jahrhundert zurückreichende Friedhof von Großörner, Kr. Hettstedt (heute Lkr. Mansfelder Land), umfasst über 20 Gräber, darunter zwei große Grabanlagen, die von Pferde- und Hundegräbern umgeben werden. Er ist mit seiner Zusammensetzung und den Beigaben aus den ausgeraubten Gräbern – einer Goldtrense und einem goldenen Handgelenkring – ebenfalls als Adelsfriedhof anzusprechen (Schmidt 1964; 1976). Zum Gräberfeld Stößen, Kr. Hohenmölsen (heute Burgenlandkreis), gehören 140 Körpergräber. Aus einem Kammergrab stammt der vergoldete Spangenhelm vom Baldenheimer Typ. Nach diesen Standesinsignien und Luxuswaren aus weiteren Gräbern hält B. Schmidt (1964, 212) einen Königssitz für wahrscheinlich.

Im Gräberfeld von Zeuzleben bei Würzburg mit 66 Bestattungen, 15 Pferde- und zwei Hundegräbern wurde 1982 als Hauptgrab das zweite thüringische Wagengrab freigelegt. Die mehrgeschossige Grabanlage enthielt im unteren Teil einen vierrädrigen Wagen, auf dem in der 1. Hälfte des 6. Jahrhunderts eine hochstehende Frau bestattet wurde. Auf dem Friedhof waren vermutlich die Angehörigen einer adligen Grundherrschaft – wie in Gispersleben – mit Kriegsgefolge und Abhängigen beigesetzt (Wamser 1984, 1 ff.).

9. Silberschale und Löffel aus Grab 41, *Foto: Weimar, Landesamt für Archäologie mit Museum für Ur- und Frühgeschichte Thüringens, Brigitte Stefan*

10 Vergoldete Silberbeschläge des Trinkhorns Tierstil I aus Grab 41, *Foto: Weimar, Landesamt für Archäologie mit Museum für Ur- und Frühgeschichte Thüringens, Brigitte Stefan*

VIII. Das thüringische Königreich – historische Überlieferung und archäologische Befunde

Seit vielen Jahren beschäftigen sich archäologische und mediävistische Forschungen mit der wechselvollen Geschichte des Thüringer Königreiches. Die wenigen schriftlichen Zeugnisse erhellen den Zeitraum, in dem die Thüringer große Teile Mitteleuropas beherrschten, nur unvollständig. Archäologische Ausgrabungen im mitteldeutschen Raum haben in den letzten Jahrzehnten viele neue Erkenntnisse erbracht, auch die Untersuchungen in Erfurt und seiner Umgebung zählen dazu.

Das Thüringer Königreich, das sich im späten 5. Jahrhundert zwischen Harz und Thüringer Wald herausgebildet hatte, dehnte Anfang des 6. Jahrhunderts seinen Herrschaftsbereich bis zur unteren Elbe im Norden, bis zur Donau im Süden und bis zur Rheinmündung im Nordwesten aus. Das eigentliche, wesentlich kleinere Hauptsiedlungsgebiet wurde nach römischen Berichten von der Unstrut durchflossen. Das entspricht in etwa der heute nachgewiesenen Häufung archäologischer Funde im Thüringer Becken und an der mittleren Saale.

Berichte Gregor von Tours und des fränkischen Bischofs Venantius Fortunatus bezeugen den ersten König Bisin, der am Ende des 5. und zu Beginn des 6. Jahrhunderts herrschte. Von seinen drei Söhnen Herminafrid, Baderich und Berthachar trat Herminafrid die Nachfolge an, er heiratete zwischen 507 und 511 die Nichte des Ostgotenkönigs Theoderich, Amalaberga. Archäologisch lassen sich die freundschaftlichen thüringisch-ostgotischen Beziehungen bereits in der 2. Hälfte des 5. Jahrhunderts mit dem reich ausgestatteten Grab einer ostgotischen Fürstin bei Oßmannstedt, ca. 30 km östlich von Erfurt, belegen. Die junge Frau verstarb möglicherweise auf dem Weg zu einem der Zentren des Thüringerreiches – vielleicht zu einem der großen Höfe in Weimar oder Gispersleben – und wurde am Rande der alten Kupferstraße beigesetzt. Im 6. Jahrhundert wird der Kontakt zu den Ostgoten mit Schmuckgegenständen und Keramik in thüringischen Gräbern deutlich.

Nach dem Tode des Ostgotenkönigs Theoderich im Jahre 526 zerfiel das Bündnissystem. Die Franken konnten nun die Thüringer im Jahre 531 in einer blutigen Schlacht an einem nicht näher bestimmbaren Ort in der Nähe der Unstrut besiegen. Herminafrid konnte nach der vernichtenden Niederlage fliehen, er wurde 534 von den Franken nach Zülpich gelockt und dort ermordet. Herminafrids Brüder sind schon vorher, vermutlich im Kampf gegen die Franken, gefallen. Berthachar hinterließ zwei Kinder, einen Sohn und die Tochter Radegunde. Über seine Frau ist nichts bekannt, sie ist wahrscheinlich verstorben, als die um 518 geborene Radegunde noch im Kindesalter war. Radegunde lebte am Hof ihres Onkels und wurde von der gebildeten Amalaberga erzogen. Nach dem Tod Herminafrids floh Amalaberga mit ihren Kindern nach Oberitalien. Radegunde wurde von den Franken verschleppt. Die erzwungene Ehe mit dem fränkischen König Chlothar I. sollte den Anspruch auf das Thüringerreich legalisieren. Radegunde, deren weiteres Schicksal in der Erfurter Ausstellung eingehend behandelt wird, starb hoch verehrt 587 im Kloster Poitiers. In Thüringen erinnert an sie noch die Stätte einer Radegundiskapelle, die in der Vorburg der hochmittelalterlichen Mühlburg lag. Wie das Radegundispatrozinium, das einzige in Innerthüringen, ausgerechnet auf die Mühlburg kam, ist nicht zu erklären.

Diese kurze Darstellung der Genealogie des Thüringer Königshauses ist für eine mögliche Deutung des Gisperslebener Wagengrabes wichtig. Es zeigt sich, dass bis auf Berthachars Frau in der 1. Hälfte des 6. Jahrhunderts keine weibliche Angehörige von höchstem Rang vor 531 verstorben ist. Da nach dem jetzigen Forschungsstand nur ein Grab mit

11. Goldnadel aus Grab 41, *Foto: Weimar, Landesamt für Archäologie mit Museum für Ur- und Frühgeschichte Thüringens, Brigitte Stefan*

12 Thüringische Frauentracht. Rekonstruktion nach Behm-Blancke 1979, *Zeichnung: Artus.Atelier*

diesen Rangkriterien zwischen Harz und Thüringer Wald als Grablege einer Königin in Frage kommt, könnte in Gispersleben die Mutter Radegundes bestattet worden sein. Damit wäre die Erziehung Radegundes als Waise (?) am Hof Herminafrids am überzeugendsten zu erklären.

Der Friedhof von Gispersleben wurde nach dem archäologischen Befund bis zum Ende des 6. Jahrhunderts und Beginn des 7. Jahrhunderts belegt. In dieser Zeit gewannen die Franken zunehmenden Einfluss auch im Erfurter Raum. Es entstanden fränkische militärische Niederlassungen und Handelsstationen im Thüringer Becken – u. a. in Alach nur wenige Kilometer von unserem Platz entfernt (Timpel 1996, 61-155), die der Überwachung der thüringischen Bevölkerung dienten. Zu den bedeutendsten Anlagen ist eine zentrale fränkische Burg auf dem Petersberg in Erfurt zu zählen.

Seit der 2. Hälfte des 5. Jahrhunderts kann die Archäologie die Abwanderung einheimischer Thüringer nach Südwestdeutschland erschließen. Thüringisches Fundgut in Rheinhessen sowie in Südhessen und der Pfalz deutet auf planmäßige Ansiedlung von thüringischer Bevölkerung auf Veranlassung durch die Franken hin. Neue Fundplätze mit aussagekräftigem Material in der Umgebung Mühlhausens und der Landschaft um Arnstadt und Gotha relativieren heute die Annahme eines starken Besiedlungsrückganges im Gebiet der Thüringer, lassen jedoch deutliche Verbindungen zum alamannischen Raum erkennen (Koch u. Wieczorek 1996, 32–35).

Anmerkungen

[1] Da die anthropologischen Untersuchungen noch nicht abgeschlossen sind und eine größere Anzahl gestörter Bereiche und viele einzelne Knochen vorliegen, wird sich die Gesamtzahl der Individuen vermutlich noch erhöhen. Das gleiche trifft für die Tiergräber zu, von denen nur die der ersten Grabungen bearbeitet wurden (Müller 1985, 36–75).

[2] Die Gräber der Grabung 2001 werden bis zur Aufarbeitung entsprechend der Geländebefunde als „Befunde" bezeichnet.

[3] Die wissenschaftliche Bearbeitung der Gräber befindet sich in Vorbereitung.

[4] Obwohl die germanischen Gesetzgebungen hohe Strafen für Grabausraubung vorsahen, wurden zahlreiche Gräber im Thüringerreich und bei anderen germanischen Völkern nach der Beisetzung geöffnet und ausgeplündert. Der Archäologe findet dann bei den Ausgrabungen Schächte, durch die Grabräuber von oben oder seitlich in das Grab eindrangen und die Beigaben entnahmen.

[5] Die Bestattung unter Grabhügeln war den Vornehmen vorbehalten und geht in Thüringen wahrscheinlich auf den Einfluss östlicher Reitervölker zurück (vgl. auch Timpel 1977, 259 ff.).

[6] Gegen diese Deutung könnten allerdings Gräber aus der 2. Hälfte des 5. Jahrhunderts sprechen, die im unteren Teil des Kleinen Roten Berges freigelegt wurden.

Literatur

BEHM-BLANCKE, G., Neue merowingische Gräber in Weimar. – Ausgrabungen und Funde 2, 1957, 136–141

– DERS., Forschungsprobleme der Völkerwanderungszeit und des frühdeutschen Mittelalters in Thüringen. – Ausgrabungen und Funde 5, 1963, 255–261

– DERS., Zur Sozialstruktur der völkerwanderungszeitlichen Thüringer. Ausgrabungen und Funde 15, 1970, 257–271

– DERS., Gesellschaft und Kunst der Germanen. Die Thüringer und ihre Welt. Dresden 1973

– DERS., Trankgaben und Trinkzeremonien im Totenkult der Völkerwanderungszeit. – Alt-Thüringen 16, 1977, 171–227

DIE FRANKEN – WEGBEREITER EUROPAS. Vor 1500 Jahren: König Chlodwig und seine Erben. Ausstellungskatalog. Mainz 1996

EBERHARDT, H., Zur Frühgeschichte des Christentums im mittleren Thüringen. – In: Mosaiksteine – zweiundzwanzig Beiträge zur thüringischen Kirchengeschichte. Jena 1981

GÖTZE, A., Die altthüringischen Funde in Weimar. Berlin 1912

JOHNEN, N., Berichte zur Erfurter Stadtarchäologie. Mitt. des Ver. für Geschichte u. Altertumskunde Erfurt, 62 NF 9, 2001, 190–192

KOCH, A./WIECZOREK, A., Spuren in der Fremde. Archäologie in Deutschland 12, 1996–2, 32–35

MÜLLER, H.-H., Frühgeschichtliche Pferdeskelettfunde im Gebiet der Deutschen Demokratischen Republik. Beiträge zur Archäozoologie. Weimarer Monographien zur Ur- und Frühgeschichte 15. Weimar 1985

MÜLLER-WILLE, M., Frühmittelalterliche Bestattungen in Wagen und Wagenkästen. Archaeology and Enviroment 4, 1985, 17–30

SCHMIDT, B., Die späte Völkerwanderungszeit in Mitteldeutschland. Veröff. d. Landesmuseums f. Vorgesch. Halle 18, Halle 1961

– DERS., Die späte Völkerwanderungszeit in Mitteldeutschland. Katalog (Südteil). Veröff. d. Landesmuseums f. Vorgesch. 23, Berlin 1970

– DERS., Die späte Völkerwanderungszeit in Mitteldeutschland. Katalog (Nord- und Ostteil). Berlin 1975

– DERS., Thüringische Hochadelsgräber der späten Völkerwanderungszeit. – Varia Archaeologica. Festschrift W. Unverzagt. Berlin 1964, 195–213

– DERS., Konkordanz oder Diskordanz schriftlicher und archäologischer Quellen, dargestellt am Beispiel des Thüringer Reiches. – In: Von der archäologischen Quelle bis zur historischen Aussage. Berlin 1979, 263–279

SCHMIDT, CH. G., Im Machtbereich der Merowinger. Politische und gesellschaftliche Strukturen in Thüringen vom 6. bis 8. Jahrhundert. – Bonifatius. Heidenopfer-Christuskreuz-Eichenkult. Stadtmuseum Erfurt

SCHNEIDER, J., Grabformen und Beigabensitte auf den völkerwanderungszeitlichen Friedhöfen von Deersheim und Weimar-Nord. – In: F. Horst/H. Keiling (Hrsg.) Bestattungswesen und Totenkult. Berlin 1991, 209–238

TIMPEL, W., Ein spätmerowingischer Grabhügel von Urleben, Kr. Bad Langensalza. – Alt-Thüringen 14, 1977, 259–284

– DERS., Das altthüringische Wagengrab von Erfurt-Gispersleben. – Alt-Thüringen 17, 1980, 181–238

– DERS., Das fränkische Gräberfeld von Alach, Kr. Erfurt. – Alt-Thüringen 25, 1996, 61–155

WAMSER, L., Eine thüringische Adels- und Gefolgschaftsgrablege des 6./7. Jahrhunderts bei Zeuzleben. – Wegweiser zu vor- und frühgeschichtlichen Stätten Mainfranken 5, Würzburg 1984

Heutige Ansicht des Fundortes vom Wagengrab, 2006
Foto: Erfurt, Artus.Atelier

AUS DER HEIMAT IN DIE FREMDE.
GEISELN UND KRIEGSGEFANGENE IM FRÜHEN MITTELALTER
Kay Peter Jankrift

Glaubt man dem Bericht des Gregor von Tours, rief der mit seinem Bruder Chlothar I. verbündete König Theuderich im Jahre 531 die versammelten Franken in einer flammenden Rede zum Krieg gegen die Thüringer auf.[1] In den Mittelpunkt des Aufrufs stellt der Chronist dabei die Erinnerung an die unrechtmäßige Ermordung fränkischer Geiseln, die den Thüringern einstmals zur Sicherung des Friedens gestellt worden waren.[2] Wortreich lässt Gregor den Redner die besondere Grausamkeit schildern, mit der die Geiseln behandelt wurden. Die Knaben seien an ihren Geschlechtsteilen an den Bäumen aufgehängt, die Mädchen von auseinanderstiebenden Pferden in Stücke gerissen worden. Weitere Geiseln hätten die Thüringer mit Pflöcken auf den Wegen befestigt, ihnen mit schweren Wagen die Knochen gebrochen und die Sterbenden den Tieren zum Fraß überlassen. Der Wortbruch Herminafrids, nach der Ermordung seines Bruders Baderich dem Theuderich seinen versprochenen Beuteanteil zu überlassen, rückt angesichts der beschriebenen Greueltaten als Motiv für den Feldzug rhetorisch in den Hintergrund. Jenseits der stereotypen Gewaltschilderung zur bewussten Stilisierung des Feindes bleibt die Frage nach der Rechtsstellung von Geiseln, die zeitgenössischen Gewohnheiten zur Konfliktreglung an die überlegende Partei überstellt wurden und die entsprechend häufig in den Schriftzeugnissen Erwähnung finden.[3]

Die Geiselschaft stellte ein Personalpfand dar, das zur Sicherung von Ansprüchen und bis zu deren Ablösung in der Gewalt des Forderungsberechtigten war.[4] Verschwand diese Form der Anspruchssicherung im privaten Rechtsleben bereits im Laufe des frühen Mittelalters, blieb sie im Kriegs- und Völkerrecht weiterhin Gewohnheit. Sofern die geschlossenen Verträge Bestand hatten, konnten Geiseln auf ihre Rückkehr in die Heimat hoffen. Wie sie während ihrer Geiselschaft behandelt wurden, bleibt zumeist im Dunkeln. Es ist allerdings davon auszugehen, dass dem „Personalpfand" solange kein Leid zugefügt wurde, wie Aussicht auf Erfüllung des Vertrages bestand. Einen Eindruck davon, wie sich eine längere Geiselschaft gestalten konnte, lässt sich im Umfeld der Sachsenkriege Karls

Reiterstein
Hornhausen, um 700
*Halle, Landesamt für Archäologie
Sachsen-Anhalt und Landesmuseum
für Vorgeschichte*

des Großen für das späte 8. und frühe 9. Jahrhundert zumindest fragmentarisch erschließen. So bemühten sich die Franken um eine Akkulturation der sächsischen Geiseln durch Bildung und Christianisierung.[5] Ziel dieser Politik war es, die fränkische Herrschaft nach Rückkehr der „fränkisierten" Geiseln in ihre Heimat zu stärken und ein friedliches Zusammenleben voranzutreiben.[6] Sie bildeten gewissermaßen Brücken für die Kommunikation zwischen Franken und Sachsen. Der Sachse Hathumar, der erste Bischof von Paderborn, ist wohl das herausragendste Beispiel für den Erfolg dieser Strategie. Er war als Geisel von Sachsen nach Würzburg verbracht worden, wo er an der dortigen Domschule seine geistliche Ausbildung erfuhr.

Brach die geiselstellende Partei allerdings die geleisteten Eide und Vertragsbedingungen, waren die Geiseln damit der Willkür preisgegeben. Sie konnten als Sklaven verkauft, misshandelt oder auch getötet werden. Einen detaillierten Bericht über Geiselschaft und Vertragsbruch liefert für das 10. Jahrhundert der Bischof Thietmar von Merseburg.[7] Am 23. Juni des Jahres 994 waren Thietmars Onkel Heinrich, Udo und Siegfried, die Grafen von Stade, auf Schiffen zum Kampf gegen die Wikinger ausgezogen, die einen Plünderzug in ihr Gebiet unternommen hatten. Udo fiel im Kampf. Heinrich, Siegfried und der mit in den Kampf ausgerückte Graf Adalger wurden gefangengenommen. Für Kriegsgefangene galten grundsätzlich andere Bedingungen

Szene aus dem Kirchenfenster in der Radegunde-Kirche, Poitiers
Radegunde und ihr Bruder werden als Gefangene an den
Hof Chlothars I., König von Soisonns, geführt.
Foto: Ch. Vignaud, Musées de la Ville de Poitiers

als für Geiseln.[8] Sie konnten auf der Stelle getötet oder in die Sklaverei verkauft werden. Ließ der Sieger sie am Leben, bestand für sie die Hoffnung, früher oder später aus der Gefangenschaft losgekauft zu werden. Während die Praxis der Versklavung im Zuge einer sich verändernden Wirtschaft im frühen Mittelalter immer weiter zurückgedrängt wurde, nahm der Freikauf von Kriegsgefangenen zu.[9] Gerade höhergestellte und vermögende Gefangene konnten damit rechnen, als wertvolle Kriegsbeute am Leben gelassen und durch ihre Familien losgekauft zu werden. Die einfachen Kämpfer im Fußvolk mussten indes auch weiterhin das Schlimmste befürchten. Sie hatten keine Reichtümer zu bieten. Im Falle der gefangenen Onkel Thietmars entsandte nun der Herzog Bernhard Unterhändler, die mit den Wikingern über den Loskauf der Gefangenen und weitere Bedingungen für eine friedliche Beilegung des Konflikts verhandeln sollten. Die geforderte Summe war sehr hoch. Der Chronist führt aus, seine Mutter Kunigunde habe alles, was sie besaß für den Loskauf ihrer Brüder zur Verfügung gestellt. Der König und „alle Christen unseres Landes" (in nostris partibus omnid christiano-

rum) hätten sich mit großen Mitteln an der Auslösung der Gefangenen beteiligt. Nachdem der größte Teil der geforderten Summe aufgebracht war, entließen die Wikinger ihre Gefangenen gegen Überstellung von Geiseln. Sie dienten als Personalpfand, bis auch der Rest der Zahlung entrichtet war. Heinrich stellte seinen einzigen Sohn Siegfried sowie zwei Männer namens Gerward und Wolfram. Auch Adalger vermochte Verwandte statt seiner in die Geiselschaft zu übergeben. Thietmars Onkel Siegfried blieb derweil weiter in Gefangenschaft, weil er keinen Sohn hatte, den er als Geisel hätte stellen können. In dieser Situation ersuchte er seine Schwester Kunigunde, einen seiner Neffen in die Geiselschaft zu überstellen. Kunigunde bemühte sich, die Bitte zu erfüllen. Ihre erste Wahl fiel zunächst auf Thietmars Bruder Siegfried, der als Mönch im Kloster Berge weilte. Doch der dortige Abt Rikdag lehnte das Gesuch ab. Nun fiel die Wahl auf den zu dieser Zeit neunzehnjährigen Thietmar. Ekkehard „der Rote", Leiter der Schule des hl. Mauritius, an der der spätere Bischof von Merseburg seine geistliche Ausbildung erfuhr, willigte ein. In weltlicher Kleidung, in der er sich als Geisel bei den

Seeräubern aufhalten sollte, habe er sich auf die Reise begeben, bemerkt Thietmar. Darunter trug er weiterhin sein geistliches Gewand.

Doch Thietmar blieb die Geiselschaft erspart. Seinem Onkel Siegfried gelang die Flucht. Er hatte seinen Wächtern soviel Wein zukommen lassen, dass diese am Morgen noch nicht wieder auf den Beinen waren. Der Vorfall zeigt, dass Geiseln und loszukaufende Gefangene während des Aufenthalts bei den Feinden durchaus Außenkontakte hatten. Thietmar berichtet, sein Onkel habe Fluchtpläne mit seinen Getreuen Notbald und Ediko geschmiedet. Diese hatten ebenso für den Wein wie auch für ein schnelles Schiff zur Flucht gesorgt. Während der Priester die Messe auf dem Schiff vorbereitete – ein weiteres Schlaglicht auf die Rahmenbedingungen der Geiselschaft – gelang Siegfried durch einen Sprung über Bord in das bereitstehende Boot die Flucht. Seine Verfolger erreichten ihn nicht mehr. Am Ufer fand der Flüchtige bereitgehaltene Pferde und gelangte wohlbehalten bei seiner Familie an.

Die Flucht Siegfrieds kam allerdings einem Vertragsbruch gleich. Sie hatte Konsequenzen. Die Wikinger drangen in die Burg Stade ein, suchten vergeblich den Flüchtigen und hielten sich an dem schadlos, was sie erbeuten konnten. Die verbliebenen Geiseln hatten ihren Status als Personalpfand verwirkt. Die wütenden Wikinger schnitten dem Priester, Thietmars Vetter Siegfried und den übrigen Geiseln Nasen, Ohren und Hände ab. Dann warfen sie die Misshandelten in den Strom und zogen ab.

Nur selten lassen sich solch detaillierte Einblicke in den Verlauf und die Bedingungen von Geisel- und Gefangenschaft gewinnen wie in dem geschilderten Fall. Zumeist bemerken die Schriftzeugnisse im Umfeld von Berichten über Feldzüge lakonisch davon, dass Geiseln gestellt wurden. Selten findet sich ein Hinweis darauf, dass diese nach erfüllter Vertragssicherung auch wieder entlassen wurden. Offenbar war dieses Verfahren derartig gewöhnlich, dass die Chronisten es nicht für nötig hielten, gesondert darauf einzugehen. In der Quintessenz bedeutet dies, dass die Geiselschaft in den meisten Fällen eine Einhaltung der Verträge tatsächlich gesichert haben durfte. Immerhin waren sich die Parteien über die möglichen Konsequenzen für die Geiseln durchaus im Klaren. Die Geschichtsschreiber erwähnen die Vorkommnisse in der Geiselschaft nur dann, wenn die Partei wie im eingangs geschilderten Fall der Thüringer das Recht der Geiseln exzessiv verletzt oder es zum Vertragsbruch kommt. Vor dem Hintergrund der ausgeführten Aspekte von Geisel- und Kriegsgefangenenschaft stellt sich in der Folge die Frage nach dem Status der hl. Radegunde in der Hand der Franken. Immerhin resultierte ihr Schicksal unmittelbar aus den Ereignissen, die Theuderichs glühender Rede in Erinnerung an die unrechtmäßig massakrierten Geiseln folgten.

Gleichsam einer Israelitin sei die Radegunde hinausgegangen und von ihrem Vaterland ausgezogen, schreibt der enge Vertraute der Heiligen, Venantius Fortunatus, in seiner *Vita Sanctae Radegundis Reginae*.[10] Zu einer Gefangenen (captiva) sei sie gemacht worden. Auch Gregor von Tours lässt in seinem Bericht über den fränkischen Kampf in Thüringen 531 keine Zweifel daran aufkommen, dass Radegunde als Kriegsgefangene und nicht als Geisel in das Frankenreich verschleppt wurde.[11] *Chlothacharius vero rediens, Radegundem, filiam Bertecharii regis, secum captivam abduxit sibique eam in matrimonio sociavit*, heißt es darin. Chlothar habe bei seiner Rückkehr Radegunde, die Tochter König Berthachars, mit sich geführt und diese dann zur Ehe genommen. Radegunde hatte durch den Status der Gefangenschaft de facto keine Rechte. Dennoch wurde der königlichen Gefangenen auf dem königlichen Landgut Athies bei Péronne an der Somme Bildung zuteil. Sie erhielt Unterricht in der lateinischen Sprache, las die Kirchenväter und Dichter. Bald unterwies sie selbst arme Kinder.[12] Trotz ihrer weitgehenden Akkulturation im Frankenreich lassen sich an der Gestalt Radegundes weiterhin Spuren ihrer ursprünglichen Herkunft entdecken. So trug die Königin ein goldenes und mit Steinen verziertes Stirnband „nach Sitte der Barbaren".[13] Heiraten sicherten zugleich Besitzrechte. Dieses dürfte ein wesentlicher Grund für die Entwicklung von Radegundes weiterem Schicksal nach der Gefangennahme gewesen sein und ihr zugleich das Überleben gesichert haben. Hier ist allerdings nicht der Ort, um die strategisch orientierte Heiratspolitik frühmittelalterlicher Herrscher näher zu betrachten.

Anmerkungen

[1] Gregor von Tours (2000), 3. Buch, 7. Kap. Ewig (1997), 34.
[2] Walliser (1989).
[3] Zum Krieg im frühen Mittelalter exemplarisch Scharff (2002) und Kamp (2001).
[4] Walliser (1989).
[5] Hägermann (2000), 474–478.
[6] Springer (1999).
[7] Thietmar (2002), 138ff.
[8] Contamine (1991).
[9] Lebecq (1994 – Nehlsen (1971) – Peltaret (1995) – Grieser (1997) – Heers (1981).
[10] Venantius Fortunatus (1849), 652: vice Israelitica exit et migrat de patria.
[11] Gregor von Tours (2000), 3. Buch, 7. Kap.
[12] Venantius Fortunatus (1849), 653.
[13] Ewig (1997), 79 – Venantius Fortunatus (1849), 653.

Quellen

Baudonivia, Vita Radegundis. In: J.-P. Migne. Patrologia Latina 72, Paris 1849, 664–679

Buchner, Rudolf (Hrsg.), Gregor von Tours. Zehn Bücher Geschichten (Fränkische Geschichte), Darmstadt ⁹2000

Trillmich, Werner, Thietmar von Merseburg. Chronik, Darmstadt ⁸2002

Venantius Fortunatus, Vita Radegundis. In: J.-P. Migne. Patrologia Latina 72, Paris 1849, 651–664

Literatur

Contamine, Philippe, Kriegsgefangene. In: Lexikon des Mittelalters, Bd. V. München/Zürich 1991, 1528–1531

Ewig, Eugen, Die Merowinger und das Frankenreich. Stuttgart 1997

Grieser, Heike, Sklaverei im spätantiken und frühmittelalterlichen Gallien (5.–7. Jh.). Das Zeugnis der christlichen Quellen, Stuttgart 1997

Hägermann, Dieter, Karl der Große. Herrscher des Abendlandes. München 2000

Heers, Jacques, Esclaves et domestiques au Moyen Age dans le monde méditerranéen. Paris 1981

Kamp, Herrmann, Friedensstifter und Vermittler im Mittelalter (Symbolische Kommunikation in der Vormoderne. Studien zur Geschichte, Literatur und Kunst). Darmstadt 2001

Lebecq, Stephane, Sklave. I. West und Mittelaeuropa. In: Lexikon des Mittelalters, Bd. 7. München/Zürich 1994, 1977–1980

Nehlsen, Hermann, Sklavenrecht zwischen Antike und Mittelalter. Germanisches und römisches Recht in germanischen Rechtsaufzeichnungen. Göttingen 1971

Peltaret, David A.E., Slavery in Early Medieval England. From the Reign of Alfred until the Twelfth Century. Woodbridge 1995

Scharff, Thomas, Die Kämpfe der Herrscher und der Heiligen. Krieg und historische Erinnerung in der Karolingerzeit (Symbolische Kommunikation in der Vormoderne. Studien zur Geschichte, Literatur und Kunst). Darmstadt 2002

Springer, Matthias, Geschichtsbilder, Urteile und Vorurteile. Franken und Sachsen in den Vorstellungen unserer Zeit und in der Vergangenheit. In: Stiegemann, Christoph/Wemhoff, Matthias (Hrsg.): 799. Kunst und Kultur der Karolingerzeit. Beiträge zum Katalog der Ausstellung. Mainz 1999, 224–232

Walliser, Peter Robert, Geisel. In: Lexikon des Mittelalters, Bd. IV. München/Zürich 1989, 1175–1176

An der Unstrut, 2006
Foto: Erfurt, Artus.Atelier

HERRSCHERIN – REGENTIN – KLOSTERFRAU – HEILIGE.
SCHICKSALE MEROWINGISCHER KÖNIGINNEN ZWISCHEN MACHT UND OHNMACHT
Amalie Fößel

„Childerich aber, der damals über das Volk der Franken herrschte, ergab sich fesselloser Unzucht und fing an, ihre Töchter zu missbrauchen. Darüber ergrimmten die Franken gegen ihn und nahmen ihm die Herrschaft. Und als er in Erfahrung brachte, dass sie ihn sogar töten wollten, machte er sich davon und ging nach Thüringen. Er ließ aber einen Vertrauten daheim zurück, der sollte sehen, ob er nicht mit Schmeichelworten ihm die aufgebrachten Gemüter wieder versöhnen könne. Er verabredete mit ihm ein Zeichen, wann er ohne Gefahr in seine Heimat zurückkehren könnte: Sie teilten nämlich ein Goldstück. Die eine Hälfte nahm Childerich mit sich, die andere aber behielt sein Vertrauter und sprach: „Wenn ich dir diese Hälfte schicke, und sie mit deiner Hälfte verbunden ein Goldstück ausmacht, dann kehre ohne Furcht zurück in deine Heimat." In Thüringen nun hielt sich Childerich beim König Bisin und seiner Gemahlin Basina verborgen. Die Franken aber, nachdem sie ihn vertrieben, nahmen einmütig als ihren König den Aegidius an … Und als er im achten Jahre über sie herrschte, da schickte jener vertraute Freund, der die Franken heimlich gewonnen hatte, Boten zu Childerich mit der Hälfte des geteilten Goldstücks, die er behalten hatte. Als nun Childerich das sichere Zeichen erkannte, dass die Franken wieder nach ihm verlangten und ihn selbst zur Rückkehr aufforderten, da kehrte er von Thüringen heim und wurde wieder in sein Königreich eingesetzt. Zur Zeit dieser Herrscher verließ auch jene Basina, die wir oben erwähnt, ihren Gemahl und kam zu Childerich. Und als er sie besorgt fragte, weshalb sie aus so weiter Ferne zu ihm käme, soll sie ihm zur Antwort gegeben haben: „Ich kenne deine Tüchtigkeit und weiß, dass du sehr tapfer bist, deshalb bin ich gekommen, bei dir zu wohnen. Denn wisse, hätte ich jenseits des Meeres einen Mann gekannt, der tüchtiger wäre als du, ich würde gewiss danach getrachtet haben, mit ihm zusammen zu wohnen." Da freute er sich über ihre Rede und nahm sie zur Ehe. Und sie empfing und gebar einen Sohn und nannte ihn Chlodovech. Der war gewaltig und ein hervorragender Kämpfer." (II, 12)

Diese Geschichte überliefert Gregor, Bischof von Tours und wichtigster Historiograph des Merowingerreiches. 538 in eine einflussreiche romanische Senatorenfamilie hineingeboren, hatte er 573 das renommierte Bistum des hl. Martin übernommen und es bis zu seinem Tod am 17. November 594 geleitet. Während dieser zwei Jahrzehnte schrieb er „Zehn Bücher Geschichte" und avancierte damit zum Kronzeugen des 6. Jahrhunderts. Die zitierte Episode schildert er im zweiten Buch. Sie ist weitgehend fiktiv, trägt sagenhafte Züge. Dennoch: Es gibt keine bessere Quelle über die Anfänge und den Aufstieg der Franken als den Bericht Gregors. Bereits die Geschichtsschreiber nachfolgender Generationen griffen auf seinen Text zurück, übernahmen die Informationen über Childerich († 481/82) und Basina teilweise wörtlich und schmückten sie weiter aus.

Moderne Historiker sehen in Childerich einen Heer- und Stammesführer, der sich vor 463 an die Spitze der Franken gestellt hatte, später aber zeitweilig ins Exil gehen musste. Gregor zufolge habe er sich nach *Thoringia* begeben, das nicht eindeutig zu identifizieren ist. Es könnte das Gebiet um Tournai gemeint sein oder aber Thüringen, was in der Forschung als wahrscheinlicher gilt. In diesem Fall wird Basina die thüringische Königin gewesen sein, die Childerich während der Jahre des Exils näher kennen lernte und die ihm später ins Frankenreich folgte. Sie wurde zur Stammmutter der merowingischen Königsfamilie. Sie gebar Chlodwig († 511), der die Politik seines Vaters fortsetzte, das Reich nach innen und außen weiter festigte, zum König erhoben wurde und 498 unter dem Einfluss seiner burgundischen Gemahlin Chrodechilde († 544/48) zum Christentum übertrat und sich katholisch taufen ließ, damit eine grundlegende und zukunftsweisende politische Weichenstellung für sein gesamtes Reich vornahm.

Chlothar I. († 556), der Sohn Chrodechildes und Enkel Basinas, heiratete erneut eine Frau aus Thüringen, die junge Prinzessin Radegunde († 587). Doch dieses Mal lagen die Verhältnisse ganz anders. Radegunde war nicht freiwillig ins Frankenreich gekommen. Sie war bei der Eroberung ihrer Heimat durch die Franken 531 als junges Mädchen mitgenommen worden. Als sie alt genug war, nahm sie Chlothar zu seiner dritten Gemahlin. Doch die Ehe blieb denkbar kurz. Der Mord an ihrem Bruder, sicherlich weitere Gründe, wie die Berufung zu einem geistlich ausgerichteten Leben veranlassten sie, auszubrechen, den König und den Hof zu verlassen. Sie ließ sich zur Diakonisse weihen, ging nach Poitiers und gründete einen Nonnenkonvent. Sie setzte eine Äbtissin ein und ordnete sich ihr unter. Sie lebte in Askese und blieb doch bis zu ihrem Tod 587 als eine *regina*, als eine Königin, eine Frau mit Ansehen und Autorität – innerhalb der klösterlichen Gemeinschaft, aber auch außerhalb der Klostermauern. Denn die Kontakte zum Königshof und insbesondere zu König Sigibert I. († 575) rissen nicht ab und wurden von ihr genutzt, um in Byzanz Reliquien des Hl. Kreuzes für ihre Gemeinschaft zu beschaffen. Radegunde, einst Gefangene, dann Königin, wurde zu einer Heiligen, von deren Ruhm gleich zwei Viten berichten, die eine verfasst von Venantius Fortunatus, dem gelehrten Freund, der nach Poitiers ging, um in ihrer Nähe zu leben, die andere geschrieben zwischen 609 und 614 von Baudonivia, einer Nonne ihres Klosters. Als Autorin ist diese eine Ausnahmeerscheinung im frühen Mittelalter.

Im Kreis merowingischer Königinnen blieb hingegen Radegunde die Ausnahmeerscheinung. Sie hatte keine Kinder von Chlothar bekommen können und wurde dennoch nicht verstoßen oder getötet. Sie war eine gebildete Frau, die ihre eigenen Entscheidungen traf, und sie blieb wohl auch die einzige Königin im Reich der Merowinger, die sich aus eigenem Willen und eigener Kraft vom ungeliebten Ehemann trennte. Vergeblich soll Chlothar mehrmals versucht haben, sie zurück zu erobern. Der freiwillige Verzicht auf die Macht im Reich – das war ungewöhnlich. Das entsprach nicht dem Verhalten anderer Königinnen, die alle Mittel einsetzten, um Konkurrenz auszuschalten und ihre exponierte Stellung nicht zu verlieren, die vor Intrigen, üblen Machenschaften und Mordanschlägen nicht zurückschreckten, die es gewohnt waren, für ihre Interessen und diejenigen ihrer Söhne und Enkel zu kämpfen.

Zu den bekanntesten Beispielen solcher »Powerfrauen« gehören Brunichilde († 613) und Fredegunde († 597). Deren unerbittlicher und leidenschaftlicher Kampf um Liebe und Macht prägten literarische Verhaltensmuster und Klischees, die vom Nibelungenlied bis hin zu Richard Wagners Opern und darüber hinaus immer wieder rezipiert wurden. Die Geschichten beider Frauen, wie sie der freilich keineswegs parteilose Gregor von Tours schildert, lässt das Dasein merowingischer Königinnen in seiner Tragik aufscheinen:

„Als nun König Sigibert sah, dass seine Brüder sich Weiber wählten, die ihrer nicht würdig waren, und sich so weit erniedrigten, selbst Mägde zur Ehe zu nehmen, da schickte er eine Gesandtschaft nach Spanien und freite mit reichen Geschenken um Brunichild, die Tochter König Athanagilds. Denn diese war eine Jungfrau von feiner Bildung, schön von Angesicht, züchtig und wohlgefällig in ihrem Benehmen, klugen Geistes und anmutig im Gespräch. Der Vater aber versagte sie ihm nicht und schickte sie mit großen Schätzen dem König. Der versammelte die Großen seines Reiches, ließ ein Gelage zurichten, und unter unendlichem Jubel und großen Lustbarkeiten nahm er sie zu seiner Gemahlin. Und da sie dem Glauben des Arius ergeben war, wurde sie durch die Belehrung der Bischöfe und die Zusprache des Königs selbst bekehrt, glaubte und bekannte die heilige Dreifaltigkeit und wurde gesalbt. Und bis auf den heutigen Tag verharrt sie in Christi Namen im katholischen Glauben.

Als König Chilperich dies sah, freite er, obschon er bereits mehrere Ehefrauen hatte, um Galswinth, Brunichilds Schwester, wobei er durch seine Gesandten versprach, die anderen Frauen zu verlassen, wenn er nur ein ihm ebenbürtiges Königskind zur Ehe empfinge. Der Vater glaubte diesen Versprechungen und übersandte ihm seine Tochter gleich wie die frühere mit reichen Schätzen. Galswinth war aber älter als Brunichild. Und als sie zum König Chilperich kam, wurde sie mit großen Ehren aufgenommen und ihm vermählt. Auch wurde sie von ihm mit großer Liebe verehrt. Sie hatte nämlich große Schätze mitgebracht. Aber des Königs Liebe zu Fredegund, die er schon früher zur Frau gehabt hatte, brachte schweren Streit zwischen ihnen. Sie trat auch zur rechtgläubigen Kirche über und wurde gesalbt. Galswinth beklagte sich beim König über die Kränkungen, die sie unaufhörlich zu ertragen habe, und dass sie bei ihm nichts gelte. Daher bat sie, er möge die Schätze behalten, welche sie mit sich gebracht habe, aber sie selbst frei in ihr Vaterland heimziehen lassen. Der König aber ging heimtückischerweise nicht darauf ein, sondern begütigte sie durch sanfte Worte. Endlich aber ließ er sie durch einen Dienstmann erdrosseln und fand sie tot in ihrem Bett ... Der König aber nahm, als er die Tote beweint hatte, nach wenigen Tagen abermals Fredegund zu seiner Gemahlin." (IV, 27/28)

Die Ehefrauen der Merowinger entstammten Königsfamilien benachbarter Völker oder fränkischen Magnatenfamilien. Sie kamen aber auch aus der Dienerschaft am Hof, weil sie Liebe und Begehren der Könige zu entfachen wussten. Beispiel für einen solchen Aufstieg ist – wenn auch nicht mit letzter Gewissheit – genannte Fredegunde, die gegen die reiche Königstochter Galswinth († 569/70) die Oberhand behielt. Dass Konkurrentinnen aber gleich ermordet wurden, war auch bei den Merowingern eher selten der Fall, meist wurden die Frauen verstoßen und mussten den Hof verlassen, lebten manchmal auf kleineren Königshöfen oder zogen sich – nicht immer freiwillig – in ein Kloster zurück. Denn viele Könige heirateten öfter und hatten zudem Konkubinen. Allein für Chlothar I. lassen sich sieben Ehen nachweisen. Ob die Könige dabei mehrere eheliche Verbindungen gleichzeitig eingingen, ist zweifelhaft. So erscheint es als wahrscheinlicher, dass es jeweils nur eine Gemahlin des Herrschers gab, die man als die Königin ansah. Als Königin wurden darüber hinaus auch seine Töchter bezeichnet.

Für Gregor von Tours war Fredegunde die böse Königin, die ihren Gatten Chilperich I. († 584) und viele Andere zu ruchlosen Taten anstachelte, die Mordkomplotte schmiedete und deren *furor*, deren Wut und Raserei, allseits gefürchtet war. Zweifellos verfügte sie über großen Einfluss, nicht nur am Hof, sondern auch im Reich und bei den Großen. Das zeigte sich nach dem Tod Chilperichs, als von den vielen Söhnen, die sie dem König geboren hatte, ihr nur noch ein drei Monate alter Säugling geblieben war. Sie überwand die begründeten Widerstände des Adels angesichts der Kindheit des Thronfolgers und sicherte Baby Chlothar (II.) die Herrschaft.

Die Ermordung Galswinths sowie Machtkämpfe und Gebietsstreitigkeiten entfachten eine lange und erbitterte Feindschaft mit ihrer Schwägerin Brunichilde, die zur Blutrache verpflichtet war. Auf der Ebene ihrer Ehemänner, der Brüder Chilperich I. und Sigibert I., setzte sich der Konflikt fort und erreichte einen ersten Höhepunkt mit dem Mord an Sigibert 575, der von Gregor ebenfalls Fredegunde zur Last gelegt wurde. Brutale Übergriffe, differierende Herrschaftsvorstellungen und wechselnde Bündnisse prägten die folgenden Jahrzehnte. Nach dem Tod der Fredegunde 597 setzte ihr Sohn den Rachefeldzug fort. Als Brunichilde 613 dann die Schlacht verlor, wurde sie gefangengenommen und hingerichtet. Stellen wir die Worte des sog. Fredegar, der mit seiner Chronik zeitlich an diejenige Gregors von Tours anschließt, nicht gänzlich in Abrede, dann starb sie einen ganz grauenvollen Tod nach Folter und Schändung.

Ein solcher Einfluss auf die Politik des Reiches, wie ihn diese beiden Königinnen ausübten, war jedoch eher die Ausnahme. Und mehr noch: Von Basina im ausgehenden 5. Jahrhundert bis hin zu Chrodechilde als der letzten namentlich bekannten Gattin eines Merowingers, nämlich Theuderichs III. am Ende des 7. Jahrhunderts, kennen wir nur von wenigen königlichen Ehefrauen biographische Details. Es sind meist einzelne merkwürdige Episoden und persönliche Eigenarten, bemerkenswerte Handlungen und politisch wichtige Entscheidungen, die in die Ereigniszusammenhänge der chronikalischen Aufzeichnungen eingeflochten werden. So ist es schwierig, eine genauere Vorstellung vom Leben der Königinnen und ihren Handlungsspielräumen zu gewinnen.

Verschiedene Anhaltspunkte deuten freilich daraufhin, dass sie als Hausherrinnen und vermögende Damen einen eigenen Macht- und Einflussbereich am Hof und im Reich behaupteten. Denn nicht nur die Herrscher selbst, sondern auch ihre Frauen und Kinder dürften über einen eigenen Hofstaat verfügt haben. Das belegen vereinzelte Hinweise bei Gregor, der hin und wieder Beamte der Königin benennt, so z. B. einen obersten Hofmeister, einen Marschall für die Ställe und Pferde sowie Kanzleibeamte, die anfallende Schreibarbeiten zu erledigen und Briefe, Verfügungen, Anordnungen auszufertigen hatten.

Darüber hinaus besaßen sie einen Schatz, einen Hort, einen *thesaurus*: Silber und Gold, Schmuck, Edelsteine und kostbare Kleidung, Pferde und Wagen, Gerätschaften und Grundbesitz. Als Chilperichs I. und Fredegundes Tochter Rigunth den Rekkared, einen Sohn des westgotischen Königs Leovigild († 586) heiraten sollte, wurde sie von ihrer Mutter mit Gold, Silber, Schmuck und Gewändern ausgestattet, für die man fünfzig Lastwagen gebraucht habe, so Gregor. Eine so große Menge an Besitztümern warf Fragen auf. Die fränkischen Großen fürchteten, dass nun nichts mehr übrig geblieben sei. Also rechtfertigte sich Fredegunde mit folgender Rede:

„Glaubt nicht, Männer, dass ich irgendetwas von dem allen aus dem Hort der früheren Könige genommen habe. Alles, was ihr hier seht, ist von meinem Eigentum. Denn der ruhmreiche König hat mich reich beschenkt, auch habe ich manches durch eigene Mühe gesammelt und sehr vieles aus den mir überlassenen Höfen durch Ertrag und Abgaben erworben. Auch ihr selbst habt mich häufig mit reichen Gaben beschenkt. Davon habe ich dies alles genommen, was ihr hier vor euch seht, und es ist nichts aus dem Staatsschatz darunter". (VI, 45)

Geheiratet hat Rigunth dann doch nicht. Auf dem Weg ins Westgotenreich wurde ihr Brautzug bei Toulouse überfallen und ausgeraubt. Sie kehrte an den Hof nach Paris zurück. Über ihr weiteres Schicksal wissen wir wenig: Gregor berichtet von Prügelszenen mit ihrer Mutter Fredegunde und davon, dass sie zu seinen Gunsten in der Zeit, in der er der Verleumdung Fredegundes bezichtigt worden war, ein Fasten abgehalten habe. Dann verliert sich ihre Spur.

Über ihren Schatz konnten die Königinnen wohl persönlich frei entscheiden und ihn weitgehend eigenständig für die Durchsetzung ihrer Pläne und Ziele einsetzen. Neben den verschiedenen persönlichen und politischen Verwendungszwecken berichten die Quellen insbesondere von Schenkungen. Einzelne Personen, wie im genannten Fall ein Kind, vor allem aber kirchliche Einrichtungen wurden begünstigt. Mussten Königinnen den Hof verlassen, konnten sie ihren eigenen *thesaurus* wohl behalten und mitnehmen. Radegunde verwandte das ihr von Chlothar I. zugekommene Vermögen für den Bau und die Ausstattung ihres Klosters in Poitiers. Die von Charibert I. († 567), dem ältesten Sohn Chlothars I., verstoßene Ingoberga († 589) lebte nach dem Weggang vom Hof in Tours, wo sie kurz vor ihrem Tod mit Hilfe Gregors ihr Testament machte. Gregor berichtet als ein unmittelbar Beteiligter:

Königin Ingoberga ... war eine sehr umsichtige und fromme Frau, nie lässig im Wachen, Beten und Almosengeben. Sie schickte – und ich glaube, nach Gottes besonderer Fügung – Boten zu mir, dass ich sie bei ihrem letzten Willen unterstützen möge, bei dem nämlich, was sie für das Heil ihrer Seele zu tun gedachte. Wenn ich zu ihr käme, sollte gleich aufgeschrieben werden, was sie nach der Beratung mit mir zu tun sich entschlösse. Ich kam und fand, das darf ich sagen, einen Menschen voller Gottesfurcht. Sie nahm mich gütig auf und rief einen Notar. Und als sie, wie gesagt, sich mit mir beraten hatten, vermachte sie manches der Hauptkirche zu Tours und der Kirche des hl. Martin, andres der Hauptkirche zu Le Mans. Einige Monate nachher befiel sie plötzlich eine Krankheit und sie starb, wobei sie vielen durch Urkunden die Freiheit hinterließ. (IX, 26)

Die jeweilige Höhe des Vermögens wird zwischen den Königinnen individuell recht unterschiedlich gewesen sein. Das war jeweils abhängig von der Großzügigkeit der Ehemänner, aber auch von dem je eigenen Geschick, den Besitzstand zu vermindern oder zu vermehren. Königstöchter brachten zudem ihre persönliche Heiratsausstattung mit. So gingen die gotischen Prinzessinnen Brunichilde und Galswinth bereits „mit großen Schätzen" in ihre Ehen.

Von singulärer Bedeutung ist der sog. Vertrag von Andelot aus dem Jahr 586 oder 587 als dem einzigen Vertrag, der von den Merowingern überliefert ist. Mit ihm sollte das lange Zeit politisch gestörte Verhältnis zwischen König Gunthram († 592) und König Childebert II. († 596) und seiner Mutter Brunichilde wieder hergestellt werden. Berücksichtigung fanden dabei auch die vermögensrechtlichen Interessen der weiblichen Mitglieder der Königsfamilien, der Töchter und Königinnen, die mit weitreichenden Vollmachten ausgestattet wurden. Für König Gunthrams Tochter Chlothilde wird festgeschrieben, dass auch nach ihres Vaters Tod alle seine Schenkungen von Gütern, Städten, Ländereien und Einkünften in ihrer Gewalt und ihrem Eigentum verbleiben sollen und sie selbst über Fiskalgüter, die zum Staatsschatz gehörten, unangefochten verfügen könne. Diese Rechte erkannte man auch den anderen beteiligten Frauen zu, der Königin Brunichilde und ihrer Tochter Chlodoswinth († nach 589) sowie ihrer Schwiegertochter Faileuba (IX, 20).

Individuell unterschiedlich war auch der Grad an politischer Einflussnahme und Mitgestaltung. Mit der in ihrer Tragweite für die weitere Geschichte Europas nicht hoch genug einzuschätzenden Bekehrung Chlodwigs zum katholischen Glauben wird maßgeblich der Name seiner Gemahlin Chrodechilde in Verbindung gebracht. Einen ganz unmittelbaren und direkten Einfluss auf die politischen Entscheidungen zu Lebzeiten ihres Gatten scheint vor allem Fredegunde ausgeübt zu haben. Den Regelfall repräsentiert ihr Mittun aber wohl nicht. Vielmehr scheint eine Einflussnahme auf die politischen Entscheidungen des Königs durch seine Gemahlin eher die Ausnahme gewesen zu sein. So wird die aus einer romanischen Adelsfamilie stammende Deoteria als politisch kluge und tatkräftige Frau geschildert, die ihre Burg retten und die Liebe Theudeberts I. († 548) gewinnen konnte. Doch nach der Eheschließung erfahren wir nicht mehr viel über ihre Aktivitäten. Allein der Mord an ihrer eigenen Tochter wird berichtet. Sie habe es getan, um ihre Ehe nicht zu gefährden. Doch die Gefahr ging nicht von der Tochter aus, sondern von einer anderen Frau namens Wisigarde († um 540), einer langjährigen Verlobten Theudeberts. Der Konflikt endete mit Deoterias Verstoßung und der Heirat mit Wisigarde, die in der archäologischen Forschung mehrheitlich mit der „Kölner Dame" identifiziert wird, deren reich ausgestattetes Grab 1959 zusammen mit dem Grab eines sechsjährigen Knaben unter dem Chorraum des Kölner Domes entdeckt wurde.

Die um 545/550 geborene westgotische Königstochter Brunichilde hingegen, die – wie oben zitiert – um 566/567 den Chlothar-Sohn Sigibert I. heiratete, trat politisch erst nach dem Tod ihres Mannes in den Vordergrund. Auch wenn sie im Bruderkrieg mit Chilperich I. und Fredegunde die Fäden gezogen haben wird, so erfahren wir doch von keinen konkreten Aktionen der Königin. Erst nach dem Tod Sigiberts begann nachweislich die politisch aktive Zeit der 25 bis 30jährigen Witwe. Brunichildes Ausgangslage war dabei denkbar schlecht, wurde sie doch von Chilperich ihrer Schätze beraubt und in die Verbannung nach Rouen geschickt. Doch sie ließ sich nicht unterkriegen und kämpfte. Sie verbündete sich mit ihrem Schwager Gunthram, dem König in Burgund, unterwarf den oppositionellen Adel, übernahm die politische Führung und setzte die Herrschaft ihres fünfjährigen Sohnes Childebert II. († 596) durch. Für Gregor von Tours ist sie die gute und kluge Königin. Er findet keinen Tadel und kein negatives Wort für ihr Handeln. Fredegar hingegen sieht in ihr eine unheilbringende Frau, die Hass entfachte und zum Mord anstiftete und die er schließlich für den Tod von zehn fränkischen Königen verantwortlich machte. Alles in allem ist auch Brunichilde in der Wahl ihrer Mittel wohl nicht zimperlich gewesen. Sie wird dabei Fredegunde in nichts nachgestanden haben.

Sie überlebte nicht nur ihren Ehemann, sondern auch ihren Sohn und führte für ihre minderjährigen Enkel Theudebert II. († 612) und Theuderich II. († 613) die Regierung, um schließlich nach dem Tod Theuderichs – und am Ende ihres eigenen Lebens – für die Herrschaftssicherung ihres Urenkels Sigibert II. Sorge zu tragen. Ihr Leben verlief unstet und unruhig, geprägt durch Kämpfe an verschiedenen Fronten, bedroht durch Mordanschläge. 598/599 wurde sie aus Austrien, dem Herrschaftsbereich Theudeberts mit Reims als zentralen Ort vertrieben. Sie ging nach Burgund an den Hof des anderen Enkels Theuderich II. und konnte sich auch hier – wie zuvor in Austrien – eine beherrschende Stellung verschaffen. Als sie sich für die alleinige Thronfolge Sigiberts II. in Burgund stark machte und dabei die Ansprüche der drei jüngeren Brüder ignorierte, zeigte sich jedoch, wie sehr der Widerstand der fränkischen Großen gegen die Ambitionen der alten Königin angewachsen war. Dahinter standen unterschiedliche politische Ansätze. Brunichilde wollte eine zentralistisch ausgerichtete Politik und eine starke Königsgewalt. Dafür engagierte sie sich und brachte den Adel in Burgund und Austrien gegen sich auf, der an einem starken Königtum in einem straff regierten Teilreich nicht interessiert war. Die widerständischen Großen verbündeten sich mit ihrem alten Feind Chlothar II., der sich von einer recht schwachen Machtbasis aus nun zum Gesamtherrscher des Frankenreiches emporschwingen konnte. Brunichilde verlor die Schlacht und wurde hingerichtet. Im Unterschied zu ihrer verhassten Widersacherin Fredegunde jedoch hatte Brunichilde nicht nur für den eigenen Machterhalt, sondern für eine zentralistische, auf ein starkes Königtum ausgerichtete Politik und damit für eine übergeordnete politische Idee gekämpft. Das war nicht erst ein Kampf ihrer späten Jahre. Denn bereits der Vertrag von Andelot 586/ 587, der maßgeblich auf das Betreiben Brunichildes hin zustande gekommen war, diente der Überwindung der innerdynastischen Konflikte und der Stärkung des Königtums, indem ihr Sohn und ihre Enkel zu Nachfolgern des erbenlosen Königs Gunthram in Burgund bestimmt wurden. Brunichilde „war bis zu ihrem Tode die konsequenteste Verteidigerin der Macht des Königtums wie der Reichseinheit gewesen" (Friedrich Prinz).

Die Regentschaft für minderjährige Thronfolger gab den Königinnen eine besondere Machtstellung. Dabei war es im Reich der Merowinger gang und gäbe, dass nicht männliche Verwandte, sondern die Mütter und Großmütter die Regierung führten, bis die Prinzen alt genug waren, diese selbst zu übernehmen. Das war häufig der Fall. Denn fast die Hälfte der merowingischen Könige war bei ihrer Erhebung minderjährig. Chrodechilde, die

Witwe Chlodwigs I., war die erste merowingische Königin, die 524, nach dem Tod ihres Sohnes Chlodomers, die Regentschaft für ihre Enkelsöhne übernahm. In die Position der Regentin kamen dann 575 Brunichilde, zuerst für ihren Sohn Childebert II., dann für die beiden Enkel, und 584 schließlich ihre ärgste Feindin Fredegunde für Chlothar II. Vier weitere Königinnen folgten in dieser Funktion: 639 Nantechilde – wenn auch nur für kurze Zeit, starb sie doch bereits 642 – für den fünfjährigen Chlodwig II. († 657) und nach dessen Tod wiederum seine angelsächsische Gemahlin Balthilde († 680/81) für Chlothar III. († 673). Chimnechilde, die Schwägerin Chlodwigs II. und Balthildes, regierte seit 662 für den in einer Kinderheirat mit ihrer Tochter Bilichilde vermählten ungefähr sechs Jahre alten Childerich II. († 675), den Sohn Chlodwigs II. Und schließlich fungierte Chrodechilde, die Gemahlin Theuderichs III. († 690/91), für ihren Sohn Chlodwig III. († 694) ein letztes Mal als Regentin. Sie ist zugleich die letzte namentlich bekannte Gemahlin eines merowingischen Königs. Über die Frauen der nachfolgenden Merowinger, die bis 751 offiziell an der Spitze des Frankenreiches standen, ihre Macht aber Zug um Zug an die aufstrebende Familie der Pippiniden, der späteren Karolinger verloren, wissen wir nichts mehr.

Die Reihe der Regentinnen belegt eindrucksvoll die herausragende Stellung der Königin im Herrschaftsgefüge des merowingischen Reiches im 6. und 7. Jahrhundert, als in jeder Generation deren Regierung für einen minderjährigen Thronfolger nötig wurde, und die Großen des Reiches diese besondere Verantwortung der Frauen allgemein akzeptierten. Vorbilder hierfür finden sich vor allem in der spätrömischen Zeit, aber auch bei den Langobarden und Ostgoten. Denn auch römische Kaiserinnen konnten sehr mächtig werden und zwar – wie bei den Merowingern – unabhängig von ihrer Herkunft. So war wohl auch Balthilde eine angelsächsische Sklavin, die im Dienst Erchinoalds († 657/58) stand, dem eigentlich regierenden Hausmeier in Neustrien und Burgund, bevor sie Chlodwig II. heiratete. Nach dessen Tod übernahm die energische Königin die Macht. Sie wurde zur politischen Gegnerin ihres ehemaligen Herrn und besetzte die einflussreichen Posten mit neuen Leuten, machte den Emporkömmling Ebroin zum Hausmeier und stand vor allem mit den angesehenen Bischöfen Chrodobert von Paris und Audoenus von Rouen in einem vertrauensvollen Verhältnis. Wie ehemals Brunichilde verfolgte auch Balthilde eine zentralistische Politik und verhinderte die Teilung der Herrschaft zugunsten ihres ältesten Sohnes Chlothar III. Kritiker ihrer Entscheidungen wurden ausgeschaltet, ob dahinter die Königinwitwe selbst oder ihr verlängerter Arm Ebroin stand, bleibt unklar. Weil neben dem mächtigen Grimoald, Hausmeier in Austrien, für ihre Opposition auch so manche Bischöfe mit ihrem Leben bezahlen mussten, trug ihr dieses brutale Vorgehen seitens Wilfrids von York den negativen Ruf ein, eine „zweite Jezabel" (1 Könige 18,4) zu sein. Erzbischof Audoenus von Rouen hingegen betrachtet sie als die *regina christianissima*, als die allerfrömmste Königin. Für den anonymen Autor des „Liber Historiae Francorum" schließlich war sie *pulchra omnique ingenio strenua*, eine schöne und in allem geistreiche Frau (cap. 43).

Wie die Thüringerin Radegunde wurde auch die Angelsächsin Balthilde zuerst eine Königin, dann eine Heilige. Sie gründete das berühmte Männerkloster Corbie in der Picardie und das nicht weniger angesehene Nonnenkloster Chelles bei Paris. Als besondere Förderin des irofränkischen Mönchtums hatte Balthilde in den Basiliken des Reiches die Mischregel von Luxeuil, die kombinierte Benedikt-Columban-Regel eingeführt, die für diese bedeutenden Kult- und Pilgerzentren eine neue Freiheit von Einflussnahme durch Bischof und König brachte. Die Königin handelte primär wohl aus religiösen Gründen, schädigte damit jedoch die Interessen der Bischöfe in ideeller und finanzieller Hinsicht und provozierte deren Widerstand. Die Basiliken mit ihren herausragenden Königspatronen, so Saint-Denis und Saint-Germain bei Paris, Saint-Médard in Soissons, Saint-Pierre-le Vif in Sens, Saint-Aignan in Orléans und Saint-Martin in Tours, die zum Teil schon zu Grablegen der Merowinger geworden waren, traten in ein unmittelbares Verhältnis zum König. Das war eine verfassungspolitische Veränderung im Reich und der kirchlichen Strukturen, die den »Sturz« der Königin mit ausgelöst haben dürfte. Denn als ihr Sohn Chlothar III. die Herrschaft übernahm und ihre Regentschaft 664/65 zu Ende ging, wurden ihre kirchenpolitischen Maßnahmen fürs Erste außer Kraft gesetzt. Sie aber zog sich in ihr Kloster nach Chelles zurück. Sie tat das wohl nicht ganz freiwillig, sondern wahrscheinlich erst auf das Drängen Ebroins hin, der die polarisierende Königin auf diese Weise ins Abseits stellte. In Chelles ist sie um 680/81 gestorben. Erhalten ist ein goldbesticktes weißes Leinengewand, das die Königin auf dem Sterbebett getragen haben soll. Eine ihr gewidmete Vita stellt ihr beispielhaftes Leben vor Augen. Sie wurde als eine Heilige verehrt und komplettiert die Reihe der „heiligen" Königinnen

der Merowingerzeit neben Chrodechilde, der Gemahlin Chlodwigs I., und Radegunde.

Als Fazit kann festgehalten werden: Die Handlungsspielräume merowingischer Königinnen als Ehefrauen der Herrscher und Mütter bzw. Großmütter der Thronfolger waren sehr verschieden. Sie füllen die große Bandbreite zwischen Macht und Ohnmacht. Viele Schicksale bleiben unbekannt. So manche Frauen können nur ohnmächtig ertragen, was mit ihnen geschieht. Doch die Quellen zeigen uns auch einflussreiche und machtbewusste First Ladies und Regentinnen, die die Politik im Reich maßgeblich mitbestimmten und mitgestalteten.

Quellen

GREGOR VON TOURS, Zehn Bücher Geschichten. Lateinisch und deutsch, hg. von Rudolf Buchner, 2 Bde. (Ausgewählte Quellen zur deutschen Geschichte des Mittelalters. Freiherr vom Stein-Gedächtnisausgabe 2 und 3). Darmstadt [8]2000 (Bd.1) und [9]2000 (Bd.2)

FREDEGAR, Chronik. Lateinisch und deutsch, hg. von Andreas Kusternig, in: Quellen zur Geschichte des 7. und 8. Jahrhunderts (Ausgewählte Quellen zur deutschen Geschichte des Mittelalters. Freiherr vom Stein-Gedächtnisausgabe 4a). Darmstadt [2]1994, 3–271

LIBER HISTORIAE FRANCORUM. Das Buch von der Geschichte der Franken. Lateinisch und deutsch, übertragen von Herbert Haupt, in: Quellen zur Geschichte des 7. und 8. Jahrhunderts (Ausgewählte Quellen zur deutschen Geschichte des Mittelalters. Freiherr vom Stein-Gedächtnisausgabe 4a). Darmstadt [2]1994, 329–379

Literatur

AFFELDT, WERNER / SABINE REITER, Die Historiae Gregors von Tours als Quelle für die Lebenssituation von Frauen im Frankenreich des sechsten Jahrhunderts, in: Werner Affeldt / Annette Kuhn (Hg.), Frauen in der Geschichte VII. Interdisziplinäre Studien zur Geschichte der Frauen im Frühmittelalter. Methoden – Probleme – Ergebnisse (Geschichtsdidaktik. Studien, Materialien 39). Düsseldorf 1986, 192–208

DIE FRANKEN – WEGBEREITER EUROPAS. Vor 1500 Jahren: König Chlodwig und seine Erben. Katalog-Handbuch zur Ausstellung in Mannheim, Paris und Berlin, 2 Bde., Mainz 1996

DRABEK, ANNA M., Der Merowingervertrag von Andelot aus dem Jahr 587, in: Mitteilungen des Instituts für Österreichische Geschichtsforschung 78 (1970), 34–41

ENNEN, EDITH, Frauen im Mittelalter. München [6]1999

EWIG, EUGEN, Das Privileg des Bischofs Berthefrid von Amiens für Corbie von 664 und die Klosterpolitik der Königin Balthild, in: Francia 1 (1973) 62–114; nachgedruckt in: Ders., Spätantikes und fränkisches Gallien. Gesammelte Schriften (1952–1973), hg. von Hartmut Atsma, Bd. 2 (Beihefte der Francia 3/2). München 1979, 538–583

– DERS., Studien zur merowingischen Dynastie, in: Frühmittelalterliche Studien 8 (1974) 15–59

– DERS, Die Merowinger und das Frankenreich (Urban-Taschenbücher 392). Stuttgart u.a. 1988, [4]2001

GÄBE, SABINE, Radegundis: sancta, regina, ancilla. Zum Heiligkeitsideal der Radegundisviten von Fortunat und Baudonivia, in: Francia 16/1 (1989), 1–30

GOETZ, HANS-WERNER, Frauen im frühen Mittelalter. Frauenbild und Frauenleben im Frankenreich. Weimar, Köln, Wien 1995

– DERS, Europa im frühen Mittelalter 500–1050 (Handbuch der Geschichte Europas 2). Stuttgart 2003

HARTMANN, MARTINA, Aufbruch ins Mittelalter. Die Zeit der Merowinger. Darmstadt 2003

– DERS, Zur Stellung der merowingischen Königin, in: Scientia veritatis. Festschrift für Hubert Mordek zum 65. Geburtstag, hg. von Oliver Münsch und Thomas Zotz. Ostfildern 2004, 25–42

HEINZELMANN, MARTIN, Gregor von Tours (538–594). Zehn Bücher Geschichte. Historiographie und Gesellschaftskonzept im 6. Jahrhundert. Darmstadt 1994

LAPORTE, JEAN-PIERRE, La reine Bathilde ou l'ascension sociale d'une esclave, in: La Femme au Moyen-Âge, hg. von Michel Rouche et Jean Heuclin. Maubeuge 1990, 147–167

MERTA, BRIGITTE, Helenae conparanda regina – secunda Isebel. Darstellung von Frauen des merowingischen Hauses in frühmittelalterlichen Quellen, in: Mitteilungen des Instituts für Österreichische Geschichtsforschung 96 (1988), 1–32

NELSON, JANET L., Queens as Jezebels: The Careers of Brunhild and Balthild in Merovingian History, in: Medieval Women. Dedicated and presented to Professor Rosalind M. T. Hill on the Occasion of her seventieth Birthday, hg. von Derek Baker (Studies in Church History. Subsidia 1). Oxford 1978, 31–77

NOLTE, CORDULA, Die Königinwitwe Chrodechilde. Familie und Politik im frühen 6. Jahrhundert, in: Veuves et Veuvage dans le Haut Moyen Âge. Études reunies par Michel Parisse. Paris 1993, 177–186

OFFERGELD, THILO, Reges pueri. Das Königtum Minderjähriger im frühen Mittelalter (Schriften der Monumenta Germaniae Historica 50). Hannover 2001

PRINZ, FRIEDRICH, Europäische Grundlagen deutscher Geschichte (4.–8. Jahrhundert), in: Gebhardt. Handbuch der deutschen Geschichte. Zehnte, völlig neu bearbeitete Auflage, Bd. 1. Stuttgart 2004, 147–647

SASSE, BARBARA, Regina Mater. Archäologische und schriftliche Quellen zu Merowinger-Königinnen, in: Helga Brandt und Julia K. Koch (Hg.), Königin, Klosterfrau, Bäuerin. Frauen im Frühen Mittelalter (agenda Frauen 8 / Frauen-Forschung-Archäologie 2). Münster 1996, 83–116

SCHNEIDER, REINHARD, Königswahl und Königserhebung im Frühmittelalter. Untersuchungen zur Herrschaftsnachfolge bei den Langobarden un Merowingern (Monographien zur Geschichte des Mittelalters 3). Stuttgart 1972

STAFFORD, PAULINE, Queens, Concubines, and Dowagers. The King's Wife in the Early Middle Ages. Athen, Georgia 1983

WEMPLE, SUZANNE F., Women in Frankish Society. Marriage and the Cloister (500 to 900). Philadelphia 1981

WITTERN, SUSANNE, Frauen zwischen asketischem Ideal und weltlichem Leben. Zur Darstellung des christlichen Handelns der merowingischen Königinnen Radegunde und Balthilde in hagiographischen Lebensbeschreibungen des 6. und 7. Jahrhunderts, in: Werner Affeldt / Annette Kuhn (Hg.), Frauen in der Geschichte VII. Interdisziplinäre Studien zur Geschichte der Frauen im Frühmittelalter. Methoden – Probleme – Ergebnisse (Geschichtsdidaktik. Studien, Materialien 39). Düsseldorf 1986, 272–294

Radegunde über dem Portal der Kirche Sainte-Radegonde. 2006
Foto: Erfurt, Artus.Atelier

RADEGUNDE IN POITIERS
Robert Favreau

Nachdem Radegunde ihren Gemahl, König Chlothar I., verlassen und erreicht hatte, dass Bischof Medardus von Noyon sie als diacona (Nonne) dem Ordensleben weihte, begab sie sich nach Tours, um sich dort am Grabe des hl. Martin in Andacht zu sammeln. Die Martinswallfahrt hatte sich seit Bischof Perpetuus (461–491) zur bedeutendsten Wallfahrt Galliens entwickelt[1]. Radegunde konnte Ähnlichkeiten mit Martin nicht übersehen, der wie sie aus Mitteleuropa stammte[2]. Auch hatte sie während ihres Aufenthaltes in der Pfalz Athies zweifellos von Martin und seiner Mantelteilung erfahren, die sich in der benachbarten Stadt Amiens zugetragen hatte. Ebenso konnte ihr nicht entgangen sein, dass die hl. Königin Chlothilde (Chrodechilde), ihre Schwiegermutter, sich nach Chlodwigs Tod (511) nach Tours zurückgezogen hatte und dort im Jahre 545 verstorben war. „Nach glücklicher Schiffsreise" gelangte Radegunde nach Tours und verweilte andächtig „unter Tränen" in der Basilika, in der sich das Grab des hl. Martin befand, im Atrium, das vor der Basilika lag und sich bis zu ihrem Chorhaupt hinzog, und in den zugehörigen Bauten und Gebäuden[3]. Sie besuchte sicherlich auch die nahe gelegenen Kirchen Saint-Lidoire, Saints-Pierre-et-Paul und das Kloster Saint-Venance. In Tours gründete sie „für das Seelenheil des Königs" ein Männerkloster, das – wie vorgeschlagen wurde – mit der Kirche Sainte-Croix identifiziert werden könnte, etwa einhundert Meter von Martins Grab entfernt[4]. Ihre Kleider und ihren Schmuck, die sie im Palast getragen hatte, legte sie auf den Altar der Martins-Basilika ab und erwies sich „großzügig" gegenüber allen von ihr aufgesuchten Kirchen[5]. Sie setzte ihre Reise fort nach Candes, Martins Sterbeort[6], und machte dort nicht weniger bedeutende Geschenke[7]. Von dort gelangte sie nach Saix, etwa 12 km südwestlich von Candes[8].

Saix lag „im Gebiet der Poiteviner" an der Grenze der Touraine und des Anjou in einer waldreichen Gegend. Der Königshof war Radegunde von König Chlothar I. übergeben worden[9] und war zweifellos ursprünglich Teil ihres Wittums, das sie von ihrem Gemahl erhalten hatte. Der Hof unterstand bis zur Revolution der Abtei Sainte-Croix in Poitiers, die dortige Pfarrkirche ist der hl. Radegunde geweiht. Man sieht dort noch heute die Reste einer mittelalterlichen Befestigung, von der die Kirche selbst einen Teil bildet. Alle Vermutungen zur Chronologie von Radegundes Leben sind unsicher, denn wir wissen nicht, wie lange sie in Saix blieb und wann das Kloster in Poitiers gegründet wurde. Mit Sicherheit aber hat sie im ersten Jahr ihrer „Bekehrung" in Saix gelebt. Dort sei ihr nach dem Bericht der Nonne Baudonivia der Herr erschienen, habe sie auf seinen Knien gehalten und ihr gesagt, dass sie künftig „in seinem Herzen" wohnen werde – eine Erscheinung, die sie ganz im Geheimen nur denjenigen offenbart habe, „die ihr am engsten verbunden waren, wobei sie ihnen einschärfte, zu ihren Lebzeiten nichts davon verlauten zu lassen"[10]. Venantius Fortunatus berichtet von dem Leben in Buße, dem sich Radegunde unterzog, dass sie sich nur von Gemüse ernährte, nur Wasser trank, nur Gersten- oder Roggenbrot aß und fastete. Sie bemühte sich sehr um die Armen, bediente sie bei Tisch, wusch sie, versorgte sie. Sie nahm die leprakranken Frauen in den Arm, wusch sie, gab ihnen zu essen, schenkte ihnen Geld oder Kleidung. Diese Fürsorge für die Armen habe sie „im Sommer wie im Winter" beschäftigt, was auf einen längeren Aufenthalt in Saix schließen lässt. Selbstverständlich habe sie sich unermüdlich gezeigt in ihrem Dienen; auch seien durch ihre Fürsprache verschiedene Wunder geschehen[11].

Sie lebte noch in Saix, als das Gerücht ging, ihr königlicher Gemahl wolle sie an den Hof zurückholen. In großem Schrecken habe sie daraufhin ihre Kasteiungen verstärkt, indem sie ein sehr grobes Büßergewand anzog, fastete, in der Nacht wachte und sich ganz dem Gebet hingab. Sie habe eine ihrer Nächsten, die Nonne Fridovigia, zusammen mit einigen Getreuen mit einem kostbaren Kelch, der ihr aus ihrer königlichen Ausstattung geblieben war, zu einem Eremiten Johannes gesandt, einem Bretonen, der ganz zurückgezogen in Chinon lebte, und ihn gebeten, ihr durch seine Gebete beizustehen, damit sie nicht in die Welt zurückkehren müsse[12]. Nach einer durchwachten Nacht voller Gebete habe Johannes die Königin wissen lassen, Gott werde es nicht zulassen, dass der König sie wieder zur Gemahlin nehme[13]. Diese Episode wurde später durch die hübsche Legende des Haferwunders illustriert: Von König Chlothar verfolgt, der sie in den Palast zurückholen will, trifft Radegunde einen Landmann, der Hafer sät, und sagt zu ihm: Wenn man dich fragt, ob du jemanden hast vorbeikommen sehen, antworte, dass niemand vorbeigekommen ist, seit du diesen Hafer gesät hast. Augenblicklich wächst der Hafer und verbirgt Radegunde mit ihrer Begleitung vor ihren Verfolgern. Diese Legende wurde inspiriert vom Wunder des Kornfeldes, in dem sich die hl. Familie verbarg, als sie auf der Flucht nach Ägypten von den Soldaten des Herodes verfolgt wurde; im Zyklus der Wunder der hl. Radegunde erschien sie am Ende des 13. oder zu Anfang des 14. Jahrhunderts[14].

Saix, *Foto: R. Favreau*

Im Anschluss an diesen Versuch des Königs begibt sich Radegunde nach Poitiers. Die Vita des hl. Junianus von Mairé, ihres unmittelbaren Zeitgenossen, berichtet, dass sie sich dort niederließ „aus Zuneigung zu dem so bedeutenden Bischof, wie es Hilarius war"[15]. Auch konnte das Gedenken an Martin eine Rolle spielen, an dessen Aufenthalt in der Nähe von Poitiers Gregor von Tours und Venantius Fortunatus erinnern, wobei sie zum ersten Mal den Namen Ligugé erwähnen. Das Schreiben von sieben Bischöfen an Radegunde spricht von Martin als dem, der „dich auf deinem Weg geführt hat", und in ihrem Schreiben an die Bischöfe wird sich Radegunde unter den Schutz von Hilarius und Martin stellen[16]. Gregor von Tours berichtet lediglich, dass Radegunde „für sich ein Kloster in der Stadt Poitiers erbaute"[17]. In ihrem Brief an die Bischöfe aber schreibt Radegunde: „Ich habe an das Wohl anderer Frauen gedacht und, damit unter Gottes Zustimmung meine guten Absichten auch anderen nützlich sein könnten, in der Stadt Poitiers ein Nonnenkloster eingerich-

Rekonstruktion der Zelle der Radegunde und der Kapelle Pas-de-Dieu, errichtet auf Fundamenten des 6. Jh. (1912), 2004
Foto: Erfurt, Stadtmuseum, Hardy Eidam

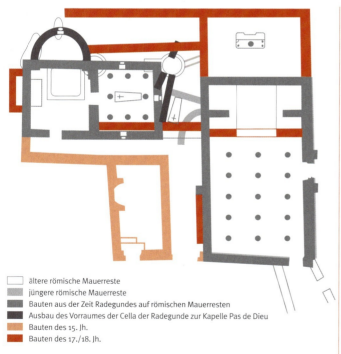

☐ ältere römische Mauerreste
☐ jüngere römische Mauerreste
■ Bauten aus der Zeit Radegundes auf römischen Mauerresten
■ Ausbau des Vorraumes der Cella der Radegunde zur Kapelle Pas de Dieu
■ Bauten des 15. Jh.
■ Bauten des 17./18. Jh.

Plan der Ausgrabungen von 1911–1912: Die Zelle der Radegunde und die Kirche Sainte-Marie.
Labande-Mailfert 1986, 34

tet, das der sehr vortreffliche Herr König Chlothar genehmigt und finanziert hat und das ich durch eine Schenkung dotiert habe mit allem, was mir die königliche Freigebigkeit gewährt hatte"[18]. Baudonivia bestätigt, dass dieser Bau „in Übereinstimmung mit der Anordnung König Chlothars" erfolgte, und fügt hinzu, dass er „durch die Bemühungen des Bischofs Pientius und des Herzogs Austrapius schnell errichtet wurde"[19]. Die Einrichtung in Poitiers erfolgte augenscheinlich vor 561, dem Todesjahr Chlothars. Den Zeitpunkt näher eingrenzen könnten die Daten des Episkopats von Pientius und der Amtszeit des Herzogs Austrapius; jedoch sind sie selbst zu wenig genau – vor 555/557 bis nach 561 für Pientius, nach 557 für das Ende der Amtszeit des Austrapius, der ins Kloster ging und um 560 zum Bischof von Champtoceaux geweiht wurde[20].

Die neue Abtei wurde gegen die östliche Mauer der gallorömischen Stadtbefestigung errichtet, auf einem Gelände, das vermutlich Fiskalland war[21]. Dieses gesamte Gebiet war in römischer Zeit bewohnt gewesen: Bei den Ausgrabungen von 2005 wurden eine Töpferwerkstatt und ein Haus mit Hypokausten im Bereich von Radegundes Zelle sowie ein öffentlicher Brunnen aus dem 2. Jahrhundert und alte Straßenführungen gefunden.

RADEGUNDE IN POITIERS

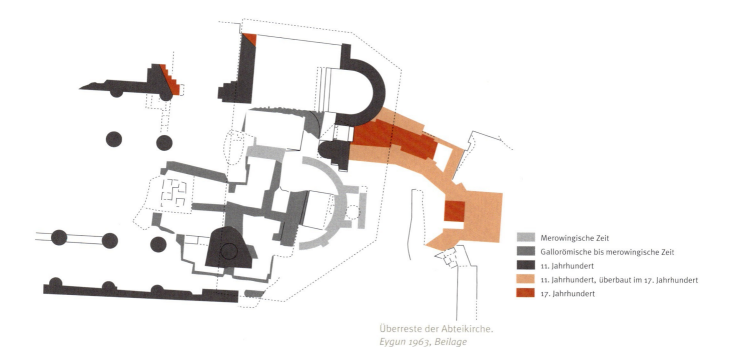

Merowingische Zeit
Gallorömische bis merowingische Zeit
11. Jahrhundert
11. Jahrhundert, überbaut im 17. Jahrhundert
17. Jahrhundert

Überreste der Abteikirche.
Eygun 1963, Beilage

Zwischen dem ursprünglichen gallorömischen Bodenniveau und dem Niveau des 6. Jahrhunderts wurden bei den ersten Ausgrabungen zwei Meter angehäufter Erde mit Trümmern gallorömischer Gebäude festgestellt. Die Abteikirche Sainte-Croix wurde auf antiken Unterbauten, massiven römischen Spolien, Trümmern von Gebälk, Säulen und dorischen Kapitellen errichtet. Anscheinend war das Leben in diesem spätantiken Viertel durch den Bau der Stadtmauer vollständig verändert worden und hatte das Gelände nahe der Mauer brach liegen müssen, so dass es infolgedessen für den Bau eines Klosters zur Verfügung stand. Bei den ersten Ausgrabungen von 1909–1912, die einem detaillierten Plan der Abtei von 1782 folgten, gelang es Pater Camille de La Croix, einige Meter vor der antiken Stadtmauer die Fundamente von Radegundes Zelle – 4,35 m x 4,70 m – und ungefähr 30 cm tiefer die später Pas-de-Dieu genannte Kapelle – 4,20 m x 4,50 m –, die sich im Westen mit einer Tür nach außen öffnete, aufzudecken. Im Jahre 1912 wurde auf den Resten der alten Mauern ein Gebäude rekonstruiert, das uns eine genaue

Gegenwärtiger Zustand der merowingischen und römischen Überreste der Kirche Sainte-Croix, 2006
Foto: Erfurt, Artus.Atelier

Das bei den Ausgrabungen gefundene Mosaik mit der Inschrift: O CRUX A(VE).
Foto: Erfurt, Artus.Atelier

Vorstellung vom Ausmaß des Grundrisses, aber nicht vom Aufriss gibt[22]. In der Nähe wurden die Reste eines rechteckigen Gebäudes von 12,40 m x 6,60 m freigelegt; es handelt sich um das Oratorium Sainte-Marie, das Baudonivia erwähnt. Der Chor war vom Schiff nur durch zwei Mauervorsprünge getrennt; die Haupttür und eine kleinere Pforte öffneten sich nach Süden bzw. Westen, und zwei kleine Pforten im Norden stellten die Verbindung mit Radegundes Zelle her[23]. In dem Oratorium konnten nicht mehr als etwa 80 Personen Platz finden. Erneute Grabungen weiter südlich, die unter Leitung von François Eygun von 1959 bis 1962 stattfanden, brachten die Überreste der Abteikirche aus dem letzten Drittel des 11. Jahrhunderts zu Tage – Schiff mit Seitenschiffen, Querhaus mit Nebenapsiden, Fundamente des Glockenturmes, halbkreisförmiger Chor. 35 cm unter der Pflasterung des Chores fanden sich „ein Halbkreis von rötlichem Mauerwerk aus kleinen Hausteinen, der 5,60 m im Durchmesser misst, mit einer 0,52 m starken Mauer", und außerhalb ein rechteckiges sacrarium von 1,96 m x 0,80 m, angefügt an den merowingischen Halbkreis[24]. In der merowingischen Apsis wurden Mosaik-Fragmente gefunden[25]; eines trägt die Inschrift O CRUX A[VE] – Beginn einer Strophe des Hymnus Vexilla regis, den Venantius Fortunatus verfasste zur Ankunft einer Reliquie des hl. Kreuzes in Poitiers, die Radegunde erhalten hatte, einer Strophe aber, die erst später dem ursprünglichen Text angefügt worden zu sein scheint. Das kostbare Fragment, das uns den vermutlichen Namen dieser ersten Kirche, Sainte-Croix, mitteilt, könnte aus dem 8. Jahrhundert stammen[26]. Grabungen im Jahre 2005 im südöstlichen Bereich des Geländes, unter der Leitung von Frédéric Gerber, deckten auf etwa 10 m Länge eine Mauer der Klausur der Abtei aus dem 8. Jahrhundert sowie die Reste einer anderen Mauer der Klausur des 6. Jahrhunderts auf. Bis zur Veröffentlichung der Ergebnisse dieser Grabung geben uns Fotos, die uns der Ausgräber liebenswürdigerweise überlassen und erläutert hat, einen Eindruck von diesen Entdeckungen. In diesem unteren Teil der Stadt also, zwischen der galloromischen Mauer und dem Baptisterium Saint Jean, im Schutz einer monastischen Klausur, zieht sich Radegunde nun zurück; in dem Augenblick, als sie dort einzog, wurde sie begleitet von einem „großen Menschenauflauf, wobei die Leute, die auf der Straße keinen Patz finden konnten, auf die Dächer stiegen". Sie sollte dort ungefähr dreißig Jahre bleiben.

In Saix hatte Radegunde mit ihren ersten Gefährtinnen ein Leben des Gebets, der Buße und der Mildtätigkeit geführt. Sicherlich hatte sie die kleine Gruppe geleitet, aber vermutlich hatte es dort weder eine Klausur noch eine Regel gegeben. Mit dem Bezug des neuen, in Poitiers errichteten Klosters mussten das Zusammenleben organisiert, eine Äbtissin bestellt, eine Klosterregel gewählt werden. Eine Denkschrift des 15. Jahrhunderts, verfasst anlässlich eines Rechtsstreites zwischen Kanonissen von Sainte-Radegonde und Nonnen von Sainte-Croix über Prozessionen, enthält folgenden merkwürdigen Abschnitt: „Ferner, dass die ruhmreiche Heilige die Kirche zu Ehren des hl. Kreuzes im Nonnenkloster gründete und nach Notre-Dame von Angers schickte, um vier angesehene Ordensfrauen zu erbitten, die ihr gesandt wurden, und sie diese in die Abtei mit mehreren anderen schickte und als erste Äbtissin Agnes bestellte, um Gott in dieser Abtei zu dienen, und diese aus dem Besitz des Königs dotierte"[28]. Nichts gestattet es, diese Behauptung zu bestätigen oder andererseits zu entkräften. Wir wissen lediglich, dass es in Angers im Jahre 529 eine Basilika gab, die der hl. Jungfrau geweiht war, und dass der Graf von Anjou sie zu Beginn des 11. Jahrhunderts für ein Frauenkloster (Le Ronceray) wiederaufbauen ließ[29]. In ihrem Schreiben an die Bischöfe sagt Radegunde, sie habe für die Gemeinschaft, die sie versammelt hatte, die Regel angenommen, unter welcher die hl. Caesaria gelebt hatte; mit Zustimmung der Bischöfe dieser Stadt und anderer Städte habe sie Schwester Agnes, nachdem diese von der Kongregation gewählt worden war, zur Äbtissin eingesetzt, und sie präzisiert, dass Agnes durch Bischof Germanus von Paris in Gegenwart seiner Amtsbrüder geweiht wurde[30]. Venantius Fortunatus sagt in seinem Gedicht „Über die Jungfräulichkeit", dass Radegunde „sich die Lippen nach den kleinsten Einzelheiten der Regel des Caesarius leckt" und dass „sie wohlüberlegt sich entschloss, Agnes zur Mutter [Äbtissin] zu haben, sie, die als ihre Tochter gilt"[31]. Die Annahme der Regel und die Weihe der Agnes zur ersten Äbtissin spalten die Historiker, die je nach ihrer Interpretation der vorhandenen Quellen unterschiedliche Chronologien vorschlagen.

Folgt man Radegunde und in zweiter Linie Venantius Fortunatus, so hat die Königin-Nonne an erster Stelle die Regel des hl. Caesarius, die der Bischof von Arles für die von seiner Schwester Caesaria geleitete Kommunität verfasst hatte, als Regel für ihre Klostergründung in Poitiers gewählt. Diese Regel war von Caesarius erstellt worden mit Anleihen bei Pachomius, bei Augustinus, bei den Gewohnheiten von Lérins, bei den Institutiones des Johannes Cassianus, und er hatte sie ungefähr zwanzig Jahre lang bis zu ihrer endgültigen Redaktion im Jahre 534 angepasst und ergänzt. Es ist die erste unmittelbar für Nonnen geschriebene Regel; sie umfasst 47 Artikel, gefolgt von einer „Zusammenfassung" in 26 Artikeln[32]. Wenn man die Echtheit eines Briefes von Caesaria der Jüngeren, der Nichte des Caesarius und zweiten Äbtissin von Arles, annimmt, hätten Richildis und Radegunde einen Boten nach Arles gesandt, um von ihr ein Exemplar der Regel zu erbitten, und hätte Caesaria d. J. ihrer Bitte entsprochen. Dies würde die Einführung der Regel in Poitiers in die Zeit vor 561 setzen, dem Jahr, in dem Caesaria d. J. starb. Jedoch ist

Ansicht eines Abschnittes der Klausurmauer der Abtei aus der Mitte des 8. Jahrhunderts (Ausgrabungen 2005)

Am unteren Bildrand Reste der ersten errichteten Klostermauer aus dem 7. Jahrhundert. In der rechten unteren Bildhälfte Fundamente eines antiken Gebäudes.

Unten rechts Mauerreste des antiken Gebäudes, in der Mitte verläuft parallel die ältere Klostermauer aus dem 7. Jahrhundert und links die des 8. Jahrhunderts, daran anschließend Gebäudereste aus dem 16. Jahrhundert.

Fotos: L. Destrade-Inrap.

dieser Brief nur durch eine Handschrift des 9./10. Jahrhunderts bekannt, die 1717 veröffentlicht wurde³³; er wird von einigen Historikern als echt angesehen, dagegen von anderen als gefälscht erklärt³⁴. Für die Ersteren könnte Richildis der Name von Agnes sein, bevor sie Äbtissin wurde, denn es überrascht, einen lateinischen Namen für eine hochgestellte Gefährtin Radegundes am Hof des fränkischen Königs zu finden. Der Brief der sieben Bischöfe an Radegunde³⁵ erwähnt die Regel des Casarius als in Poitiers in Kraft. Nun gehören diese sieben Bischöfe von Tours, Nantes, Angers, Rennes, Le Mans, Rouen und Paris zu jenen neun Bischöfen, die im November 567 zum Konzil von Tours versammelt sind³⁶, und unterstehen seit König Chariberts Tod in demselben Jahr der Herrschaft König Chilperichs. Die beiden anderen Bischöfe von Chartres und Séez gehören nicht zu Chilperichs Reich. Diejenigen, die eine Annahme der Regel im Jahre 569/570 ablehnen, rechnen mit einer weiteren Zusammenkunft der sieben Bischöfe vor 573, dem Todesjahr eines von ihnen, was zwar nicht unmöglich, aber auch nicht erwiesen ist; weiterhin unterstreichen sie, dass die Bischöfe auf die besondere Strenge der Klausur, wie sie von Caesarius von Arles vorgesehen war, keinen Nachdruck gelegt hätten, wenn die Regel bereits in Poitiers befolgt worden wäre. Jedoch liegt es näher, für den Brief der Bischöfe, der sich als Antwort auf ein Gesuch Radegundes bezeichnet, als Datum das Jahr 567 anzunehmen und ihn mit dem Versuch König Chilperichs in Verbindung zu bringen, seine Tochter Basina aus dem Kloster in Poitiers zurückzuholen, um sie mit dem Sohn des Königs von Spanien Leovigild zu verheiraten – einem Versuch, dem sich Radegunde standhaft widersetzen wird, indem sie sagt: „Es gehört sich nicht, dass eine Christus geweihte junge Frau wieder in die Lüste der Welt zurückkehrt"³⁷. Im Übrigen wäre es erstaunlich, wenn Radegunde ihre junge Kommunität über zehn Jahre und länger ohne Regel gelassen hätte.

Jedenfalls folgte nach Radegundes Worten die Wahl von Agnes zur Äbtissin auf die Einführung der Regel. Sowohl René Aigrain als auch Luce Pietri setzen die Weihe von Agnes durch Bischof Germanus von Paris Ende 560 oder ins Jahr 561. Y. Labande-Mailfert schlägt die Bestellung und Wahl gleich beim Eintritt in das Kloster vor, aber die Weihe durch Germanus erst in den siebziger Jahren, einige Jahre vor Agnes' Tod (576)³⁸. Es ist offensichtlich, dass sich Radegunde seit der Gründung der Abtei auf die niedrige Stellung einer einfachen Nonne beschränken

wollte. Sie selbst hat Agnes ernannt, die sie „seit ihrer Jugend wie ihre Tochter behandelt und geformt hatte"³⁹. Am Ende des Jahres 560 hatte sich König Chlothar nach Tours begeben, um durch Fürsprache des hl. Martin die Vergebung seiner Sünden zu erlangen, aber auch – nach Baudonivia – in der Absicht, nach Poitiers zu kommen, „um die Königin zurückzuholen"⁴⁰. Über diese Absicht unterrichtet, ließ Radegunde Bischof Germanus von Paris ein Schreiben zukommen, in dem sie versichert, dass Gott von diesem Unternehmen nichts wissen wolle. Daraufhin warf sich Germanus am Grabe des hl. Martin dem König zu Füßen und flehte ihn an, sein Vorhaben aufzugeben, weil es im Widerspruch zu dem Willen Gottes stehe. Chlothar erhörte das Gesuch und sandte Germanus nach Poitiers, damit dieser für ihn bei Radegunde um Vergebung bitte⁴¹. Man kann annehmen, dass bei dieser Gelegenheit Bischof Germanus Agnes zur Äbtissin weihte. Zugleich schützte Radegunde ihre junge Kommunität vor einem neuen Versuch des Königs bezüglich ihrer Person, und es wird verständlicher, dass sie angesichts der unsicheren Lage diese Weihe lieber von Germanus als von dem Ortsbischof erbeten hat. Freilich handelt es sich hierbei offenkundig um eine Hypothese.

Fortan kann Radegunde das Leben einer einfachen Nonne führen: „Von den klösterlichen Ämtern gefiel ihr nichts mehr, als die Erste im Dienen zu sein"⁴². Venantius Fortunatus zeigt sie uns, wie „sie Straßen und Winkel des Klosters kehrte, alles, was schmutzig war, reinigte, und nicht davor zurückschreckte, Lasten nach draußen zu tragen, die andere nur mit Schrecken sahen". Sie bemühte sich, ohne zu murren, die Latrinen in sauberem Zustand zu halten. Sie holte Holz und ließ das Feuer nicht ausgehen. Während die Nonnen schliefen, reinigte sie deren Schuhe und fettete sie ein. Sie holte Wasser aus dem Brunnen und verteilte es auf die Gefäße, putzte die Suppenkräuter, wusch das Gemüse und trug die Schüsseln auf. Nach dem Essen wusch sie das Geschirr und ließ es glänzen und brachte den Abfall aus der Küche⁴³. In seinen Gedichten hat Venantius Fortunatus dieselben Einzelheiten einer Nonne im Dienst für ihre Schwestern wieder aufgenommen: Anstelle der königlichen Kleider legte sie „ein milchfarbenes Gewand, das Kleid einer Magd" an; „sie bedient ihre eigenen Dienerinnen", „sie erhält Anweisungen und sie führt sie aus", „ganz in Schweiß gebadet bereitet ihr die Mahlzeiten für eure Schwestern, euer Gesicht ist bald rau vom

Wasser, bald gerötet von den Flammen, ihr müht euch, die Feuer anzuzünden und die Speisen zu kochen ..."[44].

Die Regel des Caesarius von Arles diente ihr als beständige Grundlage. Selbst wenn man die dichterische Sprache in Rechnung stellen muss, zeigen die Verse von Venantius Fortunatus mit größter Klarheit die Verbundenheit Radegundes mit der Regel: „Sie macht sich die Vorschriften der hl. Regel zu einem Vergnügen", „die Regel des Caesarius ist die Richtschnur, gemacht für sie", „sie leckt sich die Lippen nach den kleinsten Details der Regel des Caesarius, sie sammelt den Honig, der aus dem Herzen dieses Bischofs fließt, und unersättlich trinkt sie an seinen Wassern", „mit seinen Lehren rüstet euch der Ruhm des Caesarius in dieser Welt"[45]. Übrigens ist der Brief Radegundes an die Bischöfe, mit dem sie ihnen ihr Kloster empfiehlt, voll von Bezügen auf die Regel von Arles.

Der minutiösen Ausführung der Regel und des Dienstes an ihren Schwestern fügt Radegunde für sich zusätzliche Bußübungen hinzu. Sie ernährt sich nur von Linsen und Gemüse, ohne mit Öl oder Salz zu würzen, sie isst nur Gersten- oder Roggenbrot, sie enthält sich des Weines, sie schläft auf einem Bett aus Asche, bedeckt von einem Büßergewand. In der Fastenzeit schließt sie sich in ihrer Zelle ein, isst nur Brot, außer sonntags, und trinkt nur sehr wenig Wasser. In ihrem leidenschaftlichen Verlangen, eine neue „Märtyrerin" zu sein, erlegt sie sich schwere Kasteiungen auf: Büßerkleid, Eisenringe um Hals und Arme, sie brennt in ihr Fleisch das Christusmonogramm mit einer vom Feuer rot glühenden Klinge, wobei glühende Kohlen ihre Haut verbrennen[46].

In Klausur lebend, kann sie nicht mehr ihre Aktivität im Dienst an den Armen entfalten, wie sie es in Athies, am Hof, in Saix getan hatte. Jedoch dient sie den Kranken; selbst wenn sie keinen Dienst hat, bereitet sie ihnen das Essen, wäscht ihnen das Gesicht, bietet ihnen heiße Getränke, besucht sie[47]. Allen widmet sie ihr Wohlwollen[48], und sie zeigt sich aufmerksam gegen alle, die man zu ihr bringt, damit sie durch ihre Gebete geheilt werden.

„Als Erste aufgestanden, um Psalmen zu singen, noch bevor die Gemeinschaft aufstand"[49], nahm sie, wie Baudonivia mitteilt, mit Inbrunst am Gottesdienst teil, erfüllten sie Psalmen und Lesungen Tag und Nacht, hat sie kaum geschlafen, in der Nacht gewacht und pflegte nachts, vor ihrer Zelle stehend, mit Herz und mit Mund Psalmen zu singen, erhob sie sich freudig um Mitternacht, um das gemeinsame Gebet wieder aufzunehmen[50]. Venantius Fortunatus sagt, dass sie sich von dem ernährte, was Gregor und Basilius, Athanasius, Hilarius, Ambrosius, Hieronymus, Augustinus sowie weniger bedeutende Autoren wie Sedulius und Orosius lehrten, dass sie darum bat, ihr die Psalmgesänge und die Heilige Schrift zu senden[51]. Als sie gestorben war, fand man „das Buch, in dem sie las", und „die Spindel, mit der sie in ihren langen Fastenzeiten zu spinnen pflegte"[52], in allem getreu der Regel des Caesarius, die vorsah, dass die Schwestern sich jederzeit zwei Stunden der Lektüre widmeten und sich jeden Tag mit dem Spinnen von Wolle beschäftigten[53].

Aber als Nonne war Radegunde auch „das Leben ihrer Schwestern"[54], die Lenkerin der Gemeinschaft, und niemals vergaß man ihre königliche Herkunft und ihre Stellung als Königin.

Als sie vor ihrer Heirat in Athies gewesen war, hatte sie bereits Reliquien gesammelt. In Saix erhielt sie „von dem verehrungswürdigen Priester Magnus" Reliquien des hl. Andreas; und hier erschien ihr – nach Baudonivia – der Herr und sagte ihr, dass sich die Reliquien, die sie in Athies gesammelt habe, künftig in Saix befänden. Nach ihrem Eintritt in das Kloster zu Poitiers habe sie mit Geschenken wie durch ihre Bitten neue Reliquien erhalten. Sie habe einen Laien Reovalis zum Patriarchen von Jerusalem gesandt, um von ihm Reliquien des Märtyrers Mammas zu erbitten, und den kleinen Finger der rechten Hand erhalten[55]. Aber vor allem wünschte sie ein Stück des hl. Kreuzes zu erwerben. Zunächst bat sie König Sigibert um die Genehmigung, den Kaiser zu ersuchen, ihr diese Gunst zu erweisen. Dieser stimmte bereitwillig zu, und Radegunde sandte eigene Boten nach Konstantinopel. Sie konnte dort auf die Unterstützung durch ihren Vetter Amalafrid rechnen, der sich nach dem Untergang Thüringens mit anderen Angehörigen ihrer Familie an den kaiserlichen Hof begeben hatte. Kaiser Justinus II. und seine Gemahlin Sophia, welche „die inständigen Bitten Radegundes von Thüringen" erhalten hatten[56], antworteten wohlwollend auf das Ansuchen und übersandten mit eigenen Vertretern ihr ein Stück des heiligen Holzes, geschmückt mit Gold und kostbaren Steinen, und ein mit Gold und Edelsteinen verziertes Evangeliar[57]. Als die Reliquie nach Poitiers kam, konnte sie nicht sogleich in Empfang genommen werden. Baudonivia spricht nur vage von Machenschaften der „Satelliten des Feindes des Menschengeschlechtes", von „Widrigkeiten", von „Gegnern", von „Neid";

doch Gregor von Tours sagt klar, dass Bischof Maroveus von Poitiers, den „die Königin" gebeten hatte, die Reliquie mit allen Ehren in der Abtei niederzulegen, „die Bitte ablehnte, ein Pferd bestieg und sich auf ein Landgut begab". „In kämpferischer Stimmung" vertraute Radegunde daraufhin das Kreuz der Obhut jenes Klosters an, das sie in Tours gegründet hatte, und sandte erneut Boten zu König Sigibert. Dieser ließ einen seiner Getreuen, den Grafen Justinus, Bischof Euphronius von Tours bitten, den säumigen Prälaten von Poitiers zu vertreten. Euphronius begab sich mit seinen Klerikern nach Poitiers und brachte die Reliquie mit großer Pracht in die Abtei[58]. Nach der Tradition wurde das Kreuz von den Poitevinern in Sigon (Commune de Migné) nahe Poitiers begrüßt: An demselben Ort soll im Jahre 1826 bei einer Missionspredigt 3000 Personen ein großes Kreuz erschienen sein.

Radegunde hatte sich den vorangegangen Bischöfen stets gehorsam gezeigt. Der von Maroveus ausgelöste Skandal wog schwer. Zu wiederholten Malen suchte sie um das Wohlwollen des Bischofs nach, doch konnte sie es nicht gewinnen, denn ohne Zweifel war er eifersüchtig auf das Ansehen der Königin-Nonne und den erklärten Schutz der Könige für ihre Abtei. Daraufhin begab sie sich mit der Äbtissin Agnes in die Stadt Arles; da sie die Regel des hl. Caesarius angenommen hatten, „stellten sie sich unter den Schutz des Königs, weil sie nicht das geringste Bemühen, sie zu schützen, bei demjenigen gefunden hatten, der ihr Hirte hätte sein sollen". Dieser Passus bei Gregor von Tours[59] veranlasste zahlreiche Historiker, die Annahme der Regel von Arles durch die Abtei zu Poitiers auf 569/570 hinauszuschieben, d. h. nach der Ankunft der Reliquie des hl. Kreuzes. Doch ist eher Folgendes zu vermuten: Die Reise wurde durch das skandalöse Verhalten von Bischof Maroveus veranlasst, wie Gregor mitteilt; Radegunde und Agnes machten sich auf, um sich bei der Äbtissin von Arles, Liliola, zu erkundigen, welche Haltung sie gegenüber dem Bischof einnehmen sollten, da dies die Regel nicht genau erklärt; noch immer entschlossen, die Regel des Caesarius genau zu befolgen, wandten sie sich sodann an den König, damit dieser anstelle des Ortsbischofs den Schutz der Abtei gewährleiste. Jene Begegnung der Äbtissin Agnes in Metz mit einem Kaufmann aus Tours, von der Gregor berichtet, könnte sich zum Zeitpunkt ihrer Rückkehr aus Arles ereignet haben, als sie jetzt König Sigibert – der in Metz residierte – um seinen Schutz bat[60].

Die merowingische Basilika, die unter der dem hl. Kreuz geweihten romanischen Abteikirche gefunden wurde, ist zweifellos errichtet worden, um die bemerkenswerte Reliquie aufzunehmen. Nach deren Ankunft in Poitiers nahm die Abtei den Namen Sainte-Croix an. Die Reliquie blieb seit mehr als vierzehn Jahrhunderten stets in der Obhut der Nonnen von Sainte-Croix. Vermutlich im 11. Jahrhundert wurde sie in byzantinische Emaillen gefasst[61]. Ihr sind die beiden Hymnen auf das Kreuz zu verdanken, die der Italiener Venantius Fortunatus dichtete, als er sich in Poitiers niedergelassen hatte: *Vexilla regis prodeunt* und *Pange lingua*; beide Hymnen hat die römische Liturgie bewahrt.

Dass sich Radegunde an den Hof in Konstantinopel gewandt hat, bleibt ein außergewöhnlich herausragendes Ereignis in ihrem Wirken ebenso wie für die Geschichte der von ihr gegründeten Abtei. Der Episode der jungen Chrodechilde aber, die, erblindet und von König Chilperich von Le Mans nach Poitiers geschickt, durch die Kraft des hl. Kreuzes geheilt wird, sollte man in Bezug auf das Senden der Regel nach Poitiers keine Rolle beimessen, wie es durch eine ungenaue Übersetzung geschehen ist[62].

In dem Passus, den Gregor von Tours der Ankunft des hl. Kreuzes in Poitiers widmet, spricht er nicht mehr von der „seligen Radegunde", sondern bezeichnet sie dreimal als „die Königin". Er beschreibt sie als bewegt von Gefühlen „des Glaubens und der Frömmigkeit". Baudonivia bemerkt, dass Radegunde ihre Bitte an den Kaiser in Konstantinopel „zum Wohle des ganzen Vaterlandes und für die Festigkeit des Königreichs" gerichtet habe. Sie, die Radegunde seit ihrer Zeit als Königin gefolgt war, zeigt als einzige sie „immer voller Angst, wenn der Frieden bedroht war, immer besorgt um das Wohl des Vaterlandes". Radegunde liebte die Söhne Chlothars wie ihre eigenen Kinder, vielleicht besonders Sigibert, der bei ihrer Heirat erst drei bis vier Jahre alt gewesen war; sie empfand jedes Mal tiefen Schmerz, wenn die Königreiche sich gegeneinander erhoben. Dann sandte sie Briefe an die einen und die anderen, um sie zu bitten, nicht zu den Waffen zu greifen, um ihre Konflikte zu lösen, sondern vielmehr „einen dauerhaften Frieden zu schaffen, damit das Vaterland nicht untergehe". Ebenso schrieb sie den Großen am Hofe, damit sie dem König zum Frieden rieten. Und durch ihre Fürsprache wurde der Frieden zwischen den Königen wiederhergestellt. Baudonivia benutzt fünfmal das Wort Vaterland (patria), als wolle sie unterstreichen, wie sehr sich Radegunde um das gesamte Königreich sorgte, dem sie einstmals vorgestanden hatte. Das Wort „Vaterland" ist bereits in einem modernen Sinne verstanden, wie er sich zum ersten Mal in dem Gedicht von Rutilius Namatianus am Anfang des 5. Jahrhunderts findet. „Das wiederholte Thema des Wohles des Vaterlandes ist neu"[63].

Venantius Fortunatus war aus seinem heimatlichen Italien gekommen, um am Grabe des hl. Martin in Tours zu beten. Er hatte der Einladung Radegundes „gehorcht"[64] und sich in Poitiers niedergelassen, wo er zwanzig Jahre hindurch Freund und Vertrauter Radegundes und der Äbtissin Agnes sein sollte[65]. Mit seinen Gedichten, in denen er auf die eine wie die andere Bezug nimmt, gibt er eine Vorstellung von den ausgedehnten Beziehungen, die Radegunde zu den angesehenen Persönlichkeiten ihrer Zeit unterhielt: Bischof Felix, Papst Avitus, Bischof Martin von Braga, Abt Yrieix (Aredius), Bischof Germanus von Paris, Bischof Gregor von Tours, der sie in ihrer Abtei besuchte, ihr Neffe Artachis, Amalafrids Sohn, Sigismund oder auch Abt Junianus von Mairé, der an demselben Tage wie sie sterben sollte.

Venantius Fortunatus schreibt, Radegunde habe sich entschieden, Agnes die erste Stelle zu übergeben, um sie zu ersetzen, und sie selbst, die jene immer gelenkt und als ihre Hirtin geführt hatte, habe es entschlossen vorgezogen, unter ihrer Herrschaft zu leben[66]. Wie der Dichter das auch sehen mag – es scheint sehr wohl nach den Worten der Nonne Baudonivia, dass Radegunde, während sie unter der Amtsführung der Äbtissin Agnes minutiös die Regel befolgte, ihren Hirtenstab behielt und auch weiterhin die Nonnen anregte und führte. Sie nennt die Nonnen ihre „Töchter" und, als sie die Reliquie des hl. Kreuzes erhält, jubelt sie „mit ihrem ganzen Hause"; sie unterrichtet „ihre Gemeinschaft"[67]. Sie bittet die Nonnen, für die Verfolger zu beten; sie nährt sich, wie Baudonivia es ausdrückt, von den Erfahrungen der heiligen Gottesmänner und „erläutert" ihren Schwestern, was sie daraus gelernt hat. Sie „führt ein", dass während der Mahlzeiten stets eine Lesung gehalten wird, und „kommentiert die Lesungen"; sie rät, sich über das künftige Gericht Gedanken zu machen und, ohne zu zögern, die Ernte des Herrn einzufahren. Baudonivia spricht von ihren „Ermahnungen", ihren „Unterweisungen", ihrer „Predigt", von der „Bildung", die sie den Schwestern vermittelte[68]. Und wiederum spricht die Gründerin und Inspiratorin, als sie gegen Ende ihres Lebens den Bischöfen ihrer Zeit und den Königen, die das Volk nach ihrem Tode zu regieren haben werden, ihr Kloster anvertraut[69].

Ein Jahr vor ihrem Tode erschien – nach Baudonivia – Radegunde der, „dem all ihre Verehrung galt", in Gestalt eines jungen, sehr reich gekleideten, sehr schönen, fast noch jugendlichen Mannes, dessen Avancen sie einen Augenblick glaubte zurückweisen zu müssen. Er habe zu ihr gesagt: „Du, Edelstein, sollst wissen, dass du der erste Stein in meinem Diadem bist." Diese Erscheinung habe sie den beiden Vertrauten berichtet, denen sie bereits das Geheimnis einer früheren Erscheinung anvertraut hatte, und sie gebeten, keinesfalls vor ihrem Tode darüber zu sprechen. Baudonivia war sehr wahrscheinlich eine dieser Vertrauten, und deshalb ist ihr Zeugnis über das ganz persönliche Leben der „heiligen Königin", wie sie Radegunde hier zu nennen beginnt, besonders wichtig[70]. Wie die Überlieferung zuerst im Jahre 1392 berichtet, soll Christus in einem Stein seinen Fußabdruck hinterlassen haben[71]. Als die Gebäude der Abtei von den Revolutionären im Jahre 1792 zerstört werden, wird der Stein mit dem „Fußabdruck Gottes" («Pas-de-Dieu») in die Kirche Sainte-Radegonde gebracht, wo er sich heute in einer Grabnische in der Südwand des Schiffes befindet.

Ein Mann in hoher Stellung, Leo, der seine Töchter dem Kloster anvertraut hatte, hielt dort seine Andacht im Oratorium Sainte-Marie, als er auf dem Wege zu einer von den Bischöfen Leontius und Eusebius einberufenen Synode war. Er wurde hier – wie Baudonivia mitteilt – von der Blindheit geheilt, die ihn unterwegs geschlagen hatte. Auf der Rückreise von der Synode ließ er die Fundamente der „Basilika der Frau Radegunde" ausheben[72]. Identifiziert man Leontius mit dem gleichnamigen Bischof von Bordeaux, den Gregor von Tours und Venantius Fortunatus in ihren Schriften erwähnen, dann hat sich das Ereignis vor dem Jahre 564, dem Ende der bekannten Amtszeit des Bischofs Leontius, zugetragen. Die Radegunde-Basilika muss die Basilika Sainte-Marie-hors-les-murs (St. Maria vor den Mauern) sein; sie hatte die hl. Königin als Grablege für die Schwestern „begonnen zu erbauen", und sie war zum Zeitpunkt ihres Schreibens an die Bischöfe noch nicht vollendet[73]. Genau in dieser Basilika, die sehr schnell Sainte-Radegonde genannt werden wird, wurde sie nach ihrem Tode am 13. August 587 beigesetzt. In Abwesenheit von Bischof Maroveus von Poitiers, der die Pfarreien seiner Diözese visitierte, leitete Bischof Gregor von Tours das Begräbnis. Bei den Grabungen im Jahre 2005 wurde die Pforte gefunden, durch die Radegundes Leichnam vermutlich die Stadtmauer durchquerte, während die 200 Nonnen oben auf der Mauer standen und weinend den Trauerzug beobachteten. Der Leichnam wurde in einen hölzernen Sarg gelegt, der wiederum in zwei Sar-

Kirche Sainte-Radegonde. Betender am Grab der Radegunde, 2006
Foto: Erfurt, Artus.Atelier.

kophage gestellt wurde, deren eine Seitenwand entfernt worden war[74]. Der heutige Sarkophag kann aus dem 9. Jahrhundert stammen; er ruht auf einer Platte des 10. oder beginnenden 11. Jahrhunderts, die von Auflagern aus dem Ende des 14. oder Beginn des 15. Jahrhunderts getragen wird (Abb. 10)[75]. Am 28. Mai 1412 wurde der Sarkophag auf Ansuchen von Herzog Jean von Berry geöffnet, der eine Reliquie (einen Ring) von Radegunde für seine Sainte Chapelle in Bourges erhalten wollte; dabei wurde festgestellt, dass der Leichnam unversehrt und ihm eine Krone beigegeben war. Am 27. Mai 1562 erbrachen die Protestanten den Deckel, entweihten die Reliquien und ließen sie im Kirchenschiff verbrennen. Was Angehörige der Gemeinde retten konnten, wurde in einer Kassette aus Blei in den Sarkophag zurückgelegt. Anlässlich der Feierlichkeiten zum 1400. Todestag von Radegunde wurde das Grab ein letztes Mal am 13. Dezember 1987 geöffnet. Die Untersuchung seines Inhalts im anthropologischen Labor in Bordeaux ergab, dass es sich um die Überreste eines einzigen Leichnams handelt, einer erwachsenen Frau von kleiner bis mittlerer Größe, gezeichnet durch Brandspuren[76]. Die Reste wurden in das Grabmal, das selbst restauriert worden war, zurückgelegt.

Abschließend sei die Einzigartigkeit dieser außergewöhnlichen Frau und Heiligen, die Radegunde war, unterstrichen: die Einzigartigkeit eines Weges, der die thüringische Prinzessin aus königlichem Hause in Gefangenschaft führte, dann auf den Königsthron des Frankenreiches, schließlich nach Poitiers, wo sie ihr Leben als einfache Nonne beschloss; die Einzigartigkeit einer Abtei, die fast fünfzehn Jahrhunderte nach ihrer Gründung durch Radegunde noch immer lebendig ist; die Einzigartigkeit einer Persönlichkeit des 6. Jahrhunderts, über deren Leben drei Zeitzeugen berichten; die Einzigartigkeit eines Grabes, das immer an derselben Stelle geblieben ist und ununterbrochen in Ehren gehalten wird. Ganz Gott zugewandt, hatte Radegunde sich entschieden, einfache Nonne in einer Stadt im Westen Galliens zu sein. „Wer sich erniedrigt, wird erhöht werden" – die Erinnerung an sie war stets und bleibt weiter in Poitiers und darüber hinaus außerordentlich lebendig.

Kirche Sainte-Radegonde. Sarkophag der Radegunde, 2006
Foto: Erfurt, Artus.Atelier.

Anmerkungen

1   Pietri 1983, 521–599, Kap. 7 « La cité du pèlerinage martinien » („Die Stadt der Martinswallfahrt").

2   Gregor von Tours, Historiae IX 39; in dem Schreiben von sieben Bischöfen an Radegunde wird eine Parallele zwischen Martin und Radegunde gezogen, die beide „fast aus derselben Gegend" stammten.

3   Pietri 1987, 34–35: « L'atrium de Saint-Martin et les quatre sanctuaires annexes de la basilique » („Das Atrium von St. Martin und die vier Neben-Sanktuarien der Basilika").

4   Pietri 1987, 21 (Plan von Tours) und 31–36. Das von Radegunde gegründete Kloster (Baudonivia, Vita s. Radegundis Kap. 16) lag, wenn die Identifizierung mit Sainte-Croix zutrifft, etwa 100 Meter nordwestlich der Basilika Saint-Martin an der Ecke der Rue de Châteauneuf und der Rue Henri Royer. Siehe auch Pietri 1983, 409–411.

5   Venantius Fortunatus, Vita s. Radegundis Kap. 14.

6   Candes-Saint-Martin, Canton und Arrondissement Chinon (Dép. Indre-et-Loire).

7   Venantius Fortunatus, Vita s. Radegundis Kap. 14. Die meisten Autoren sprechen von einer Reise über Chinon, um den Reklusen Johannes zu besuchen, aber kein Text berichtet dies. Wenn Radegunde auf der Loire nach Candes fuhr, ist sie nicht durch Chinon gekommen.

8   Saix, Canton les Trois-Moutiers, Arrondissement Châtellerault (Dép. Vienne).

9   Baudonivia, Vita s. Radegundis Kap. 3.

10 Baudonivia, Vita s. Radegundis Kap. 3. Die Nonne gehörte zweifellos zu Radegundes Vertrauten.

11 Venantius Fortunatus, Vita s. Radegundis Kap. 15–20.

12 Gregor von Tours hat dem Reklusen Johannes eine Notiz in seinem Liber in gloria confessorum Kap. 23 gewidmet. Die Einsiedelei des Johannes steht heute unter dem Patrozinium der hl. Radegunde.

13 Baudonivia, Vita s. Radegundis Kap. 4 berichtet diesen Versuch Chlothars, Radegunde wieder als Gemahlin zurückzuholen.

14 Favreau 1994, 98–100.

15 Leben des hl. Junianus, 40.

16 Fontaine 1976, 128.

17 Gregor von Tours, Historiae III 7.

18 Gregor von Tours, Historiae IX 42.

19 Baudonivia, Vita s. Radegundis Kap. 5.

20 Rouche 1976, 63, 293, 334. König Charibert I. weigerte sich, den Bischofsstuhl von Poitiers an Austrapius zu geben, wie diesem Chlothar versprochen hatte, und gab ihn Pascentius, Abt von Saint-Hilaire. Man ist damit in der Nähe des Todes von Chlothar, so dass der Name des Austrapius wenig helfen kann, um die Zeit von Radegundes Niederlassung in Poitiers festzulegen.

21 Im 10. Jahrhundert gründete die Gräfin von Poitou in derselben Lage nahe der östlichen Mauer, mehr im Süden, ein anderes, der Trinität geweihtes Frauenkloster.

22 Vigué 1913, 14–24. Der Grabungsplan von P. Vigué wurde von Hubert 1952, Tafel XIX, Abb. 72, erneut veröffentlicht.

23 Vieillard-Troiekouroff 1953, 287–288, und 1976, 228. Der Grundriss-Verlauf des Oratoriums ist unter dem Rasen des nahe der Zelle erhaltenen Geländes noch vorhanden.

24 Eygun 1963, 217–227, Plan Beilage; Boissavit-Camus 2001, 415–418.

25 Stern 1962, 17.

26 Le Supplice et la Glorie, 38, Notiz von R. Favreau.

27 Venantius Fortunatus, Vita s. Radegundis Kap. 21. Aigrain 1917, 72, und Labande-Mailfert 1986, 35, schreiben, dass „sich Radegunde und ihre Nonnen während der Dauer der Arbeiten im Atrium von Saint-Hilaire aufgehalten hatten". Dieser Vorschlag wurde angeregt von einer Stelle in einer Chronik von Tours, die besagt, dass der sehr schlechte Graf von Tours Leudastes sich in der Kirche Saint-Hilaire-le-Grand einschloss, die Umgebung ausplünderte und sich „im Portikus der Kirche" dem Ehebruch hingab: Radegunde, die sich dort aufhielt (quae ibi morabatur), befahl, ihn unverzüglich davonzujagen (Chronicon Turonense, 940). Aber Leudastes ist sehr wohl Graf, nachdem sich Radegunde in ihrem Kloster niedergelassen hatte; und unter ibi ist eher „Poitiers" als „Saint-Hilaire" zu verstehen. Überdies verschwand dieser Satz in der 1845 erschienenen Edition der Chronik.

28 Item, que lad. glorieuse saincte fonda lad. eglise en l'onneur de la Saincte Croix en abbaye de religieuses et envoya à Nostre Dame d'Angiers querir quatre dames notables religieuses qui luy furent envoyees, et les mist en lad. abbaye avec plusieurs autres et ordonna la premiere abbesse Agnes pour servir Dieu en lad. abbaye et la docta du dommayne du roy. Archives départementales de la Vienne, 2 H 1/1.

29 Acta Sanctorum, Januar, Bd. 1. Antwerpen 1643, 330–331; Port 1874, 69.

30 Gregor von Tours, Historiae IX 42.

31 Venantius Fortunatus, Gedichte 2, 131.

32 Règles monastiques, 157–211.

33 Thesaurus novus anecdotorum 1, 3–6.

34 Dom Fontenau hält am Ende des 18. Jahrhunderts diesen Brief nicht für echt (Poitiers, Médiathèque, Dom Fontenau, Bd. 78, 451), ebenso wenig Aigrain 1928, 119–127 oder Luce Pietri. Für echt halten ihn dagegen Bruno Krusch, G. Kurth, Y. Labande-Mailfert, M. Reydellet, Albert de Vogüe. Zur deutschen Literatur siehe Scheibelreiter 1979, 15 Anm. 81.

35 Gregor von Tours, Historiae IX 39.

36 Pontal 1989, 157.

37 Gregor von Tours, Historiae VI 34.

38 Aigrain 1917, 79; Pietri 1983, 230 Anm. 237; Labande-Mailfert 1986, 37.

39 Gregor von Tours, Historiae IX 42.

40 Pietri 1983, 230 Anm. 237; Baudonivia, Vita s. Radegundis Kap. 6.

41 Baudonivia, Vita s. Radegundis Kap. 7.

42 Venantius Fortunatus, Vita s. Radegundis Kap. 23. „In jedem praktischen Dienst, in der Küche und in allem, was die täglichen Aufgaben verlangen, werden sich die Schwestern einander der Reihe nach abwechseln, mit Ausnahme der Mutter und der Priorin" (Caesarius' Regel für die Jungfrauen; Règles monastiques, 175). Vgl. Gäbe 1989, 1–30. Die beiden Biographien von Venantius Fortunatus und Baudonivia wurden häufig untersucht; vgl. noch Consolino 1988, Leonardi 1983 und Rouche 1995.

[43] Venantius Fortunatus, Vita s. Radegundis Kap. 23 und 24.

[44] Venantius Fortunatus, Gedichte 2, 125–126; 3, 161. Hier finden sich die Vorschriften der Regel von Arles, beispielsweise über die Kleider, die weder schwarz noch von leuchtendem Weiß sein werden, „sondern nur ungefärbt oder in einem milchigen Weiß" (Caesarius' Regel Kap. 44).

[45] Venantius Fortunatus, Gedichte 2, 127, 131, 3, 152.

[46] Venantius Fortunatus, Vita s. Radegundis Kap. 21–23, 25 und 26.

[47] Venantius Fortunatus, Vita s. Radegundis Kap. 23.

[48] Venantius Fortunatus, Gedichte 1, 90.

[49] Venantius Fortunatus, Vita s. Radegundis Kap. 23.

[50] Baudonivia, Vita s. Radegundis Kap. 9, 13, 19.

[51] Venantius Fortunatus, Gedichte 2, 127.

[52] Gregor von Tours, Liber in gloria confessorum Kap. 104.

[53] Caesarius' Regel Kap. 16 und 19.

[54] Venantius Fortunatus, Gedichte 2, 151. Radegunde blieb die mater und domina der Abtei; siehe dazu Gäbe 1989 und Scheibelreiter 1979.

[55] Baudonivia, Vita s. Radegundis Kap. 13, 14.

[56] Venantius Fortunatus, Gedichte 3, 142.

[57] Baudonivia, Vita s. Radegundis Kap. 16. Merkwürdigerweise erwähnt Venantius Fortunatus in seiner Vita s. Radegundis nicht die Ankunft dieser Reliquie.

[58] Baudonivia, Vita s. Radegundis Kap. 16; Gregor von Tours, Historiae IX 40.

[59] Gregor von Tours, Historiae IX 40.

[60] Gregor von Tours, Liber de virtutibus s. Martini IV 29, S. 206. Diese Episode hat Labande-Mailfert 1986, 43–44, mit der Reise nach Arles in Verbindung gebracht.

[61] Piotr Skubiszewski in: Le Supplice et la Gloire, 39–41.

[62] Aigrain 1917, 120; Pietri 1983, 232: Chrodechilde wurde gesandt, „um die Regel des Klosters unter Radegundes Leitung zu befolgen", und war nicht von König Chilperich beauftragt, die Regel dem Kloster in Poitiers zu überbringen.

[63] Baudonivia, Vita s. Radegundis Kap. 10 und 16. Fontaine 1976, 132–134; Labande 1988, 37–58.

[64] Venantius Fortunatus, Gedichte 2, 125.

[65] Ausgehend von einem Gedicht (Venantius Fortunatus, Gedichte 3, 115), in dem Fortunatus sich Radegundes und Agnes' *agens* nennt, hat man ihn als Verwalter der Abtei bezeichnet. Doch ist in diesem Ausdruck vielmehr ein Wortspiel zwischen agens und Agnes zu sehen (Aigrain 1917, 82). Fortunatus bezeichnet sich im Jahre 574 in seiner Vita des hl. Hilarius als Priester und er war wohl eher als solcher der Vertraute der Abtei.

[66] Venantius Fortunatus, Gedichte 2, 132

[67] Baudonivia, Vita s. Radegundis Kap. 8–10.

[68] Baudonivia, Vita s. Radegundis Kap. 8, 17, 19, 20.

[69] Gregor von Tours, Historiae IX 42.

[70] Baudonivia, Vita s. Radegundis Kap. 20. Vom 14. Jahrhundert an wird in der Abtei der 3. August als Jahrestag gefeiert werden, an dem Christus der Heiligen erschienen war.

[71] Acta Sanctorum, März, Bd. 3. Antwerpen 1668, 758: Verehrung von Maria de Maillé in der Abtei Sainte-Croix.

[72] Baudonivia, Vita s. Radegundis Kap. 15.

[73] Gregor von Tours, Historiae IX 42. Krüger 1971, 219–230.

[74] Gregor von Tours, Liber in gloria in confessorum Kap. 104. Baudonivia, Vita s. Radegundis Kap. 23–25.

[75] Notiz von Piotr Skubiszewski in: Le Supplice et la Gloire, 33–35.

[76] Erhalten sind Reste des Kiefers, zwei Knochen des linken Armes, die linke Hüfte und ein Knochen des rechten Fußes.

Quellen

BAUDONIVIA, De vita sanctae Radegundis liber II, hg. Bruno Krusch. – Monumenta Germaniae Historica, Scriptores rerum Merovingicarum, Bd. 2: Fredegarii et aliorum chronica, Vitae sanctorum. Hannover 1888, 377–395

CHRONICON TURONENSE auctore anonymo canonico Turonensi s. Martini. – Veterum scriptorum et monumentorum ... amplissima collectio, hg. Edmond Martene und Ursin Durand, Bd. 5. Paris 1729, 940
neu hg. André Salmon, Recueil de chroniques de Touraine. Tours 1854, 86

GREGOR VON TOURS, Historiarum libri decem, hg. Bruno Krusch und Wilhelm Levison. – Monumenta Germaniae Historica, Scriptores rerum Merovingicarum Bd. 1, Teil 1. 2. Aufl. Hannover 1937–1951

– DERS., Liber in gloria confessorum, hg. Bruno Krusch. – Gregor von Tours, Miracula et opera minora, Monumenta Germaniae Historica, Scriptores rerum Merovingicarum Bd. 1, Teil 2. Hannover 1885, Nachdruck 1969, 294–370

– DERS., Liber in gloria martyrum, hg. Bruno Krusch. – Gregor von Tours, Miracula et opera minora, Monumenta Germaniae Historica, Scriptores rerum Merovingicarum Bd. 1, Teil 2. Hannover 1885, Nachdruck 1969, 34–111

– DERS., Libri de virtutibus s. Martini, hg. Bruno Krusch. – Gregor von Tours, Miracula et opera minora, Monumenta Germaniae Historica, Scriptores rerum Merovingicarum Bd. 1, Teil 2. Hannover 1885, Nachdruck 1969, 198–211

VULFINUS BOËTIUS, Das Leben des hl. Junianus von Mairé. – Acta Sanctorum, August, Bd. 3. Paris/Rom 1867, 38–46

RÈGLES MONASTIQUES d'Occident IVe–VIe siècle. D'Augustin à Ferréol, hg. und übers. [franz.] Vincent Desprez. – Vie monastique, Nr. 9. Bellefontaine 1980

THESAURUS NOVUS ANECDOTORUM, hg. Edmond Martene und Ursin Durand, Bd. 1. Paris 1717

VENANCE FORTUNAT, Poèmes, hg. und übers. [franz.] Marc Reydellet. Bd. 1: Livres I–IV. Paris 1994; Bd. 2: Livres V–VIII. Paris 1998; Bd. 3: Livres IX–XI, Appendice – In laudem sanctae Mariae. Paris 2004 – Collection des universités de France publiée sous le patronage de l'Association Guillaume Budé, Série latine

VENANTIUS FORTUNATUS, Vita s. Radegundis
Venantius Honorius Clementianus Fortunatus presbyter Italicus, Opera pedestria, hg. Bruno Krusch. – Monumenta Germaniae Historica, Auctores antiquissimi, Bd. 4, T. 2. Hannover 1885, 38–49
[nach der B. Krusch unbekannten Handschrift in Poitiers:]
Text und [franz.] Übersetzung, bearb. Yves Chauvin und Georges Pon. – La vie de sainte Radegonde par Fortunat. Poitiers, Bibliothèque municipale, manuscrit 250 (136), hg. Robert Favreau. Paris 1995, 56–113

Literatur

AIGRAIN, RENÉ, Sainte Radegonde. Poitiers 1917; Neuausgabe 1952

– DERS., Le voyage de sainte Radegonde à Arles. – Bulletin historique et philologique du Comité des travaux historiques et scientifiques 1926/1927. Paris 1928, 119–127

BOISSAVIT-CAMUS, BRIGITTE, Le quartier épiscopal de Poitiers. Essai de topographie historique d'un secteur urbain (IVe–XIIe siècle). Thèse de doctorat Univ. Tours 2001, Maschr.

CONSOLINO, FRANCA E., Due agiografi per una regina. Radegunda di Turingia tra Fortunato e Baudonivia. – Studi Storici 29. 1988, 143–159

EWIG, EUGEN, Studien zur merowingischen Dynastie. – Frühmittelalterliche Studien 8. 1974, 15–59

EYGUN, FRANÇOIS, Les fouilles de l'église Sainte-Croix à Poitiers. – Actes du quatrevingt septième congrès national des sociétés savantes, Poitiers 1962, Section d'archéologie. Paris 1963, 217–227, Plan Beilage

FAVREAU, ROBERT, Le culte de sainte Radegonde à Poitiers au Moyen Age. – Les religieuses dans le cloître et dans le monde. Saint-Etienne 1994, 91–109

FONTAINE, JACQUES, Hagiographie et politique de Sulpice Sévère à Venance Fotunat. – La christianisation des pays entre Loire et Rhin IVe–VIIIe siècles. Actes du colloque de Nanterre [mai 1974]. Revue d'histoire de l'Eglise de France, Bd. 62, Nr. 168. 1976, 113–140

GÄBE, SABINE, Radegundis: sancta, regina, ancilla. Zum Heiligkeitsideal der Radegundisviten von Fortunat und Baudonivia. – Francia 16,1. 1989, 1–30

HUBERT, JEAN, L'architecture religieuse du haut moyen âge en France. Paris 1952

KRÜGER, KARL HEINRICH, Königsgrabkirchen der Franken, Angelsachsen und Langobarden bis zur Mitte des 8. Jahrhunderts. Ein historischer Katalog. – Münstersche Mittelalter-Schriften, Bd. 4. München 1971

LABANDE, EDMOND-RENÉ, Radegonde, reine, moniale et pacificatrice. – La riche personnalité de sainte Radegonde. Poitiers 1988, 37–58

LABANDE-MAILFERT, YVONNE, Histoire de l'abbaye Sainte-Croix de Poitiers. Quatorze siècles de vie monastique. – Mémoires de la Société des Antiquaires de l'Ouest, 4e série, Bd. 29, 1986–1987. Poitiers 1986, 25–116 (Kap. 1: « La fondation » [„Die Gründung"])

LEONARDI, CLAUDIO, Fortunato et Baudonivia. – Aus Kirche und Reich. Studien zu Theologie, Politik und Recht im Mittelalter. Festschrift für Friedrich Kempf, hg. Hubert Mordek. Sigmaringen 1983, 23–32

PIETRI, LUCE, La ville de Tours du IVe au VIe siècle. Naissance d'une cité chrétienne. – Collection de l'Ecole française de Rome, Bd. 69. Rom 1983

– DERS., Tours. – Topographie chrétienne des cités de la Gaule des origines au milieu du VIIIe siècle, Bd. 5: Province ecclésiastique de Tours (Lugdunensis tertia). Paris 1987, 19–39

PONTAL, ODETTE, Histoire des conciles mérovingiens. Paris 1989

PORT, CÉLESTIN, Dictionnaire historique, géographique et biographique de Maine-et-Loire, Bd. 1. Paris/Angers 1874

ROUCHE, MICHEL, L'Aquitaine des Wisigoths aux Arabes 418–781. Naissance d'une région. Paris 1976

– DERS., Fortunat et Baudonivie. Deux biographes pour une seule sainte. – La vie de sainte Radegonde par Fortunat. Poitiers, Bibliothèque municipale, manuscrit 250 (136), hg. Robert Favreau. Paris 1995, 239–249

SCHEIBELREITER, GEORG, Königstöchter im Kloster. Radegund († 587) und der Nonnenaufstand von Poitiers (589). – Mitteilungen des Instituts für Österreichische Geschichtsforschung 87. 1979, 1–37

STERN, HENRI, Mosaïques de pavement préromanes et romanes en France. – Cahiers de civilisation médiévale 5. 1962, 13–33

LE SUPPLICE ET LA GLOIRE. La croix en Poitou, hg. Robert Favreau. Paris/Poitiers 2000

VIEILLARD-TROIEKOUROFF, MAY, Les monuments religieux de Poitiers d'après Grégoire de Tours. – Etudes mérovingiennes. Actes des Journées de Poitiers 1er-3 mai 1952. Paris 1953, 285–292

– DERS., Les monuments religieux de la Gaule d'après les œuvres de Grégoire de Tours. Paris 1976, 225–230 (Poitiers)

VIGUE, PAUL, Une visite à la cellule de sainte Radegonde et à la chapelle du Pas-de-Dieu (9, rue des Carolus). Paris/Poitiers 1913

CAESARIUS VON ARLES UND DIE KLOSTERGRÜNDUNG DER HEILIGEN RADEGUNDE

Josef Pilvousek / Klaus-Bernward Springer

I. Prinzessin, Königin, Klostergründerin

Fragt man nach der bleibenden Erinnerung an Radegunde (ca. 518/520–587)[1] stößt man vor allem auch auf das von ihr gestiftete Kloster in Poitiers. Nach Genovefa von Paris († 502)[2] ist Radegunde als „zweite" heilige Frau der Merowinger bedeutsam geworden. So übergab die „aus einer barbarischen Nation im Gebiet Thüringen"[3] stammende Radegunde dem von ihr gestifteten Kloster alle ihre Güter; dieses war und blieb durch die Jahrhunderte Erinnerungs- und Gedächtnisort an die aus ihrer Heimat deportierte thüringische Prinzessin und fränkische Königin.

Die Gründung des Klosters Sainte-Croix in Poitiers durch die hl. Radegunde und ihr klösterliches Leben sind – eine Ausnahme für diese Zeit – gut belegt. Zunächst sind die beiden Viten zu nennen. Venantius Fortunatus schildert in seiner Lebensbeschreibung, der Vita sanctae Radegundis, den Klostereintritt und das asketische Leben im Kloster[4]. Die Vita Radegundis der Nonne Baudonivia berichtet über die Klostergründung und die zahlreichen Wunder der Heiligen[5]. Außerdem erzählt Gregor von Tours, der seine Erhebung zum Bischof von Tours im Jahre 573 laut Venantius Fortunatus neben dem Königsehepaar maßgeblich auch Radegunde verdankte[6], ausführlich über dieses Kloster, allerdings im Zusammenhang mit einem Skandal, den merowingische Prinzessinnen einige Jahre nach dem Tod der Gründerin Radegunde in Sainte-Croix verursachten[7].

Gregor zitiert einen Brief der Radegunde an die damaligen Bischöfe, in dem sie die Klostergründung und die Aufkündigung ihres bisherigen Lebens beschreibt: „Da ich mich vorlängst, von den Banden des weltlichen Lebens befreit, durch die Fürsorge und Kraft der göttlichen Gnade unter Christi Leitung aus freiem Antriebe zu einem klösterlichen Leben gewandt und mit allem Eifer und ganzer Seele auch auf das Wohl Anderer meine Gedanken gerichtet habe, so habe ich, damit auch meine guten Absichten für Andere unter Gottes Beistand zu deren Besten ins Leben treten könnten, ein Nonnenkloster in der Stadt Poitiers eingerichtet, das der durchlauchtigste Herr König Chlothar begründet und reich beschenkt hat; und nach seiner Begründung habe ich diesem Kloster durch eine Schenkung alle die Güter, welche mir der König in seiner Freigebigkeit geschenkt hat, verliehen; überdies habe ich der Gemeinschaft, welche sich dort durch mich unter Christi Beistand gebildet hat, die Regel gegeben, unter welcher einst die heilige Caesaria lebte und welche der heilige Bischof Caesarius von Arles in seiner Fürsorge aus den Anordnungen der heiligen Väter trefflich zusammengestellt hat."[8] Aufgrund dieses Hinweises der Stifterin kommt Caesarius von Arles in den Blick sowie dessen Ordensregel als Grundlage der von Radegunde gegründeten monastischen Gemeinschaft.

Leben und Intention des Verfassers der Regel, deren Inhalt, die Gründung des Radegundeklosters und das Leben der Nonne Radegunde sollen im Folgenden vorgestellt werden

II. Caesarius von Arles

Der um 470 als Spross einer adeligen Familie in Chalon-sur-Saône geborene Caesarius (+ 542) ließ sich mit 18 Jahren ohne Wissen seiner Eltern in den Stadtklerus von Chalon aufnehmen und floh zwei Jahre später um 490 ins berühmte Kloster Lérins. Schnell zum Amt des Kellermeisters aufgestiegen, musste er daraus wieder entfernt werden, weil sich andere Mönche über seine Strenge beklagten. Caesarius' harte Askese führte zu Gesundheitsproblemen, weshalb er nach Arles geschickt wurde, sich dort allerdings um 499 zum Priester der Diözese weihen ließ. Bischof Euonius schickte ihn als Abt in das Rhone-Insel-Kloster Trinquetaille, wo er bis zu seiner Erhebung zum Bischof von Arles im Jahre 503 wirkte; er war der vierte Mönch aus Lérins auf diesem Bischofsstuhl[9]. Caesarius hatte also mehrfache monastische Erfahrung, als er seine „Jungfrauen-Regel" verfasste. In der komplexen Geschichte des gallischen Mönchtums ragt Caesarius heraus, weil es ihm gelang, die Strömungen aus dem von Johannes Cassian beeinflussten lérinischen wie aus dem augustinischen Mönchtum zu verbinden. Durch sein literarisches Werk, darunter auch die Regel für die Nonnen, hatte er Einfluss auf die geistliche Literatur des Mittelalters[10].

In politischer Hinsicht geriet Caesarius in die Auseinandersetzungen zwischen den Westgoten, zu deren Herrschaftsbereich das südgallische Bistum zählte, und dem sich rapide vergrößernden Frankenreich: 505 wurde er vom Westgotenkönig Alerich II. verbannt; 507/08 der Kollaboration bezichtigt; 512 vom Ostgoten Theoderich in Ravenna zum Treueid verpflichtet, wobei er die Gelegenheit zum Loskauf zahlreicher Gefangener nutzte[11]. Der aus der romanischen Bevölkerung stammende Kirchenmann, dem wie seinen Mitbischöfen nach dem Untergang des weströmischen Reiches in den germanischen „Nachfolgestaaten" politische Verantwortung zugewachsen war, meisterte Problemsituationen und Gefahren aus eindeutig christlicher Grundhaltung und manchmal zum Schrecken und der Überraschung seines Klerus und von Königen, wie die mehrfache Verwendung von Einkünften der bischöflichen Mensa oder von teuren Geschenken des Ostgotenkönigs Theoderich zum Freikauf von Gefangenen illustriert[12]. Dieses Verhalten des Caesarius gegenüber Kirchengut war höchst kontrovers: 535 wies der Papst die Bitte des Caesarius, Kirchengut zugunsten von Armen zu verkaufen, energisch zurück. Zu erwähnen ist, dass 536 Arles und die Provence fränkisches Herrschaftsgebiet wurden[13]. Dies wiederum sollte als Voraussetzung für die Übernahme der Caesarius-Regel durch Radegunde von Bedeutung werden.

Nicht ausschließlich der Inhalt der Regel dürfte für Radegunde wichtig gewesen sein. Der prominente Bischof war nicht irgendein Kirchenmann, sondern auch einer der hervorragendsten Theologen der Zeit. Die Wahl der Caesarius-Regel offenbart somit auch eine Königin, die zumindest eine gewisse Kompetenz in kirchenpolitischen und theologischen Fragen hat. Caesarius war von Papst Symmachus (498–514) das Pallium verliehen, die Sonderstellung als Metropolit und päpstlicher Vikar bestätigt und neben der Oberhoheit über die gallische auch die über die spanische Kirche verliehen worden, die er aber nach dem Tod des Papstes anscheinend nie ausübte. Für kirchliche Reformen berief Caesarius mehrere Synoden ein, so Agde 506, Arles 524, Carpentras 527, Vaison 529, Marseille 533. Für deren größtenteils disziplinäre Beschlüsse suchte er bewusst die päpstliche Billigung. Das 2. Konzil von Orange 529 beendete mit der Verurteilung der Lehren des Faustus von Reji den semipelagianischen Streit in Gallien, was Caesarius durch sein „Opusculum De gratia" auch literarisch unterstützte. Die katholisch-arianische Kontroverse schlug sich in weiteren Schriften nieder, so „De mysterio sanctae Trinitatis" und dem „Breviarum adversos haereticos". Seine 238 z.T. volksnahen Predigten geben Aufschluss über die pastorale und liturgische Praxis seiner Zeit, die sich noch mit fortlebendem Heidentum und Aberglauben auseinanderzusetzen hatten. Darin sind Informationen über den Ablauf der Sakramentenspendung, die Feier des Stundengebetes, die Verpflichtung zur Teilnahme an der Sonntagsmesse und zum Kommunionempfang an Hoch- und Märtyrerfesten enthalten. Caesarius führte die Feier der kleinen Horen als Gemeindegebet in der bischöflichen Basilika unter Verwendung einer großen Zahl von Hymnen aus Lérins ein. Der – in der Fastenzeit täglichen – Predigt kam nicht nur in der Gleichstellung mit der Kommunion größte Bedeutung innerhalb der hl. Messe zu, sondern auch beim Stundengebet[14]. Im Wissen um die Bedeutung seiner Predigt ließ er während dieser Zeit sogar die Kirchentüren verschließen[15].

Caesarius war ein selbstbewusster Bischof gemäß altkirchlichem Ideal. Er stellte sich den verschiedensten neuen Herausforderungen und erlangte so herausragende Bedeutung in dieser Zeit des Überganges. Schon zu Beginn seiner Amtszeit als Bischof gründete er ein Nonnenkloster mit dem für Lérins traditionellen Patrozinium Johannes des Täufers und setzte amtsbewusst oder auch gut eigenkirchlich seine Schwester Caesaria († 525) und danach eine gleichnamige Nichte als Vorsteherin ein. Das mit Besitzungen der bischöflichen Mensa dotierte Kloster, das er zu seinem Alleinerben einsetzte, sicherte Caesarius um das Jahr 513 durch ein päpstliches Privileg gegen mögliche Übergriffe seiner Nachfolger im bischöflichen Amt[16].

III. Die Caesarius-Regel

Das bereits erwähnte theologisch-spirituelle Oeuvre des Caesarius kann hier nicht ausführlich gewürdigt werden[17]. Nur die Nonnenregel soll thematisiert werden, da sie grundlegende Bedeutung für das Klosterwesen zur Merowingerzeit hatte[18].

III.1. Entstehung, Verbreitung und Bedeutung

Nach einer misslungenen Klostergründung schrieb Caesarius im Jahr 512, also noch vor der Benediktregel, seine erste Nonnenregel für die Gründung eines Frauenklosters, die er mehrfach überarbeitete; die endgültige Fassung stammte von 534[19]. „Ihre 73 Kapitel umfassen die eigentliche Regel, eine Rekapitulation, Anweisungen über Offizium und Fasten sowie ein Nachwort. Absoluter Verzicht auf persönliches Eigentum, strikte Absonderung, tägliche Handarbeit mit Spinnen und Weben und zwei Stunden täglicher Lektüre sind einige der Hauptpunkte dieser Regel … Zwei Briefe des Bischofs über das monastische Leben können als Ergänzung der Regel angesehen werden. Da Caesarius lange auch als Autor einer Mönchsregel galt, entstand eine Debatte um die Priorität der beiden Regeln. Angesichts seines durchgängigen Interesses für den Frauenkonvent und des Fehlens jeglicher Belege, dass er eine Männergemeinschaft gründete, spricht jedoch vieles dafür, dass die Nonnenregel Caesarius' einzige Regel war und eine Mönchsregel die spätere Kurzfassung davon."[20]

Caesarius „Regel für die gottgeweihten Jungfrauen" (Regula sanctarum virginum) ist die älteste bekannte Nonnenregel des Abendlandes. Das besonders in Gallien erstarkende monastische Leben verdrängte die frühere Form des geistlichen Lebens für Frauen, die der geweihten Jungfrau in der Welt[21]. „Im 6. Jahrhundert war das weibliche Coenobitentum in Gallien eine sich erst langsam entwickelnde, neue Form von weiblicher Askese und Frömmigkeit … Die erste Phase ist gekennzeichnet durch eine minimale kirchliche Organisation; die Frauen lebten größtenteils weiter in ihrer gewohnten sozialen Umgebung. Die zweite Phase beginnt mit der Regel des Caesarius und der Einrichtung des Frauenklosters S. Jean in Arles."[22] Die Regel war einerseits eine Grundlage für weibliches Coinobitentum und setzte andererseits Impulse für die Errichtung von Frauengemeinschaften[23]. In dem grundlegenden (zweiten) Transformationsprozess des Christentums, als es nach dem Ausgriff von der jüdischen in die hellenistische Welt nunmehr aus dem mediterranen in den germanischen Kulturkreis trat, bekam Caesarius auch für den Bereich des Klosterwesens große Bedeutung, da er die südgallische Prägung durch lateinisches wie östliches Christentum aufgriff und weiterentwickelte. Aus der Vielfalt monastischer Texte wurde von den Klostervorstehern selektiv jeweils eine „Klosterverfassung" adaptiert und kombiniert. Als eine dieser Mischregeln[24] nahm die Caesarius-Regel verschiedene Prägungen auf.

Für die grundlegende Verbreitung des östlichen Mönchtums in den lateinischen Westen wurden Johannes Cassian († um 435) und Benedikt von Nursia (um 480–547) wichtig; in unserem Fall ist eine „Abhängigkeit" des Caesarius von Benedikt jedoch nicht belegbar.

Bevor Caesarius die Leitung der von ihm gegründeten Kommunität Saint-Jean in Arles seiner Schwester Caesaria anvertraute, hatte er sie zur Ausbildung in die kurz nach 410 von Cassian gegründete Frauenkommunität nach Marseille gesandt[25]. Der cassianische Einfluss hatte auch auf das um 410 gegründete Kloster Lérins eingewirkt, wo sich die dortige Kommunität zum Regelmönchtum institutionalisierte[26]. Das von dem aus senatorischem Adel stammenden Honoratus geschaffene Großkloster Lérins orientierte sich am ägyptischen Mönchtum. Besonders stark war die Tradition von Lérins in Arles. Honoratus wurde Bischof in Arles, ebenso sein Vetter Hilarius, später dann Eucherius von Lyon († um 450) und schließlich auch Caesarius. Fast wie mit Notwendigkeit ergab sich die Konsequenz, dass Mönchtum, Klerus und Bischofsamt näher zusammenrückten[27]. Caesarius erwähnt in seiner Regel die direkte Übernahme von Bestimmungen aus Lérins[28]. „Wie das aquitanische Mönchtum dem Mittelalter eher das Askese-Ideal vermittelte, so das Rhône-Mönchtum die organisatorischen Formen: Hier entstanden regelhafte Gemeinschaften, hier auch wurde die für das mittelalterliche Mönchtum so wichtige Forderung nach der „stabilitas loci" (Beständigkeit an einem Ort) formuliert. Zudem blieben die Rhône-Klöster dem Bischof unterstellt, sowohl vermögensrechtlich wie spirituell."[29] Diese Unterstellung sollte bei der Gründung der hl. Radegunde zum Streitpunkt werden – was sich durch das ganze Mittelalter fortsetzte.

Caesarius kannte neben der östlichen auch die westliche Tradition. Der nordafrikanische Bischof Augustinus von Hippo war der erste gewesen, der eine sehr einflussreiche Regel für eine Männer- wie eine Frauenkommunität verfasst hatte. Caesarius' Regel ist von der Augustinusregel beeinflusst, doch strenger in den Forderungen nach Disziplin, Askese und Klausur[30]. Wie erwähnt entwickelte Caesarius aus der Kenntnis verschiedener monastischer Traditionen sein Proprium. Wahrscheinlich blieb ihm aber die Regel des etwa zeitgleich lebenden Benedikt von Nursia unbekannt, die zunächst nur regionale Verbreitung erlangte.

Die Caesarius-Regel gehört ebenso wie die wirkmächtigen monastischen Grundtexte von Basilius, Augustinus und Benedikt zu den etwa 30 bis ins Frühmittelalter hinein geschriebenen Regulierungstexten, die nur der Fixierung der Lebensgewohnheiten des jeweiligen Klosters dienten. Ferner hat Caesarius Bedeutung als einer der wenigen Verfasser einer Nonnenregel nur für Frauen, da sonst die Nonnen eine adaptierte Mönchsregel erhielten. Die ersten von Frauen verfassten und überlieferten Ordensregeln stammen erst aus dem Spätmittelalter und wurden von Klara von Assisi und Birgitta von Schweden geschrieben[31].

Caesarius' Nonnenregel genoss in Gallien einen hervorragenden Ruf. Nicht nur die Königin Radegunde übernahm sie für ihren berühmten Konvent zum Heiligen Kreuz in Poitiers. Vier weitere gallische Regeln für Frauenklöster, die anonyme Regula Tarnatensis von ca. 550 und die Nonnenregeln der Bischöfe Aurelian von Arles (546–551/3), Ferreolus of Uzès († 581) und Donatus von Besançon (ca. 627–658) sind über weite Strecken von ihr abhängig[32]. Nach einer gut fundierten Konjektur wurde die Caesarius-Regel auch in Autun in den Klostergründungen der Königin Brunichilde St. Marien und St. Andochius eingeführt sowie in verschiedenen Juraklöstern. Vermutlich erst durch den Einfluss von Radegundes Gründung in Poitiers bekam auch das Säckinger Fridolinkloster neben einer Kreuzreliquie auch die Caesarius-Regel[33]. Weitere Klöster führten ähnlich wie der genannte Donatus von Besançon eine Regelkombination Benedikt-Caesarius-Columban ein[34].

Aufgrund dieser gestreuten Verbreitung ist zu erkennen, dass die Regel des Arlenser Bischofs für monastische Gemeinschaften von großem Interesse war. Vor allem die in einer Regel genannten geistlichen „Leistungen" machten die Gründung von Frauenklöstern für Bischöfe wie Adelige und Adelsfamilien attraktiv[35]. Die Attraktivität beruhte auf Faktoren, die heutzutage schwer verständlich sind, etwa auf der Strenge geistlichen Lebens, der harten Klausur oder dem wichtigen Wert geweihter Jungfräulichkeit[36]. Wegen der Härte der Vorschriften musste ein volles Probejahr bei einer erfahrenen älteren Nonne absolviert werden, bei dem der Wille der Kandidatin durch „viele Experimente" geprüft werden sollte[37].

III.2. Der Inhalt der Caesarius-Regel

Die Einzigartigkeit der Regel des Caesarius liegt vor allem in den Regelungen für eine „absolute Klausur"[38]. Seine Klausurvorschriften sind strikter als in anderen Regeln. Caesarius legte fest, dass die Nonnen nicht mehr „lebendig" aus dem Kloster herauskommen sollten[39]. Kein Mann außer Bischof, Provisor, Priester, Diakon, Subdiakon und ein bis zwei Lektoren sollten das Kloster betreten dürfen[40]. Aus der Klausurvorschrift folgte notwendigerweise die Sorge des Caesarius für ökonomische Absicherung. Denn unverheiratete Frauen (außerhalb ihrer Sippe) wurden von der damaligen Gesellschaft nicht versorgt[41]. Im Einzelnen enthält die Regel folgende Bestimmungen:

Es dürfen keine Kinder aufgenommen werden, um sie zu ernähren oder zu lehren[42] und auch nicht zur Taufe[43]. Laut Kap. 17 soll niemand etwas Eigenes besitzen[44]. Von Witwen oder verlassenen Frauen wird gänzlicher Besitzverzicht verlangt[45]. Keine Nonne dürfe eine eigene Magd haben[46]. Gemäß Kap. 25 darf keine Nonne etwas geben oder empfangen ohne Zustimmung der „praeposita" oder „posticiaria"[47]. Keine Nonne sollte eine eigene Zelle haben, sondern alle in einer leben[48]. Die Arbeiten sind gemeinschaftlich[49]. Auch das Almosengeben ist den Nonnen untersagt; vielmehr soll die Äbtissin durch den Provisor für die Armen sorgen[50]. Die Betten sollen einfach sein, kein Schmuck (ornaturae) und keine Bilder sollen im Kloster sein[51].

Im Kap. 35 ist von der „necessitas disciplinae" die Rede[52]. Aufgabe ist vor allem der Kampf gegen den Teufel und „Fleischliches"[53] wohl im Sinne der paulinischen Sarx-Lehre. Zur Aufgabe gehört das gemeinschaftliche Gebet (Kap. 66ff.). Das Stundengebet ist anders als das heute gewohnte; die Gebetsaufgaben höher als in der Benediktregel; besonders auch die nächtlichen Verpflichtungen[54]. Vor Feiertagen werden vor den Nokturnen sechs Missae aus Daniel und danach sechs Missae aus den Evangelium gehalten, sodass von der dritten Stunde der Nacht bis zum frühen Morgen gewacht und gebetet wird. Neben den hohen Gebetsauflagen gilt ein strenges Fasten an jedem zweiten Tag; vor Weihnachten und Feiertagen wie Epiphanie gibt es „geschlossene Fastenzeiten"[55]. Der Kampf gegen das Fleischliche ist durchaus auch wortwörtlich zu verstehen: es galt eine streng vegetarische Lebensweise, von der nur „bei verzweifelten Krankheitsfällen" eine Ausnahme zu machen war, wie die Regel festschreibt: „Fleisch sollte aber von keiner jeweils sträflich beim Essen genossen werden"[56].

Bei den Nonnen wurde Bildung vorausgesetzt oder sie war zu erlernen[57]. Von einer Schule des Klosters ist mehrfach die Rede[58]. Zwischen sechs und acht Uhr früh ist die Zeit für „private" geistliche Lesungen reserviert[59]; daher mussten alle Nonnen lesen können bzw. dies erlernen[60]; während der dritten Stunde des Tages las eine Nonne, während die übrigen arbeiteten; danach wurde den Tag hindurch weiterhin gearbeitet, wobei die (innerliche) Meditation des Wortes Gottes und das „Herzensgebet" nicht aufhören sollte[61]; im Kapitel 22 heißt es: „de divinis scripturis semper aliquid ruminate"[62] (von den hl. Schriften sollt ihr immer etwas bedenken). Auch während der täglichen Mahlzeiten (während der Fastenzeiten eine, sonst zwei täglich) sollte gelesen werden[63]; von Schlüsseln auch für die Codices ist in Kap. 32 die Rede[64]. Radegunde selbst war „in den Wissenschaften unterrichtet"[65], und hatte eine Vorleserin[66]. Tag und Nacht wurde vorgelesen[67]. Gemäß der Caesarius-Regel und dem dort ausgedrückten Ideal beständigen Lesens, Hörens und „Predigens" ermahnte Radegunde die ihr vorlesende Nonne, auch dann weiterzulesen, wenn die Königin eingeschlafen sei[68].

Von der Regel, von der Caesarius mehrmals betont, dass er sie mit eigener Hand geschrieben und unterschrieben habe[69] soll nichts verändert werden[70]. Wer die Regel nicht erfüllen kann, darf nicht angenommen werden[71]. Hart wird eine Übertretung sanktioniert: Die Betreffenden müssen sich einerseits mit Caesarius vor Gott auseinandersetzen[72], allerdings gab es auch direkte praktische Konsequenzen: Die betreffende Person soll aus der Gemeinschaft entfernt und in einer „cella salutatorii" in Einzelhaft gehalten werden, bis sie sich hin zur Regelgemäßheit bessert[73].

In der Regel des Caesarius werden mehrere Klosterämter genannt[74]. Die Äbtissin hatte die oberste Leitungsfunktion; ihr oblag es, über die Einhaltung der Regel zu wachen[75]. Daneben gab es eine geistliche Mutter, die sich besonders um das Seelenheil der Schwestern kümmerte. Nach der Vita der Baudonivia wurde Radegunde vor allem als geistliche Mutter im Kloster dargestellt[76]. Sie wird zwar als „Herrin/Domina"[77] angeredet, doch sprach sie in ihren zahlreichen „Predigten" von den Nonnen als den von ihr ausgewählten Töchtern[78]. Somit sah sie sich nicht nur als „Mutter", sondern gab auch geistliche Anweisungen, wie dies die Regel des Caesarius für die Aufgabe der „Mater" vorsah. Ob sie dieses Amt bekleidete, oder sich über der Gemeinschaft stehend auch für geistliche Belange bevollmächtigt sah, kann nicht eindeutig beantwortet werden.

IV. Radegunde und die Gründung eines Frauenklosters

Radegunde war gezwungenermaßen die fünfte Gattin des polygynen Frankenkönigs Chlothar I.[79] geworden. Daraus glaubte Chlothar den Anspruch herleiten zu können, Gesamtherrscher Thüringens zu werden, konnte diesen aber nicht durchsetzen und musste sich mit einem Anteil der Beute zufrieden geben[80]. Indem Radegunde Chlothar verließ und ins Kloster eintrat, machte die willensstarke Thüringerin auch deutlich, dass sie keineswegs nur eine der vielen vom König verstoßenen Ehefrauen oder Konkubinen war[81]. Allerdings konnte sie erst nach mehreren Wirrungen eine religiöse Frauengemeinschaft gründen, die mehrfach verlegt werden musste. „Als Chlothar I. um 550 als Vergeltung für einen Aufstand der Thüringer Radegundes Bruder ermordet, flieht sie nach Noyon und lässt sich von Bischof Medardus zur

Reliquienschrein mit der Kreuzreliquie Saint-Benoît, Kloster Sainte-Croix
Foto: Erfurt, Artus.Atelier

Diakonin weihen. Anschließend begibt sie sich auf das königliche Landgut Saix (im Grenzgebiet zwischen Touraine und Poitou) und gründet hier eine freie Gemeinschaft von Frauen zur Pflege Kranker und Notleidender. Durch Vermittlung von Bischof Germanus von Paris kann Radegunde 552 mit Zustimmung Chlothars vor den Mauern von Poitiers das Kloster Ste-Marie-hors-les-Murs (später Ste-Croix) gründen, setzt ihre Adoptivtochter Agnes als Äbtissin ein und leistet selbst die niedrigsten Dienste im Kloster. Nach dem Tod Chlothars I. (561) setzt Radegunde ihre religiöse Tätigkeit ungehindert fort. Um 567 kommt der italienische Dichter und Priester Venantius Fortunatus († 609) nach Poitiers, wird zum engen Vertrauten der Königin und der Äbtissin Agnes, die für ihn „Mutter und Schwester" bedeuten (mater honore mihi, soror autem ducis amore), und nimmt gegenüber Königen und Würdenträgern die Interessen des Klosters wahr. Als auf Radegundes Bitten und des von ihr mobilisierten Königs Sigibert[82] das byzantinische Kaiserpaar Justin II. und Sophia 569 einen Splitter vom Heiligen Kreuz nach Poitiers sendet, benennt Radegunde ihre Abtei um zu Ste-Croix. Venantius verfasst zu diesem Ereignis mehrere Hymnen, darunter „Pange lingua gloriosa" und „Vexilla regis" sowie ein Lobgedicht auf das Kaiserpaar. Auf einer Reise nach Arles zusammen mit Agnes († 570) lernt Radegunde die Ordensregel des Caesarius … kennen … und reformiert danach ihr eigenes Kloster, um den Machtansprüchen des Bischofs Maroveus von Poitiers zu begegnen."[83]

Zur Einführung der Caesarius-Regel in Poitiers gibt es widerstreitende Informationen. Laut Gregor von Tours stand die Einführung im Zusammenhang mit dem Erwerb der Kreuzreliquie. Deswegen war es auch zum Eklat mit dem Ortsbischof gekommen[84], der missgünstig den Erwerb des für damalige Verhältnisse unerhörten Schatzes als persönlichen Affront wertete. Zudem wurden seine rechtlichen Kompetenzen durch die Stellung der Radegunde erheblich eingeschränkt, worüber zu berichten sein wird. „Hernach suchte Radegunde wiederholt die Gunst ihres Bischofs wiederzugewinnen, aber umsonst, daher begab sie sich endlich notgedrungen mit der Äbtissin, welche sie eingesetzt hatte, nach der Stadt Arles, wo sie die Regel des heiligen Cäsarius und der heiligen Cäsaria empfingen, und sich dann zu ihrer Sicherheit unter den Schutz des Königs stellten, weil sie nämlich bei dem, der ihr Hirte hatte sein sollen, keine Willfährigkeit gefunden hatten, sich ihrer anzunehmen."[85] Die Einführung der Regel ist also auch auf dem Hintergrund der Auseinandersetzung Radegundes mit dem Bischof von Poitiers und befürchteter Übergriffe des Bischofs zu sehen. Das Privileg des Papstes Hormisdas von 515, dass keiner der bischöflichen Nachfolger des Caesarius irgendeine Gewalt über das St. Jean-Kloster in Arles haben sollte, könnte für Radegunde ein gewichtiges Argument für die Annahme der Caesarius-Regel gewesen sein[86]. Radegunde hat also möglicherweise die Caesarius-Regel auch deshalb gewählt, weil in ihr die Distanz zum Ortsbischof festgeschrieben war. Die Nonnen sollten gemäß der Regel einer etwaigen „familiaritas" der Äbtissin mit dem Ortspontifex unter allen Umständen Widerstand leisten und sich dem päpstlichen Schutz anvertrauen[87]. Letztendlich waren Autorität und Einfluss der Radegunde größer als die des Bischofs und dies der Grund für die Streitigkeiten um die Reliquien sowie den Schutz und das Weiterbestehen ihres Klosters[88]. „Sie konnte dieses Ziel nur erreichen, wenn sie sich ihre Einrichtung von allen Fürsten und Bischöfen bestätigen ließ und so verhinderte, daß ein Störenfried sich eine Verschiebung der politischen Machtverhältnisse zunutze machte oder bei der hohen Geistlichkeit Unterstützung fand. ... Gregor überliefert einen Brief der Fürstin an fränkische Bischöfe, der solche Wünsche ausspricht, und die Antwort einiger Bischöfe aus dem Reiche Chariberts auf ein anderes, älteres Gesuch, das in seinen Forderungen weniger umfassend war. Es war zu erwarten, daß die Verhandlungen des Klosters mit den Bischöfen nicht mit diesen grundlegenden Bestätigungen aufhören würden, sondern immer wieder erneuert werden müßten. Es war ferner nötig, die Teilnahme der Großen an dem materiellen Wohle des Klosters stetig rege zu erhalten."[89] Wichtig ist der Hinweis, dass Radegunde nicht selbst Leiterin des von ihr gestifteten Klosters war, sondern eine Äbtissin eingesetzt hatte. Auch das Caesarius-Kloster in Arles hatte sich übrigens schon früher unter der Leitung einer Verwandten des Stifters, der Äbtissin Caesaria der Jüngeren (ca. 525–559), gegen bischöfliche Übergriffe zur Wehr setzen müssen[90].

Caesaria, die Vorsteherin des Klosters in Arles, schrieb in einem nicht genauer datierbaren Brief (also vor ihrem Tod 559/561) an eine nicht weiter nachweisbare Richilde sowie an Radegunde, dass sie ihnen die Regel zuschicke[91]. Daher kann angenommen werden, dass Radegunde die Regel zwischen 552 und 557 aus Arles erhielt und der von Gregor bezeugte Besuch des „Mutterklosters" um 570 die Funktion hatte, sich dessen Unterstützung in der genannten Auseinandersetzung zu sichern[92]. Vor diesem Hintergrund stellt sich die Frage nach der Motivation von Radegunde für die Annahme der Caesarius-Regel neu. Der Stand der Forschung ist, dass Radegunde ab 555 die Klostergründung energisch, mit Umsicht und mit Unterstützung des Königs betrieb, der laut Gregor von Tours die der Radegunde übertragenen Güter dem Kloster gab[93].

Neben vielen anderen Motiven empfahl sich offenbar die harte Regel des Caesarius auch aufgrund der Betonung von Askese und Fasten, die einem ähnlichen Verständnis der Radegunde entgegenkamen. Venantius Fortunatus betonte vor allem das asketische Büßerleben: Danach sorgte Radegunde besonders für Aussätzige und küsste sie, wie später Franziskus; die Ansteckungsgefahr fürchtete sie nicht[94]. Ferner putzte sie ihren Mitschwestern nachts die Schuhe, fegte die Gänge und reinigte die Toiletten; hinzu kam das harte Fasten während der österlichen Bußzeit, wo sie kaum einen Liter Wasser während der ganzen Zeit zu sich genommen haben soll[95]. Es scheint, als habe die Einführung der Regel kaum spürbare Veränderungen im Kloster bewirkt: „Bevor sie die Regel von Arles annahm, tat die Heilige auch nach beendigtem Wochendienst allen die Liebe an: wusch und küßte die Füße und kniete sich vor all hin und bat sie um Verzeihung für begangene Lässigkeiten. Nach all diesen Arbeiten noch die Strafen zu nennen, die sie sich selbst auferlegte, davor schaudert jeder zurück, der davon erzählen will."[96] Sie bereitete sich mit einem einschneidenden eisernen Gürtel Schmerzen, der noch mit Gewichten beschwert wurde[97].

Ferner legte sie sich ein erhitztes Messingkreuz, das sie sich auf beiden Seiten des Körpers einbrannte, wobei das ganze Fleisch verbrannte. Dies wurde als direkte und symbolische Vergegenwärtigung des Kreuzes in der Askese gesehen[98]. Vermutlich auch biographisch bedingt, steht das Leiden Radegunde nah vor Augen[99]. Die starke Kreuzesfrömmigkeit galt im wahrsten Sinne des Wortes: Sie ließ sich vom Kleriker Samuel auf dem Weg zum Psalmengebet ein großes Holzkreuz vorantragen[100]. Im Zeichen und mit dem Zeichen des Kreuzes wirkte sie auch Wunder: Als sie der blinden Bella das Zeichen des Kreuzes im Namen Christi „aufdrückte" (impressit), wurde diese wieder sehend[101]. Im Zusammenhang der Bitte um einen Splitter des Kreuzes aus Konstantinopel hatte, wie bereits erwähnt, Venantius Fortunatus seine beiden Kreuzeshymnen „Pange lingua gloriosi" und „Vexilla regis prodeunt"[102] verfasst, die von Radegunde angeregt worden waren oder sogar direkte Auftragsarbeiten darstellten.

Die von mehreren Bischöfen bekräftigte Regel des verstorbenen Caesarius war anscheinend hilfreich beim Erwirken von gesamtbischöflichem Schutz, wie aus dem von Gregor von Tours überlieferten Radegunde-Brief hervorgeht. Die Bischöfe von Tours, Rouen, Paris, Nantes, Angers, Rennes und Le Mans legten als Garanten und Schützer der monastischen Lebensweise in dem von Radegunde gestifteten Klosters fest: „... so bestimmen wir dennoch ausdrücklich, daß wenn eine Jungfrau, wie gesagt, aus den unserer bischöflichen Obhut nach Gottes Bestimmung anvertrauten Orten sich eurem Kloster in der Stadt Poitiers beigesellen wird, ihr nach den Bestimmungen des Herrn Cäsarius, Bischofs von Arles seligen Andenkens, niemals zustehen soll, dasselbe wieder zu verlassen, nachdem sie, wie die Regel es vorschreibt, aus freiem Antrieb eingetreten ist, auf daß nicht durch das schimpfliche Benehmen einer Einzelnen in Unehre gerate, was bei Allen hoch in Ehren steht."[103]

Die bischöflichen Bestimmungen verweisen auf einen aus der Alten Kirche überkommenen Wesenszug, die generelle bischöfliche Zuständigkeit für alle Bereiche christlichen Lebens. „Charakteristisch für das altgallische Mönchtum, das martinische und das lérinische, sowie für die Verschmelzung beider in frühmerowingischer Zeit, war die feste Einbindung der Klöster in die allumfassende bischöfliche Amtsgewalt. Einen gewissen Freiraum durch Einschränkung der bischöflichen Vollmacht erlangten nur wenige königliche Gründungen, die durch päpstliche und durch bischöfliche Privilegien oder durch Synodalbeschluß dem Zugriff des Bischofs entzogen waren"[104]. Radegunde war dies offensichtlich gelungen. Im Sinne der Caesarius-Regel und der genannten Bestimmung soll Radegunde der Königstochter Basina den Austritt aus dem Kloster verweigert haben[105].

Freilich setzte sich Radegunde auch von einigen Regelvorschriften ab; es ist allerdings unklar, ob diese „Regelübertretungen" nur der Stifterin und Königin oder auch ihren Nonnen möglich waren. Jedenfalls gab es Ausnahmen von der Strenge der Regel[106]. Die Klausurgebote wurden nicht in allen Einzelheiten befolgt, es gab Kontakt mit der Außenwelt und Radegunde übte Gastfreundschaft[107]. Sie war politisch sehr interessiert[108], und wie erwähnt keineswegs ihrem Ortsbischof in allem gehorsam. Die Asketin kochte ihrem Verwalter Venantius Fortunatus und anderen Gästen leckere Speisen. Wenn Radegunde durchaus mit politischem Gespür beim Erwerb der Kreuzesreliquie handelte, so ist dies auf dem Hintergrund der damaligen politisch eingebundenen Religiosität zu sehen[109]. In ihrem Brief an die Bischöfe, den Gregor zitiert, zeigt sich die doppelte Funktion der Radegunde: „Unter Zustimmung der heiligen Bischöfe in dieser wie auch in den andren Städten, und nach der Wahl der Nonnen selbst habe ich meine Herrin und Schwester Agnes, die ich von Jugend an wie eine Tochter liebte und erzog, zur Äbtissin des Klosters eingesetzt und mich selbst nächst Gott ihrem Gebot nach der Regel unterworfen. Endlich habe ich selbst und meine Schwestern dem apostolischen Beispiel folgend alles, was wir an irdischen Gütern besaßen, urkundlich dem Kloster übergeben ..."[110] Einerseits hatte sie – wenn auch mit bischöflicher Zustimmung – quasi Kraft eigenen „eigenkirchlichen" Rechts als Stifterin eine Äbtissin eingesetzt, also so gehandelt, wie Bischof Caesarius es auch in Arles gehalten hatte. Andererseits bezeichnet sie sich selbst als unter der Regel stehend und hatte auch gemäß der Regel ihr Vermögen und ihren Besitz dem Kloster übergeben. Diese Doppelfunktion – über und unter der Regel stehend – war wohl ein weiterer Anlass für die Auseinandersetzung mit dem Bischof von Poitiers.

V. Klostergründung zwischen Eigenkirchwesen, sakralem Königtum und bischöflicher Macht

Als Stifterin hatte Radegunde gemäß germanischer Rechtsauffassung weiterhin Rechte über ihre Stiftung, wozu auch die Einsetzung einer Äbtissin und die Verfügbarkeit über die Erträge gehörten. Dies ist im Zusammenhang mit dem so genannten „Eigenkirchwesen" zu begreifen. Als Stifterin hatte sie ihren Besitz, also ihr „Eigengut" wie auch königlichen Besitz in die Dotation des Klosters eingebracht. Wohl deshalb ging die tatkräftige Frau auch von einer gewissen Verfügbarkeit über ihren Besitz aus. Bei den bischöflichen Stiftungen des Caesarius oder anderer Geistlicher war die Verfügung des Bischofs naturgemäß gegeben. Da Radegunde aber selbst Stifterin war, konkurrierte „ihr Recht" mit dem des Ortsbischofs; dies ist nicht nur bei Radegunde bezeugt. Außerdem war Radegunde Königin gewesen. Im frühen Mittelalter hatte der König bei den Germanen eine sakrale Aura. Dementsprechend war Radegunde auch keine gewöhnliche Laiin. Der Königsschutz wie die durch Übernahme der Caesarius-Regel angenommene Teilhabe an der päpstlichen „Exemtion"[111] mussten einem Bischof, der sein Amt verantwortlich ausübte, zum Ärgernis werden. Caesarius hatte in diesem Dilemma den Ausweg gewählt, dass er selbst der Stifter war und ihm daher Schutz- und sonstige Rechte auch nach eigenkirchlichem Verständnis zukamen. In der Folge wurde um die Rechte von Stiftern gerungen; bekannte Begriffe wie Investiturstreit, Vogtei und Patronat künden von diesen jahrhundertelangen Auseinandersetzungen. In den Konflikten Radegundes mit dem Bischof siegte sie temporär; zu ihren Lebzeiten konnte sie ihre Pläne durchsetzen. Wenn dem zuständigen Bischof dies nicht behagte, wählte sie sich einen anderen; sogar ihr Begräbnis hatte sie so geplant, dass es ein anderer Bischof vornahm. Diese herausragende Stellung verbunden mit zahlreichen Ansprüchen und Privilegien ist nur zu verstehen, wenn man bedenkt, dass Radegunde die einzige Merowingerkönigin war und blieb, die freiwillig Nonne wurde[112]. Die mächtige bischöfliche Position und das Interesses des Ortsbischofs, das durch die Kreuzreliquie ausgezeichnete Kloster unter seine Obedienz zu bringen, scheiterten schlichtweg an der Weigerung Radegundes.

Zwar hatte sie eine schwächere „eigenkirchliche" Position, konnte diese aber geschickt ausgleichen. Die politisch-gesellschaftlich wache und interessierte ehemalige Königin unterstellte das Kloster – wie wohl auch die benachbarte Marienkirche der Kleriker, ihre Grabeskirche – dem Königsschutz. Zu Lebzeiten wagte daher niemand an den geschaffenen Tatsachen zu rütteln.

Nach ihrem Tod unterstellte König Childebert, einer von Chlothars Söhnen, das Kloster wiederum der Aufsicht des Ortsbischofs[113]. Es bedurfte allerdings einer königlichen Einwilligung, um den Königsschutz wieder in die bischöfliche Zuständigkeit umzuwandeln. Somit hatte sich langfristig doch der Bischof bzw. seine Nachfolger – darunter auch der Radegunde-Verehrer Venantius Fortunatus – durchgesetzt.

Die Vorgänge um Radegundes Klostergründung blieben kein Einzelfall. Theoretisch und rechtlich sollte das Ordensleben fest unter bischöflicher Kontrolle stehen. So setzte bereits das erste fränkische Konzil 511 in Canon 19 fest: „Aus Gründen der religiösen Demut sollen Äbte der Autorität des Bischofs unterstehen und müssen vom Bischof zurechtgewiesen werden, wenn sie gegen die Regel verstoßen haben."[114] „Daß dieser Beschluss auf den folgenden Synoden des 6. Jahrhunderts wiederholt werden mußte, weist darauf hin, daß die Bischöfe die Klosteraufsicht zwar beanspruchten und die Äbte diese vereinzelt theoretisch anerkannten, Äbte und Äbtissinnen aber gelegentlich zum Verdruss ihrer Bischöfe beträchtliche Selbständigkeit entwickelten."[115] Das altkirchliche Ideal der Zuständigkeit der Bischöfe wurde zersetzt, hatten doch Könige oder auch die christlichen römischen Kaiser stets einen Sonderstatus beansprucht. In dieser Tradition sah sich wahrscheinlich auch Radegunde. Erfolgreich hatte sie sich auch gegen den König durchgesetzt, indem sie sich von Bischof Medard von Lyon zur Diakonin weihen ließ.[116] Nicht zuletzt hatte sie auch den Kontakt mit hl. Männern und Bischöfen sorgfältig gepflegt[117] und sich ihr Wohlwollen durch entsprechende Geschenke und Beförderungen gesichert.

VI. Die Bedeutung der Klostergründung der Radegunde für die Entwicklung der Ordensregeln und des Ordenswesens

Im merowingischen Frankenreich war der „Siegeszug des Mönchtums"[118] in der Zeit vom 4. bis 6. Jahrhundert kein einheitliches Phänomen, wie später die Durchsetzung des benediktinischen Mönchtums. Dafür sorgten schon die unterschiedlichen Mönchsregeln. „Charakteristisch für das altgallische Mönchtum, das martinische und das lérinische, sowie für die Verschmelzung beider in frühmerowingischer Zeit, war die feste Einbindung der Klöster in die allumfassende bischöfliche Amtsgewalt."[119] Dies hatte bei Caesarius gut und bei Radegunde nicht funktioniert. Die Zahl der Frauenklöster im Westen und im Merowingerreich blieb bis zum Beginn der iro-fränkischen Phase des Mönchtums um 590 relativ niedrig[120]. Radegunde und die von ihr adaptierte Caesarius-Regel weisen auf die frühe Zeit der ersten Regulierungen von Frauenklöstern hin. „Die monastische Geographie des Abendlandes bietet gegen Ende des 6. Jahrhunderts ein recht vielfältiges und lebendiges Bild. Hand in Hand mit der schnellen, wenigstens offiziellen Christianisierung des westlichen Römerreiches hatte sich hier das Mönchtum als eigene christliche Lebensform eingepflanzt."[121] Allmählich wurde das „caesareanische" bzw. gallische Mönchtum in seinen verschiedenen Ausprägungen durch das iro-schottische (ab 590 Columban)[122] sowie durch das benediktinische Mönchtum verdrängt. Radegunde und ihr Kloster mit der Caesarius-Regel erinnern an diese wichtige Phase in der Geschichte des westlichen Mönchtums.

Mitbedingt durch den wachsenden Ruhm der Radegunde übersieht man gelegentlich die „eigentlich relativ bescheidenen Anfänge des weiblichen Klosterwesens im 6. Jahrhundert"[123] in Gallien, für die Caesarius Gründung und seine Regel eine hohe

Bedeutung haben. Die mit Abstand größten und bekanntesten Klöster waren wohl Saint-Jean in Arles und Sainte-Croix in Poitiers, in denen jeweils über 200 Nonnen gelebt haben sollen.[124] Caesarius wie Radegunde beförderten das weibliche Religiosentum und dessen Aufblühen und weitere Entwicklung. Nachdem noch das Konzil von Tours 567 gestattet hatte, dass Frauen in ihren eigenen Häusern als Nonnen leben durften, waren die beiden Stifter und deren Regel in Arles und Poitiers wichtige Impulsgeber für die Festigung klösterlicher Institutionen und Strukturen. „So kommt der heiligen Radegunde für das weibliche Klosterwesen im 6. Jahrhundert eine Schlüsselrolle zu für die Ausprägung der Strukturen in den Nonnenklöstern."[125]

VII. Von der Klostergründerin zur Heiligen

Zwar haben Venantius Fortunatus und vermutlich auch Baudonivia Radegunde gekannt, weshalb ihre Viten im Wesentlichen zuverlässige Quellen sind. Andererseits wollten beide vor allem ideale christliche Verhaltensweisen und die Vorbildlichkeit ihrer Protagonistin vorstellen[126]. Daher ist auf das Genus der Quellen Rücksicht zu nehmen; wichtig sind die darin enthaltenen Informationen zum damaligen Heiligkeitsideal. „Ein besonderes Kennzeichen der merowingischen Hagiographie ist eine Reihe bedeutender Frauenviten. Der darin zum Ausdruck kommende Impuls zur Frauenbiographie fand in der Karolingerzeit keine Fortsetzung. Diese Frauenviten bezeugen den Einfluß, den einzelne königliche und adelige Frauen im religiösen und politischen Leben ausübten"[127].

Heiligenviten sind also keine Biographien im heutigen Verständnis, bezeugen eher die Entwicklung der literarischen Gattung der Biographie. Weil hagiographische Quellen von ihrem Wirklichkeits- und Geschichtsverständnis vom Heiligenkult geprägt sind, wirft ihre historisch-kritische Auswertung besondere Probleme auf. Es ist unzureichend, die Quellen nur für eine zuverlässige Ereignis- oder Kirchengeschichte zu plündern[128]. Heiligenleben wie die Viten der Radegunde zeigen den Wandel von Heiligkeitsvorstellungen und damit den Wandel des christlichen Ideals. Als Idealtypus damaligen christlichen Lebens unterlagen die Biographien der stilistischen und inhaltlichen Stilisierung[129]. Nach dem Ende der Christenverfolgungen wurde die lebenslange asketische Entsagung als unblutiges Martyrium aufgefasst, dem Märtyrertod als gleichwertig und als Vorbild für christliches Leben angesehen. Daher wurden in der Radegunde-Vita des Venantius Fortunatus die asketischen Aspekte besonders hervorgehoben. Durch die Wunder wurden Radegunde und die anderen Heiligen als machtvolle Vermittler gegenüber Gott sowie dessen helfendem Eingreifen dargestellt. „Gott erbarmte sich auf den Namen der Heiligen hin."[130], heißt es in der Vita des Venantius Fortunatus. Als wunderwirkende Heilige galt Radegunde schon ihren Bekannten und Mitschwestern. Die Äbtissin des von ihr gestifteten Klosters zu Poitiers – Radegundes Adoptivtochter – drohte der heiligen Frau sogar scherzhaft, sie werde sie exkommunizieren, wenn sie eine Besessene nicht in drei Tagen heile[131].

Zu den verschiedenen biographisch-anthropologischen Mustern der Zeit gehörte neben dem Missionar, dem politischen Bischof u.s.w. auch „die heilige Frau"[132]. Dies sicherte auch Radegunde einen bleibenden Platz in der Geschichte, denn sie entsprach diesem Ideal und ihre Viten prägten dessen weitere Ausformung. Die Wunderschilderungen des Fortunatus, Freund Gregors von Tours, sind nicht unbedingt wahrheitsgetreue Berichte, „sondern ... absichtlich stilisierte Hinweise auf das, was das Kirchenvolk glauben und nachahmen soll."[133]

Die Beschreibungen des heiligen Lebens der Radegunde waren von Bedeutung für weitere Heiligenbeschreibungen. Radegundes Leben und ihre Viten beeinflussen die Lebensbeschreibung der Königin Balthilde († um 680); u.a. übte sie nach Radegundes Vorbild auch die niedrigsten Arbeiten aus[134]. Auch bei der Vita S. Arnulfi „sind Arnulf und sein Biograph bei der heiligen Radegundis in die Lehre gegangen, die vieles von dem schon vorgemacht hat, womit man sich nunmehr den Himmel verdient: Schuheputzen, Waschen, Bettenrichten und das Schrecklichste, die Küche."[135]

Abtissin Sr Martina Ravaillault des Klosters Sainte-Croix im Gespräch, Saint-Benoît, 2006
Erfurt, Artus.Atelier

VIII. Fazit

Die verschleppte thüringische Prinzessin und fränkische Königin, die im deutsch-französischen Krieg wie im Ersten Weltkrieg von Franzosen zum Schutz gegen die Deutschen angerufen worden war[136], hat u.a. als eine der markantesten heiligen Gestalten merowingischen Klosterwesens Bedeutung. Zwar strahlten ihr Ansehen und ihre Verehrung kaum nach Deutschland und Thüringen aus, aber dennoch behauptete sie ihren festen Platz in der Geschichte und wird ihn auch weiter behaupten.

Klösterliches Leben steht immer in der Spannung zwischen Weltabgewandtheit und Weltzugewandtheit. Während die Vita des Venantius Fortunatus die Weltabgewandtheit und Askese der Radegunde hervorhebt, betont die Vita der Baudonivia die (gelegentliche) Weltzugewandtheit[137], worunter beispielsweise auch das Gebet für das Vaterland (gemeint war das fränkische Teilkönigreich) fiel. Kloster- wie Heiligenleben sind eine spezifische Antwort auf Fragen und Sehnsüchte einer Zeit. Radegunde prägte ihre Zeit; und sie war Kind ihrer Zeit. Trotz des großen Zeitabstandes und der hagiographischen wie monastischen Stilisierung ist immer noch die leidgeprüfte und beeindruckende Thüringerin im Frankenreich zu erkennen, die die verschiedenen Rollen der Königin, Klosterstifterin, Asketin und Heiligen beeindruckend ausfüllte.

Anmerkungen

[1] Zur Person vgl. zuletzt u.a. Kleinmann, 1998; Werner, 1999, 794f.; Häuptli, 2003, 1131–1135; Prinz , 2003, 109–123, 302f. (Lit.). Zusammenstellung älterer Literatur z.B. bei Muschiol, 1994, 27 Anm. 146.

[2] Vgl. Berschin, 1988, 14.

[3] „Radegundis natione barbara de regione Thoringa"; Vita Radegundis I, 2; ed. MGH.SRM 2, 365, 4. Vgl. auch Joye, 2005, 1–18. Zur Christianisierung Thüringens und der möglicherweise schon in Thüringen als Arianerin getauften Radegunde vgl. Pilvousek, 2006, 43.

[4] Vita Radegundis I, ed. MGH.SRM 2, 364–377; dt.: Koch, 1935, 11–30. Zum Verfasser vgl. Becker, 2001, 582f.; zu Venantius in Poitiers vgl. auch Koebner, 1915, 39–66. Zur Vita knappe Hinweise bei Berschin, 1988, 14f., 16f., 17; Wittern, 1994, 89f. Allgemein vgl. Affeldt / Reiter, 1986, 192-208 (199 zu Radegunde, 203 zum Klosterstreit 589).

[5] Vita Radegundis II, ed. MGH.SRM, 377–395. Vgl. Mayeski / Crawford (2000). – Zu beiden Viten vgl. Leonardi, 1983, 23–32; Gäbe, 1989, 1–30.

[6] Vgl. Heinzelmann, 1994, 30.

[7] Vgl. Scheibelreiter, 1979, 1–37; Prinz, 1988, 78; Heinzelmann, 1994, 66–69; Hartmann, 2005, 1–19.

[8] Gregor von Tours, 1967, hier Buch 9, 42, 311–313

[9] Vgl. Collins, 1981, 531f.; Prinz, 1988, 76; De Vogüè/Courreau, 1988, 10–21. Zu Wirken und Werk vgl. detailliert Klingshirn, 1994.

[10] Vgl. Leclercq, 1993, 144f.

[11] Vgl. Nürnberg, 1994, 878–879.

[12] Vgl. Angenendt, 1990, 136f. Zur bischöflichen Gefangenenfürsorge vgl. allgemein Scheibelreiter, 1983, 188–192.

[13] Vgl. Collins, 1981, 532f.; Klingshirn, 1994, 256–260.

[14] Vgl. Collins, 1981, 532; Nürnberg, 1994, 878f.

[15] Vgl. Collins, 1981, 533. – Zur Verherrschaftlichung des bischöflichen Amtes mit der Zersetzung der altkirchlichen bischöflichen Gesamtzuständigkeit und dem Bischof als Stadt- und Eigenkirchherr vgl. die allgemeinen Hinweise bei Frank, 1997, 39–42.

[16] Vgl. Collins, 1981, 533.

[17] Vgl. zusammenfassend Collins, 1981, 533–534.

[18] Vgl. McCarthy, 1960, V.

[19] Vgl. Collins, 1981, 533; McCarthy, 1960, 9f.; Klingshirn, 1994, 118f.; De Vogüè/Courreau, 1988, 22–25, 68–70. Zum Frauenkloster vgl. auch Klingshirn, 1994, 104–110, 117–124, 250–255; McCarthy, 1960, 13–16. – Kritische Edition der Regel in De Vogüé / Courreau, 1988. Diese löst die ältere Edition von Morin, 1933, ab.

[20] Collins, 1981, 534. Zum Verhältnis zur Mönchsregel vgl. auch De Vogüé, 1971, 369–406. Zur möglichen Mitautorschaft der Caesaria für die Jungfrauen-Regel vgl. den Hinweis bei Muschiol, 1994, 14 Anm. 72.

[21] Vgl. McCarthy, 1960, 29, 49. Zum Stand der geweihten Witwen und Jungfrauen vgl. Muschiol, 1994, 43–63; 63–80 zu den „monachae".

[22] Muschiol, 1994, 42.

[23] Vgl. Brennan, 1984/85, 342.

[24] „eligimus pauca de pluribus, quibus seniores cum iunioribus regulariter vivant ..." Caesarius Kap. 2; ed. De Vogüé/Courreau, 1988, 180. Allgemein zu den Mischregeln vgl. Frank, 2005, 37f.

25 Vgl. McCarthy, 1960, 14; Muschiol, 1994, 105; Schilp, 1998, 48f.

26 Vgl. Kasper, 1997, 846.

27 Vgl. Angenendt, 1990, 99–101, 103. Zu den Quellen der Caesarius Regel, den Regeln von Lerins und den darin enthaltenen Traditionen einschließlich der Augustinus-Regel vgl. McCarthy, 1960, 88–153; De Vogüé, 1971, 381–388.

28 Vgl. Caesarius Kap. 66 (ed. De Vogüé/Courreau, 1988, 252–254): „Ordinem ..., quomodo psallere debeatis, ex maxima parte secundum regulam monasterii Lyrinensis in hoc libello iudicauimus inserendum."

29 Angenendt, 1990, 100.

30 Vgl. Frank, 2005, 92. – Zu Caesarius' Rückgriff auf Augustinus vgl. McCarthy, 1960, 10, 41–44, 45 sowie bes. 107–129, 138–150; De Vogüé, 1971, 373–381.

31 Vgl. Frank, 2005, 238f., 187, 84.

32 Vgl. McCarthy, 1960, 154–161; Collins, 1981, 535; Prinz, 1988, 80f.; Klingshirn, 1994, 274f. (mit weiteren Hinweisen auf teilweise Übernahme der regula virginum); Muschiol, 1994, 14, 72. Zu Aurelian und seiner Gründung vgl. auch Klingshirn, 1994, 263f.

33 Vgl. Prinz, 1988, 78–80.

34 Vgl. Prinz, 1988, 81–84.

35 Vgl. Muschiol, 1994, 69. Deshalb nahmen in Caesarius Regel die liturgischen Bestimmungen großen Raum ein. Zum divinum officium vgl. De Vogüé/Courreau, 1988, 114–128; Berg, 1994, 329–351. Zur Stundenliturgie in merowingischen Frauenklöstern vgl. Muschiol, 1994, ab 81.

36 Vgl. McCarthy, 1960, 51–59 („The Patristic Heritage of Consecrated Virginity").

37 Vgl. Caesarius Kap. 4; ed. De Vogüé/Courreau, 1988, 182: „Et ergo, quae deo inspirante conuertitur, non licebit statim habitum religionis adsumere, nisi antea in multis experimentis fuerit uoluntas illius adprobata; sed uni de senioribus tradita per annum integrum in eo, quo uenit, habitu perseuerat." Kinder durften allerdings bereits ab 6 oder 7 Jahren aufgenommen werden (Kap. 7); ed. De Vogüé/Courreau, 1988, 186; vgl. Nolte, 1986, 263.

38 McCarthy, 1960, V; lt. 48 beschäftigen sich zumindest 16 Kapitel mit der Einrichtung einer festen Klausur. Vgl. auch De Vogüé/Courreau, 1988, 70–84. Zur Betonung und der „Lückenlosigkeit der Klausurbestimmungen" bei Caesarius vgl. Nolte, 1986, 258–261 (allerdings war z.B. Besuch von Verwandten möglich); Muschiol, 1994, 80 mit Anm. 432, 78–80 zu weniger strengen Klausurformen anderer Klöster.

39 „... usque ad mortum suam de monasterio non egrediatur ..." Caesarius Kap. 2; ed. De Vogüé/Courreau, 1988, 180.

40 Vgl. Caesarius Kap. 36; ed. De Vogüé/Courreau, 1988, 218. Weitere Regelungen waren u.a.: Geistliche wurden zum Beten ins Oratorium geführt (Kap. 38; ed. De Vogüé/Courreau, 1988, 220); selbst religiösen Frauen aus der Stadt (Kap. 39; ed. De Vogüé/Courreau, 1988, 222) war der Zutritt untersagt. Allerdings mußten die Tore des Kloster zu geeigneten Zeiten geöffnet sein (Kap. 38; ed. De Vogüé/Courreau, 1988, 220). Um Kontakt zu vermeiden und die „fama monasterii" zu schützen, sollten die Nonnen keine Wäsche bzw. Näh- oder Stopfarbeiten von außerhalb des Klosters übernehmen (Kap. 46; ed. De Vogüé/Courreau, 1988, 232). Es sollten auch keine Briefe – selbst nicht von den Eltern – geheim oder ohne Wissen der Äbtissin empfangen oder geschickt werden (Kap. 54). Abends und nachts war die Klosterpforte zu schließen, nur die Äbtissin hatte dann die Schlüssel (Kap. 59; ed. De Vogüé/Courreau, 1988, 242).

41 Vgl. McCarthy, 1960, 62.

42 Vgl. Caesarius Kap. 7; ed. De Vogüé/Courreau, 1988, 186.

43 Vgl. Caesarius Kap. 11; ed. De Vogüé/Courreau, 1988, 188. Evtl. sollten Verpflichtungen vermieden werden, die aus der geistlichen Verwandtschaft der Patenschaft erwuchsen.

44 Vgl. Caesarius Kap. 17; ed. De Vogüé/Courreau, 1988, 192.

45 Vgl. Caesarius Kap. 5; ed. De Vogüé/Courreau,1988, 182–184. Vgl. Muschiol, 1994, 36.

46 Vgl. Caesarius Kap. 7; ed. De Vogüé/Courreau, 1988, 186.

47 Vgl. Caesarius Kap. 25; ed. De Vogüé/Courreau, 1988, 202.

48 Vgl. Caesarius Kap. 51 („Vt nulla cellam peculiarem habeat."); ed. De Vogüé/Courreau, 1988, 236.

49 Vgl. Caesarius Kap. 57; ed. De Vogüé/Courreau, 1988, 242: „Omnia opera in commune faciant."

50 Vgl. Caesarius Kap. 42; ed. De Vogüé/Courreau, 1988, 224.

51 Vgl. Caesarius Kap. 44, 60, 45; ed. De Vogüé/Courreau, 1988, 228, 244, 230.

52 Vgl. Caesarius Kap. 35; ed. De Vogüé/Courreau, 1988, 216.

53 „carnali certamine"; Caesarius Kap. 63; ed. De Vogüé/Courreau, 1988, 248.

54 Vgl. Caesarius, Kap. 66; ed. De Vogüé/Courreau, 1988, 256: „Ad nocturnos psallantur psalmi decem et octo, antiphonae minores cum alleluiaticis suis, et lectiones duae, hymnus et capitellum. Hoc ordine toti septem dies sunt celebrandi." Vgl. ebd. für die Zeit nach Ostern; ed. De Vogüé/Courreau, 1988, 256: „Et post dudecimam sex missae futurae sunt, hoc est, lectiones decem et octo memoriter dicendae sunt; et post psalmi decem et octo, antiphonae tres. Post nocturnos vero missae tres ad librum fieri debent usque ad lucem." Auswertung bei Muschiol, 1994, bes. 108–115 („Die Horarien nach Caesarius und Aurelian").

55 Vgl. Caesarius Kap. 67; ed. De Vogüé/Courreau, 1988, 258

56 Vgl. Caesarius Kap. 71; ed. De Vogüé/Courreau 268: „Carnes uero a nulla umquam penitus in cibo sumantur".

57 „Für die Frauen bleibt in jedem Fall die Lesekundigkeit (vielleicht auch die Schreibfähigkeit) unabdingbare Voraussetzung ihrer klösterlichen Existenz." Muschiol, 1994, 97. Vgl. auch ebd. 100.

58 Vgl. Caesarius Kap. 4, 73; ed. De Vogüé/Courreau, 1988, 182, 272.

59 Vgl. Caesarius Kap. 19; ed. De Vogüé/Courreau, 1988, 192.

60 Vgl. Caesarius Kap. 18; ed. De Vogüé/Courreau, 1988, 192: „Omnes litteras discant."

61 Vgl. Caesarius Kap. 19-20; ed. De Vogüé/Courreau, 1988, 192–194.

62 Caesarius Kap. 22; ed. De Vogüé/Courreau, 1988, 196.

63 Vgl. Caesarius Kap. 18; ed. De Vogüé/Courreau, 1988, 192. Vgl. auch Klingshirn, 1994, 121f., 184.

64 Vgl. Caesarius Kap. 32; ed. De Vogüé/Courreau, 1988, 212.

65 „litteris est erudita"; Vita Radegundis I, 2; ed. MGH.SRM 2, 365 Z. 13.

66 Vgl. Vita Radegundis II, 8; ed. MGH.SRM 2, 383.

67 Vgl. Vita Radegundis II, 9; ed. MGH.SRM 2, 383: „... lectio numquam discessit, non die, non nocte ..."

68 Vgl. Vita Radegundis II, 9; ed. MGH.SRM 2, 384. Vgl. Berschin, 1988, 15; Muschiol, 1994, 98.

⁶⁹ So Caesarius Kap. 64; ed. De Vogüé/Courreau, 1988, 250.

⁷⁰ Vgl. Caesarius Kap. 47, 62, 64; ed. De Vogüé/Courreau, 1988, 232, 246, 250.

⁷¹ Vgl. Caesarius Kap. 58; ed. De Vogüé/Courreau, 1988, 242.

⁷² Vgl. Caesarius Kap. 43; ed. De Vogüé/Courreau, 1988, 226.

⁷³ Vgl. Caesarius Kap. 65; ed. De Vogüé/Courreau, 1988, 252.

⁷⁴ Zu verschiedenen, hier nicht behandelten Ämtern (ohne den Unterschied Abbatissa-Mater zu thematisieren) vgl. McCarthy, 1960, 68f.

⁷⁵ Vgl. Caesarius-Regel, Kap. 61: zur Äbtissin soll nur gewählt werden, „quae et regulam monasterii possit efficaciter custodire"; ed. De Vogüé/Courreau, 1988, 244. Dies scheint die Hauptaufgabe der Äbtissin gewesen zu sein. Vgl. auch Kap. 64 (ed. ebd. 250): „... si quocumque tempore quaelibet abbatissa de huius regulae institutione aliquid inmutare aut relaxare temptauerit, ... resistite ..."

⁷⁶ Vgl. Wittern, 1994, 90; Dies., 1986, 282. Die Bezeichnung von Radegundes als „Mater" durch die Äbtissin ist enthalten in Vita Radegundis I, 33; ed. MGH.SRM 2, 374. Vgl. auch Felten, 1980, 90; Gäbe, 1989, 14 mit Anm. 85, 15.

⁷⁷ Vgl. z. B. Vita Radegundis II, 12; ed. MGH.SRM 2, 386, 6.

⁷⁸ Vita Radegundis II, 8; ed. MGH.SRM 2, 383: „Quod frequenter nobis dum praedicaret, dicebat: 'Vos elegi filias, vos, mea lumina ... Agite mecum in hoc saeculo ...'" Ebd. II, 9 (ed. MGH.SRM 2, 384, 3) ist von mütterlicher Zuneigung („materno affectu") die Rede. – Zur „Predigt" der Radegunde vgl. auch Wittern, 1986, 282; Muschiol, 1994, 99 mit Anm. 119.

⁷⁹ Vgl. Hartmann, 2003, 52–56; 95–98 zur Stellung der Königin am Merowingerhof. Zum König vgl. auch Gobry, 2004. Die Studie verweist allerdings auf veraltete Editionen und Literatur (im Quellen- und Literaturverzeichnis ebd. 243f. nur eine einzige Quellenübersetzung aus dem 20. Jahrhundert genannt). – Zur Rolle von Frauen in der Merowingerzeit vgl. den gleichnamigen Abschnitt bei Muschiol, 1994, 32–41.

⁸⁰ Vgl. Ewig, 1993, 34.

⁸¹ Vgl. Hartmann, 2003, 97.

⁸² Vgl. Vita Radegundis II, 16; ed. MGH.SRM 2, 388, 11–14: „... transmisit litteras ad praecellentissimum domnum Sigibertum regem ... ut ei permitteret pro totius patriae salute et eius regni stabilitate lignum crucis Domni ab imperatore expetere."

⁸³ Häuptli, 2003, 1131f. Vgl. Muschiol, 1994, 70: „Fast immer waren entweder die Gründerinnen die ersten Äbtissinnen eines Klosters, oder sie nahmen sich zumindest das Recht, die Äbtissin einzusetzen, allen Regelungen über einen freie und nicht von weltlichem Ansehen bestimmte Wahl zum Trotz. Die Rolle der Gründerin oder Mitgründerin hat auch für die geistliche Ausstrahlung eines Klosters eine kaum zu überschätzende Bedeutung, sowohl während ihres Lebens als auch nach ihrem Tod."

⁸⁴ Vgl. McCarthy, 1960, 17; Muschiol, 1994, 89: „Selbst die Bitte der Radegundis um die Übersendung der caesarianischen Regel ..., hat ... Konflikte zwischen Bischof und Kloster hervorgebracht ... wegen der Konkurrenz zwischen der Kreuzreliquie des Radegundis-Klosters und den Reliquien der bischöflichen Kathedrale." Die Feierlichkeiten zur Einholung der Kreuzreliquie nach Poitiers ließ Radegunde mit königlicher Unterstützung dann durch einen anderen Bischof vornehmen; vgl. Brennan, 1984/85, 345f.

⁸⁵ Gregor von Tours, Buch 9, 40, 303f. Laut Vita Radegundis II, 5, ed. MGH. SRM 2, 381 hätte Radegunde sich das Kloster „per ordinationem praecelsi regis Chlotarii" erbaut, das daher unter Königsschutz stand.

⁸⁶ Vgl. De Vogüè/Courreau, 1988, 23; McCarthy, 1960, 67: „That the convent of Arles was noted for this privilege in the sixth century is clear from the fact that Radegund knew of it, and hoped, by adopting Caesarius' Rule, to secure it for her foundation".

⁸⁷ Vgl. Caesarius Kap. 64; ed. De Vogüé/Courreau, 1988, 250. – Nach Brennan, 1984/85, 342 wären Radegund und Agnes wegen der mangelnden Unterstützung des Ortsbischofs gezwungen gewesen, die Caesarius-Regel anzunehmen.

⁸⁸ Vgl. Brennan, 1984/85, 352. Allerdings stand der Bischof nicht allein in seiner Opposition gegen Radegunde, die er schließlich auch nicht beerdigte; der Hilarius-Konvent, bis zu Radegundes Reliquienübertragungen das bedeutendste Heiligtum der Stadt, war gleichfalls zurückhaltend bis gegensätzlich eingestellt; vgl. ebd. 352–354; Gäbe, 1989, 20.

⁸⁹ Koebner, 1915, 40f.

⁹⁰ Vgl. Kingshirn, 1994, 265: "The reputation of Caesarius's monastery for women continued to spread under Sapaudus, who took steps at the Council of Arles in 554 to confirm episcopal responsibility for monasteries, and to ensure in particular that abbesses observed their rules. Although this is a direct reflection of Caesarius's own advice in the regula virginum, and suggests that his wishes for the monastery's autonomy continued to be respected after his death, it also signals Sapaudus's attempt to solidify his control over the city's most prestigious institution."

⁹¹ Vgl. De Vogüé/Courreaum 1988, 27, 486: „Ego feci quod praecepistis: transmisi exemplar de regula quam nobis beatae et sanctae recordationis domnus papa Caesarius fecit. Vos uidete, quomodo eam custodiatis." Erstaunlich der Hinweis auf die Aufbewahrung der Regel und daß das Schreiben an zwei Personen im nächsten Abschnitt das zu große Fasten nur einer Person thematisiert (Ebd.: „Peruenit ad me, quod nimis abstineas. Totum rationabiliter fac ..."). Vgl. auch ebd. 443–452. Vgl. dazu auch Hartmann, 2005, 4 mit Anm. 22f.

⁹² So Klingshirn, 1994, 265: "It is one measure of the monastery's continued reputation for success that Queen Radegund decided to adopt its rule for the monastery she founded in Poitiers, after having received a copy of it from Caesaria the Younger between 552 and 557. ... Radegund visited the institution in c. 570 to win support at a time of difficulty for her own foundation."

⁹³ Vgl. Prinz, 2003, 115.

⁹⁴ Vgl. Vita Radegundis I, 19, ed. MGH.SRM 2 370f.; dt.: Koch, 1935, 21. Zu Franziskus vgl. z. B. Clasen, Sophronius (Einführung, Übersetzung, Anm.): Franziskus – Engel des sechsten Siegels. Sein Leben nach den Schriften des heiligen Bonaventura (Franziskanische Quellenschriften 7). Werl 1962, 266, 19–25.

⁹⁵ Vita Radegundis I, 22f., ed. MGH, SRM 2, 371f.; dt.: Koch, Hildegard 23f.

⁹⁶ Koch, 1935, 24 (Vita Radegundis I, 24; ed. MGH. SRM 2, 372).

⁹⁷ Vgl. Prinz, 2003, 116.

⁹⁸ Vgl. Vita Radegundis I, 26; ed. MGH. SRM 2, 373, 6f. („Item vice sub altera iussit fieri laminam in signo Christi oricalcam, quam accensam in cellula locis duobis corporis altius sibi inpressit, tota carne decocta."). Venantius fügt hinzu: „Sic, spiritu flammante, membra faciebat ardere." (So ließ sie mit brennendem Geist ihre Glieder brennen." Vgl. Köpf, 1990, 748. – Gelegentlich ließ Radegunde sich auch glühende Kohlen auflegen. Laut Venantius (übers. Koch, 1935, 24): „So ertrug diese Frau für Christi Süßigkeit viel Bitteres."

[99] Vgl. Berschin, 1988, 237.

[100] Vita Radegundis I, 3; dt.: Koch, 1935, 14. Anspielung Vita Radegundis I, 21 („cruciatus"); dt. Übers. Koch, 1935, 22: „Was die Heilige ... an Kreuz ... unablässig auf sich nahm ..."

[101] Vgl. Vita Radegundis I, 27; ed. MGH.SRM 2, 373. Dt.: Koch, 1935, 25.

[102] Vgl. Koebner, 1915, 57.

[103] Gregor von Tours, Bücher 9, 39, 299.

[104] Kaiser, 1993, 104. Zu entsprechenden Bestimmungen der bischöflichen Oberhoheit vgl. Muschiol, 1994, 63f., 72 (Arles 554).

[105] Vgl. Hartmann, 2005, 7; Prinz, 2003, 115f.

[106] Vgl. Muschiol, 1994, 15 Anm. 73, 71f.; Schilp, 1998, 49f.; Gäbe, 1989, 14 (eigene Zelle der Radegundis im Gegensatz zur Caesarius-Regel), 15.

[107] Vgl. Nolte, 1986, 263.

[108] Vgl. Vita Radegundis II, 10; ed. MGH.SRM 2, 384, 29f.: „semper de pace sollicita, de salute patriae curiosa, quandoquidem inter se pace sollicita, de salute patriae curiosa, quandoquidem inter se regna movebantur ..."

[109] Vgl. den knappen Hinweis bei Frank, 1997, 24.

[110] Gregor von Tours, Bücher 9, 42, 313.

[111] Vgl. Nolte, 1986, 258: danach hätte Radegunde vor allem die in der Caesarius-Regel enthaltene „Exemtion" zur Freistellung von der bischöflichen Aufsicht genutzt.

[112] Vgl. Hartmann, 2005, 4.

[113] Vgl. Ennen, 1994, 52. – Allgemein zu den damaligen Oberhirten vgl. Scheibelreiter, 1983.

[114] Zit. Geary, 1996, 151.

[115] Geary, 1996, 151. Vgl. auch Muschiol, 1994, 63f.

[116] Vgl. Vita Radegundis II, Kap. 12, ed. MGH.SRM 2, 368; dt.: Koch, 1935, 18f.

[117] Vgl. Vita Radegundis II, Kap. 13, ed. MGH.SRM 2, 369; dt.: Koch, 1935, 19.

[118] Frank, 1993, 48.

[119] Kaiser, 1993, 104.

[120] Vgl. Nolte, 1986, 257.

[121] Frank, 1993, 46.

[122] Frank, 1993, 46.

[123] Hartmann, 2005, 8.

[124] Hartmann, 2005, 10. Für das Radegundekloster vgl. auch Ennen, 1994, 52; für das Johanneskloster in Arles McCarthy, 1960, 14f.

[125] Hartmann, 2005, 12f.

[126] Vgl. Wittern, 1986, 272, 273.

[127] Wittern, 1994, 8f.

[128] Vgl. Wittern, 1994, 10.

[129] Vgl. Wittern, 1994, 11.

[130] Dt. Übersetzung vgl. Koch, 1935, 26. Vgl. Vita Radegundis I, 32; ed. MGH.SRM 2, 374.

[131] Vgl. Vita Radegundis I, 33; ed. MGH.SRM 2, 374; dt.: Koch, 1935, 27. Vgl. Berschin, 1988, 246 Anm. 68. – Ebenso wollte die Äbtissin Radegunde die Teilnahme am Essen versagen, wenn sie nicht einen Baum heilen würde, was dann auch geschah; vgl. ebd. MGH.SRM 2, 375.

[132] Vgl. Berschin, 1988, 111.

[133] Nie, 2002, 141.

[134] Vgl. Berschin, 1988, 21f. sowie ebd. 15–19, 21f.: „Das Leben der Königin Bathilde († um 680; Vita bald danach) ist in vielem eine Reprise desjenigen der heiligen Radegundis. Auch sie ist eine Fremde, eine Sächsin der Inseln, die als Sklavin ins Frankenreich verkauft wurde ... Bathilde schließt sich nach dem Vorbild der heiligen Radegundis auch von den niedrigsten Arbeiten nicht aus (c. 11) ..." Ebd. 23: „Gleich Radegundis hat Königin Balthilde nicht das Amt der Äbtissin in ihrem Kloster Chelles übernommen, sondern sich hierfür die Nonne Bertila aus Jouarre erbeten." Auch in der Vita S. Sadalbergae († wohl nach 670) ist Radegundis „das eigentliche Vorbild" (ebd. 25). Vgl. ebd. 25 zusammenfassend: „Die Kraft, die von der Vita S. Radegundis des Venantius Fortunatus ausging, wirkt stark in der ersten Hälfte der merowingischen Literaturepoche." Diese Vita mit dem Bericht über die Klostergründung und die Erlangung bes. der Kreuzreliquie aus Konstantinopel bildet den eigentlichen Grundlagentext für den mittelalterlichen Radegundiskult; vgl. Wittern, 1994, 90.

[135] Berschin, 1988, 89.

[136] Vgl. Brennan, 1984/85, 340.

[137] Vgl. Leonardi, 1983, 23. Andere Akzentuierung bei Graus, 1965, 410: „Für Fortunat ist sie die Königin, die zur strengen Asketin wird, für Baudonivia wird die Königin zur Musternonne."

Quellen

CLASEN, SOPHRONIUS, (Einführung, Übersetzung, Anm.), Franziskus – Engel des sechsten Siegels. Sein Leben nach den Schriften des heiligen Bonaventura (Franziskanische Quellenschriften 7). Werl 1962

DE VOGÜÉ, ADALBERT / COURREAU, JOËL (ED.), Césaire d'Arles Oeuvres monastiques, I: Oeuvres pour les moniales. Introduction, texte critique, traduction et notes (Sources chrétiennes 345). Paris 1988

GREGOR VON TOURS, Zehn Bücher Geschichten, II: Buch 6–10. Auf Grund der Übersetzung von W. Giesebrechts neu bearbeitet von Rudolf Buchner (Ausgewählte Quellen zur deutschen Geschichte des Mittelalters, Freiherr von Stein- Gedächtnisausgabe 3). Berlin 1967

KOCH, THOMAS (HG.), Hildegard von Bingen und ihre Schwestern. Mit einem Nachwort von Ida Görres-Coudenhove. Leipzig 1935

MORIN, GERMANUS (ED.), S. Caesarii Arelatensis Episcopi Regula Sanctarum Virginum aliaque opuscula ad sanctimoniales directa (Florilegium Patristicum tam veteris quam medii aevi auctores complectens 34). Bonn 1933

VITA RADEGUNDIS I DES VENANTIUS FORTUNATUS, in: Monumenta Germaniae historica. Sciptores rerum Merovingicarum, Bd.2, ed. Bruno Krusch/Wilhelm Levison, Hannover 1888, 364–377 [fortan: MGH.SRM 2]

VITA RADEGUNDIS II DER BAUDONIVIA, in: Monumenta Germaniae historica. Sciptores rerum Merovingicarum, Bd. 2, ed. Bruno Krusch/Wilhelm Levison. Hannover 1888, 377–395 [fortan: MGH.SRM 2]

Literatur

AFFELDT, WERNER / REITER, SABINE, Die Historiae Gregors von Tour als Quelle für die Lebenssituation von Frauen im Frankenreich des sechsten Jahrhunderts, in: Affeldt / Kuhn, 1986, 192–208

AFFELDT, WERNER / KUHN, ANNETTE (HG.), Interdisziplinäre Studien zur Geschichte der Frauen im Frühmittelalter: Methoden – Probleme – Ergebnisse

(Frauen in der Geschichte 7; Geschichtsdidaktik: Studien, Materialien 39). Düsseldorf 1986

ANGENENDT, ARNOLD, Das Frühmittelalter. Die abendländische Christenheit von 400 bis 900. Stuttgart-Berlin-Köln 1990

BECKER, MARIA, Venantius Fortunatus, in: Lexikon für Theologie und Kirche 10 (2001) 582f

BERG, KARL, Cäsarius von Arles. Ein Bischof des sechsten Jahrhunderts erschließt das liturgische Leben seiner Zeit. Festgabe zum 85. Geburtstag des Verfassers Alterzbischof von Salzburg DDr. Karl Berg (Frühes Christentum, Forschungen und Perspektiven 1). Thaur 1994

BERSCHIN, WALTER, Biographie und Epochenstil im lateinischen Mittelalter, Bd. 2: Merowingische Biographie, Italien, Spanien und die Inseln im frühen Mittelalter (Quellen und Untersuchungen zur lateinischen Philologie des Mittelalters 9). Stuttgart 1988

BRENNAN, BRIAN, St Radegund and the Early Devolopment of her Cult at Poitiers, in: Journal of Religious History 13 (1984/95), 341–354

COLLINS, ROGER JOHN HOWARD, Caesarius von Arles, in: Theologische Realenzyklopädie 7, (1981) 531–536

DE VOGÜÉ, ADALBERT, La Règle de Césaire pour les moines: un résumé de sa Règle pour les moniales, in: Revue d'ascetique et de mystique 47 (1971), 369–406

ENNEN, EDITH, Frauen im Mittelalter. München 1994

EWIG, EUGEN, Die Merowinger und das Frankenreich. Stuttgart-Berlin-Köln 1993

FELTEN, FRANZ, Äbte und Laienäbte im Frankenreich. Studie zum Verhältnis von Staat und Kirche im früheren Mittelalter (Monographien zur Geschichte des Mittelalters 20). Stuttgart 1980

FRANK, ISNARD W., Kirchengeschichte des Mittelalters (Leitfaden Theologie 12). Düsseldorf ⁴1997

– DERS., Lexikon des Mönchtums und der Orden. Stuttgart 2005

FRANK, KARL SUSO, Geschichte des christlichen Mönchtums. Darmstadt ⁵1993

GÄBE, SABINE, Radegundis: Sancta, Regina, Ancilla. Zum Heiligkeitsideal der Radegundisviten von Fortunat und Baudonivia, in: Francia 16/1 (1989), 1–30

GEARY, PATRICK J., Die Merowinger. Europa vor Karl dem Großen. Aus dem Englischen von Ursula Scholz. München 1996

GOBRY, IVAN, Histoire des Rois de France. Clotaire Ier, Fils de Clovis. Paris 2004

GRAUS, FRANTIŠEK, Volk, Herrscher und Heiliger im Reich der Merowinger. Studien zur Hagiographie in der Merowingerzeit. Prag 1965

HÄUPTLI, BRUNO W., Radegunde, in: Biographisch-Bibliographisches Kirchenlexikon 22 (2003), 1131–1135

HARTMANN, MARTINA, Aufbruch ins Mittelalter. Die Zeit der Merowinger. Darmstadt 2003

– DERS., Reginae sumus. Merowingische Königstöchter und die Frauenklöster im 6. Jahrhundert, in: Mitteilungen des Instituts für Österreichische Geschichtsforschung 113 (2005), 1–19

HEINZELMANN, MARTIN, Gregor von Tours (538–594). „Zehn Bücher Geschichte". Historiographie und Gesellschaftskonzept im 6. Jahrhundert. Darmstadt 1994

JOYE, SYLVIE, Basine, Radegonde et la Thuringe chez Grégoire de Tours, in: Francia 32/1 (2005), 1–18

KAISER, REINHOLD, Das römische Erbe und das Merowingerreich (Enzyklopädie deutscher Geschichte 26). München 1993

KLEINMANN, DOROTHEE, Radegunde, eine europäische Heilige. Verehrung und Verehrungsstätten im deutschsprachigen Raum. Graz 1998

KASPER, CLEMENS M., Lérins, in: Lexikon für Theologie und Kirche 6 (1997), 846f

KLINGSHIRN, WILLIAM E., Caesarius of Arles. The Making of a Christian Community in Late Antique Gaul (Cambridge Studies in Medieval Life and Thought, Fourth Series). Cambridge 1994

KOEBNER, RICHARD, Venantius Fortunatus: Seine Persönlichkeit und seine Stellung in der geistigen Kultur des Merowingerreiches (Beiträge zur Kulturgeschichte des Mittelalters und der Renaissance 22). Leipzig – Berlin 1915

KÖPF, ULRICH, Kreuz IV. Mittelalter, in: Theologische Realenzyklopädie 19 (1990), 732–761

LECLERCQ, JEAN, Mönchtum und Aszes, Bd. 2: Westliches Christentum, in: McGinn, Bernard / Meyendorff, John / Leclercq, Jean (Hg.): Geschichte der christlichen Spiritualität, Bd. 1: Von den Anfängen bis zum 12. Jahrhundert. Würzburg 1993, 139–153

LEONARDI, CLAUDIO, Fortunato e Baudonivia, in: Hubert Mordek (Hg.): Aus Kirche und Reich. Studien zu Theologie, Politik und Recht im Mittelalter. Festschrift für Friedrich Kempf zu seinem fünfundsiebzigsten Geburtstag und fünfzigjährigen Doktorjubiläum. Sigmaringen 1983, 23–32

MAYESKI, MARIE ANNE / CRAWFORD JANE, Reclaiming an Ancient Story: Baudonivia's Life of St. Radegund (circa 525–587), in: Arvind Sharma (Ed.): Women Saints in World Religions. New York 2000, 71–106 (ab 89 engl. Übersetzung der Vita Radegundis II)

MCCARTHY, MARIA CARITAS, The Rule for Nuns of St. Caesarius of Arles: a translation with a critical introduction. Washington 1960

MUSCHIOL, GISELA, Famula Dei. Zur Liturgie in merowingischen Frauenklöstern (Beiträge zur Geschichte des alten Mönchtums und des Benediktinertums 41). Münster/W. 1994

NIE, GISELLE DE, Eine Poetik des Wunders: bildhaftes Bewußtsein und Verwandlungsdynamik in den Wundererzählungen des späten sechsten Jahrhunderts, in: Heinzelmann, Martin / Herbers, Klaus / Bauer, Dieter R. (Hg.): Mirakel im Mittelalter. Konzeptionen, Erscheinungsformen, Deutungen (Beiträge zur Hagiographie 3). Stuttgart 2002, 135–150

NOLTE, CORDULA, Klosterleben von Frauen in der frühen Merowingerzeit. Überlegungen zur Regula ad virgines des Caesarius von Arles, in: Affeldt / Kuhn, 1986, 257–271

NÜRNBERG, ROSEMARIE, Caesarius von Arles, in: Lexikon für Theologie und Kirche 2 (1994), 878–879

PILVOUSEK, JOSEF, Die Christianisierung Mitteldeutschlands, in: Seyderhelm, Bettina (Hg.), Tausend Jahre Taufen in Mitteldeutschland. Würzburg 2006 [im Druck]

PRINZ, FRIEDRICH, Das wahre Leben der Heiligen. Zwölf klassische Porträts von Kaiserin Helena bis Franz von Assisi. München 2003

– DERS., Frühes Mönchtum im Frankenreich. Darmstadt ²1988

SCHEIBELREITER, GEORG, Der Bischof in merowingischer Zeit. Wien-Köln-Graz 1983

– DERS., Königstöchter im Kloster. Radegund († 587) und der Nonnenaufstand von Poitiers (589), in: Mitteilungen des Instituts für Österreichische Geschichtsforschung 87 (1979), 1–37

SCHILP, THOMAS, Norm und Wirklichkeit religiöser Frauengemeinschaften im Frühmittelalter. Die Institutio sanctimonialium Aquisgranensis des Jahres 816 und die Problematik der Verfassung von Frauenkommunitäten (Veröffentlichungen des Max-Planck-Instituts für Geschichte 137; Studien zur Germania sacra 21). Göttingen 1998

WERNER, MATTHIAS, Radegundis, in: Lexikon für Theologie und Kirche 8 (1999), 794f

WITTERN, SUSANNE, Frauen, Heiligkeit und Macht. Lateinische Frauenviten aus dem 4. bis 7. Jahrhundert (Ergebnisse der Frauenforschung 33). Stuttgart-Weimar 1994

– DERS., Frauen zwischen asketischem Ideal und weltlichem Leben. Zur Darstellung des christlichen Handelns der merowingischen Königinnen Radegunde und Balthilde in hagiographischen Lebensbeschreibungen des 6. und 7. Jahrhunderts, in: Affeldt / Kuhn, 1986, 272–294

DIE DARSTELLUNG DER ORDENSFRAU UND DER HEILIGEN UM 1100: DIE MINIATUREN DER „VITA BEATAE RADEGUNDIS"

Piotr Skubiszewski

Obwohl die Viten der Heiligen seit der Spätantike illustriert wurden, stammen die ältesten illuminierten Heiligenzyklen unserer Tage lediglich aus der zweiten Hälfte des 10. Jahrhunderts, und es scheint wenig wahrscheinlich, dass es vor dieser Zeit mit Miniaturen versehene Viten von Heiligen gegeben hat. Im 11. Jahrhundert war eine ziemlich schnelle Zunahme der Anzahl illuminierter hagiographischer Handschriften zu verzeichnen. Für den Zeitraum von etwa 970 bis zu Beginn des 12. Jahrhunderts, d. h. dem Aufkommen und der ersten Verbreitung dieses neuen Genres der Buchillustration, sind uns siebzehn Beispiele dafür bekannt. Vier behandeln das Leben eines Märtyrers, zwei das Leben einer Märtyrerin und zehn das eines Mönches und Bekenners. Die Miniaturen, die Gegenstand dieser Untersuchung sind, nehmen unter diesen Werken einen besonderen Platz ein. Sie erzählen vom Leben und den Wundertaten der Radegunde (ca. 520–587), einer Thüringer Prinzessin, die von den Franken gefangen genommen und gezwungen wurde König Chlothar I. zu heiraten, die sich aber, seit ihrer Kindheit von einer sehr tiefen Frömmigkeit erfüllt, zur Diakonissin weihen ließ, sich den Werken der Barmherzigkeit widmete und ihren Lebensabend völlig abgeschlossen im Kloster Sainte-Croix in Poitiers, das sie gegründet hatte, verbrachte. Der Zyklus, der um 1100 von zwei Buchmalern geschaffen wurde, schmückt das in Poitiers aufbewahrte Exemplar der „Vita Beatae Radegundis" von Venantius Fortunatus († 609?), die heute den Mittelpunkt einer Sammlung verschiedener Texte bildet, die im 16. Jahrhundert gesammelt und gebunden wurden (Poitiers, Médiathèque François Mitterrand, ms 250 [136], f. 21 v–43). Es muss darauf hingewiesen wer-

den, dass ursprünglich auf diese Handschrift die Vita der Radegunde von Baudonivia, einer Nonne aus Poitiers folgte. Beide Texte wurden zur gleichen Zeit abgeschrieben und bebildert. Ebenso wie bei der Vita aus der Feder von Fortunatus steht am Anfang der zweiten Vita der Radegunde das „Porträt" der Autorin und sie war auch mit einem Miniaturen-Zyklus illustriert. Leider wurden die Seiten mit dem Werk der Baudonivia nicht in die vorliegende Handschrift ms 250 aufgenommen; nur das Bild der Nonne, das auf der Rückseite des letzten Blattes des Textes von Fortunatus angebracht war, hat überlebt (f. 43 v). Die Existenz der Illustrationen der Vita von Baudonivia kann jedoch nicht bezweifelt werden. Die Bibliothek von Poitiers bewahrt eine Kopie der beiden Viten auf, eine Handschrift, die Ende des 13. Jahrhunderts angefertigt wurde (Médiathèque François Mitterrand, ms 252 [8]). Ihre Miniaturen sind (zwischen 1763 und 1829) verschwunden, aber die Schnittstellen – die zeigen, wo sich die ausgeschnittenen Blätter befanden – weisen noch Fragmente von Malereien auf, die einstmals den Text von Fortunatus und den von Baudonivia illustrierten. Radegunde, Prinzessin und Königin, danach Diakonissin und Nonne, seit ihrem Tod als Heilige verehrt, wurde folglich gegen 1100 durch zwei illuminierte Zyklen hervorgehoben. Erst im 13. Jahrhundert erschienen weitere Heiligenzyklen, die einer Nonne gewidmet waren. Es handelt sich um die bebilderten Viten von Elisabeth von Thüringen, Gertrude von Nivelles und Klara von Assisi. Ihre Ikonographie befindet sich nicht in einem Legendar, sondern auf einem Reliquienschrein, einem Glasfenster und einem Altarretabel.

Fortunatus, der sich zweifellos vom „Leben des hl. Martin" von Sulpicius Severus inspirieren ließ, hat seinen Text in zwei Teile unterteilt. Der erste, der etwa zwei Drittel des Werks ausmacht, erzählt die Lebensgeschichte der Heiligen. Diese Erzählung beginnt mit einer kurzen Genealogie der Radegunde und endet mit der Erzählung ihres Lebens als Nonne, zunächst in Saix und dann in Poitiers. Im zweiten Teil, dem kürzeren, berichtet der Verfasser über fünfzehn Wunder, die Radegunde alle bewirkt hat, während sie im Kloster in Poitiers lebte, und er verweist auf ein Exempel: die Geschichte einer Nonne, die, weil sie Erinnerungen an ihr weltliches Leben nachhängt, von Radegunde getadelt wird. Bei dem illuminierten Zyklus ist der Anteil des literarischen Inhalts umgekehrt. Nur dreizehn Szenen begleiten die eigentliche biographische Erzählung (Szene 1–13) und zwanzig Bilder illustrierten ursprünglich die Erzählung der Wunder und die Episode mit der getadelten Nonne (Szenen 14–33). Ein Blatt des zweiten Teils der Handschrift ist verschwunden, aber glücklicherweise kennen wir die beiden verloren gegangenen Miniaturen dank Kopien, die vor 1763 von Joseph Pernety angefertigt wurden. Beim zweiten Teil der Vita der Radegunde von Fortunatus wurde jedes Ereignis durch eine oder sogar zwei Kompositionen illustriert. Hier stellte die malerische Ausschmückung also eine Reihe dar, deren Themen dem gesamten literarischen Inhalt entsprachen.

Das ist bei der Illustration der eigentlich biographischen Erzählung nicht der Fall. In diesem Teil der Vita können mindestens zweiundfünfzig in Bilder umsetzbare Ereignisse, Begebenheiten oder erzählende Themen festgestellt werden, aber nur dreizehn Bilder begleiten sie. Dieses „Schweigen" ist sehr erstaunlich. Es werden weder die Geburt der Heiligen, noch die Gründung eines Armenhauses in Athies, noch die Demütigungen, denen Radegunde im Laufe ihres Lebens ausgesetzt war, noch ihre Schenkungen an verschiedene Kirchen, noch ihr Einsatz zugunsten der zum Tode Verurteilten, noch die Ermordung ihres Bruders, noch ihre Pilgerfahrten nach Tours und Candes, noch ihr Niederlassen in Saix oder ihr hartes Leben als zurückgezogen lebende Nonne dargestellt, um nur einige der wichtigeren Themen zu nennen, alles biographische Ereignisse und Begebenheiten, die unerlässlich sind, damit der gemalte Zyklus ein vollständiges Bild des Lebens der Heldin der Geschichte hätte geben können. Und alle diese Themen hätten von den Miniaturmalern wiedergegeben werden können: Einerseits entsprachen sie den Topoi, die in der Heiligenikonographie Ende des 11. Jahrhunderts bereits fest verwurzelt waren, und andererseits beherrschten die beiden die Bebilderung ausführenden Maler vollständig die Kunst der Erzählung: In dieser Hinsicht gehört ihr Werk zu den besten Heiligenzyklen der Romanik. Besonders erstaunlich ist das Fehlen jeder Illustration, die auf die Kirchengründungen von Radegunde Bezug nimmt, ein durchaus wichtiges Thema der Verehrung klösterlicher Schutzheiliger.

Die dreizehn Szenen, die den eigentlichen biographischen Teil der „Vita Beatae Radegundis" begleiten, ergeben also keinen vollständigen Faden einer Erzählung. Da es sich hier nicht um eine getreue Illustration des gesamten Textes handelt, stellt sich die Frage nach den Kriterien, die die Auswahl der Themen bestimmt haben, mit anderen Worten, die Frage nach dem Leitgedanken des Bildprogramms. Die Tatsache, dass die Szenen paarweise und einmal zu dritt in Form von sechs Miniaturen auf einer ganzen Seite zusammengestellt wurden, liefert einen ersten Hinweis auf die Gedanken des Schöpfers der Bildfolge. Die dreizehn Szenen bilden sechs „Gesamtbilder", alle vom zweiten Bildmaler, mit Ausnahme des ersten.

I (f. 22 v)   1. Radegunde wird vor Chlothar geführt.
              2. Radegunde reinigt den Fußboden vor dem Altar des Oratoriums in Athies (Abb. 1).

II (f. 24)   3. Die Hochzeit der Radegunde.
              4. Radegunde im Gebet.
              5. Radegunde im Gebet, zu Füßen des ehelichen Bettes (Abb. 2).

III (f. 25 v)   6. Die Diener des Landhauses in Péronne belügen Radegunde in Bezug auf die Gefangenen.
              7. Die befreiten Gefangenen laufen herbei um Radegunde zu danken (Abb. 3).

IV (f. 27 v)   8. Radegunde bittet Bischof Medardus zur Diakonissin geweiht zu werden; die Großen des Reiches versuchen dem Prälaten davon abzuraten.
              9. Medardus weiht Radegunde zur Diakonissin (Abb. 4).

V (f. 29 v)   10. Radegunde wäscht die Füße der Armen.
              11. Radegunde bedient die Armen am Tisch (Abb. 5).

VI (f. 31 v)   12. Radegunde zieht sich in das Kloster von Poitiers zurück.
              13. Radegunde betet eingeschlossen in ihrer Zelle (Abb. 6).

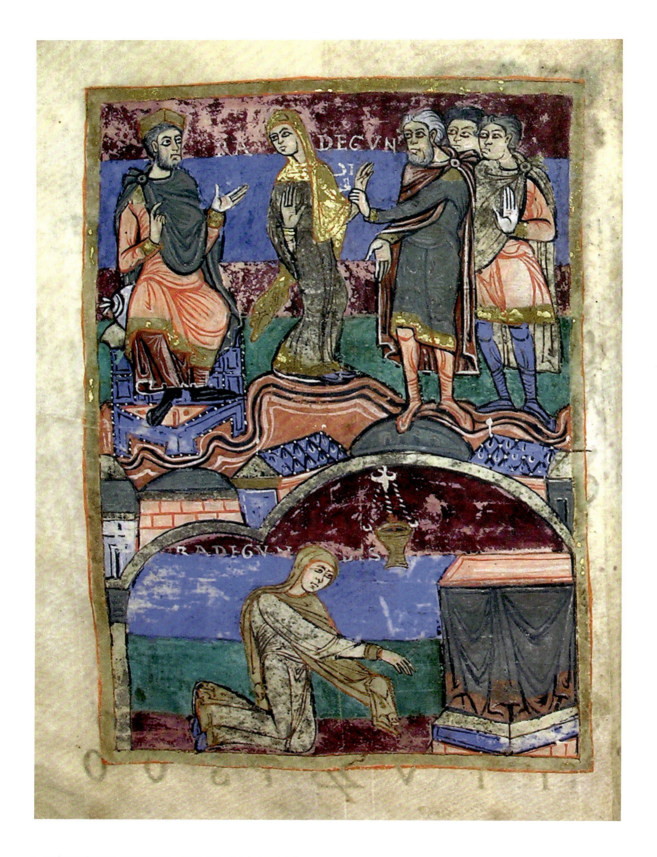

1. Radegunde wird vor Chlothar geführt; Radegunde reinigt
den Fußboden vor dem Altar des Oratoriums in Athies.
„Vita der hl. Radegunde", Poitiers, Médiathèque François Mitterrand, ms. 250, f. 22 v.
Foto: Poitiers, CESCM, O. Nenillé

2. Die Hochzeit der Radegunde; Radegunde beim Gebet;
Radegunde beim Gebet, zu Füßen des ehelichen Bettes.
„Vita der hl. Radegunde", Poitiers, Médiathèque François Mitterrand, ms. 250, f. 24.
Foto: Poitiers, CESCM, O. Nenillé

3. Die Diener des Landhauses in Péronne belügen Radegunde in Bezug auf die Gefangenen; die befreiten Gefangenen laufen herbei um Radegunde zu danken.
„Vita der hl. Radegunde", Poitiers, Médiathèque François Mitterrand, ms. 250, f. 25 v.
Foto: Poitiers, CESCM, O. Nenillé

4. Radegunde bittet Bischof Medardus zur Diakonissin geweiht zu werden; die Großen des
Reiches versuchen dem Prälaten davon abzuraten; Medardus weiht Radegunde zur Diakonissin.
„Vita der hl. Radegunde", Poitiers, Médiathèque François Mitterrand, ms. 250, f. 27 v.
Foto: Poitiers, CESCM, O. Nenillé

5. Radegunde wäscht die Füße der Armen; Radegunde bedient die Armen am Tisch.
„Vita der hl. Radegunde", Poitiers, Médiathèque François Mitterrand, ms. 250, f. 29 v.
Foto: Poitiers, CESCM, O. Nenillé

VITA DER RADEGUNDE 103

6. Radegunde zieht sich in das Kloster von Poitiers zurück;
Radegunde betet eingeschlossen in ihrer Zelle.
„Vita der hl. Radegunde", Poitiers, Médiathèque François Mitterrand, ms. 250, f. 31 v.
Foto: Poitiers, CESCM, O. Nenillé

7. Christus vor Herodes, Hildesheim, Dom, Bronzetür.
Foto: P. Skubiszewski

Die erste Szene, die die junge Gefangene zeigt, wie sie vor König Chlothar geführt wird (f. 22 v; Abb. 1), entspricht keiner von Fortunatus erzählten Episode. Ihre Botschaft ist jedoch eindeutig. Direkt inspiriert von der Ikonographie des Themas Christus vor seinen Richtern bzw. davon abgeleitet das Verhör eines Heiligen bzw. Märtyrers, setzt das Bild Radegunde einer Märtyrerin gleich (vgl. Christus vor Herodes an der Bronzetür von 1015 am Dom von Hildesheim, Abb. 7, und der Heilige Roman vor dem Präfekten, Illumination der Passio Romani Martyris, Bern, Burgerbibliothek, Cod. 264, f. 68, Abb. 8). Chlothar nimmt hier den Platz eines Imperators, Konsuls oder Richters ein, der den Christen verhört, und die drei Männer, die ihm die Heilige herbei bringen, spiegeln die übliche Gruppe von Klageführern, Wärtern oder Henkern wieder, die das Opfer zuführen oder denunzieren. Ein für das Thema der Passion typischer bildlicher Topos eröffnet also den Zyklus und prägt ihn gleichzeitig.

Radegunde war keine Märtyrerin. Fortunatus sagt jedoch, dass sie in sehr jungen Jahren den Wunsch äußerte, ihr Blut für Christus zu vergießen. Und er stellt das Leben seiner Heldin als eine ununterbrochene Folge von Selbstverleugnungen, Entbehrungen, Erniedrigungen und Kasteiungen dar, Werken und Handlungen, die durch ihren glühenden Wunsch, Gott allein zu gehören, motiviert wurden. Zu den Qualen, die ihr die ständige Flucht vor der Welt einbrachten, gehören das Unverständnis, ja sogar die Wutausbrüche ihres Gatten. Am Ende seiner Vita versichert der Verfasser dem Leser, dass Radegunde tatsächlich in den Rang einer Märtyrerin erhoben wurde. Die Meinung von Fortunatus entsprach der Lehrmeinung der Kirche über Heiligkeit und der Schöpfer des Bildprogramms hat daraus seine Schlüsse gezogen: Er hat die erste Szene als Sinnbild des Zyklus geschaffen. Seit den Kirchenvätern wurde in der Tat jedes selbst gewählte Leiden – harter täglicher Dienst, Kasteiung, Ablehnung jeder medizinischen Behandlung – als Martyrium angesehen.

Gewiss folgt die erste Szene des Zyklus getreu dem bildlichen Topos des Erscheinens eines Heiligen vor seinem Richter oder Verfolger, aber eine Besonderheit unterscheidet sie von dieser Ikonographie. Radegunde wendet sich von Chlothar ab, und bei dieser Bewegung presst sie ihre flache Hand gegen den Körper. Die junge Prinzessin weist die Argumente oder Avancen des Königs zurück und möchte sich entfernen. Das Bild, das den Gedanken des Märtyrers verkörpert und das die Leiden der Heiligen ankündigt, enthält folglich auch eine andere Botschaft, die des Brechens mit der Welt, die Chlothar verkörpert. Es kommt dann die zweite Miniatur, die die von der Heiligen gewählte künftige Welt zeigt. Hinsichtlich der schriftlich festgehaltenen Bedeutung illustriert sie die Passage, wo Fortunatus Radegunde beschreibt, wie sie mit ihrer Kleidung den Fußboden des Oratoriums in Athies reinigt und mit einem Tuch den Staub am Altar aufnimmt. Versetzt man dieses Bild wieder in den Kontext der vollständigen Erzählung über die Jugend der Heiligen, erhält die Szene einen viel umfassenderen Sinn. Als Heranwachsende unterschied sich Radegunde von den jungen Leuten ihres Alters durch eine tiefe Frömmigkeit und durch Werke der Barmherzigkeit. Sie nahm ein Holzkreuz und führte ihre Spielgefährten, indem sie sich an die Spitze einer Prozession setzte, zum Oratorium des Palastes. Die kniende Radegunde vor einem Altar gibt nicht nur eine von Fortunatus beschriebene genaue Episode wieder: Das Bild ist eine Zusammenfassung ihrer Jugend, die sie ganz der Andacht gewidmet hatte.

Das Erscheinen vor Chlothar spielt sich in einem unbestimmten Raum ab, wo der Königsthron das einzige erkennbare Ele-

8. Der hl. Roman vor dem Präfekten, Prudentius, Peristephanon, Bern, Burgerbibliothek, ms. 264, f. 68.
Foto: Bern, Burgerbibliothek

9. Prudentius beim Gebet. „Psychomachie". Lyon, Bibliothèque Municipale, ms. P. A. 22, f. 5v.
Foto: Lyon, Bibliothèque Municipale

ment ist. Die folgende Szene zeigt Radegunde in einem Innenraum, der durch einen architektonischen Rahmen, einen Altar und eine vom Gewölbe herabhängende Lampe deutlich gekennzeichnet wird (f. 22 v; Abb. 1). Der Kontrast zwischen den beiden Realitäten ist deutlich. Radegunde, die einst von Menschen umgeben war und den Prunk des königlichen Hofes ablehnte, findet sich später allein in einer Kirche wieder. Der Maler hat die zweite Szene mit der Darstellung des einsamen Gebetes eines Heiligen vor einem Altar gleichgesetzt, ein ikonographisches Thema, das zu Beginn des 11. Jahrhunderts aufkam und das sich mit der zunehmenden Praxis persönlicher Andachten schnell in der Kunst verbreitet hat (als Beispiel dafür dient „Prudentius beim Gebet" in seiner „Psychomachie" aus dem 11. Jahrhundert, Lyon, Stadtbibliothek, ms. P. A. 22, f. 5 v; Abb. 9). Das Bild stellt die Einsamkeit des Heiligen dar und ist gleichzeitig stark kirchlich geprägt und erinnert an das, was Fortunatus als den Lebensmittelpunkt Radegundes sah: Christus. Der Altar wurde seit den Kirchenvätern als Thron des Heilands angesehen, der Ort, wo Christus, der im Himmel thront, während der Eucharistie auf die Erde herabkommt. Diese Symbolik hat im 10. Jahrhundert in den Gebeten des römisch-germanischen Pontifikale seine Verankerung gefunden. Nach diesem wichtigen Buch der bischöflichen Liturgie jener Zeit ist der Altar auch der Ort, wo die Gebete der Gläubigen erhört werden oder die Ängste verschwinden oder die Krankheiten geheilt werden oder die Versprechungen und Besserungen bekräftigt und unterstützt werden: Der Altar ist folglich auch der Ort, wo man die Privatandacht pflegt. Schließlich spielt der Altar auch noch eine besondere Rolle im Leben der jungen Frauen oder Männer, die Gott versprochen sind. Die

Ordensregel des hl. Benedikt – und vergessen wir nicht, dass die Nonnen des Klosters Sainte-Croix im 11. Jahrhundert nach dieser Regel lebten – legt fest, dass die Kinder, die für das monastische Leben bestimmt waren, vor einem Altar dargebracht werden. Die Eltern müssen den Jungen oder das Mädchen dorthin führen und die Hand des Kindes, die die Bittschrift hält, in das Altartuch einhüllen. Der erste große Kommentator der Regel, Hildemar († ca. 850), der diesen Ritus sehr genau kannte, gibt an, dass man zu seiner Zeit die Hand des Kindes in den Manipel hüllte. Der Verfasser zitiert das Gebet, das bei der Zeremonie gesprochen wird, ein Text, der an die Beispiele der Weihe von Kindern im biblischen Israel erinnert. Das wichtigste alttestamentliche Beispiel der Darbringung des Kindes und dadurch das biblische Modell des Beginns des klösterlichen Lebens war die Weihe von Samuel, der von seinen Eltern im Heiligtum des Jahwe in Silo (hebr. yhwh= יהוה) dargebracht wurde (AT, S1, 19–28). Dies war ein anerkanntes Thema bei den Bildfolgen, die sich auf die Theologie des klösterlichen Lebens konzentrierten, wie dies u. a. die um 1170 geschaffene Wandmalerei in der Benediktinerinnen-Kirche von Schwarzrheindorf im Rheinland zeigt (Abb. 10). Die Szene

10. Die Weihe Samuels in Silo. Schwarzrheindorf, ehemalige Benediktinerinnen-Kirche, Chor.
Foto: Dessin G. Mongiatti

zeigt Elkana und Hanna, die ihren Sohn dem Priester Eli darbringen und die Hände des Kindes auf den Altar legen. Es ist berechtigt zu fragen, ob die Darstellung der jungen Radegunde, die vor dem Altar des Oratoriums in Athies kniet, nicht auf den Ritus der Darbringung von Kindern anspielt, eine Weihe, die die Prinzessin sicher gern vollzogen hätte, wenn man ihr dazu Gelegenheit gegeben hätte. Es ist nur schwer anzunehmen, dass der Platz des Altars im Christentum und seine Symbolik dem Autor des Bildprogramms oder seinem Ausführenden nicht bekannt waren. Beachten wir, dass der Altar außer in unserer Szene 2 im Radegunde-Zyklus noch siebenmal vorkommt: fünfmal in einem Bild, wo er die persönlichen religiösen Praktiken der Heiligen (Szene 4, 7, 13, 29 und 31) kennzeichnet, und zweimal in einem anderen Zusammenhang (Szene 9 und 21). Vom Gesichtspunkt des Schöpfers der Bildfolge aus gesehen war der Altar der symbolische Ort des Opfers des Erlösers, untrennbar mit dem spirituellen Leben der Radegunde verbunden.

Um auf die zweite Szene zurückzukommen: Radegunde, die sich dem Dienst der Kirche weiht, antwortet auf die Versuchungen jener Zeit, das Thema der vorhergehenden Komposition. Der Königshof und das Oratorium, der Thron und der Altar stehen einander in einem Konflikt gegenüber, der, zu Beginn des Zyklus dargestellt, zweifellos den Hauptgedanken des Bildprogramms ankündigt. Derselbe Gegensatz beherrscht die Themen von drei Bildern, aus denen sich das zweite „Gesamtbild" zusammensetzt, das Blatt, wo die Arbeit des zweiten Buchmalers beginnt (f. 24; Abb. 2). Die Szenen 3 und 4, die die obere Hälfte der Miniatur einnehmen, stellen zwei verschiedene Themen dar. Die Hochzeit der Radegunde und ihr Gebet im Oratorium können nicht voneinander getrennt werden. Sie wurden unter demselben Doppelbogen vereint, und sie werden im Hintergrund durch dieselben farbigen Bänder abgeschlossen. Hier hat sich der Autor der Komposition offensichtlich von den zahlreichen Darstellungen des biblischen Gastmahls inspirieren lassen, die die Gäste um den Tisch sitzend zeigen, aber den Helden der Erzählung von den anderen Protagonisten getrennt. Beispielhaft ist das Gastmahl des bösen Reichen im Evangeliar von Heinrich III. aus den Jahren 1045–1046 (El Escorial, Cod. Vitr. 17, f. 117 v). Dieses Mittel war auch den Schöpfern von Heiligenzyklen bekannt, wie dies unter anderem das Bild des Empfangs zeigt, den der hl. Wenzel seinem Bruder Boleslaw in der Vita von Gumpold von Mantua bereitet, einer sächsischen (?) Handschrift aus der Zeit um 1000, die in der Herzog August Bibliothek in Wolfenbüttel aufbewahrt wird (Cod. Guelf. 11.2 Aug. 4., f. 20 v): Der Heilige, der die Gäste am Tisch bedient, erscheint getrennt und belegt allein die Hälfte der Komposition (Abb. 11). Fortunatus erinnert nur sehr kurz an Radegundes Ehe und erwähnt kein besonderes Abendgebet, mit dem man das Bild der vor einem Altar knienden Königin in Verbindung bringen könnte, aber zwei Sätze der Vita haben den Schöpfer der Miniatur inspirieren können: „Sie heiratete einen irdischen Fürsten ohne jedoch von dem himmlischen getrennt zu sein" und weiter hinten, „Gott stets gehorsam und die Mahnungen der Priester befolgend, war sie mit Christus stärker eins als sie durch die Ehe gebunden war". Das Nebeneinander der beiden Bilder drückt in der Tat den Kontrast zwischen der Pracht des königlichen Banketts und der Intimität des einsamen Gebets, zwischen dem Leben mit einem irdischen Herrscher und dem Bund mit dem himmlischen König aus.

Fortunatus beschreibt dann detailliert die Werke der Barmherzigkeit der Königin, die verschiedenen

11. Der hl. Wenzel bedient die Gäste am Tisch. Vita sancti Venceslai, Wolfenbüttel, Herzog-August-Bibliothek, Cod. Guelf. 11.2 August 4., f. 20 v.
Foto: Wolfenbüttel, Herzog August Bibliothek

Dienste, die sie Bedürftigen leistete, die Gaben, die sie an Klöster und Arme verteilte, das Fasten und die Kasteiungen, denen sie sich aussetzte, ebenso wie das Tragen eines Büßerhemds. Die Königin hat das Gebet so sehr zu einem Teil ihres Lebens gemacht, sagt uns der Verfasser, dass sie vorgab, ein natürliches Bedürfnis zu haben, die Kammer des Königs verließ und „so lange vor dem geheimen Ort ausgestreckt im Gebet verbrachte, dass sie, nur im Geiste brennend, von eisiger Kälte durchdrungen dalag, als ob ihr Fleisch bereits tot sei". Die Szene 5 zeigt eine Auslegung dieser Geschichte und nicht ihre wörtliche Umsetzung durch das Bild. Im ersten Teil der Geschichte hat der Buchmaler das Thema des königlichen Lagers festgehalten; im zweiten hat ihn das Gebet der Radegunde interessiert. Er hat die beiden unterschiedlichen Augenblicke derselben Geschichte und die beiden verschiedenen Orte, wo diese sich abspielten, in einem einzigen Bild miteinander verbunden, um mit dieser parallelen Anordnung den Kontrast zwischen dem ruhig in seinem Bett schlafenden König und der direkt auf dem Boden hingestreckten Königin hervorzuheben, wobei er den Gegensatz zwischen dem Ruhen und dem Wachen betont. Dieses Bild der voneinander deutlich getrennten beiden Körper sollte dem Betrachter auch die Tugend der Enthaltsamkeit, und dadurch der Keuschheit, vor Augen halten, eines der großen Themen der Besinnung in den monastischen Kreisen.

Die vier folgenden Miniaturen, die Szenen 6–13, zeigen die Folge dieser wiederholten Ablehnung eines Lebens als Königin; das Reifen der Berufung zur Ordensfrau. Die Darstellungen zeichnen sich immer noch durch eine große Originalität aus. Es wird in keiner Weise der Weg der Radegunde in die Askese und auch nicht ihre Annäherung an die geistliche Welt erzählt. Als erstes Thema dieser neuen Periode in ihrem Leben wurde ein Ereignis gewählt, das von dem großen Thema ihres Weges zur endgültigen Vereinigung mit Christus entfernt scheint: die Befreiung der Gefangenen von Péronne (Szenen 6 und 7; Abb. 3). Diese Ferne ist nur scheinbar, denn diese Geschichte zeigt eine wundertätige Radegunde, eine bereits durch die göttliche Erwählung gekennzeichnete und in ihrem Weg bestätigte. Die einmalige Geschichte des Wunders, die sich im eigentlich biographischen Teil der Vita befindet, wurde vom Schöpfer der Bildfolge gewählt, um eine Trennlinie zwischen der Radegunde, die sich noch mit ihrer Zeit auseinandersetzt, und der Heiligen, die sich davon endgültig gelöst hat, zu ziehen.

Im 11. Jahrhundert war man – besonders in Poitiers – stark daran interessiert, die Verehrung seiner Heiligen zu fördern und weit entfernt von der Unschlüssigkeit und dem Streit der Autoren der christlichen Antike über das Wesen des Wunders und seine Bedeutung für den Glauben. Das Wunder war damals das eigentliche Attribut der Heiligkeit und der Beweis für die Echtheit einer Mission. Es blieb das bevorzugte Thema der alten und neuen Vitae sowie der Heiligenikonographie, die damals ihre große Entfaltung erfuhr. Erst ab dem Jahre 1200 begann die Kirche bei einer heilig zu sprechenden Person die Gabe der Wundertätigkeit als obligatorisches Kriterium der Heiligkeit anzusehen, sie berücksichtigte aber schon ab dem 10. Jahrhundert das Wunder beim Verfahren der Informatio.

Fortunatus erzählt, dass Radegunde, während sie im Garten des Landhauses in Péronne spazieren ging, eines Tages die Klagelaute der im königlichen Kerker eingeschlossenen Gefangenen hörte. Nachdem die Diener sie in Bezug auf die Schreie angelogen hatten, zog sich die Königin zurück. Als Radegunde aber nach Einbruch der Nacht ihr tägliches Gebet sprach, zerbrachen die Ketten der Gefangenen und die auf wunderbare Weise befreiten Männer liefen zur Königin. Die Szenen 6 und 7 geben den wesentlichen Inhalt dieser Geschichte wieder, und die zweite hebt ihre theologische Tragweite hervor. Aus christlicher Sicht ist der wahre Wundertäter Christus. Das Wunder trägt seine Botschaft weiter. Der Heilige, der eine Wundertat vollbringt, handelt nur als Mittler. Deshalb stimmen die geistlichen Autoren seit den Kirchenvätern darin überein zu glauben, dass die Gabe der Wundertätigkeit sich aus der vollständigen Vereinigung des Heiligen mit dem Heiland ergibt und die Frucht des Gebetes ist. Der Schöpfer des Bildes unterstreicht den letzten Punkt. Er zeigt Radegunde, wie sie die Gefangenen empfängt, die Königin bleibt aber vor einem Altar kniend, dem Zeichen ihrer Erniedrigungen.

Die beiden Szenen, die die Geschichte der Gefangenen von Péronne erzählen, lassen sich nicht auf einen bestimmten ikonographischen Topos zurückführen. Hier ist die Erzählung vom spontanen Lesen der Legende geprägt. Gewiss gehören die Anordnung der Protagonisten, ihre aufgeregte Haltung und ihre ausdrucksstarken Gesten zur üblichen Sprache jener Zeit, und man könnte leicht mehrere Beispiele für vergleichbare Darstellungen eines Dialogs, eines Streits oder einer Ansprache anführen. Andererseits zeigen die Art und Weise, wie die Personen im ersten der Bilder zwischen den Bäumen stehen, und die gleich-

12. Die hl. Elisabeth nimmt die tunica grisea entgegen. Reliquienschrein der hl. Elisabeth. Marburg, Elisabethkirche.
Foto: Bildarchiv Foto Marburg

mäßige Anordnung der Gefangenen, der Königin und des Altars im zweiten, dass der zweite Buchmaler es verstand, seine Erzählung einzeln zu betrachten.

Die gleichen Werte zeichnen auch das nächste „Gesamtbild" IV aus, insbesondere die erste seiner Darstellungen, die Szene 8, die über den Konflikt berichtet, der durch die Entscheidung der Königin hervorgerufen wurde, ins Kloster zu gehen (Abb. 4). Hier stehen sich zwei Gruppen von Personen gegenüber. Einerseits bittet Radegunde, begleitet von ihren Getreuen, Medardus um die Weihe, andererseits versuchen die Großen des Königreichs dem Bischof davon abzuraten, und Letzterer scheint auf ihre Bitte einzugehen. Es handelt sich um einen Streit wegen Christus (Nt, Mt 10, 34–37; LK 12, 49–53), ein wichtiges Thema des christlichen Lebens, das sich am Horizont dieses Bildes abzeichnet. Die Szene der Weihe der Radegunde in Noyon stellt die Auflösung des Konflikts dar (Abb. 4). Das Bild zeigt eine ganz andere Atmosphäre und stellt einen echten Gegensatz zu der vorhergehenden Szene dar. Die kniende Radegunde streckt die Hand nach dem Messgewand des Bischofs aus. Beide Personen sind durch die liturgische Handlung eng miteinander verbunden. Die Komposition strahlt Ruhe und Harmonie aus. Beachten wir noch, dass die Weihe der Radegunde an einem heiligen Ort stattfindet, der durch den Altar und durch den architektonischen Rahmen der Szene als solcher gekennzeichnet wird. Diese Elemente fehlen beim vorhergehenden Bild. Fortunatus gibt jedoch an, dass der Streit um die Weihe der Königin in der Kathedrale von Noyon stattfand. Der Schöpfer der Bildfolge – wenn es nicht gar der Maler war – hat sich zweifellos ganz bewusst vom Inhalt des Textes gelöst, um zu zeigen, dass dieser Konflikt noch in der Welt stattfand. Die Weihe selbst gehört in den geistlichen Raum. Wiederum hat derjenige, der die Miniatur geschaffen hat, Qualitäten eines Erzählers gezeigt, da er es verstand, mit kontrastierenden Bildern zu spielen.

Es scheint, dass er bei dem Thema der Szene 9 über kein Vorbild verfügte. Es handelt sich um die älteste bekannte Darstellung der Weihe einer Frau. Die anderen Beispiele stammen erst aus dem 13. Jahrhundert (vgl. Übergabe der tunica grisea an die Heilige Elisabeth auf dem Reliquienschrein der Heiligen in der Elisabethkirche in Marburg, gegen 1240; Abb. 12). Außerdem ist kein Vergleichsbeispiel unter den Darstellungen von Priesterweihen oder unter denen von Mönchsweihen zu finden, einer Ikonographie, die sich durch eine sehr große Mannigfaltigkeit auszeichnet, wobei letztere sich durch die Tatsache erklärt, dass diese Bilder sehr unterschiedliche Priester- und Mönchsweihen zeigen. Eine Analogie, aber eine sehr entfernte, ist in den Szenen zu finden, die die Weihe eines knienden Mönches zeigt; der junge Benedikt, der die Kutte erhält, in der berühmten Cassineser „Vita des Heiligen Benedikt und des Heiligen Maurus" aus den Jahren 1069–1071 liefert dafür ein Beispiel (Biblioteca Apostolica Vaticana, ms. Vat. Lat. 1202, f. 17 v; Abb. 13).

Die Szene 9 illustriert den Augenblick, wo die Nonne, bereits in der Ordenstracht, den Segen des Bischofs empfängt. Nach dem römisch-germanischen Pontifikale sollte sich dieser Teil der Zeremonie im Chor der Kirche abspielen, nachdem die Kandidatin in der Sakristei die Ordenstracht angelegt hat; der die Messe Lesende nahm dann zwischen der Nonne und dem Altar Platz. Das Pontifikale sah für Nonnen und für Diakonissinnen denselben Ablauf des Weiheritus vor. Erinnern wir uns daran, dass zu der Zeit, als die Handschrift geschaffen wurde, der Diakonissenorden bereits praktisch verschwunden war und die Nonnen von Sainte-Croix seit der karolingischen Zeit nach der Regel des hl. Benedikt lebten. Die Szene 9 konnte, selbst wenn sie als Illustration eines historischen Ereignisses, der Darstellung der Weihe der Radegunde zur Diakonissin, geschaffen wurde, im Umfeld der Auftraggeber als Bild jeder Mönchsweihe angesehen werden.

„Die Theologen sehen das Wesen der Heiligkeit in der Nächstenliebe", schrieb der Bollandist Hippolyt Delehaye. Dieser Grundgedanke der Doktrin der Heiligkeit, deren Formulierung stark von Augustinus und Gregor dem Großen geprägt wurde, ist auch in der „Vita Beatae Radegundis" von Fortunatus zu finden. Nachdem er von der Weihe der Radegunde zur Diakonissin, ihren frommen Schenkungen, ihren Pilgerfahrten und ihrem Niederlassen in Saix erzählt hat, beschreibt Fortunatus ausführlich die verschiedenen, manchmal erniedrigenden und abstoßenden Dienste, die die Heilige Kranken, Armen und Bedürftigen erwies. Der Autor des ikonographischen Programms hat diesen reichen Stoff durch das „Gesamtbild" V (Abb. 5) wiedergegeben, das eine Fußwaschung von Bedürftigen (Szene 10) und eine Armenspeisung (Szene 11) zeigt. Keine der Miniaturen der Handschrift ms 250 von Poitiers drückt den zentralen Gedanken der Vita, eine Imitatio Christi, besser aus als diese. Diese beiden Bilder werden direkt von der Ikonographie Christi inspiriert. Das erste ahmt die Fußwaschung der Apostel nach, das zweite erinnert an eine besondere Art der Darstellung des Abendmahls, diejenige, wo Christus bei der Austeilung der Kommunion deutlich von den Jüngern getrennt dargestellt wird. Die Verbindung der beiden Motive in ein und derselben Miniatur ist für diesen „Christusmimetismus" besonders bezeichnend. In den christologischen Zyklen sind die Fußwaschung der Apostel und das Abendmahl seit dem späten Altertum beständig nebeneinander zu finden. Eine Miniatur, die beide Themen im Sacramentaire de Saint-Étienne de Limoges, einer Handschrift, die zur selben Zeit wie die unsere Vita geschaffen wurde, liefert dafür ein Beispiel (Paris, BNF, Lat. 9438, f. 36 v; Abb. 14). Vor dem geistigen Auge des Betrachters wird das Leben der Radegunde also unvermeidlich mit dem von Christus verbunden, und von dem einfachen Betrachten der Bilder, die von den Werken der Heiligen erzählen, kann man leicht zu ihrer Auslegung übergehen. Die beiden Szenen, die als ein Ganzes, als eine Einheit, angesehen werden, erinnern an das Mandatum, das der Heiland den Aposteln beim letzten Abendmahl hinterlassen hat (Joh 13, 2–11). Die Pflicht, anderen demütig zu dienen, ist das erste Gebot für jeden, der Christus nachfolgt (Nt, Mt, 20, 25–28; Mk 10, 42–45; Lk 22, 25–27). Gegen 1240 sind die beiden in einen Heiligenzyklus eingefügten Bilder des

13. Der hl. Benedikt erhält die Kutte, „Vita des hl. Benedikt und des hl. Maurus", Biblioteca Apostolica Vaticana, Vat. Lat. 1202, f. 17 v.
Foto: Rom, Biblioteca Apostolica Vaticana

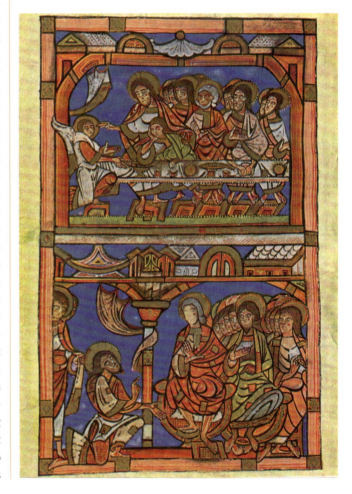

14. Die Fußwaschung der Apostel und das Abendmahl. Sacramentaire de Saint-Étienne de Limoges. Paris, BNF, Lat. 9438, f. 36 v.
Foto: Nach J. Porcher, Le Sacramentaire de Saint-Étienne de Limoges

15. Die hl. Elisabeth wäscht die Füße der Armen; die hl. Elisabeth gibt den Armen zu essen. Reliquienschrein der hl. Elisabeth, Marburg, Elisabethkirche.
Foto: Bildarchiv Foto Marburg

Mandatum auf dieselbe Weise vereint, nebeneinander, auf dem Reliquienschrein der hl. Elisabeth in der Elisabethkirche in Marburg zu finden (Abb. 15).

Die Szenen 10 und 11 zeigen das älteste Beispiel der Einbeziehung des Themas des Mandatum in die Heiligenikonographie und die Ikonographie der Werke der Barmherzigkeit. Und von allen bekannten Beispielen dieser Einbeziehung bleibt unsere Miniatur auch diejenige, die ihrem christologischen Modell am nächsten ist. Eine allgemeine moralische Botschaft, die durch das gemalte Leben eines christlichen Helden weitergegeben wird, hat nichts Besonderes. Das Phänomen fällt unter die übliche pädagogische Funktion des Bildes im Mittelalter. Nur selten hingegen findet man eine so glückliche Übereinstimmung zwischen einer aus der Ikonographie Christi hervorgegangenen Formel einerseits und dem Bild, das das Leben einer Heiligen zum Thema hat, andererseits; zwischen einer allgemeinen, der Lehre entsprechenden Botschaft, die durch diese christologische Ikonographie vermittelt wird, und einer konkreten Morallehre, die sich auf eine spezielle Heiligengeschichte stützt. Durch diese Miniatur ist es dem Schöpfer der Bildfolge bestens gelungen, die Verwurzelung des Lebens der Radegunde in dem von Christus zu zeigen.

Was den übrigen „biographischen" Teil der Vita angeht, so hat der Autor des Bildprogramms nur den Eintritt der Radegunde in das Kloster von Poitiers und ihr Klosterleben in ihrer Zelle festgehalten (Abb. 6). Die verschiedenen kleinen Ereignisse, die direkt vor und nach dem Eintritt der Heiligen ins Kloster stattfanden –

Hilfe für Kranke und Bedürftige, Mitschwestern erwiesene Dienste, Heilungen, Kasteiungen – haben ihn nicht interessiert. In dieser letzten Miniatur des „biographischen" Zyklus hat ihr Schöpfer noch einmal auf das Nebeneinander von zwei gegensätzlichen Bildern zurückgegriffen. Auf dem oberen, Szene 12, trennt ein bedeutungsvoller, fast dramatischer Raum die Heilige, die in der Bewegung dargestellt wird, von der kompakten und erstarrten Menschenmenge; hier ist alles Trennung. Auf dem unteren, Szene 13, erscheint die Nonne allein, in ihrer Zelle eingeschlossen und dem Altar zugewandt; hier ist alles Einsamkeit und Andacht. Nach Fortunatus war beim Eintritt Radegundes ins Kloster eine große Menschenmenge dabei, und die erste dieser beiden Szenen gibt die Ereignisse genau wieder. Die zweite wird durch keine besondere Begebenheit aus dem Leben der Heiligen inspiriert. Radegunde wird am Fenster des Klostergebäudes gezeigt. Mit dem Buch in der Hand blickt sie zum Oratorium hin, dessen Innenraum mit dem Altar sich hinter einem Bogen erstreckt. Drei Seile, die ihre Brust umschnüren, stellen die drei Ketten dar, die die Heilige zur Kasteiung benutzte. Somit fassen das Gebet und die Kasteiung das Leben von Radegunde im Kloster zusammen. Das Fenster, aus dem sich die Heilige zu beugen scheint, ein altes Motiv, das von anderen Bildern in einer Klause lebender Heiliger bekannt ist, weist aber auf ein anderes Thema hin: die Gegenwärtigkeit dieses Klosterlebens in der Welt, die es umgibt. In der Tat hat Radegunde, während sie in ihrer Zelle eingeschlossen blieb, all die Wunder vollbracht, von denen Fortunatus im zweiten Teil der Vita erzählt, und mehrere Miniaturen, die die Erzählung der Wundertaten illustrieren, zeigen die Heilige in ihrer Zelle (Abb. 16). Das letzte Bild des „biographischen" Zyklus hat daher eine Radegunde zum Thema, die das wertvollste Ziel ihres Lebens erreicht hat, sich aber gleichzeitig dem Werk der Wundertätigkeit öffnet, dem Thema der zwanzig Szenen, die den Rest der Handschrift schmücken.

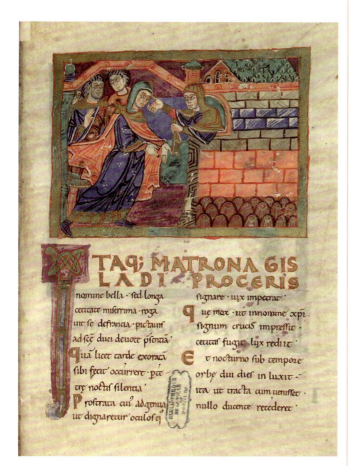

16. Radegunde heilt die blinde Bella. „Vita der hl. Radegunde". Poitiers, Médiathèque François Mitterrand, ms. 250, f. 34.
Foto: Poitiers, CESCM, O. Nenillé

17. Der Reigentanz; Radegunde weigert sich, weltliche Musik zu hören, und tadelt die Leichtfertigkeit ihrer Mitschwester. „Vita der hl. Radegunde". Poitiers, Médiathèque François Mitterrand, ms. 250, f. 40.
Foto: Poitiers, CESCM, O. Nenillé

Wie wir bereits festgestellt haben, stützte sich der „biographische" Zyklus auf eine Auswahl von Episoden aus dem Leben der Radegunde. Infolgedessen konnte er nicht unabhängig vom Text, sondern parallel dazu „gelesen" werden. Darin bestand zweifellos seine pädagogische Funktion. Die Auswahl der Motive, ihr Nebeneinander und ihre Aufeinanderfolge ermöglichen es, die wichtigsten Themen zu rekonstruieren, die das Interesse des Verfassers der Bildfolge geweckt haben. Dieser unterstreicht, dass Radegunde sich bereits in jungen Jahren entschieden hat, der Welt den Rücken zu kehren, und dass das Gebet alsbald der Mittelpunkt ihrer Spiritualität wurde; dass ihre Heiligkeit sich bereits zeigte, als sie Königin war; dass sie Christus nacheiferte und dass sie sich durch Werke der Barmherzigkeit erniedrigte; dass ihr Ziel letzten Endes das Leben einer Ordensfrau war.

Bis auf eine Ausnahme fügen die Miniaturen, die den zweiten Teil der Vita begleiten, diesem Portrait der Heiligen nichts bei. Die Bilder erzählen hier von den Wundern, die Radegunde als Nonne in Poitiers bewirkt hat. Es handelt sich um eine Lobrede auf die wundertätige Heilige. Die Reihe stellt einen bebilderten Corpus dar, der genau der Erzählung von den Wundern entspricht, über die Fortunatus berichtet hat. Ihre Quelle ist der Text aus dem 6. Jahrhundert, aber die Intensität dieses kontinuierlichen „Flusses" von Bildern erinnert an die Sammlungen klösterlicher Wunder, ein besonderes Genre der hagiographischen Literatur, das gegen 1100 aufkam und das Anliegen jedes Klosters ausdrückt, seine Heiligen zu verherrlichen. In diesem Teil des bildnerischen Schmucks ist das Kloster sehr präsent; in sechzehn Szenen, die die Wunder darstellen, zeigen sechs Radegunde am Fenster des Klosters, und fünf zeigen sie innerhalb ihrer Zelle. Auf den Bildern der Handschrift ms 250 ist das Thema des Wunders eng mit dem des Klosterlebens der wundertätigen Heiligen verbunden.

Lediglich das Thema von Blatt 40 unterscheidet sich von dieser homogenen Thematik der wunderbaren Ereignisse (Abb. 17). Die Miniatur erzählt die Geschichte einer Nonne, die, nachdem sie der Musik, die von den Bewohnern der Stadt gespielt wurde, gelauscht hat, zugab, darin ein Lied aus ihrer Jugend zu erkennen. Sie wird sofort von Radegunde getadelt: „Es ist unglaublich, dass du, die sich dem klösterlichen Leben verschrieben hat, Freude daran findest, dem Ruf der Zeit zu lauschen". Und eine weitere Bemerkung der Nonne in Bezug auf diese Musik brachte ihr eine noch schärfere Vorhaltung ein: „Gott ist mein Zeuge, dass ich soeben nichts von einem Gesang nach dem Geschmack der Zeit gehört habe." Die Verurteilung irdischer Freuden ist also unwiderruflich. Der Schöpfer der Miniatur hat sich erneut kontrastierender Bilder bedient, um den grundlegenden Gegensatz zwischen den beiden Lebensweisen wiederzugeben, einen Gegensatz, der bereits deutlich dazu benutzt wurde, um die Biographie der Heiligen zu illustrieren. Die obere Szene zeigt den Reigentanz, den am weitesten verbreiteten Tanz des Mittelalters. Das Fehlen der Musikinstrumente, des Stadtbildes oder einer ihre Freude ausdrückenden Menschenmenge – alles in der Erzählung des Fortunatus präsente Elemente – zeigt, dass dieses Bild dreier gewiss eleganter, aber auch maßvoller Tänzerinnen lediglich die Musik zum Gegenstand hat. Unten wurde die Meinungsverschiedenheit wegen dieser Belustigung des Jahrhunderts dargestellt: Die Nonne, die immer noch den Erinnerungen an ihre Jugend nachhängt, zeigt mit dem Zeigefinger auf die Tänzerinnen des ersten Bildes; Radegunde, selbst kniend, wendet sich der leichtfertigen Nonne zu, um ihr einen Verweis zu erteilen, aber ihre im Gebet ausgestreckten Hände sind zum Altar gerichtet, dem Ankerpunkt ihrer Überzeugungen.

Wie wir bereits festgestellt haben, erscheint der Altar in den Miniaturen der Handschrift ms 250 von Poitiers acht Mal. Es ist kein anderer Heiligenzyklus aus dem 11.–12. Jahrhundert bekannt, wo dieses Thema mit der gleichen Beständigkeit dargestellt wird. In unserer Handschrift erscheint der Altar nur ein einziges Mal in einer Szene mit liturgischem Charakter: Der Weihe der Radegunde zur Diakonissin, und in diesem ganz besonderen Fall wird das Vorhandensein des Altars durch die Erzählung von Fortunatus gerechtfertigt, der ihn ausdrücklich erwähnt (Abb. 4). Die anderen Bilder zeigen den Altar im Zusammenhang mit der Privatandacht der Radegunde (Abb. 2, 6 und 17) oder im Zusammenhang mit ihren Wundern (Abb. 3), während er in den entsprechenden Passagen der Vita nicht erwähnt wird. Wir können also feststellen, dass der Altar in der Ikonographie unserer Miniaturen ein bevorzugtes und absichtlich verwendetes Thema darstellt. Diese Feststellung führt uns dazu, nach dem Auftraggeber der Handschrift und dadurch nach dem Umfeld zu fragen, das dem Bild der Heiligen, welches vom Schöpfer der Bildfolge beabsichtigt wurde, zugrunde lag. Der Altar als Ort der Eucharistie gibt den Szenen der Privatandacht und denen der Wunder eine starke kirchliche Prägung. Er stellt das Bindeglied zwischen Radegunde und der hierarchischen Kirche dar, und dieses Bindeglied ist im Leben der jungen Gefangenen, der Königin und der Ordensfrau präsent. Alles weist darauf hin, dass die Handschrift durch die Kanoniker von Sainte-Radegonde bestellt und angefertigt wurde, einer Gemeinschaft, die die Kirche versorgte, wo der Leichnam der Heiligen ruhte. Das Bild der Radegunde, das die Buchmalerei der Handschrift bietet, ist zweifellos ein genaueres als das, was aus dem Text von Fortunatus hervorgeht, und drückt vermutlich die Ansichten dieses besonderen Umfelds der Ordensgeistlichkeit in Bezug auf das weibliche klösterliche Idealbild aus. Die Pädagogik dieser Bildfolge hatte vielleicht einen praktischen Zweck. Erinnern wir uns, dass die Diözese Poitiers in den 90er Jahren des 11. Jahrhunderts erlebt hat, wie sich an ihrer Nordgrenze die Gemeinschaft von Robert D'Arbrissel entwickelte, die in ihren Anfängen von der hierarchischen Kirche ziemlich weit entfernt war.

Dieser Beitrag greift die Gedankengänge auf, die in zwei Artikeln entwickelt wurden: „Un manuscrit peint de la ,Vita Radegundis' conservé à Poitiers. Les idées hagiographiques de Venance Fortunat et la spiritualité monastique du XIe siècle" [Eine illuminierte Handschrift der in Poitiers aufbewahrten ,Vita Radegundis'. Die hagiographischen Gedanken von Venantius Fortunatus und die monastische Spiritualität des 11. Jahrhunderts], in Venanzio Fortunato tra Italia e Francia. Atti del Convegno Internazionale di Studi. Valdobbiadene 17 maggio 1990 – Treviso 18–19 maggio 1990, Treviso, 1993, S. 195–235, und „Le décor de la ,Vie de Radegonde de Poitiers'" [Der bildnerische Schmuck der ,Vita der Radegunde von Poitiers'] in La Vie de sainte Radegonde par Fortunat. Poitiers. Bibliothèque Municipale, Manuscript 250 (136), R. Favreau (Hrsg.), Vorwort J. Favier, Paris 1995, S. 127–237. In Bezug auf weitere Forschungsprobleme und die Bibliographie möge sich der Leser auf diese beiden Veröffentlichungen beziehen. Die Zitate aus der „Vita beatae Radegundis" wurden der Übersetzung dieses Textes durch Yves Chauvin und Georges Pon entnommen und in Vie de sainte Radegonde par Fortunat, S. 55–113 veröffentlicht.

ZWISCHEN WISSEN, ZAUBERKRAFT UND WUNDER.
FRÜHMITTELALTERLICHE HEILKUNDE
Kay Peter Jankrift

Leben und Wirken der hl. Radegunde sind untrennbar verknüpft mit Krankenpflege, Heilkunde und Wunderheilungen. Die Tochter König Berthachars von Thüringen wurde in eine Zeit hineingeboren, die durch das allmähliche Ende der großen Völkerwanderung, die Errichtung germanischer Reiche auf dem Boden des einstigen Imperium Romanum sowie die voranschreitende Christianisierung geprägt war. Dieser neue gesellschaftliche, kulturelle wie religiöse Rahmen wirkte im 6. Jahrhundert nachhaltig auf die Gestalt und Entwicklung der frühmittelalterlichen Medizin.

Um das Jahr 529 gründete Benedikt von Nursia († 555/560) das berühmte Kloster auf dem Monte Cassino. In seiner Ordnung für die dortige Mönchsgemeinschaft, die sogenannte *Regula Benedicti*, legte Benedikt die normativen Grundlagen für den Umgang geistlicher Gemeinschaften mit Hilfsbedürftigen und die weitere Ausformung einer nach christlichen Prinzipien ausgerichteten Heilkunde. Es war diese benediktinische Gedankenwelt, die das Leben der hl. Radegunde prägte und ihr Wirken – sowie es die Viten beschreiben – nachhaltig bestimmte[1]. Das Kloster war gleichermaßen eine Stätte für das Heil der Seele *(cura animae)* und die Heilung des Körpers *(cura corporis)*. Gemäß dem Gebot der Nächstenliebe sollte die Fürsorge für Kranke, Arme und Schwache im Mittelpunkt des klösterlichen Alltags stehen[2]. Im 36. Kapitel seiner Regel erhob Benedikt die Sorge für die kranken Brüder über alles andere[3]. Darin heißt es, man solle den Kranken so dienen, als seien sie Christus selbst. Das spirituelle Fundament, auf dem diese Vorstellung ruhte, waren die Worte im 25. Kapitel des Matthäus-Evangeliums: *Ich war nackt, und ihr habt mich bekleidet. Ich war krank, und ihr habt mich besucht [...]. Ich war hungrig, und ihr habt mich gespeist.* Hinter dem normativen Charakter der Benediktsregel steckt ein höchst praxisbezogenes Bild der klösterlichen Krankenversorgung. Auf der einen Seite empfehlen die Bestimmungen den kranken Mönchen, ihre pflegenden Mitbrüder nicht mehr als nötig zu beanspruchen. Auf der anderen weisen die Worte der Regel die Pfleger an, selbst ungeduldigen Kranken mit Nachsicht zu begegnen. Zu den Aufgaben der pflegenden Brüder gehörte unter anderem das Anrichten von Bädern für die Kranken je nach deren Befindlichkeit. Es passt in dieses Bild, wenn Bäder bei der Beschreibung von Radegundes Krankenpflege und Wunderheilungen in den Viten ihren festen Platz einnehmen. So reinigte die Heilige den Ausführungen des Venantius Fortunatus zufolge eigenhändig Gesicht, Hände und Wunden einer leprakranken Frau mit warmem Wasser, das sie selbst zuvor bereitet hatte[4]. Wie Bestimmungen im klösterlichen Alltag umgesetzt wurden, zeigt exemplarisch auch die Heiligsprechung eines Bruders namens Dositheus. In den Schriftzeugnissen zu seiner Kanonisierung heißt es unter anderem: *Er tröstete sie alle und brachte allen Erleichterung durch seinen Diensteifer und seine Demut. Er verstand es, die Betten der Kranken mit Geschick zu machen und sauber zu halten. Alles im Krankenzimmer war reinlich, und wenn er zufällig oder aus Nachlässigkeit es einmal an irgend etwas in seinem Dienste hatte fehlen lassen, so beweinte er sein Vergehen in Einsamkeit und legte sich eine Buße dafür auf.*[5] Neben der Pflege kommt auch der Ernährung der Kranken nach den Ausführungen der Benediktsregel Bedeutung zu. Um ihre Gesundheit wieder herzustellen wurde den Brüdern ausdrücklich der Verzehr von Fleisch erlaubt. Vor diesem Hintergrund ordnete beispielsweise Masona, der Bischof von Mérida, im Jahre 580 an, Kranken gute und saubere Kost zu bereiten. Diese würden dann kraft göttlicher Hilfe wieder genesen. In der klösterlichen Gemeinschaft sollte der Abt persönlich Verantwortung dafür tragen, dass es den Kranken an nichts mangelte. Mehrfach wird er in der Regula Benedicti symbolträchtig mit einem Arzt verglichen[6]. Er soll jene heilen, deren Seelen erkrankt sind. Uneinsichtige sind zu bestrafen, was im übertragenen Sinne einer chirurgischen Maßnahme gleichkommt. Als letzte Möglichkeit zur Strafe bleibt gewissermaßen als Amputation eines kranken Gliedes der Ausschluss eines Bruders aus der Gemeinschaft.

Zum Heil der Seele bedurfte es christlicher Spiritualität, zum Heil des Körpers medizinischer Kenntnisse. In dieser Zeit der Umbrüche bewahrten die Klöster das Heilwissen der Antike zumindest teilweise vor dem Vergessen und entwickelten dieses mit christlichem Gedankengut überformt weiter[7]. Um die Mitte des 6. Jahrhunderts, etwa zur gleichen Zeit als die hl. Radegunde außerhalb von Poitiers das Kloster von Sainte-Marie-hors-les-Murs, das spätere Sainte-Croix, gründete, legte Flavius Magnus Aurelius Cassiodorus († 580) die geistigen Grundlagen für die Bewahrung und das Studium antiker Medizinalschriften. Cassiodorus entstammte einer Senatorenfamilie und hatte als Kanzler des ostgotischen Königs Theoderich des Großen († 526) in Ravenna gewirkt. Im Jahre 537 zog er sich von seinen öffentlichen Ämtern zurück. Auf seinen Besitzungen im kalabrischen Squilace gründete er die klosterähnliche Gemeinschaft Vivarium. Ihre Bibliothek besaß eine umfangreiche Sammlung spätantiker Handschriften, die Cassiodorus selbst zusammengetragen hatte. So schwang sich Vivarium rasch zu einem Zentrum des frühmittelalterlichen Wissens- und Kulturtransfers auf. Zahlreiche Texte wurden hier vom Griechischen ins Lateinische übersetzt. Dadurch wurden sie nutzbar für die Gelehrten im Westen des Abendlandes, wo mit der Herrschaft der Römer auch die Kenntnis des Griechischen als alter Kultursprache weitgehend verschwunden war. Zwischen 551 und 562 entstand Cassiodors bedeutende Schrift *Institutiones divinarum et saecularium litterarum*, die ebenso eine Einführung in die Heilige Schrift und das Studium der freien Künste wie der Medizin enthält. So heißt es darin unter anderem: *Lernet die Eigenschaften der Kräuter und die Mischungen der Arzneien kennen; aber eure Hoffnung setzet auf den Herrn, der da Leben gewährt ohne Ende.*[8] Solches Lernen im Kloster führte noch vor dem Jahre 1000 zur Gründung der berühmten Medizinschule von Salerno nahe Neapel. Diese sollte der mittelalterlichen Medizin am Ende des 11. Jahrhunderts durch die von Constantinus Africanus († 1087) gefertigten Übersetzungen grundlegender heilkundlicher Werke aus dem Arabischen ins Lateinische neue Impulse liefern[9]. Die Bestimmungen der Benediktsregel bewirkten jedoch nicht allein, dass Mönche sich mit der Heilkunde befassten. Sie beeinflussten zugleich die Architektur benediktinischer Klöster, die sich im berühmten Sankt Galler Klosterplan in idealtypischer Weise widerspiegelt. Das sogenannte Infirmarium, das Hospital für die kranken Brüder, mit Räumen zum Aderlass und Baden, einer Apotheke sowie Unterkünften für Ärzte und Pfleger hat darin ebenso seinen festen Platz wie Hospitäler für ankommende Arme *(Hospitale pauperum)* und berittene Gäste *(Hospitium)*.

Das Bild der Klöster als Stätten von Heil und Heilung wie auch die medizinische Tätigkeit der Mönche hat die höchst einseitige Vorstellung vom Früh- und Hochmittelalter als einer Zeit der „Mönchs- und Klostermedizin" geprägt[10]. Diese Bewertung resultiert unmittelbar aus der in den Klöstern gepflegten Schriftlichkeit. Doch der genaue Blick auf die im Vergleich mit anderen Epochen spärlichen Schriftzeugnisse verrät zugleich, dass die Bedeutung der sogenannten „Mönchsmedizin" für die medizinische Versorgung der frühmittelalterlichen Gesellschaft eine eher untergeordnete Rolle gespielt haben dürfte. Das von Ernest Wickersheimer begonnene und von Danielle Jacquart fortgeführte *Dictionnaire des médecins en France au Moyen Âge* führt unter Ausschluss aller rein fiktiven Personen für die Zeit des 5. bis einschließlich des 10. Jahrhunderts lediglich 55 namentlich bekannte Heilkundige auf[11]. Darunter wurden aufgrund der ihnen zugeschriebenen Heilungswunder auch Heilige berücksichtigt[12]. Für das 11. Jahrhundert lassen sich dann bereits 102 Namen von

Heilkundigen nachweisen. Darunter finden sich nicht nur Mönche, sondern auch Laien. Und obwohl letztere vielleicht medizinische Spezialaufgaben im Kloster übernommen haben mögen oder als Laienbrüder eine Zeit lang in der Institution selbst wirkten, erstreckte sich ihr Betätigungsfeld gewiss jenseits der Klostermauern. Angesichts der insgesamt ungünstigen Überlieferungssituation lässt sich keine genaue Statistik erstellen, doch kann mit einiger Sicherheit angenommen werden, dass die Zahl der Mönchsärzte zu klein war, um auch nur jedem Konvent eine ständige heilkundliche Versorgung zu sichern. Ganz zu schweigen von der medizinischen Betreuung Kranker außerhalb der Klöster. Es scheint, also ob sich dieser Mangel gerade im Hinblick auf Frauenklöster zeigt. Beda Venerabilis beispielsweise erwähnt in seiner *Kirchengeschichte des englischen Volkes* einen Heilkundigen namens Cynefrith, der die hl. Äbtissin Edildrudis, die Gründerin des ostanglischen Klosters Ely, behandelte[13]. Das Beispiel zeigt, dass geistliche Frauen in Ermangelung eigener heilkundiger Schwestern häufig von Mönchsärzten mitversorgt werden mussten. Auch die hospitalischen Einrichtungen in den Klöstern dienten zunächst den Bedürfnissen der Gemeinschaft. Die Infirmarien blieben den Brüdern vorbehalten. Ihre Versorgung, nicht die der Auswärtigen, steht im Mittelpunkt des 36. Kapitels der *Regula Benedicti*.

Außerhalb der Klostermauern bestimmte die mündliche Weitergabe von Informationen heilkundliches Wissen. Das daraus resultierende Überlieferungsproblem bedingt, dass der medizinische Alltag im Frühmittelalter weitgehend im Dunkeln bleibt. Erhalten haben sich nur wenige Fragmente, die kein verlässliches Gesamturteil über die Art und Qualität der medizinischen Versorgung durch heilkundige Laien zulassen. Dies gilt umso mehr, als die Berichte über heilkundliche Tätigkeit außerhalb der Klöster sich ausnahmslos in den Schriften geistlicher Verfasser finden. Sie zielen tendenziös darauf ab, ein überlegenes Christentum der untergehenden Welt des Heidentums gegenüberzustellen und spiegeln damit kein wirklichkeitsnahes Abbild. Wie heidnisch-magische Vorstellungen im 6. Jahrhundert die alltägliche Heilkunde beeinflussen, zeigt beispielhaft ein Bericht im Werk des Gregor von Tours. Der mit der hl. Radegunde befreundete Gregor schildert die Verbrennung vermeintlicher Zauberinnen in Paris im Jahre 584[14]. Durch ihre Kräuter und Kräfte seien viele zu Schaden gekommen, weiß Gregor zu berichten. Seinen Ausführungen zufolge wurden sie für schuldig befunden, den Königssohn durch die Ruhr um sein Leben gebracht zu haben, um einen Hausmeier zu retten. Das Beispiel zeigt zwischen den Zeilen, dass die heidnisch geprägte Heilkunde bis in höfische Kreise hinein genutzt wurde. Im 6. Jahrhundert begegnen wir einer medikalen Kultur im Übergang. In den nicht romanisch geprägten und spät christianisierten Gegenden Europas, so in Skandinavien, lassen sich Abbilder dieses medizinischen Umbruchs bis über das hohe Mittelalter hinaus verfolgen. Dort finden sich etwa Stäbe und Amulette, die neben Gebeten auch Zaubersprüche in Runenschrift tragen[15]. Die Heilkunde Skandinaviens unmittelbar nach der Christianisierung ins Blickfeld zu nehmen, bleibt ein Desiderat der Forschung.

Jenseits der Schriftlichkeit verraten Skelettfunde aus frühmittelalterlichen Gräberfeldern einiges über den Stand der Heilkunde zur Zeit der Völkerwanderung[16]. Mehr oder weniger gut verheilte Brüche der Extremitäten zeigen, inwieweit es den Heilkundigen gelang verletzte Knochen zu richten, zu fixieren und ruhig zu stellen. Daneben verweisen Behandlungsspuren an Schädelverletzungen auf das Geschick der Heilkundigen. In welchem Zustand der Verwundete weiterlebte bleibt dabei ungewiss. Eine Überlebenschance hatte er ohnehin nur, wenn die Wunde nicht so tief war, dass die Hirnhaut betroffen war.

Beispielhaft für die normativen Rahmenbedingungen heilkundlicher Tätigkeit im Frühmittelalter stehen die Bestimmungen der westgotischen *leges*. Als einziges der Germanenrechte enthält die *Lex Visigothorum* detaillierte Ausführungen über Ärzte, Kranke und medizinische Behandlungen[17]. Sie sind auf die Alltagsgeschäfte heilkundiger Laien zugeschnitten. Die Bestimmungen zeigen, unter welchen Bedingungen frühmittelalterliche Heilkundige im Westgotenreich praktizierten. Der Besuch am Krankenlager musste zuvor vereinbart werden. Erst dann begab sich der Heilkundige zu dem Kranken. Bei seinem ersten Besuch nahm er die zu behandelnde Wunde in Augenschein und ermittelte die Art der Beschwerden. Die Vereinbarung des Arztbesuchs stellte bereits eine Art Vorvertrag dar. Im Anschluss an die Diagnose folgte der eigentliche Behandlungsvertrag zwischen Arzt und Krankem. Der Arzt durfte die Behandlung erst beginnen, wenn er zuvor eine Kaution gestellt hatte. Vermochte der Heilkundige den Kranken nicht entsprechend seiner vertraglichen Verpflichtungen zur Genesung zu führen und starb dieser, verfiel die vollständige Kaution[18]. Zugleich hatte der Heilkundige seinen Anspruch auf Bezahlung für bereits erbrachte Leistungen verwirkt. Genas der Behandelte nicht, blieb aber am Leben, staffelte ein Bußgeldkatalog die Höhe der vom Arzt zu zahlenden Strafen. Hatte er einen Freien durch einen schlecht durchgeführten Aderlass geschädigt, sollte er eine Strafe von 150 Schillingen zahlen. Handelte es sich bei dem Geschädigten um einen Knecht, musste der Heilkundige dessen Herrn einen Ersatzmann stellen.

Freie Frauen durften vom Arzt nur im Beisein eines Elternteils oder eines nahen Verwandten zur Ader gelassen werden. Verstieß ein Heilkundiger gegen diese Bestimmungen, musste er die Verwandten oder den Gatten der Frau mit 10 Schillingen entschädigen. Diese Regelung sollte vermeiden, dass bei der Behandlung „Ungehöriges" vorkomme, heißt es zur Erläuterung im Nachsatz. Die *Lex Visigothorum* verbot Ärzten ausdrücklich den Besuch von Gefangenen. Dabei bezog sich die Verfügung in erster Linie auf inhaftierte Große. Dadurch sollte verhindert werden, dass der Arzt einem Gefangenen, der sich seinem Urteil durch Selbstmord entziehen wollte, etwa durch Gabe eines Giftes in seinem Vorhaben aktiv unterstützte. Verstieß der Arzt gegen dieses Gebot, erwartete ihn die Todesstrafe.

Daneben regelten die Gesetze ärztliche Tarife und die Ausbildung von Lehrlingen. So sollte das erfolgreiche Stechen des Stars mit 5 Schillingen entlohnt werden. Für die Ausbildung sollten 12 Schillinge Lehrgeld entrichtet werden. Angesichts der Höhe fälliger Strafzahlungen im Falle misslungener Behandlungen scheint sich die Vergütung der Heilkundigen eher gering ausgenommen zu haben. Weiterhin wurde bestimmt, dass ein Arzt von Niemandem ohne Verhör verhaftet werden durfte. Eine Ausnahme bildete lediglich die Anklage der Tötung. Bis zu seiner Anhörung in anderen Schuldsachen blieb der Arzt unter einen Bürgen gestellt. Die zweifelsohne anhand praktischer Erfahrungen entwickelten Bestimmungen erlauben nicht nur einen Blick in das Spektrum möglicher Eingriffe und ärztlichen Fehlverhaltens. Erneut zeigen sie an anderer Stelle die Bedeutung magischer Vorstellungen für die frühmittelalterliche Medizin. So erwähnen die Gesetze beispielsweise Diebstahl von Särgen zum Gebrauch als Heilmittel[19]. Der Dieb musste den geschädigten Erben des Toten eine Strafzahlung von 12 Schillingen hierfür entrichten. Sofern ein Knecht den Sarg auf Befehl seines Herrn gestohlen hatte, sollte der Auftraggeber für den Schaden aufkommen. Fiel für einen Freien die Strafe für den Sargdiebstahl noch vergleichsweise milde aus, kam die Bestrafung eines Knechts, der aus eigenem Antrieb gehandelt hatte, einer Verurteilung zum Tode gleich. Zunächst musste er dem Leichnam zurückgeben, was er aus dessen Grab entwendet hatte. Anschließend sollte er für seinen Frevel mit 100 Peitschenhieben büßen. Falls die Praxis der Norm tatsächlich folgte, dürfte kein Deliquent dieses überlebt haben.

Obwohl die übrigen Germanenrechte Heilkundige und Behandlungen nicht erwähnen, ist doch davon auszugehen, dass sich in der *Lex Visigothorum* zumindest in Teilen eine medizinische Kultur widerspiegelt, wie sie im frühen und hohen Mittelalter überall im Abendland existierte. Dies zeigen nicht zuletzt die verstreuten Berichte über das heilkundliche Wirken von Nicht-Klerikern in zeitgenössischen Chroniken. Jenseits des normativen Arztbildes, das die westgotischen Gesetze zeichnen, geben die erzählenden Quellen zugleich vereinzelte Hinweise auf die soziale Stellung heilkundiger Laien. Der bereits erwähnte Chronist und Bischof Gregor von Tours war ein stets kränklicher Mann. Vielleicht vertraute er aus persönlichen Erfahrungen mehr auf Wunderheilungen als auf die Fähigkeiten der Ärzte. In seinem umfangreichen Geschichtswerk nennt er mehrfach Heilkundige, darunter auch einen jüdischen Arzt[20]. Über Marileif, den Leibarzt des Merowingerkönigs Chilperich I. berichtet Gregor, dieser sei im Jahre 585 all seiner Habe beraubt worden[21]. Den Ausführungen zufolge war Marileifs Vater ein Unfreier gewesen, der bei den kirchlichen Mühlwerken arbeitete, während seine Brüder, Vettern und übrigen Verwandten in den herrschaftlichen Küchen und Bäckereien wirkten. Wie Marileif aus solchen sozialen Umständen in die Vertrauensposition des königlichen Arztes aufsteigen konnte, verschweigt der Chronist leider. Wahrscheinlich handelte es sich bei ihm um einen mehr oder weniger geschickten Empiriker, der nach gewissen Heilerfolgen die Aufmerksamkeit des Hofes auf sich gezogen hatte. Ob der Merowingerkönig bereits mehrere Heilkundige in seine Dienste genommen hatte, wie die Bezeichnung Marileifs als *primus medicorum*, erster der Ärzte, andeutet, bleibt in Ermangelung weiterer Quellen unklar. Fest steht, dass seine Fähigkeiten dem Arzt ein gewisses Vermögen eingebracht hatten. Gregors Schilderung zufolge besaß er ein Reittier, Gold, Silber und andere Kostbarkeiten, derer man ihn nun beraubt hatte.

Der Chronist und Freund Radegundes erwähnt an anderer Stelle noch zwei weitere Heilkundige. Auch bei ihnen handelte es sich offensichtlich um Laien. Die beiden versuchten erfolglos die Burgunderkönigin Austrichildis während einer Seuche im Jahre 581 zu behandeln. Die Sterbende hatte daraufhin gefordert, die Heilkundigen hinzurichten[22]. Die Krankheit war gekennzeichnet durch hohes Fieber, Durchfälle, Erbrechen sowie Schmerzen in Nieren und Nacken[23]. Insbesondere Kinder waren der Seuche gemäß der Darstellung des Chronisten in großer Zahl zum Opfer gefallen. Angesichts der Vehemenz der Krankheit räumt selbst der ansonsten den Ärzten wenig gewogene Gregor ein, dass der Versuch der Ärzte, Austrichildis zu behandeln, nicht unbedingt Erfolg versprach. Die Königin beschuldigte die Heilkundigen dennoch, sie mit ihren Tränken noch weiter geschwächt und ihr Leben verkürzt zu haben.

Der Blick auf die medikale Kultur des frühen Mittelalters, die sich uns nur ausschnitthaft erschließt, zeigt eine Welt, in der dem besonderen pflegerischen und heilkundlichen Wirken einer Frau wie Radegunde die Aufmerksamkeit ihrer Zeitgenossen beschieden war. Sie haben mit ihren Viten und Wunderberichten zugleich für ein langes Nachleben gesorgt.

Anmerkungen

[1] Venantius Fortunatus (1849) – Baudonivia (1849).
[2] Schipperges (1964) – Semmler (1986). Für die spätere Zeit u.a. Zimmermann (1973).
[3] Benedictusregel (1992), Kap. 36.
[4] Venantius Fortunatus (1849), 638. Zur Funktion von Wasser im Umgang mit Menschen, die nach zeitgenösischer Wahrnehmung an der Lepra erkrankt waren vgl. Jankrift (2005C).
[5] Zitiert nach Schipperges (1993), 180.
[6] Jankrift (2005A), 30f.
[7] Ein herausragendes Beispiel stellt hierfür das um 795 entstandene Lorscher Arzneibuch dar. Stoll (1992).
[8] Cassiodor (2003), liber II, cap. 2. – Stille (2004), 22.
[9] Schipperges (1964A) – Baader (1978)
[10] Sigerist (1923), III – Schipperges (1993), 175 – Sudhoff (1913) – Jankrift (2005).
[11] Wickersheimer (1979) – Jacquart (1979) – Jacquart (1981).
[12] Zur Rolle von Wunderheilungen in der frühmittelalterlichen Gesellschaft Finucane (1997) und besonders Kirchner (2004). Nur unter Vorbehalt zu benutzen mit spätmittelalterlichem Schwerpunkt Wittmer-Butsch/Rendtel (2003).
[13] Beda (1997) – Jankrift (2005B), 40–44.
[14] Gregor von Tours (2000), 6. Buch, 35. Kap.
[15] Grinder-Hansen (2002) – Jankrift (2003) – Riha (2005).
[16] Wahl (2001).
[17] Wohlhaupter (1936). Hierzu Niederhellmann (1983).
[18] Zur Situation in Byzanz Kislinger (1986).
[19] Wohlhaupter (1936), Lex Visigothorum, XI, 2.2, 292.
[20] Gregor von Tours (2000), 5. Buch, 6. Kap. – Shatzmiller (1994) – Jankrift (2004)
[21] Gregor von Tours (2000), 7. Buch, 25. Kap.
[22] Gregor von Tours (2000), 5. Buch, 35. Kap.
[23] Aus solchen Berichten läßt sich keine retrospektive Diagnose herleiten. Hierzu Leven (1998) – Bleker (1995) – Sournia (1989).

Quellen

BAUDONIVIA, Vita Radegundis. In: J.-P. Migne. Patrologia Latina 72. Paris 1849, 664–679
DIE BENEDICTUSREGEL, Lateinisch-Deutsch. Beuron 1992
BUCHNER, RUDOLF (Hg.), Gregor von Tours. Zehn Bücher Geschichten (Fränkische Geschichte). Darmstadt 9/2000
CASSIODOR, Institutiones divinarum et saecularium litterarum, 2 Bde.. Übersetzt und eingeleitet von Wolfgang Bürsgens (Fontes Christiani). Freiburg im Breisgau 2003
NONN, ULRICH (Hg.), Quellen zur Alltagsgeschichte im Früh- und Hochmittelalter. Erster Teil. (Ausgewählte Quellen zur Deutschen Geschichte des Mittelalters. Freiherr vom Stein-Gedächtnisausgabe, A XLa). Darmstadt 2003
SPITZBART, GÜNTER (Hg.), Beda der Ehrwürdige. Kirchengeschichte des englischen Volkes. Darmstadt 2/1997
STOLL, ULRICH, Das „Lorscher Arzneibuch". Ein medizinisches Kompendium des 8. Jahrhunderts (Codex Bambergensis Medicinalis 11). Text, Übersetzung und Fachglossar (Sudhoffs Archiv, Beiheft 28). Stuttgart 1992
VENANTIUS FORTUNATUS, Vita Radegundis. In: J.-P. Migne. Patrologia Latina 72. Paris 1849, 651–664
WOHLHAUPTER, EUGEN (Hg.), Gesetze der Westgoten (Germanenrechte. Texte und Übersetzungen). Weimar 1936

Literatur

BAADER, GERHARD, Die Schule von Salerno. In: Medizinhistorisches Journal 3, 1978, 124–145
– DERS., Gesellschaft, Wirtschaft und ärztlicher Stand im frühen und hohen Mittelalter. In: medizinhistorisches Journal 14, 1979, 176–185
BAADER, GERHARD/KEIL, GUNDOLF (HRSG.), Medizin im mittelalterlichen Abendland. Darmstadt 1982
BLEKER, JOHANNA, Windpocken, Varioloiden oder echte Menschenpocken? Zu den Fallstricken der retrospektiven Diagnostik. In: NTM. Internationale Zeitschrift für Geschichte und Ethik der Naturwissenschaften, Technik und Medizin N. 3, 1995, 97–116
FINUCANE, ROBERT C., The Rescue of the Innocents. Endangered Children in Medieval Miracles. New York 1997
FLINT, VALERIE, The Rise of Magic in Early Medieval Europe. Princeton 1991

Lebendige Verehrung der Radegunde:
Gläubige umrunden mehrmals den Sarkophag in der Radegundekirche in Poitiers, während sie mit ihren Händen darüber streichen und um Erfüllung ihrer Wünsche, auch hinsichtlich ihrer Gesundheit, bitten, 2006.
Foto: Erfurt, Artus.Atelier

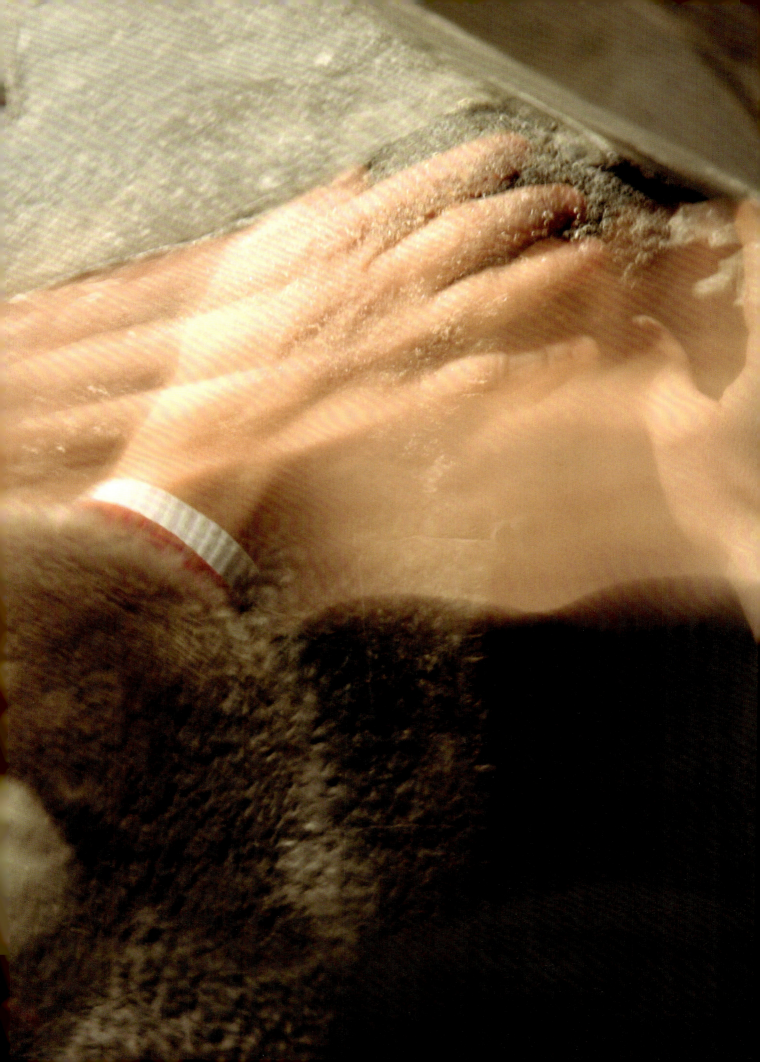

GRINDER-HANSEN, POUL, Guides to the National Museum. Danish Middle Ages and Renaissance. Kopenhagen 2002

JACQUART, DANIELLE, Le milieu médicale en France du XIIe au XVe siècle. En annexe 2e supplément au «Dictionnaire» d'Ernest Wickersheimer (Hautes études médiévales et modernes 46). Genf 1981

JANKRIFT, KAY PETER, Kräfte zwischen Himmel und Erde. Magie in mittelalterlichen Krankheitskonzeptionen. In: Bruchhausen, Walter (Hrsg.): Hexerei und Krankheit. Historische und ethnologische Perspektiven (Medizin und Kulturwissenschaft. Bonner Beiträge zur Geschichte, Anthropologie und Ethik der Medizin 1). Münster 2003, 23–46

– DERS., ... ein so großer Schatz an medizinischem Wissen. Juden in der mittelalterlichen Medizin. In: Cluse, Christoph (Hrsg.): Europas Juden im Mittelalter. Beiträge des internationalen Symposiums in Speyer vom 20.–25. Oktober 2002. Trier 2004, 335–364

– DERS., Heilkundige und Kranke im frühen Mittelalter. In: Das Mittelalter 10. 2005, 35–42

– DERS., Mit Gott und Schwarzer Magie. Medizin im Mittelalter. Darmstadt 2005 (A)

– DERS., Das Geheimnis der Leiden unter dem Schleier. In: Damals 37,3 (2005) 2005 (B), 3, 40–44

– DERS., Reinheit von Körper und Seele. Zur Funktion von Wasser im Umgang mit Leprakranken im Mittelalter. In: Hähner-Rombach, Sylvelyn (Hg.): „Ohne Wasser ist kein Heil". Medizinische und kulturelle Aspekte der Nutzung von Wasser (Medizin, Gesellschaft und Geschichte, Beihefte 25). Stuttgart 2005 (C), 45–54

JOLLY, KAREN LOUISE, Witchcraft and Magic in Europe. The Middle Ages. London 2002

KIRCHNER, GERNOT, Heilungswunder im Frühmittelalter. Überlegungen zum Kontext des Vir Dei-Konzeptes Gregor von Tours. In: Kay Peter Jankrift u. Florian Steger (Hg.): Gesundheit-Krankheit. Kulturtransfer medizinischen Wissens von der Spätantike bis in die Frühe Neuzeit (Beihefte zum Archiv für Kulturgeschichte 55). Köln, Weimar, Wien 2004, 41–76

KISLINGER, EWALD, Der kranke Justin II. und die ärztliche Haftung bei Operationen in Byzanz. In: Jahrbuch der österreichischen Byzantinistik 36, 1986, 39–44

LEVEN, KARL-HEINZ, Krankheiten – Historische Deutung versus retrospektive Diagnose. In: Paul, Norbert u. Schlich, Thomas (Hrsg.): Medizingeschichte. Aufgaben, Probleme, Perspektiven. Frankfurt am Main, New York 1998, 153–185

NIEDERHELLMANN, ANNETTE, Arzt und Heilkunde in den frühmittelalterlichen Leges. Eine wort- und sachkundliche Untersuchung (Arbeiten zur Frühmittelalterforschung 12). Berlin, New York 1983

REDDIG, WOLFGANG F., Bader, Medicus und Weise Frau. Wege und Erfolge der mittelalterlichen Heilkunde. München 2000

RIHA, ORTRUN, Medizin und Magie im Mittelalter. In: Das Mittelalter 10, 2005, 64–72

SEMMLER, JOSEF, Die Sorge um den kranken Mitbruder im Benediktinerkloster des frühen und hohen Mittelalters. In: Wunderli, Peter (Hrsg.): Der kranke Mensch in Mittelalter und Renaissance (Studia humaniora. Düsseldorfer Studien zu Mittelalter und Renaissance 5). Düsseldorf 1986, 45–59

SCHIPPERGES, HEINRICH, Die Benediktiner in der Medizin des frühen Mittelalters. Leipzig 1964

– DERS., Die Assimilation der arabischen Heilkunde durch das lateinische Mittelalter (Sudhoffs Archiv, Beiheft 3). Wiesbaden 1964 (A)

– DERS., Die Kranken im Mittelalter, München ³1993

SHATZMILLER, JOSEPH, Jews, Medicine and Medieval Society. Berkeley, Los Angeles, London 1994

SIGERIST, HENRY E., Studien und Texte zur frühmittelalterlichen Rezeptliteratur (Studien zur Geschichte der Medizin 13). Leipzig 1923

SOURNIA, JEAN-CHARLES, Discipline du diagnostic rétrospectif. In: Bulst, Neithard u. Delort, Robert (Hrsg): Maladies et société (XIIe–XVIIIe siècles). Actes du Colloque e Bielefeld. Paris 1989, 57–64.

STILLE, GÜNTHER, Kräuter, Geister, Rezepturen. Eine Kulturgeschichte der Arznei. Darmstadt 2004

SUDHOFF, KARL, Eine Verteidigung der Heilkunde aus den Zeiten der „Mönchsmedizin", In: Archiv für Geschichte der Medizin 7, 1913, 223–237

WAHL, JOACHIM, WITTWER-BACKOFEN, URSULA u. KUNTER, MANFRED, Zwischen Masse und Klasse. Alamannen im Blickfeld der Anthropologie. In: Die Alamannen. Stuttgart ⁴2001, 337–348

WICKERSHEIMER, ERNEST, Dictionnaire biographique des médecins en France au Moyen Age. Nouvelle édition sous la direction de Guy Beaujouan (Hautes études médiévales et modernes 35). Genf 1979

– DERS., Supplément. Hg. v. Danielle Jacquart (Hautes études médiévales et modernes 34/1,2) 1979 (A)

WITTMER-BUTSCH, MARIA u. RENDTEL, CONSTANZE, Miracula. Wunderheilungen im Mittelalter. Eine historisch-psychologische Annäherung. Köln, Weimar, Wien 2003

ZIMMERMANN, GERD, Ordensleben und Lebensstandard. Die cura corporis in den Ordensvorschriften des abendländischen Hochmittelalters (Beiträge zur Geschichte des alten Mönchtums und des Benediktinerordens). Münster 1973

DAS PATROZINIUM DER HEILIGEN RADEGUNDE

Ernst Koch

I. Was heißt „Patrozinium"?

Das lateinische Wort patrocinium bedeutet ursprünglich die Vertretung vor Gericht durch einen Beauftragten, der die Rolle eines Anwalts übernimmt. „Patrocinium" konnte auch die Bedeutung von Schutzherrschaft haben, unter die sich eine Person, eine Familie, eine Gruppe von Menschen oder eine Stadt begibt. In der Antike wählten sich griechische oder römische Städte eine Göttin oder einen Gott, um sich ihrem Schutz zu unterstellen.

Als das Christentum im 4. Jahrhundert n. Chr. Geburt in der Welt rund um das Mittelmeer Fuß gefasst hatte, wurde der Umgang mit Patrozinien (= Schutzherrschaften) auch in seinem Bereich üblich. Man vertraute sich, sein Ergehen und sein Leben gern Christen der Vergangenheit an, die inzwischen verstorben waren und von denen man glaubte, dass sie nach ihrem Tode auf Grund ihrer Lebensführung und ihres Glaubensmutes unmittelbar zu Gott versetzt worden waren. Zunächst zählte man Märtyrer zu ihnen, die ihre Treue zum christlichen Glauben mit gewaltsamem Tod bezahlt hatten. Später rechnete man zur Schar dieser „Heiligen" auch Christen, die als Vorbilder für andere gegolten hatten und nun bei Gott lebten. Sie wurden an ihren Gräbern weiter verehrt, und man erzählte von Wundern, die geschehen waren, als man sie um Beistand in Not anrief. Verehrt wurden sie auch in ihren körperlichen irdischen Überresten oder in Gegenständen, mit denen sie gelebt hatten und die die heilbringende Kraft weiterhin in sich trugen. So stellten diese „Reliquien" greifbar und berührbar die Verbindung zwischen Himmel und Erde, zwischen Gott und den Menschen her.

Reliquien wurden schließlich auch in die Altäre von Kirchen „begraben". Bei der Weihe einer Kirche brachte sie der Bischof mit und legte sie in einer Höhlung des Altars, dem „Reliquiengrab" nieder. Fortan hatten die Christen, die den Gottesdienst feierten, die Heiligen greifbar nahe, deren Reliquien im Altar ruhten und deren Namen nun die Kirche trug. Der Name erinnerte also nicht nur, wie es bei evangelischen Kirchen des 19. und 20. Jahrhunderts häufig der Fall ist, an eine Person der Vergangenheit, wie beispielsweise bei der Stadtkirche von Weimar. Sie war ursprünglich dem hl. Petrus geweiht worden. Im Volksmund aber heißt sie Herder-Kirche, weil Johann Gottfried Herder als einer ihrer bekanntesten Pfarrer an ihr wirkte. Eine Kirche, die im Mittelalter den Namen der hl. Radegunde trug, erinnerte nicht nur an diese Frau. Sie trug ihren Namen auch nicht, weil Radegunde einstmals persönlich mit ihr verbunden gewesen wäre, sondern weil der Altar der Kirche eine Reliquie der thürin-

Reliqienstatue der hl. Radegunde
Erfurt, Artus.Atelier

gischen Prinzessin enthielt und die Heilige, die bei Gott lebte, in dieser Kirche greifbar gegenwärtig machte.

II. Die Verehrung der hl. Radegunde

Als Radegunde, bereits zu Lebzeiten hoch berühmt, im August 587 in ihrem Kloster in Poitiers starb, entwickelte sich alsbald ihre Verehrung als Heilige. Von der Kirche St. Maria (später: St. Radegonde) aus, in der sie begraben wurde, verbreitete sich ihr Ruhm zunächst im Südwesten Frankreichs und strahlte dann auch nach dem Nordosten des Landes aus. Neun Orte Frankreichs tragen bis heute ihren Namen, weil die Kirche des Ortes ihrem Patrozinium unterstellt wurde. Weitere französische Orte nennen sie als Ortspatronin. Nach und nach erreichte die Verehrung der hl. Radegunde England und weitere Teile Europas. Unter ihnen bildete der Ost- und Südostrand der Alpen einen besonderen Schwerpunkt. Berichte über Wunder, die von ihr ausgingen, führten zu Wallfahrten, bei denen Kranke und Gebrechliche die Hilfe der Heiligen suchten. Töpfer entdeckten sie als ihre Patronin – hatte sie doch als Zeichen ihrer Demut als Äbtissin im Kloster Tongeschirr gespült. Aussätzige und Hautkranke riefen sie um Fürbitte bei Gott an. Andere berichteten von der Heilung fiebernder Kinder, die ihrem Eintreten zugeschrieben wurde – schon zu Lebzeiten waren durch die Berührung ihrer Hand Kinder und an Krätze Erkrankte gesund geworden. Es wurde erzählt, dass, als sie einmal beim Spinnen war, eine Maus den von Radegunde gesponnenen Faden annagen wollte und dabei zu Tode kam. Als die Heilige daraufhin traurig wurde, habe sie Gott gebeten, einen Lorbeerbaum von seinem Standort in ihre Zelle zu versetzen, damit sie wieder fröhlich würde. Als diese Bitte erfüllt wurde, habe der bereits vertrocknete Baum zu blühen angefangen. Unter Berufung auf diese Geschichte wurde Radegunde zur Schutzpatronin der Weber.

Auffallend ist, dass das Radegunde-Patrozinium mehrfach an Orten auftaucht, in deren Nähe eine Quelle entspringt, deren Wasser Heilung verspricht. Dies ist bei St. Germain-en-Laye (westlich von Paris) und auch bei einzelnen Orten des österreichischen Burgenlandes der Fall.

Träger ihrer Verehrung fand die hl. Radegunde im frühen Mittelalter im Hochadel. Durch dessen weitreichende Verwandtschaftsverbindungen breitete sich diese Verehrung aus und wur-

Die Mühlburg mit Radegundiskapelle, 1664/67
Gotha Stadtarchiv, Amt Ichtershausen, Kap. II, Tit. I, Nr. 18
Foto: Erfurt, Zentrale Restaurierungswerkstätten der Museen der Stadt Erfurt, Dirk Urban

de dann auch von abhängigen Lehnsträgern aufgenommen. Zur mittelalterlichen Heiligenverehrung gehörte es, dass die „Erhebung" von Heiligen, nämlich die Öffnung ihres Grabes und die Beisetzung der Gebeine in sogenannten Hochgräbern (sichtbar in der Nähe des Altars aufgestellter Sarkophage) eine neue und starke Welle ihrer Verehrung und der Verbreitung ihrer Reliquien auslöste. Bei Radegunde war dies im Jahre 1012 der Fall, als ihr Sarkophag in der ihr später geweihten Kirche in Poitiers seinen Ort fand und dort von Pilgern aufgesucht werden konnte. Auch die Klosterreformbewegungen von Gorze in Lothringen und Hirsau im Schwarzwald mit ihrer großen Ausstrahlung auf das alte Reich nahmen sich der Pflege der Verehrung der Heiligen an.

Zu bemerken ist noch, dass der Heiligenkalender im deutschsprachigen Raum insgesamt drei Heilige mit dem Namen Radegunde aufweist: neben der thüringischen Prinzessin die um 680 früh verstorbene Pflegetochter der heiligen Balthilde, der Gemahlin König Chlodwigs II., und einer im 13. Jahrhundert erwähnten Dienstmagd auf Schloss Weltenburg, die vor allem in Bayern verehrt wird.

III. Sankt Radegunde vor der Mühlburg in Thüringen

III.1. Das Radegunde-Patrozinium nördlich der Alpen

Im deutschsprachigen Bereich, ist abgesehen von den Alpenländern, ein im Mittelalter nachweisbares Patrozinium der hl. Radegunde selten anzutreffen. Radegunde-Kirchen bzw. -Kapellen scheinen nördlich der Alpen nur in Gössenheim im Bistum Würzburg, mit der Kapelle St. Radegunde vor der Mühlburg westlich von Arnstadt und in einer nicht mehr existierenden Kirche eines ottonischen Königshofes bei Helfta nahe Eisleben bezeugt zu sein. Unsicher ist das Radegunde-Patrozinium der Kirche zu Müdesheim im Bistum Würzburg. Darüber hinaus werden in den zur Verfügung stehenden Quellen Altarreliquien der hl. Radegunde neben anderen Patrozinien mehrfach genannt.

Die Erwähnung der Kapelle vor der Mühlburg stellt unter den genannten Kirchen insofern einen Sonderfall dar, als sie eine Kapelle in der Vorburg betrifft, die keine Pfarrkirche ist. Noch dazu steht sie in unlösbarem Zusammenhang mit einer Burg, ohne die Eigenschaft einer Burgkapelle für die Bewohner der Burg zu besitzen. Eine solche hatte ihren Ort innerhalb der eigentlichen Burg und war nur für die Besitzer der Burg selbst bzw. ihre unmittelbaren Vertreter zugänglich. Aus diesen Gründen muss zunächst die Geschichte der Mühlburg selbst ins Auge gefasst werden, weil die Geschichte der Kapelle unlösbar mit der Geschichte der Burg verbunden ist.

III.2. Die Geschichte der Mühlburg

Diese Geschichte ist immer wieder Gegenstand von Forschungen und Überlegungen gewesen, obwohl bzw. weil ihre Quellen eine denkbar schmale Basis für ihre Kenntnis bieten. Im Jahre 704 wird Mühlberg bzw. die Burg Mühlberg (castellum Mulenberge) erstmals als Besitz des in Würzburg residierenden Herzogs Heden II. erwähnt. Dieser überträgt drei Höfe (und Zubehör) innerhalb des Burgbereichs oder auch des zur Burg gehörigen Territoriums und ebenfalls ihm unterstehenden Besitz in Arnstadt und in der Gegend von Großmonra am Nordrand des Thüringer Beckens Bischof Willibrord von Utrecht. Ob die 22 Jahre später in Willibrords Testament erwähnte Kirche, „die im Ort Mulnaim errichtet ist und Araride genannt wird", ebenfalls Mühlberg meint, ist nicht ganz sicher. Willibrords Testament von 726 hatte u.a. die Schenkung des ihm übertragenen Besitzes in der Umgebung von Mühlberg an das Kloster Echternach zum Inhalt, in dessen Kirche er bestattet wurde. Zu einem unbekannten späteren Zeitpunkt – frühestens nach 770 – kam der Besitzkomplex (vielleicht im Tausch gegen andere Besitzungen) an das Kloster Hersfeld.

Bisher ist nicht sicher zu bestimmen, wo das „Kastell" Mühlberg gelegen hat. Nirgendwo wird ernsthaft die Ansicht vertreten, sein Ort sei mit dem Standort der heutigen Ruine Mühlburg identisch. Für eine frühmittelalterliche Burg wäre diese Stelle ausgesprochen ungeeignet. Am meisten Zustimmung findet die Meinung, dass ihr Ort der sich an den Standort der heutigen Ruine nach Osten anschließende Höhenzug gewesen ist, die sogenannte Schlossleite. Dafür sprechen die vorhandenen Spuren von Befestigungsanlagen in Gestalt tiefer Gräben, die sich an mehreren Stellen über die Höhe ziehen. Auch diese Deutung ist nicht sicher, solange keine genauere archäologische Untersuchung des Geländes erfolgt ist, die feststellen müsste, aus welcher Zeit diese Spuren stammen und wann die vermuteten Befestigungen möglicherweise genutzt bzw. verlassen worden sind. Auch fällt es trotz breiter Zustimmung schwer, das „Kastell" Mühlberg von 704 sich auf dem relativ schmalen Grat der Schlossleite vorzustellen, wenn es denn einen ähnlichen Charakter wie die Burg der Siedlung Würzburg oder die des Ortes Hammelburg an der Fränkischen Saale gehabt haben sollte, die 12 Jahre später – ebenfalls im Besitz von Herzog Heden II. – erwähnt wird. Die „Numburg" (= Neuenburg), deren Reste auf der Schlossleite zu finden sind, ist jedenfalls – wie der Name sagt – jüngeren Datums, vielleicht sogar jüngeren Datums als die Ruinen der Mühlburg. Es bleibt noch zu erwägen, ob das „Kastell" in der heutigen Ortslage von Mühlberg zu suchen sein könnte, also in der Ebene unterhalb des Standorts der Ruine (Timpel). So ist es für Hammelburg wahrscheinlich gemacht worden (Dinklage).

Das nach 726 nächstgenannte Datum der Geschichte Mühlbergs bzw. der Mühlburg betrifft die Umgebung des Jahres 1120. Das bedeutet, dass sich in den historischen Quellen eine Überlieferungslücke von etwa 400 Jahren auftut, ehe Mühlberg bzw. die Mühlburg wieder aus dem Dunkel der Geschichte auftaucht. Zu dieser Zeit befindet sie sich in der Hand der Grafen von Orlamünde. Graf Wilhelm von Orlamünde, seit 1125 als Pfalzgraf bei Rhein erwähnt, schenkt die Mühlburg zu einem nicht genannten Datum in der erwähnten Zeitspanne, am ehesten wohl nach 1121, zusammen mit weiterem Besitz in ihrer Umgebung an Erzbischof Adalbert I. von Mainz. Dies geschieht zu der Zeit, als dieser große Erzbischof anfängt, sich stark in Thüringen zu engagieren, starkes Interesse an Erfurt zu zeigen und durch den Erwerb von Burgen seine politische Herrschaft neben den thüringischen Grafen und Herrn zu sichern. Er gibt dann auch bald die Mühlburg als Lehen an einen im Lande ansässigen Ministerialen mit Namen Meinhard aus, der diese wichtige Station im Sinne des Erzbischofs verwaltet. Dies geschieht noch vor dem Tode Adalberts († 1137).

III.3. Die Radegunde-Kapelle

Dass die bereits erwähnte Kapelle in der Vorburg der hl. Radegunde geweiht war, ist wiederum erst Jahrhunderte später aus den Quellen zu erfahren. Erstmals wird sie 1333 als „Kapelle der heiligen Radegunde vor der Burg" im Besitzverzeichnis der Erzbischöfe von Mainz erwähnt, das der Provisor des mainzischen Hofes in Erfurt erstellte. Nikolaus von Siegen nahm diese Nachricht in seine 1494/95 verfasste thüringische Chronik auf. Sie war im Übrigen nicht das einzige gottesdienstliche Gebäude, das 1333 vor der Mühlburg anzutreffen war. Zusammen mit der Radegunde-Kapelle war von einer Michaelskapelle die Rede, die noch weiter östlich der Mühlburg, also im Bereich der Schlossleite anzutreffen war. Dem Erzengel Michael waren Kirchengebäude anvertraut, die sich weit vorgeschoben an der Grenze zum unheimlichen heidnischen Bereich befanden und die Christen vor der Bedrohung durch das Chaos schützen sollten.

Mühlburg vom Kummelkreuz bei Kornhochheim aus gesehen, 2006
Foto: Erfurt, Artus.Atelier

Es liegt am nächsten, in der Radegunde-Kapelle die Kirche der Bediensteten zu sehen, die einer edelfreien Familie in der Burg verpflichtet waren. Die Kapelle misst in ihrer bis heute anzutreffenden Gestalt, die aus den erhaltenen Grundmauern ablesbar ist, 15 m x 5,5 m. Der Eingang zu ihr lag am Westgiebel. Die Kirche wurde gleichzeitig mit der Burg am Nordwestende der Schlossleite erbaut, deren Ruinen heute den Namen Mühlburg tragen. Es ist irreführend davon zu sprechen, sie sei zu dieser Zeit „wieder" errichtet worden. Dies setzt voraus, dass sie schon zuvor bestanden hat und nur des Wiederaufbaus bedurft hätte. Dafür bieten die schriftlichen Quellen vor der Zeit um 1120 keinerlei Anhalt, und zumindest an dem heute auszumachenden Standort gibt es für diese Meinung auch keine archäologischen Spuren. Sollte das „Kastell" Mühlburg seinen Platz auf der Schlossleite gehabt haben, wogegen es – wie bereits erwähnt – begründete Bedenken gibt, wäre eine Radegunde-Kapelle am Ort, wo sich bis heute ihre Spuren finden, höchst unwahrscheinlich zu suchen gewesen. Sie hätte dann vermutlich außerhalb der Befestigung an schwer zugänglicher Stelle gestanden und ihrer Funktion kaum dienen können.

Es fällt auch schwer, am Beginn des 8. Jahrhunderts mit der Existenz eines Radegunde-Patroziniums an diesem Ort des fränkischen Ostreiches zu rechnen, das zudem noch der bisher einzig bekannte Ort mit einem solchen Patrozinium in diesem Teil des Reiches zu jener Zeit gewesen wäre. Die Gründung von Gössenheim erfolgte erheblich später, und gegen eine Existenz von Radegunde-Kirchen östlich und südlich der Alpen im 8. Jahrhundert erheben sich große Zweifel. Erwägungen, die diese Meinung stützen möchten, müssen sich darum gewagter Konstruktionen bedienen, die entweder Jahrhunderte ohne Stützen in den Quellen zu überbrücken haben, mit angeblichen oder auch nachweisbaren Namensähnlichkeiten und Namensverwandtschaften spielen oder Befunde miteinander verbinden, deren Grundlagen einer kritischen Überprüfung nicht standhalten können.

So bleiben bis zum Erweis des Gegenteils zwei Erwägungen für eine Erklärung des Radegunde-Patroziniums vor der Mühlburg und seines Ursprungs.

Die erste Erwägung steht wiederum auf dem Grunde einer nicht beweisbaren Annahme, die aber Parallelen im Bereich der Patroziniengeschichte anführen könnte. Immer hat es im Laufe der Geschichte des mittelalterlichen Christentums den Wechsel von Patrozinien, das heißt die Zuweisung von Kirchen an die Schutzherrschaft eines anderen Heiligen gegeben. Ein Grund dafür konnte sein, dass die Verehrung eines anderen Heiligen oder einer anderen Heiligen besonders in den Vordergrund trat und besonders gefördert wurde. Bei einem solchen Wechsel konnte das ursprüngliche Patrozinium in der offiziellen Benennung einer Kirche an zweite oder dritte Stelle treten. Auch konnte es, um es nicht völlig zu verdrängen, an eine benachbarte Kirche übertragen werden. Was Mühlberg betrifft, ist – trotz aller anderslautenden Beteuerungen – das Patrozinium der Kirche des Dorfes Mühlberg nicht bekannt. Die Nennung des Patroziniums Sankt Lukas bzw. Sankt Gallus beruft sich auf das Datum des Mühlberger Kirchweihfestes, das sich in nachmittelalterlicher Zeit nach einem der beiden in unmittelbarer Nachbarschaft liegenden Heiligenfeste richtete. Diese Festlegungen eines Datums waren aber auf obrigkeitliche Maßnahmen zurückzuführen, die das Ziel hatten, die Kirchweihdaten eines Herrschaftsgebietes zu vereinheitlichen – die mit dem Kirchweihfest verbundenen, häufig ausartenden dörflichen Festlichkeiten konnten damit besser unter Kontrolle gehalten werden. Sollte die Kirche von Mühlberg ursprünglich unter dem Patrozinium der hl. Radegunde gestanden und einen Patrozinienwechsel erfahren haben, hätte die Übertragung ihres ursprünglichen Patroziniums auf eine Filialkapelle im Bereich des Möglichen oder gar Wünschbaren gelegen. Sie müsste in diesem Falle vor 1333 erfolgt sein. Ein Radegunde-Patrozinium der Dorfkirche von Mühlberg hätte diese Kirche in die Reihe der bereits erwähnten Kirchen gestellt, die dem Schutz und der Verehrung der hl. Prinzessin und Ordensfrau geweiht waren, weil sie in der Nähe einer (wundertätigen) Quelle lagen. Diese Situation war mit dem „Spring" in Mühlberg gegeben.

Besser und einleuchtender zu begründen als die erste Erwägung mit ihren vielen Unbekannten ist eine zweite. Da die überwiegende Mehrzahl der Patrozinien der hl. Radegunde im deutschsprachigen Bereich in die Zeit nach der Erhebung der Heiligen im Jahre 1012 zu datieren sein dürfte, spricht nichts dagegen, dies auch für das Patrozinium der Kapelle vor der Mühlburg anzunehmen. Dann aber liegt es nahe, es mit der Errichtung der Kapelle um 1120 in Verbindung zu bringen. Die Kontakte des erzbischöflichen Stuhls in Mainz mit dem westeuropäisch-lothringischen Bereich könnten dann auch eine Erklärung für die Herkunft der Reliquien für Mühlberg und das Patrozinium bieten.

Mit der Situation der zum Königshof in Helfta gehörenden Radegunde-Kirche aber ist die Situation von Mühlberg nicht zu vergleichen. In Helfta wird die Inanspruchnahme von königlichen Familienheiligen als Schutzpatrone und als Repräsentanten königlich-religiöser Würde maßgebend gewesen sein. So zeigte es sich in dem mit Radegunde gemeinsam auftretenden und sie später ablösenden Patrozinium der hl. Gertrud als Familienheilige der Karolinger. In so hohem Range im Reiche aber war die Mühlburg nie anzutreffen.

Literatur

Angenendt, Arnold, Heilige und Reliquien. Die Geschichte ihres Kultes vom frühen Christentum bis zur Gegenwart. München 1994

– Ders., Der Heilige: auf Erden – im Himmel. In: Jürgen Petersohn (Hg.): Politik und Heiligenverehrung im Hochmittelalter. Sigmaringen 1994, 11–52

Dinklage, Karl, Beiträge zur thüringischen Volksgeschichte. Burg und Ort Mühlberg vom Frühmittelalter bis in die neuere Zeit. In: Mitteilungen des Vereins für die Geschichte und Altertumskunde von Erfurt 50 (1935), 190–232

– Ders., Hammelburg im Frühmittelalter. In: Mainfränkisches Jahrbuch für Geschichte und Kunst 11 (1959), 18–63

Dinzelbacher, Peter, Die „Realpräsenz" der Heiligen in ihren Reliquiaren und Gräbern nach mittelalterlichen Quellen. In: Peter Dinzelbacher / Dieter Brauer (Hg.): Heiligenverehrung in Geschichte und Gegenwart. Ostfildern 1990, 115–174

Häuptli, Bruno W., Artikel Radegunde. In: Biographisch-bibliographisches Kirchenlexikon, hg. v. Friedrich Wilhelm Bautz, Bd.22 (2003), 1131–1135

Hopf, Udo / Strickhausen, Gerd / Altwasser, Elmar, Die Drei Gleichen, Regensburg 2003

Kleinmann, Dorothée, Radegunde. Eine europäische Heilige. Verehrung und Verehrungsstätten im deutschsprachigen Raum, Graz u.a. 1998

Schütte, Albert, Handbuch der deutschen Heiligen, Köln 1941

Timpel, Werner, Frühmittelalterliche Burgen in Thüringen. In: J.Henning / A. T. Ruttkay (Hg.): Frühmittelalterlicher Burgenbau in Mittel- und Osteuropa. Bonn 1998, 151–173

Wittmann, Helge, Mühlberg und Mühlburg im Zentrum der christlichen Missionierung. In: Blätter des Vereins für Thüringische Geschichte e.V. 14 (2004), 50–51

GUDRUN NOLL

RADEGUNDE
EIN FRAUENSCHICKSAL ZWISCHEN MORD UND ASKESE

Radegunde lebte im 6. Jahrhundert, einer geistes- und weltgeschichtlich bewegten Zeit. Die Franken entwickelten sich zur politisch bestimmenden Kraft. Andererseits beherrschten die Thüringer über ein halbes Jahrhundert ein Teilgebiet Mitteleuropas. Im Jahre 531 unterlag das Königreich Thüringen in einer Entscheidungsschlacht den Franken. Eine neue Ära begann, das Gebiet gehörte fortan zum Frankenreich. Wichtigste Kriegsbeute war die thüringische Prinzessin Radegunde. Sie wurde fränkische Königin, Diakonin, Gründerin eines Klosters. Als Nonne starb sie im Jahre 587 in Poitiers. Bereits von Zeitgenossen wurden Lebensbeschreibungen verfasst. Denn sie war eine ungewöhnliche Frau: Sie lernte die lateinische Sprache, widmete sich der christlichen Glaubenslehre, bemühte sich um vernachlässigte Kinder, Kranke und sonst Benachteiligte ihrer Umgebung. Damit wagte sie als eine der ersten Christinnen in einer von Männern dominierten Welt nach eigenen Überzeugungen zu leben, trotzte Standes- und politischen Zwängen.

Sie wurde Symbolfigur des christlichen Glaubens und einer neuen Ethik, eine „Volksheilige", die vor allem bei katholischen Franzosen eine innige Verehrung genießt. In ihrer Heimat Thüringen ist sie weniger populär.

Wichtigster Zeitzeuge ist Gregor von Tours.
Er übernimmt die Funktion des „Ausstellungsführers".

KAPITEL I

GREGOR VON TOURS: BERICHTERSTATTER DES 6. JAHRHUNDERTS

„Von den Kämpfen der Könige mit den feindlichen Völkern, der Märtyrer mit den Heiden, der Kirchen mit den Ketzern gedenke ich zu schreiben, aber es verlangt mich, zuvor meinen Glauben zu bekennen, auf daß Niemand, der dies liest, daran zweifle, daß ich rechtgläubig bin." (Greg. Hist. I, praef.)

„ ... Ich habe zehn Bücher Geschichten, sieben Bücher der Wunder und ein Buch von dem Leben der Väter geschrieben, eine Abhandlung über den Psalter in einem Buche abgefaßt, auch ein Buch über die Zeiten des kirchlichen Gottesdienstes herausgegeben. ...: so wenig möget ihr beschämt aus dem jüngsten Gericht hervorgehen und mit dem Teufel verdammt sein, wie ihr niemals diese Bücher vernichten oder umschreiben möget, indem ihr einiges aushebt und anderes weglaßt; sondern so, wie sie von uns hinterlassen sind, sollen sie unversehrt und unverkürzt bei euch bleiben! ..." (Greg. Hist. X, 31)

Georgius Florentinus Gregorius, kurz Gregor von Tours, geboren am 30. November 538 oder 539 in Clermont-Ferrand, seit 573 Bischof von Tours, gestorben am 17. November 594, entstammte einer Familie des römischen Senatorenadels, die neben Senatoren mehrere Bischöfe in ihren Reihen hatte. Frühzeitig erhielt er eine geistliche Ausbildung und legte das Gelübde ab, Priester zu werden.

In seinem bedeutendsten Werk, den „Decem libri historiam", schilderte er Geschichte vom Anbeginn der Zeit bis 591. Insbesondere Gallien sowie dem Leben und den Verhältnissen bei den Franken widmete er sein Hauptaugenmerk.

Geprägt wurde diese Schrift durch sein christliches Weltbild und die damit verbundene Weltsicht. Ein Theologe schrieb Geschichte!

Mit den Arbeiten begann er um 575. Neben selbst Erlebtem musste er bei seiner Arbeit auf schriftliche Überlieferungen und mündlich vemittelte Erinnerungen zurückgreifen. Vor allem frühe Geschehnisse sind in ihrer Glaubwürdigkeit und Genauigkeit zu hinterfragen.

Vom 7. bis zum 15. Jahrhundert wurden von Gregors Werk zahlreiche Abschriften angefertigt. Seit dem 9. Jahrhundert setzte sich schließlich die unkorrekte Bezeichnung „Historia Francorum" durch. Diese Reduktion von Gregors Werk auf die fränkische Geschichte wird dem Inhalt nicht gerecht. Sie ist trotz der Konzentration auf Gallien als Universalgeschichte zu verstehen und nicht zuletzt unentbehrlich für das Verständnis deutscher Geschichte und der Durchsetzung römisch-christlicher Kult- und Glaubensformen in Europa.

I.1
Gregor von Tours, Historien, Fragment, Lib. II, cap. 27
9./10. Jh.
Pergament
*Wolfenbüttel, Herzog August Bibliothek,
Cod. Guelf. 10.9 Aug 2°, f. 2
Lit.: Butzmann 1966, 31–40; Heinzelmann 1994
Foto: Wolfenbüttel, Herzog August Bibliothek*

Lib. II. c. 26.
(Bouquet II. 174.)

...e uer sitius sup. ...concessenerentes clericos exterioribus sib...
...sacerdotes uero alios dabat exilio ...us gladio trucidabat ...
...profestorum templorum iuditiis spiritussuscerit observare. scilicet uira
...eius ingrediendi obluuionem facere fidei maxime cane populicene...
...mne que germanie urbes abhite impetrare depopulares... de ...
...edie quia ad prohac causa adhitulsiii episcopum nobilis sidonii ipsius epistola
...hec ita loquitur soli persequor non post multum tempus ulcione di
...na percussus interiturus ob... NX

...IS ITA GESTIS MORTVO HILDERICHO REGNAVIT HLVDOVVICVS FILIVS EIVS   Lib. I. c. 27. (li. l. c.)
...oeo. Anno autem quinto regni eius. silignus romanorum rex egidii filius
...ucumnitem sessionis qua quondam pater eius egidius tenuerat sedem ha
...bat sup quem hludouuicus cum uenit...io p'tremesuo quitus ipse regnaue   Bouquet II. 175.
...t tremens campu ut pugnare prepararet sibi deposcit sed ne ciste distulit ie
...titiare iuuuliter itaque inter ... certatisque pugnantibus siligrus elatum cernens
...erera ut gaueres a uditiareus ... ermeholosa cartum ut loca perlabitur
...donat ...tilero re... reichem mis se terminis elderm. Alioquin nouerit sibi bel
...ubentis ne entas ionis inferens. At ille nolens nepper cum trium francor um
...ut uer a ut ... in paucissime ... est. unicum legatis tradidit. Quem
...dititum receperut ...nupare precepit. Regnum que eius recep
... c... ...ito clarissim... uixit eo tempore multae ecclesiae ablude
...nem cetrata depraedat...rum qui serae idolu...ellue fanaticis erroribus iniolu
...gisti ... de quida ecclesia urceum mire magnitudines sepulcri audituris hostes
...stulerat cumreliqua ecclesiasti... munisterii ornamentis. episcopus uero
...iuse illius missor cod... dice direx potens ut saltim id cet... siniussis recipere
...moretur ... sultem ... urceum ecclesia sua recupera... hoc audiens r ex ait
...noo. Sequere nos usque s... onas ipsa d... cuncta quae adquisita sunt diui
...de erunt. Cumque illuc illud corsidelerit quae papa poscit edim
...eum deinde aduenient sessor... cunctam onus prelicit omcebis postium
...t rex rogauos os artissimi prelii... tores ut sed tum mihi ut istius hoceri
...ur ... tco supra memorato dicebat extra partem concedere non abnuiss

In Wolfenbüttel sind 31 Blätter aus verschiedenen Lagen einer Handschrift der Historien des Gregor von Tours erhalten, die nach Berechnungen ursprünglich einen Umfang von 144 Blatt hatte. Sie wurden im 19. Jahrhundert als Bucheinbände entdeckt. Noch heute tragen die Fragmente deutliche Spuren des Missbrauchs durch die Buchbinder. Alle Ecken sind abgeschnitten; quer über die Seiten verlaufen Bruchlinien, die von Stichen der Heftnadel gesäumt sind; Leim machte die Blätter starr und ließ die Schrift verblassen.

Zu diesen Fragmenten gehören noch zwei Doppelblätter, die sich in Kopenhagen befinden. Eine Analyse wies neun Schreiber nach. Die Blätter 7–9 entstanden erst im 12. Jahrhundert. Vermutlich ersetzten sie verlorene Lagen.

Buch II., Kap. 27 schildert Geschehnisse aus den ersten 10 Regierungsjahren des Frankenkönigs Chlodwig.

Gregor von Tours, Historien, Fragment, Lib. II, cap. 27
Deutsche Übersetzung

„Zu dieser Zeit herrschte nach Childerichs Tode an seiner Stelle sein Sohn Chlodwig. Im fünften Jahre seiner Regierung hatte Syagrius, der König der Römer, des Aegidius Sohn, seinen Sitz in der Stadt Soissons, die einst schon Aegidius beherrscht hatte. Gegen ihn zog Chlodwig mit seinem Vetter Ragnachar, der wie er ein Königreich hatte, und forderte, daß der Kampfplatz bestimmt werde. Syagrius aber zögerte nicht und scheute sich nicht ihm standzuhalten. Es kam zwischen beiden zur Schlacht, und als Syagrius sein Heer zurückgedrängt sah, wandte er sich zur Flucht und eilte spornstreichs nach Toulouse zum König Alarich. Chlodwig aber sandte zu Alarich, daß er ihm Syagrius ausliefere; wo nicht, werde er mit bewaffneter Hand ihn angreifen, weil er seinen Feind bewahre. Da fürchtete Alarich, er möchte seinethalben den Zorn der Franken auf sich laden (wie denn das Zagen überhaupt Gewohnheit der Goten ist), und er lieferte Syagrius gefesselt den Gesandten aus. Chlodwig ließ ihn in Haft halten; er nahm sein Reich in Besitz und ließ ihn dann heimlich mit dem Schwerte töten. Dazumal wurden viele Kirchen von Chlodwigs Heer geplündert, denn er war noch vom heidnischen Aberglauben befangen. So hatten auch die Franken aus einer Kirche einen Krug von wunderbarer Größe und Schönheit nebst den anderen kostbaren Geräten des Gottesdienstes weggenommen. Der Bischof jener Kirche sandte darauf Boten zum Könige und bat, daß wenn er auch nichts anderes von den heiligen Geräten wiedererlangte, seine Kirche doch mindestens diesen Krug zurückerhielte. Der König vernahm es und sprach zu dem Boten: „ Folge uns nach Soissons, denn dort muß alles geteilt werden, was erbeutet ist. Und wenn das Los mir jenes Gefäß gibt, so will ich tun, was der Bischof begehrt." Darauf kam er nach Soissons, und es wurde die ganze Masse der Beute öffentlich zusammengebracht. „Ich bitte euch, tapfere Krieger, sprach der König, erzeigt mir die Gunst, mir außer meinem Teil auch jenes Gefäß da zu geben." Er meinte nämlich den erwähnten Krug. ... „

KAPITEL II

THÜRINGER KÖNIGREICH

„Bei den Thüringern herrschten damals drei Brüder: Baderich, Herminafrid und Berthachar. Und Herminafrid bezwang seinen Bruder Berthachar mit Gewalt und tötete ihn. Und dieser hinterließ bei seinem Tode eine Tochter Radegunde als Waise und auch Söhne, von denen in der Folge die Rede sein wird. Amalaberga aber, das böse und grausame Weib des Herminafrid, erregte alsbald zwischen den Brüdern neuen Bruderkrieg. Denn als eines Tages ihr Gemahl zum Mahle kam, fand er den Tisch nur halb gedeckt. Und da er sie fragte, was das bedeuten solle, antwortete sie: „Wer das halbe Reich nicht sein nennt, muß auch den Tisch nur halb gedeckt haben." Durch solche und ähnliche Reden aufgereizt, erhob sich Herminafrid auch gegen seinen andren Bruder und lud durch geheimen Boten König Theuderich ein, mit ihm auszuziehen. „Wenn du ihn tötest, sagte er, so wollen wir sein Reich gleichmäßig unter uns teilen." Theuderich war erfreut, als er solches vernahm, und kam mit seinem Heere zu ihm. Da verbanden sie sich, gelobten sich gegenseitig Treue und zogen in den Krieg. Als es darauf zum Kampfe kam, unterlag Baderich und sein Heer, und er selbst verlor durch das Schwert sein Leben; Theuderich jedoch zog nach dem Siege in sein Reich zurück. Sofort aber vergaß Herminafrid sein Versprechen und gedachte nicht mehr zu erfüllen, was er dem König Theuderich verheißen hatte: Deshalb brach unter ihnen alsbald große Feindschaft aus." (Greg. Hist. III,4)

Das Thüringer Königreich, das im Bündnis mit den Ostgoten Anfang des 6. Jahrhunderts seinen größten Herrschaftsbereich hatte und sich vom Harz über den oberen Main bis an die Donau und von der Fulda bis zur mittleren Elbe erstreckte, war das letzte Reich Mitteleuropas, das von den Franken erobert werden sollte.

Als erster Thüringer König wird für das letzte Drittel des 5. Jahrhunderts Bisin genannt. Er vererbte um 505 die Königswürde an seine drei Söhne Baderich, Berthachar und Herminafrid.

Die Zugehörigkeit Thüringens zum Allianzsystem des Ostgotenkönigs Theoderich des Großen (493–526), die durch die Heirat seiner Nichte Amalaberga mit Herminafrid um 510 nachhaltig abgesichert wurde, gab dem Thüringer Königreich Sicherheit gegen fränkische Expansionsbestrebungen. Der Tod des Ostgotenkönigs im Jahr 526 schwächte die Allianz; die Franken fielen 529 in Thüringen ein, konnten aber zurückgeschlagen werden.

Nach Gregor von Tours soll allerdings Herminafrid, von Amalaberga zum Bruderkrieg gedrängt, die Franken als Bündnispartner gerufen haben. Nachdem er zuerst seinen Bruder Berthachar ermordet hatte, wollte er mit Unterstützung des Frankenkönigs Theuderich, dem er die Hälfte des zu erobernden Landes versprach, auch Baderich töten. Herminafrid wurde nach dem Sieg wortbrüchig, so sei es zum Krieg gekommen. Mit dieser Episode schuf Gregor von Tours eine Legitimation des fränkischen Angriffes im Jahre 531.

Die eindeutige Lokalisation eines Königshofes ist bis heute nicht gelungen. Da sich die drei Brüder anfänglich Thron und Reich teilten, sind drei Residenzorte wahrscheinlich.

Nach der archäologischen Fundsituation lassen sich bedeutende Machtzentren vor allem im Gebiet um Stößen, in Weimar und im Erfurter Raum vermuten. Aber auch bei Deersheim, Schönebeck und Großörner wurden Adelsnekropolen ausgegraben.

Stammtafel der Thüringer

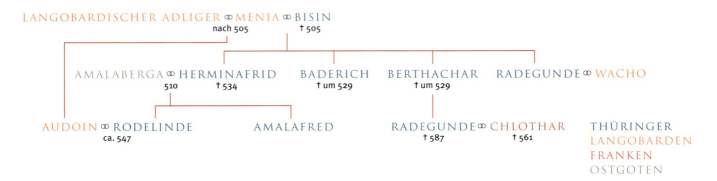

Friedhof Erfurt-Gispersleben, Kleiner Roter Berg
spätes 5. Jahrhundert bis 7. Jahrhundert
Lit.: Timpel 1980, 181–240; Hessen und Thüringen 1992, 68; Dušek 1999, 162 f; Sczech 2002, 138–140; Vgl. auch oben 38 ff

Die Bedeutung Erfurts als altthüringisches Zentrum resultiert aus der Entdeckung eines Friedhofes mit Thüringer Körpergräbern am Kleinen Roten Berg bei Erfurt-Gispersleben. An höchster Stelle befand sich ein Holzkammergrab mit einem zweirädrigen Wagen, auf dem eine 20- bis 25-jährige Thüringerin aufgebahrt war. Diese Grablegung ist einmalig für Mitteldeutschland und gilt als Grablegung einer Herrscherin. Folglich könnte sich ein Königshof, eventuell der des Königs Berthachar, in unmittelbarer Nähe befunden haben. Seine Gemahlin und Mutter Radegundes verstarb in jungen Jahren, bevor König Berthachar zu Tode kam. Radegunde und ihr Bruder wurden als Waisen am Hof Herminafrids aufgenommen.

Ein zweites Kammergrab war von vier Pferdegräbern eingerahmt. Allerdings war diese Bestattung, bei der es sich um eine Doppelbestattung handeln könnte, vollkommen gestört.

II.1
Wagengrab
Bef. 41
Haarnadel, Gold, L 15,9 cm
Perlrandbecken, Messinglegierung, H 4,5 cm, Mdm 29,5 cm, Bdm 26 cm
Löffel, Silber, L 24,6 cm, Stiel-L 16,2 cm, Schalen-L 8,4 cm, Schalen-B 4,1 cm
Trinkhorn mit Mundblechen, Horn, Silber, Silber vergoldet, ø der Hornmündung 8,2 cm, Mundbleche ca. 8,8 x 2,5 cm,
Schale, Silber, H 3,6 cm, ø 7,7 cm
Trapezförmiger Bernsteinanhänger (Ohrring?), 1,4 cm x 0,6 cm
Erstes Drittel 6. Jahrhundert
Weimar, Landesamt für Archäologie mit Museum für Ur- und Frühgeschichte Thüringens

II.2
Frauengrab
Bef. 30
Fibel mit Doppelvogelkopf, Silber vergoldet mit Almandineinlagen, L 2,45 cm
Bügelfibel mit halbrunder Kopfplatte, Silber vergoldet, L 4,3 cm
Gleicharmige Fibel, Silber vergoldet mit Almandineinlagen, L 2,0 cm
6. Jahrhundert
Weimar, Landesamt für Archäologie mit Museum für Ur- und Frühgeschichte Thüringens
Foto: Weimar, Landesamt für Archäologie mit Museum für Ur- und Frühgeschichte Thüringens, Brigitte Stefan

II.3
Kindergrab
Bef. 763
Halskette aus 89 Perlen, Glas, Email, ø zwischen 2 cm und 0,5 cm, L ca. 80 cm
Rundfibel, Silber vergoldet mit Almandineinlagen, ø 1,8 cm
Armreif, Bronze, ø 4,2 cm x 4,5 cm
Gürtelschnalle, Bronze, 3 cm x 2 cm
Spinnwirtel, Keramik, ø 2,65 cm, D 1,5 cm
Acht Bernsteinperlen, ø zwischen 0,9 cm bis 0,5 cm
Zwei Bronzespiralen, L 0,7 cm, L 0,8 cm
Zwei Knochenanhänger, L 6,3 cm, L 6,45 cm
Topf, Ton, H 8,45 cm, Mdm 11,15 cm
6. Jahrhundert
Weimar, Landesamt für Archäologie mit Museum für Ur- und Frühgeschichte Thüringens
Lit.: Bonifatius 2004, 98f
Foto: Weimar, Landesamt für Archäologie mit Museum für Ur- und Frühgeschichte Thüringens, Brigitte Stefan

II.4

II.4
Frauengrab
Bef. 1057
Halskette aus 49 Perlen und Muschelscheibchen, Glas, Bernstein, Ton, Muschel, ø der Perlen zwischen 2 cm und 0,5 cm, ø der Muschelscheibchen zwischen 1,1 und 0,6 cm
Scheibenfibel, Bronze, ø 3,9 cm
Bronzescheibe (Münze?), ø 1,7 cm
Messerfragment, Eisen, verbogen, L ca. 13,5 cm
Napf, Ton, H 12,8 cm, Mdm 14 cm
6. Jahrhundert
Weimar, Landesamt für Archäologie mit Museum für Ur- und Frühgeschichte Thüringens
Foto: Weimar, Landesamt für Archäologie mit Museum für Ur- und Frühgeschichte Thüringens, Brigitte Stefan

II.5

II.5
Männergrab
Bef. 21
Schwert mit Resten des Griffes und mit vergoldetem Mundscheidenblech von der hölzernen Schwertscheide, Eisen, Holz, Goldblech, L 85,5 cm
Pferdetrense, Eisen, Bronze, L 24 cm, B 21 cm
Lanze, Eisen, L 22,5 cm
6. Jahrhundert
Weimar, Landesamt für Archäologie mit Museum für Ur- und Frühgeschichte Thüringens
Foto: Weimar, Landesamt für Archäologie mit Museum für Ur- und Frühgeschichte Thüringens, Brigitte Stefan

II.6
Männergrab
Bef. 22
Pfeilspitze, Eisen, L 9,3 cm
Axt, Eisen, L 11,5 cm
Messerfragment, Eisen, L 6,3 cm
Kammfragment, Bein, L 1,2 cm, H 3,4 cm
6. Jahrhundert
Weimar, Landesamt für Archäologie mit Museum für Ur- und Frühgeschichte Thüringens

II.7
Männergrab
Bef. 34
Franziska, Eisen, L 13,4 cm
Drei Pfeilspitzen, Eisen, L 6 cm,
L 8 cm, L 4,9 cm
Topf, Ton, H 18 cm, Mdm 25 cm
6. Jahrhundert
Weimar, Landesamt für Archäologie mit Museum für Ur- und Frühgeschichte Thüringens
Foto: Weimar, Landesamt für Archäologie mit Museum für Ur- und Frühgeschichte Thüringens, Brigitte Stefan

II.8
Männergrab
Bef. 255
Flasche, Glas, H 9,3 cm, Mdm 3,2 cm
Topf, Ton, H 21,5 cm, Mdm 12 cm,
gr. ø 16,5 cm
Napf, Ton, H 16 cm, Mdm 17,5 cm
Napf, Ton, H 5,7 cm, Mdm 6,6 cm
6. Jahrhundert
Weimar, Landesamt für Archäologie mit Museum für Ur- und Frühgeschichte Thüringens
Foto: Weimar, Landesamt für Archäologie mit Museum für Ur- und Frühgeschichte Thüringens, Brigitte Stefan

II.9
Männergrab
Bef. 759
Zwei Pinzetten, Bronze, L 4,2 cm, L 4,3 cm
U-förmiger Beschlag, Bronze, 1, 9 cm x 2,2 cm
Schnalle, Eisen, L 4,45 cm, B 2,5 cm
Messer, Eisen, L 12,6 cm
Nadel, Bein, L 9,3 cm
6. Jahrhundert
Weimar, Landesamt für Archäologie mit Museum für Ur- und Frühgeschichte Thüringens

II.10
Dreiteilige Gürtelgarnitur
Bef. 37
Rechteckige Beschlagplatte mit vier Nieten,
Bronze, 5 cm x 3,8 cm
Dreieckige Beschlagplatte mit 2 Nieten,
Bronze, 9 cm x 4,5 cm
Gürtelschnalle mit dreieckiger Beschlagplatte,
Bronze, 11,9 cm x 5,5 cm
6. Jahrhundert
Weimar, Landesamt für Archäologie mit Museum für Ur- und Frühgeschichte Thüringens
Foto: Weimar, Landesamt für Archäologie mit Museum für Ur- und Frühgeschichte Thüringens, Brigitte Stefan

II.11
Sax
Eisen, L 71,5 cm
Bef. 32
6. Jahrhundert
Weimar, Landesamt für Archäologie mit Museum für Ur- und Frühgeschichte Thüringens

II.12
Sax
Eisen, L 68 cm
Bef. 38A/78
6. Jahrhundert
Weimar, Landesamt für Archäologie mit Museum für Ur- und Frühgeschichte Thüringens

Gräber Erfurt-Gispersleben (Kiesgrube am Bahnhof)
1. Hälfte 6. Jahrhundert
Lit.: Zschiesche 1903, 197f; Götze, Höfer, Zschiesche 1909, 247–250; Schmidt 1970, 54f

In Erfurt-Gispersleben, in der Nähe des Bahnhofes, war eine zweite kleine Begräbnisanlage, die vermutlich zu einem einzigen größeren, wohlhabenden Hof gehörte. Herausragende Funde sind zwei ostgotische Erzeugnisse: eine Falkenfibel (Kat. II.14) und ein Bügelfibelpaar mit fünf Knöpfen (Kat. II.13). Möglicherweise gehörten ihre Besitzerinnen zum Gefolge der Ostgotin Amalaberga, die um 510 im Zuge der Heiratspolitik ihres Onkels Theoderich des Großen von Italien nach Thüringen kam. Möglich ist aber auch, dass Ostgoten diese Fibeln zum Geschenk machten.

II.13
Frauengrab
Grab 2
Gotisches Bügelfibelpaar mit halbrunder Kopfplatte und 5 Knöpfen, Silber vergoldet, Almandine, L 11,2 cm
Gleicharmige Kleinfibel, Silber, Almandine, L 2,4 cm
Schlüssel, Bronze, L 8,2 cm
Dreilagenkamm mit Punktkreisen, Bein, L 10,4 cm
Glasperle, ø 1,5 cm
Glasperle, ø 1,2 cm

KATALOG: THÜRINGER KÖNIGREICH 139

II.14

Bernsteinperle, ø 2,1 cm
Glasperle, L 2,6 cm
1. Hälfte 6. Jahrhundert
Erfurt, Stadtmuseum
Lit.: Bonifatius 2004, 97f
Foto: Erfurt, ZRW der Museen der Stadt Erfurt, Dirk Urban

II.14
Falkenfibel
Silber, Goldfolie, Almandine, L 3,3 cm
Einzelfund
1. Hälfte 6. Jahrhundert
Erfurt, Stadtmuseum
Lit.: Bonifatius 2004, 97
Foto: Erfurt, ZRW der Museen der Stadt Erfurt, Dirk Urban

II.15

II.15
Relieffibelpaar
Bronze, L 6,9 cm
Einzelfund
Die Provenienz dieses Fibelpaares ist im skandinavischen oder rheinfränkischen Raum zu vermuten.
6. Jahrhundert
Erfurt, Stadtmuseum
Lit.: Bonifatius 2004, 97f
Foto: Erfurt, ZRW der Museen der Stadt Erfurt, Dirk Urban

Merowingische Friedhöfe in Weimar
spätes 5. Jahrhundert bis 7. Jahrhundert
Lit.: Behm-Blancke 1973; Schmidt 1970, 74–91; Dušek 1999, 159ff

Besonders zahlreiche und kostbar ausgestattete Gräber im Stadtgebiet von Weimar führten in der älteren Forschung verstärkt zu der Annahme, dass sich in dieser Gegend der Hof von König Bisin und seines Sohnes Herminafrid befand. Nicht zuletzt basierte diese These darauf, dass hier die meisten ostgotischen Erzeugnisse unter den Grabbeigaben Thüringens entdeckt wurden. Dazu zählt auch der Fund eines Silberlöffels mit der Aufschrift BASENAE. Er wurde fälschlicherweise mit der gleichnamigen Gattin von König Bisin in Verbindung gebracht.

Herausragend ist der sogen. Nordfriedhof (Meyer- /Friesstraße), wo 1957 von den Ausgräbern 102 Bestattungen untersucht wurden. Hinzu kommen fünf weitere Gräberfelder mit maximal 30 Grabanlagen, die zu kleinen Ansiedlungen aus wenigen Gehöften gehörten.

Schmuck

Die Auswahl des in der Ausstellung präsentierten Schmuckes lässt die Vielfalt in Thüringen erahnen. Dabei hat ein Schmuckstück zumeist eine ursprünglich praktische Funktion. Es gestattet Rückschlüsse auf die Trachten, auf Besonderheiten der einheimischen Produktion und gibt Auskunft über weitgespannte Kontakte. Darüber hinaus weist es auf den gesellschaftlichen Rang einer Person oder ihre Zugehörigkeit zu einer bestimmten ethnischen Gruppe hin.

Am leichtesten lässt sich metallenes Zubehör aus Frauengräbern ethnisch zuordnen. So heben sich die Gewandspangen der Thüringerinnen des späten 5. und 6. Jahrhunderts in ihrer Form und Gestaltung deutlich von gotischen, alamannischen oder fränkischen Erzeugnissen ab. Als spezifisch thüringische Produkte gelten Zangenfibeln, Vogelkopffibeln und verschiedene Miniaturfibeln. Weitere Fibeltypen, wie z. Bsp. die stark vertretenen Rundfibeln, können nicht den Thüringern allein zugeschrieben werden. Durch Importe und Einflüsse verschiedenster Art findet sich in den Gräbern ein reiches Formenspektrum.

Als Schmuck waren ferner Perlenketten sehr beliebt. Außer-

II.16 II.17 II.18 II.19

dem enthielten viele Gräber wirtelähnliche Amulette aus Glas. Möglicherweise wurden ihnen auch heilende Kräfte zugeschrieben. Denn sie heilten, weil sie kühlten.

Zur Männertracht gehörte keine Fibel. Häufig finden sich in Männergräbern Gürtelschnallen, teilweise aufwendig gestaltet, ebenso Riemenzungen. Beides ist jedoch nicht geschlechterspezifisch.

II.16
Zangenfibel
kerbschnittverziert, gelappter Fuß, Silber vergoldet, L 3,3 cm
Weimar, Cranachstraße, Grab 1 (Frau)
Anfang 6. Jahrhundert
Weimar, Landesamt für Archäologie mit Museum für Ur- und Frühgeschichte Thüringens
Lit.: Schmidt 1970, 88, T. 100/1b
Foto: Erfurt, ZRW der Museen der Stadt Erfurt, Dirk Urban

II.17
Zangenfibelpaar mit Tierkopf
Silber vergoldet, L 4,7 cm, L 4,6 cm
Weimar, Meyer-/Friesstraße, Grab 33 (Frau)
Anfang 6. Jahrhundert
Weimar, Landesamt für Archäologie mit Museum für Ur- und Frühgeschichte Thüringens
Lit.: Schmidt 1970, 81, T. 84/3b
Foto: Erfurt, ZRW der Museen der Stadt Erfurt, Dirk Urban

II.18
Miniaturfibelpaar mit drei Knöpfen
Silber vergoldet, Almandineinlagen, L 2,1 cm
Weimar, Meyer-/Friesstraße, Grab 11 (Frau)
Anfang 6. Jahrhundert
Weimar, Landesamt für Archäologie mit Museum für Ur- und Frühgeschichte Thüringens
Lit.: Schmidt 1970, 81, T. 75/1b
Foto: Erfurt, ZRW der Museen der Stadt Erfurt, Dirk Urban

II.19
Miniaturfibelpaar mit drei Knöpfen
Silber vergoldet, Almandine, L 2,7 cm
Weimar, Meyer-/Friesstraße, Grab 6/57 (Frau)
Anfang 6. Jahrhundert
Weimar, Landesamt für Archäologie mit Museum für Ur- und Frühgeschichte Thüringens
Foto: Erfurt, ZRW der Museen der Stadt Erfurt, Dirk Urban

II.20
Miniaturfibelpaar mit halbrunder Kopfplatte und drei Rundeln am Fuß
Silber vergoldet, Almandine, L 2,4 cm
Weimar, Cranachstraße, Grab 11 (Frau)
Anfang 6. Jahrhundert
Weimar, Landesamt für Archäologie mit Museum für Ur- und Frühgeschichte Thüringens
Lit.: Schmidt 1970, 88; Behm-Blancke 1973, 346, Abb. 110
Foto: Erfurt, ZRW der Museen der Stadt Erfurt, Dirk Urban

II.21
Zellenmosaik-Rundfibelpaar
Silber vergoldet, Almandine, ø 1,8 cm
Weimar, Meyer-/Friesstraße, Grab 34 (Frau)
6. Jahrhundert
Weimar, Landesamt für Archäologie mit Museum für Ur- und Frühgeschichte Thüringens
Foto: Erfurt, ZRW der Museen der Stadt Erfurt, Dirk Urban

II.22
Zellenmosaik-Rundfibel
Silber vergoldet, Almandine, ø 1,6 cm
Weimar, Meyer-/Friesstraße
6. Jahrhundert
Weimar, Landesamt für Archäologie mit Museum für Ur- und Frühgeschichte Thüringens
Foto: Erfurt, ZRW der Museen der Stadt Erfurt, Dirk Urban

II.20　　　　　　　　　II.21　　　　　　　　　II.22　　　　　　　　　II.23

II.23
Zellenmosaik-Rundfibelpaar
Silber vergoldet, Almandine, ø 2,9 cm
Weimar, Meyer- /Friesstraße, Grab 56/57 (Frau)
6. Jahrhundert
Weimar, Landesamt für Archäologie mit Museum für Ur- und Frühgeschichte Thüringens
Foto: Erfurt, ZRW der Museen der Stadt Erfurt, Dirk Urban

II.24
Zellenmosaik-Rundfibel
Silber vergoldet, Almandine, ø 2,1 cm
Weimar, Meyer- /Friesstraße, Grab 18 (Frau)
6. Jahrhundert
Weimar, Landesamt für Archäologie mit Museum für Ur- und Frühgeschichte Thüringens
Lit.: Schmidt 1970, 78, T. 77/2a
Foto: Erfurt, ZRW der Museen der Stadt Erfurt, Dirk Urban

II.25
Zellenmosaik-Rundfibelpaar
Silber vergoldet, Almandine, ø 1,6 cm, ø 1,7 cm
Oberweimar
6. Jahrhundert
Weimar, Landesamt für Archäologie mit Museum für Ur- und Frühgeschichte Thüringens
Foto: Erfurt, ZRW der Museen der Stadt Erfurt, Dirk Urban

II.26
Zellenmosaik-Rundfibel
Silber vergoldet, Almandine, ø 1,8 cm
Oberweimar
6. Jahrhundert
Weimar, Landesamt für Archäologie mit Museum für Ur- und Frühgeschichte Thüringens
Foto: Erfurt, ZRW der Museen der Stadt Erfurt, Dirk Urban

II.27
Rundfibelpaar mit Almandineinlagen in der Mitte
Silber vergoldet, Almandine, ø 1,9 cm
Weimar, Meyer- /Friesstraße, Grab 14 (Frau)
6. Jahrhundert
Weimar, Landesamt für Archäologie mit Museum für Ur- und Frühgeschichte Thüringens
Lit.: Schmidt 1970, 78, T. 75/4a
Foto: Erfurt, ZRW der Museen der Stadt Erfurt, Dirk Urban

II.28
Vogelfibel mit Almandinauge
Silber vergoldet, Almandin, L 3,15 cm
Weimar, Lassenstraße, Grab 1 (Frau)
6. Jahrhundert
Weimar, Landesamt für Archäologie mit Museum für Ur- und Frühgeschichte Thüringens
Lit.: Schmidt 1970, 89, T. 72/2a
Foto: Erfurt, ZRW der Museen der Stadt Erfurt, Dirk Urban

II.24 II.25 II.26 II.27 II.28

II.29 II.30 II.31

II.29
Ostgotische Bügelfibel
Silber vergoldet, Almandine, L 8,6 cm
Weimar, Cranachstraße, Grab 13 (Frau)
6. Jahrhundert
Weimar, Landesamt für Archäologie mit Museum für Ur- und Frühgeschichte Thüringens
Lit.: Schmidt 1970, 89
Foto: Erfurt, ZRW der Museen der Stadt Erfurt, Dirk Urban

II.30
Fünfknopffibelpaar mit Tierkopf
Silber vergoldet, L 8,1 cm, L 8,2 cm
Weimar, Meyer- /Friesstraße, Grab 9/57 (Frau)
1. Hälfte 6. Jahrhundert
Weimar, Landesamt für Archäologie mit Museum für Ur- und Frühgeschichte Thüringens
Foto: Erfurt, ZRW der Museen der Stadt Erfurt, Dirk Urban

II.31
Siebenknopffibel
Silber vergoldet, Almandine, L 7 cm
Weimar, Meyer- /Friesstraße
2. Hälfte 6. Jahrhundert
Weimar, Landesamt für Archäologie mit Museum für Ur- und Frühgeschichte Thüringens
Foto: Erfurt, ZRW der Museen der Stadt Erfurt, Dirk Urban

II.32
Kette aus 13 Glasperlen
ø ca. 1 cm
Weimar, Meyer- /Friesstraße, Grab 56/57 (Frau)
6. Jahrhundert
Weimar, Landesamt für Archäologie mit Museum für Ur- und Frühgeschichte Thüringens

II.33

II.36

II.33
Glasamulett, ø 3,6 cm, D 1,5 cm
6 Perlen, Glas, Ton, ø zwischen 0,9 cm und 1,8 cm
Bergkristall, 2,1 cm x 1,5 cm
Weimar, Meyer- /Friesstraße, Grab 9/57 (Frau)
6. Jahrhundert
Weimar, Landesamt für Archäologie mit Museum für Ur- und Frühgeschichte Thüringens
Foto: Weimar, Landesamt für Archäologie mit Museum für Ur- und Frühgeschichte Thüringens, Brigitte Stefan

II.34
11 Perlen, Glas, Ton, ø zwischen 1 cm und 1,4 cm, ovale Perle 2 cm x 1 cm
Glasamulett, ø 3,9 cm, D 1,8 cm
Weimar, Meyer- /Friesstraße, Grab 8/57 (Frau)
6. Jahrhundert
Weimar, Landesamt für Archäologie mit Museum für Ur- und Frühgeschichte Thüringens

II.35
Bergkristallanhänger
Eisenrost in der Bohrung, ø 2,1 cm, D 1,3 cm
Weimar, Meyer- /Friesstraße, Grab 34 (Frau)
6. Jahrhundert
Weimar, Landesamt für Archäologie mit Museum für Ur- und Frühgeschichte Thüringens
Lit.: Schmidt 1970, 81

II.36
Rote Glasperle mit gelbem Zickzackornament, 1,9 cm x 1,7 cm
Schwarzes Glasamulett mit weißem Ornament, ø 4,1 cm, D 2,3 cm
Millefioriglasperle, L 2,5 cm, ø 0,8 cm
Weimar, Meyer- /Friesstraße, Grab 18 (Frau)
6. Jahrhundert
Weimar, Landesamt für Archäologie mit Museum für Ur- und Frühgeschichte Thüringens
Lit.: Schmidt 1970, 78f, T. 77/2
Foto: Weimar, Landesamt für Archäologie mit Museum für Ur- und Frühgeschichte Thüringens, Brigitte Stefan

II.37

II.37
Grünes Glasamulett mit weißem Ornament
ø 4,1 cm, D 2,2 cm
Weimar, Meyer- /Friesstraße, Lesefund
6. Jahrhundert
Weimar, Landesamt für Archäologie mit Museum für Ur- und Frühgeschichte Thüringens
Foto: Weimar, Landesamt für Archäologie mit Museum für Ur- und Frühgeschichte Thüringens, Brigitte Stefan

II.38
Blaue Glasperle, ø 1,2 cm
Polyedrischer Bronzewürfel mit Bohrung, 2,2 cm x 2,5 cm
Beschlagstück mit Silberniet, Silber, Vorderseite vergoldet, 2,8 cm x 0,6 cm
Weimar, Meyer- /Friesstraße, Grab 40 (Frau)
6. Jahrhundert
Weimar, Landesamt für Archäologie mit Museum für Ur- und Frühgeschichte Thüringens
Lit.: Schmidt 1970, 82, T. 86/4

II.40
Fingerring, Schlange in 2x umlaufenden Spiralen, Einlage am Kopf fehlt, Messing, ø 1,9 cm
Weimar, Meyer- /Friesstraße, Grab 30 (Frau)
6. Jahrhundert
Weimar, Landesamt für Archäologie mit Museum für Ur- und Frühgeschichte Thüringens
Lit.: Schmidt 1970, 80, T. 79/3c

II.39

II.41

II.39
Dreiarmiger Anhänger in durchbrochener Arbeit, Bronze, 4,5 cm x 4,0 cm
Schnecke mit Drahtöse (Cypraea pantherina)
Steinperle (Amulett?), ø 2,6 cm, D 1,2 cm
Rechteckige Gürtelschnalle, Bronze, 2,7 cm x 2,1 cm
Weimar, Lassenstraße, Grab 1 (Frau)
6. Jahrhundert
Weimar, Landesamt für Archäologie mit Museum für Ur- und Frühgeschichte Thüringens
Lit.: Schmidt 1970, 89
Foto: Weimar, Landesamt für Archäologie mit Museum für Ur- und Frühgeschichte Thüringens, Brigitte Stefan

II.41
Pyramidenförmiger Anhänger mit Kreisaugenverzierung
Bein, L 2,4 cm
Weimar, Meyer- /Friesstraße, Grab 7/57
6. Jahrhundert
Weimar, Landesamt für Archäologie mit Museum für Ur- und Frühgeschichte Thüringens
Foto: Weimar, Landesamt für Archäologie mit Museum für Ur- und Frühgeschichte Thüringens, Brigitte Stefan

II.42

II.42
Ovale Schmuckscheibe mit Kreisaugenverzierung
Hirschgeweih, 5,4 cm x 4,9 cm
Weimar, Cranachstraße, Grab 13
6. Jahrhundert
Weimar, Landesamt für Archäologie mit Museum für Ur- und Frühgeschichte Thüringens
Foto: Weimar, Landesamt für Archäologie mit Museum für Ur- und Frühgeschichte Thüringens, Brigitte Stefan

II.43
Schmuckring
Hirschgeweih, 7,1 cm x 6,2 cm
Weimar, Cranachstraße, Grab 7
6. Jahrhundert
Weimar, Landesamt für Archäologie mit Museum für Ur- und Frühgeschichte Thüringens

II.44
Ovale Schnalle
Bronze, 2,9 cm x 2,2 cm
Weimar, Meyer- /Friesstraße, Grab 41 (Frau)
6. Jahrhundert
Weimar, Landesamt für Archäologie mit Museum für Ur- und Frühgeschichte Thüringens
Lit.: Schmidt 1970, 82

II.45
Ovale Schnalle
Silber, Stoff- und Fellreste, 3,1 cm x 2,3 cm
Weimar, Meyer- /Friesstraße, Grab 10 (Mann)
6. Jahrhundert
Weimar, Landesamt für Archäologie mit Museum für Ur- und Frühgeschichte Thüringens
Lit.: Schmidt 1970, 77

II.46

II.46
Ovale Schnalle mit rechteckigem Beschlag
Silber, goldplattiert, Almandine, 5,3 cm x 3,6 cm
Silberplatte mit gepunzten konzentrischen Halbkreisen
(Rückseite des rechteckigen Beschlages der Schnalle),
3,7 cm x 2,4 cm
Weimar, Meyer- /Friesstraße, Grab 31 (Mann)
6. Jahrhundert
Weimar, Landesamt für Archäologie mit Museum für Ur- und Frühgeschichte Thüringens
Lit.: Schmidt 1970, 80, T. 82 a und b
Foto: Weimar, Landesamt für Archäologie mit Museum für Ur- und Frühgeschichte Thüringens, Brigitte Stefan

II.47

II.47
Ovale Schnalle mit dreieckigem Beschlag und Punzornament
Bronze, 11,3 cm x 4,7 cm
Weimar, Meyer- /Friesstraße, Grab 3 (Mann)
6. Jahrhundert
Weimar, Landesamt für Archäologie mit Museum für Ur- und Frühgeschichte Thüringens
Lit.: Schmidt 1970, 75, T. 74/1b
Foto: Weimar, Landesamt für Archäologie mit Museum für Ur- und Frühgeschichte Thüringens, Brigitte Stefan

II.48

II.48
Riemenzunge
Bronze, vergoldet, 2,6 cm x 1,2 cm
Weimar, Meyer- /Friesstraße, Grab 20
6. Jahrhundert
Weimar, Landesamt für Archäologie mit Museum für Ur- und Frühgeschichte Thüringens
Lit.: Schmidt 1970, 79, T. 78 f
Foto: Weimar, Landesamt für Archäologie mit Museum für Ur- und Frühgeschichte Thüringens, Brigitte Stefan

II.49
Riemenzunge
Silber, vergoldet, 3,9 cm x 1,6 cm
Weimar, Meyer- /Friesstraße, Grab 26 (Frau)
6. Jahrhundert
Weimar, Landesamt für Archäologie mit Museum für Ur- und Frühgeschichte Thüringens
Lit.: Schmidt 1970, 79f, T. 81 f

II.50

II.50
Riemenzunge
Silber, L 3 cm
Weimar, Cranachstraße, Grab 17
6. Jahrhundert
Weimar, Landesamt für Archäologie mit Museum für Ur- und Frühgeschichte Thüringens
Foto: Weimar, Landesamt für Archäologie mit Museum für Ur- und Frühgeschichte Thüringens, Brigitte Stefan

Alltagsgerät

Häufig wurden dem Verstorbenen Geräte, Werkzeuge und Utensilien des täglichen Bedarfs mitgegeben. Als häufigstes Relikt aus dem Bereich der Textilherstellung finden sich in Frauengräbern die allerorts verbreiteten Spinnwirtel. Als typisch thüringische Beigabe gilt das Webschwert. Es diente zum Festschlagen der Schussfäden am Webstuhl.

Aus Gräbern vornehmer Thüringerinnen sind Kasten- und Truhenschlüssel überliefert.

Die große Bedeutung des Pferdes im Thüringer Königreich belegen neben dem Brauch ihrer Bestattung die Mitgabe von Trensen. Diese Fundgruppe wird allerdings zahlenmäßig von Messern weit übertroffen. Großer Beliebtheit erfreuten sich ferner Scheren, Pinzetten und Kämme.

Eine seltene Grabbeigabe ist der Bratspieß. Er ist ausschließlich in hervorgehobenen, reichen Grabausstattungen zu finden.

II.51
Webschwert mit Holzgriffresten
2 Fragmente, Eisen, L 26 cm, L 24,5 cm
Weimar, Meyer- /Friesstraße, Grab 26 (Frau)
6. Jahrhundert
Weimar, Landesamt für Archäologie mit Museum für Ur- und Frühgeschichte Thüringens
Lit.: Schmidt 1970, 79f, T. 81 t

II.52
Spinnwirtel
Ton, ø 3,3 cm, H 1,8 cm
Weimar, Meyer- /Friesstraße, Grab 45 (Frau)
6. Jahrhundert
Weimar, Landesamt für Archäologie mit Museum für Ur- und Frühgeschichte Thüringens
Lit.: Schmidt 1970, 83, T. 87/1g

II.53
Zwei Spinnwirtel
Ton, ø 3,2 cm, H 1,9 cm; ø 2,9 cm, H 1,8 cm
Weimar, Meyer- /Friesstraße
6. Jahrhundert
Weimar, Landesamt für Archäologie mit Museum für Ur- und Frühgeschichte Thüringens

II.54
II.55

II.54
Bronzeschlüssel
L 6,6 cm, B 1,7 cm
Weimar, Rollplatz (Frauengrab)
6. Jahrhuhndert
Weimar, Landesamt für Archäologie mit Museum für Ur- und Frühgeschichte Thüringens
Lit.: Schmidt 1970, 90, T. 101/3a
Foto: Weimar, Landesamt für Archäologie mit Museum für Ur- und Frühgeschichte Thüringens, Brigitte Stefan

II.55
Silberschlüssel
L 8,9 cm, B 2,1 cm
Weimar, Lassenstraße, Grab 1 (Frau)
6. Jahrhundert
Weimar, Landesamt für Archäologie mit Museum für Ur- und Frühgeschichte Thüringens
Lit.: Schmidt 1970, 89
Foto: Weimar, Landesamt für Archäologie mit Museum für Ur- und Frühgeschichte Thüringens, Brigitte Stefan

II.56
Trense
Eisen, 15,2 cm x 7,8 cm
Weimar, Meyer- /Friesstraße, Grab 1/56
6. Jahrhundert
Weimar, Landesamt für Archäologie mit Museum für Ur- und Frühgeschichte Thüringens

II.57
Trense
Eisen, L 22 cm
Weimar, Cranachstraße, Grab 23
6. Jahrhundert
Weimar, Landesamt für Archäologie mit Museum für Ur- und Frühgeschichte Thüringens

II.58
Messer
Eisen, L 13,8 cm
Weimar
6./7. Jahrhundert
Weimar, Landesamt für Archäologie mit Museum für Ur- und Frühgeschichte Thüringens

II.59
Messer
Eisen, L 8,9 cm
Weimar, Meyer- /Friesstraße
6./7. Jahrhundert
Weimar, Landesamt für Archäologie mit Museum für Ur- und Frühgeschichte Thüringens

II.60
Messer
Eisen, L 14 cm
Weimar, Meyer- /Friesstraße, Grab 14 (Frau)
6. Jahrhundert
Weimar, Landesamt für Archäologie mit Museum für Ur- und Frühgeschichte Thüringens
Lit.: Schmidt 1970, 78

II.61
Messer
Eisen, L 13,8 cm
Weimar, Cranachstraße, Grab 17
6. Jahrhundert
Weimar, Landesamt für Archäologie mit Museum für Ur- und Frühgeschichte Thüringens

II.62
Schere
Eisen, L 21 cm
Weimar, Meyer- /Friesstraße, Grab 20
6. Jahrhundert
Weimar, Landesamt für Archäologie mit Museum für Ur- und Frühgeschichte Thüringens
Lit.: Schmidt 1970, 79, T. 78 i

II.63

Pinzette

Bronze, L 8,3 cm

Weimar, Meyer- /Friesstraße, Grab 3 (Mann)

6. Jahrhundert

Weimar, Landesamt für Archäologie mit Museum für Ur- und Frühgeschichte Thüringens

Lit.: Schmidt 1970, 75, T. 74/1c

Foto: Weimar, Landesamt für Archäologie mit Museum für Ur- und Frühgeschichte Thüringens, Brigitte Stefan

II.64

Pinzette

Bronze, L 7,4 cm

Weimar, Meyer- /Friesstraße, Grab 17 (Mann)

6. Jahrhundert

Weimar, Landesamt für Archäologie mit Museum für Ur- und Frühgeschichte Thüringens

Lit.: Schmidt 1970, 78, T. 76/3h

Foto: Weimar, Landesamt für Archäologie mit Museum für Ur- und Frühgeschichte Thüringens, Brigitte Stefan

II.65

Kamm mit Etui

Kreisaugenverzierung, Bein, L 14,1 cm, B 4,2 cm

Weimar, Cranachstraße, Grab 17

6. Jahrhundert

Weimar, Landesamt für Archäologie mit Museum für Ur- und Frühgeschichte Thüringens

Foto: Weimar, Landesamt für Archäologie mit Museum für Ur- und Frühgeschichte Thüringens, Brigitte Stefan

II.66

Zweireihiger Dreilagenkamm

Kreisaugenverzierung, Bein, Bronze, L 8,2 cm, B 3,5 cm

Weimar, Meyer- /Friesstraße, Grab 11

6. Jahrhundert

Weimar, Landesamt für Archäologie mit Museum für Ur- und Frühgeschichte Thüringens

Lit.: Schmidt 1970, 79, T. 78 i

II.67

Zweireihiger Dreilagenkamm

Bein, Bronze, L 9,2 cm, B 4,2 cm

Weimar, Meyer- /Friesstraße, Grab 107

6. Jahrhundert

Weimar, Landesamt für Archäologie mit Museum für Ur- und Frühgeschichte Thüringens

II.68

Einreihiger Dreilagenkamm

Verzierung mit konzentrischen Halbkreisen, Bein, Bronze, L 18,5 cm, B 5,1 cm

Weimar, Meyer- /Friesstraße, Grab 1/56

6. Jahrhundert

Weimar, Landesamt für Archäologie mit Museum für Ur- und Frühgeschichte Thüringens

II.69

Bratspieß mit runder Öse

Eisen, L 118,5 cm

Merxleben, Grab 4

6. Jahrhundert

Weimar, Landesamt für Archäologie mit Museum für Ur- und Frühgeschichte Thüringens

Lit.: Schmidt 1970, 66, T 115/1

Der Friedhof von Merxleben gehörte als Begräbnisstätte zu einem Herrenhof und den dazugehörigen Bauerngehöften. Im Grab 4 war der Hofbesitzer bestattet. Er hatte als einziger die volle Waffenausrüstung im Grab.

Keramik

Hinsichtlich ihrer Herstellungsart unterteilt sich die thüringische Keramik in Drehscheibenware mit Einglättornamenten und handgeformte, partiell grobwandige Gefäße als Kümpfe, engmündige Töpfe, Schalen und Näpfe. Letztere sind zum Teil mit plastischem Dekor aus Riefen und Buckeln versehen.

II.70
Drehscheibenflasche mit Einglättornament
Ton, H 15 cm
Weimar, Meyer- /Friesstraße, Grab 34
6. Jahrhundert
Weimar, Landesamt für Archäologie mit Museum für Ur- und Frühgeschichte Thüringens
Foto: Erfurt, ZRW der Museen der Stadt Erfurt, Dirk Urban

II.71
Schale
Ton, H 6,5 cm
Weimar, Meyer- /Friesstraße, Grab 18
6. Jahrhundert
Weimar, Landesamt für Archäologie mit Museum für Ur- und Frühgeschichte Thüringens
Foto: Erfurt, ZRW der Museen der Stadt Erfurt, Dirk Urban

II.72
Schale
Ton, H 6,5 cm
Weimar, Meyer- /Friesstraße, Grab 45
6. Jahrhundert
Weimar, Landesamt für Archäologie mit Museum für Ur- und Frühgeschichte Thüringens

II.73
Rippenschale
Ton, H 15,5 cm
Weimar, Cranachstraße, Grab 14
6. Jahrhundert
Weimar, Landesamt für Archäologie mit Museum für Ur- und Frühgeschichte Thüringens
Foto: Erfurt, ZRW der Museen der Stadt Erfurt, Dirk Urban

Friedhöfe im Mühlhäuser Stadtgebiet

Die Region Mühlhausen, im westlichen Thüringen an der oberen Unstrut, stellt mit ihren zahlreichen Fundstellen im Stadtgebiet und in der näheren Umgebung ein Zentrum frühmittelalterlicher Besiedlung dar, gut vergleichbar mit den Fundkonzentrationen von Erfurt und Weimar.

Das Gräberfeld an der Wagenstedter Straße wurde 1937 am östlichen Ausgang der Stadt bei Straßenbauarbeiten aufgedeckt. Die Fundstelle liegt etwa 300 m nördlich der Unstrut auf einer leicht nach Süden abfallenden Schotterterrasse des Flusses, die von einer geringmächtigen Lößschicht bedeckt wird. Dabei beträgt die Entfernung zur Altstadt etwa 700 m, näher gelegen ist die seit alters her bezeugte Unstrutfurt an der Wagenstedter Brücke. Im Jahr 1937 barg der Mühlhäuser Bodendenkmalpfleger und Oberlehrer H. Albrecht insgesamt 20 Gräber, darunter auch das Männerdoppelgrab 6A/B und die Frauengräber 7, 11 und 14. Zwei Gräber wurden im gleichen Jahr beim Straßenbau zerstört. Über zwanzig Jahre später veranlasste die geplante Überbauung des Geländes nördlich des 1937 angeschnittenen Gräberfeldes die Landesstelle für Vor- und Frühgeschichte Thüringens Weimar, jetzt Thüringisches Landesamt für Archäologie mit Museum für Ur- und Frühgeschichte Thüringens Weimar, Suchschnitte in dem gefährdeten Bereich zu ziehen. Von Mai bis Juli 1959 gelang es, weitere 20 Gräber freizulegen. Drei kamen noch in den Jahren 1960 und 1961 hinzu. Auf einem Areal von etwa 35 mal 65 m konnten damit insgesamt 42 z. T. mehrfach belegte Körpergräber, in drei Fällen mit Pferde- und/oder Hundebestattungen kombiniert, und eine separate Pferdebestattung geborgen werden, wobei allerdings nur die Gräberfeldgrenzen im Norden und Osten als gesichert angesehen werden dürfen.

Die kleine Nekropole an der Wagenstedter Straße nutzte in einem Zeitraum vom letzten Drittel des 5. Jahrhunderts bis um die Mitte des 6. Jahrhunderts die wohlhabende Gemeinschaft eines Hofes. Das Anlageprinzip verfolgt u. a. das Konzept eines nach Geschlechtern strukturierten Bestattungsplatzes, wobei sich drei Belegungsetappen abzeichnen. Unter den materiellen Sachgütern aus den Gräbern finden sich einige herausragende Stücke und Kostbarkeiten, anhand derer weitreichende Fernbezüge, die hohe Mobilität und die Bedeutung der Menschen in ihrer Region aufgezeigt werden können.

Durch die hervorragende Dokumentation dieser Ausgrabungen ist es zu dem möglich, ein differenziertes Bild der Grabformen und Bestattungssitten zu entwerfen. So lassen sich nicht nur Formen des Absatzgrabes und kombinierte Mensch-Pferde-Hund Bestattungen belegen, sondern sogar der sichere Nachweis für die Ablage der Tiere auf der Grabkammerdecke erbringen, was in Mitteldeutschland in dieser Form bisher einmalig ist. Das Gräberfeld an der Wagenstedter Straße und das Gebiet an der oberen Unstrut stellen eine Schlüsselregion für die Erforschung der Archäologie des Thüringer Königreiches dar.

Katharina Schneider, Marburg

Friedhof Wagensteder Straße

II.74
Männerdoppelgrab 6 A/B
6A:

Spatha, nicht damasziert mit Spathascheidenzubehör, Eisen, L noch 80,3 cm, Br 4,6 cm, Scheidenbestandteile u. a.: silbernes, unverziertes Mundblech H 2,0 cm, Br 5,7 cm, rückwärtiges bronzenes Ortblech, verzinnt,
L 4,4 cm, Br 4,6 cm, auf der Vorderseite der Spatha ein Rest des verzierten Abschlusses des Ortbleches ankorrodiert, eiserne Scheidenrandbeschläge (o. Abb.), ein bronzener, verzierter Schwertriemendurchzug
L 5,1 cm
Axt, Eisen, L. 11,8 cm
Lanzenspitze, Eisen, L 25,5 cm, B 3,7 cm
Fünf Pfeilspitzen mit geschlitzter Tülle, Eisen,
L 12,3 cm, L 12,2 cm, L 12,1 cm,
L 9,9 cm, L 9,8 cm
Schildbuckel und Schildfessel, Eisen,
Eisenniete aufgelötet, Silberscheiben,
H 7,5 cm, ø 17,5 cm
Gürtelschnalle, Eisen, L 2,9 cm,
B 1,5 cm
Messer, Eisen, L noch 17,6 cm, B 1,4 cm
Feuerstahl, Eisen, L 15,2 cm
Feuerstein, Silex, L 2,3 cm

II.74

Pinzette, Fragment, Bronze, L noch 1,3 cm
Zweireihiger Kamm, Knochen, Eisen
L 11,8 cm, B 4,2 cm
Ring, Bronze, ø 4,9 cm,
Stärke 0,7 x 0,8 cm
Gefäß, Ton, H 4,5 cm, Mdm 6,7 cm
Gefäß, Ton, H 8,4 cm, Mdm 8,7 cm

II.75
6B:
Spatha, dreibahniger Winkeldamast,
Eisen, L 88,6 cm, B 4,5 cm
Axt, Eisen, L 10,0 cm
Lanzenspitze, Eisen, L 46,5 cm,
B 3,4 cm
Zwei Pfeilspitzen, Eisen,
L 11,0 cm, L 9,4 cm
Schildbuckel und Schildfessel, Eisen,
Kupferniete, flache verzinnte Köpfe,
H 8,8 cm, ø 15,6 cm
Gürtelschnalle, Eisen, Verlust
Messer, Eisen, L noch 8,8 cm
Schere, Eisen, L 12,8 cm
Pfriem, Eisen, Holz, L 5,0 cm
Zwei Fragmente von Kleingeräten, Eisen,
Holz, L noch 3,6 cm, L noch 2,4 cm
Zweireihiger Kamm, Knochen, Eisen,
L 11,4 cm, B 4,5 cm
Gefäß, Ton, H 19,5 cm,
Mdm 21,7 cm
Letztes Viertel 5. Jahrhundert/Anfang
6. Jahrhundert
*Mühlhausen, Mühlhäuser Museen,
Stadt- und Regionalgeschichtliches
Museum am Lindenbühl*
Lit.: Busch 1940, 91 Abb. 43; 93 Abb. 45;
94. – Behm-Blancke 1973, 125–126. –
Schmidt 1976, 148; Taf. 115,3
*Foto: Erfurt, ZRW der Museen der Stadt
Erfurt, Dirk Urban*

II.75

In einer auf der Grabsohle 2,20 m langen und 1,50 m breiten Grabgrube waren zwei junge Männer im Alter zwischen 20 und 40 Jahren gleichzeitig nebeneinander bestattet worden, wobei bei einem der Männer (6B) die Todesursache auf ein Schädeltrauma zurück geführt werden kann. Beide Krieger hatten eine reiche Waffenausstattung bestehend aus Spatha, Axt, Lanze, Schild und Pfeilspitzen mit ins Grab bekommen. Die Bestandteile der Schwertscheide der Spatha aus Grab 6A erlauben weitreichende Rückschlüsse auf die Herkunft der Waffe und die Art ihres Erwerbes. Der bronzene Riemendurchzug kennzeichnet, wie die übrigen Scheidenbestandteile, Spathen, die wahrscheinlich im nordfranzösisch-belgischen Raum hergestellt wurden. Dies legt nahe, dass der Mann aus Grab 6A die Spatha durch Militärdienst im fränkischen Heer erworben hat. Der auswärtige Militärdienst bot nicht nur gesellschaftliche Aufstiegsmöglichkeiten, sondern war vor allem auch ein wichtiger ökonomischer Faktor.
Katharina Schneider, Marburg

II.76

II.76
Frauengrab
Grab 14
Kollier aus elf Teilen, Gold mit Granateinlagen, Anhänger: L mit Öse 1,6–1,65 cm, B 1,6–1,63 cm, L mit Öse 1,85–1,9 cm, B 1,72–1,73 cm, L mit Öse 2,2 cm, B 1,93 cm, Röhrchen L 1,55–1,65 cm, ø 0,4 cm, eines der Röhrchen (Verlust) ist aktuell durch eine bronzene Nachbildung ersetzt, Verschluss: Schnalle L 0,9 cm, B 0,6 cm, Riemenzunge L 1,6 cm, größte B 0,6 cm
Haarnadel, Goldblech auf Eisenkern, L 4,8 cm
Bügelfibelpaar, Verlust, Silber, vergoldet, Granateinlage, L 6,95 cm, L 7,05 cm
Kleinfibelpaar, Silber, vergoldet, Granateinlagen, L 3,2 cm, L 3,25 cm
Vier Perlen, drei Bernsteinperlen ø 2,0 cm, ø 1,5 cm, ø 1,45 cm, eine Melonenperle ø 1,95 cm
Gürtelschnalle mit nierenförmigem Beschlag, Eisen, verzinnt, Kupfernieten, Bügel L 3,1 cm, Bügel B 1,8, Beschlag L 3,1 cm, Beschlag B 2,2 cm
Schnalle, Eisen, L 2,1 cm, B 1,3 cm
Schnalle, Verlust
Schere, Eisen, in zwei Fragmente zerbrochen
Bronzehülse, L 10,9 cm, ø 0,9 cm
Vier Spinnwirtel, dreimal Keramik, H 2,1 cm, ø 3,2 cm, H 1,6 cm, ø 2,5 cm, H 2,8 cm, ø 3,4 cm, einmal Kalk, H 2,1 cm, ø 2,9 cm
Kamm, Knochen, Eisen, L noch 12,1 cm, B noch 3,4 cm
Vier Fragmente von Hakenschlüsseln, Eisen, L 5,2 cm, L 4,1 m, L 4,3 cm, L 3,2 cm
Ring, Bronze, ø 2,5 cm
Glasschale, H 5,2 cm, Mdm 12,2 cm
Perlrandbecken mit Standring, Legierung (Bronze) H 8,1 cm, Mdm 27,5 cm
Gefäß mit Stempelverzierung, Ton, H 12,4 cm, Mdm 19,1 cm
Eierschalen
Knochen vom Schwein
Erstes Drittel 6. Jahrhundert
Mühlhausen, Mühlhäuser Museen, Stadt- und Regionalgeschichtliches Museum am Lindenbühl
Lit.: Busch 1940, 92 Abb. 44; 94 Abb. 46; 95 Abb. 47. – Schmidt 1976, 148; Taf. 115,7. – Behm-Blancke 1973, 125; 130; 343; 346; Abb. 71; Abb. 110
Foto: Erfurt, ZRW der Museen der Stadt Erfurt, Dirk Urban

Den gehobenen sozialen Status der Frau aus Grab 14, die im Alter zwischen 20 und 30 Jahren verstarb, unterstreicht zum einen die Grabkammer von 1,30 m Breite und 2,65 m Länge und zum anderen das Inventar. In der südlichen Kammerhälfte standen neben den Speisebeigaben ein Perlrandbecken und eine Glasschale. Zur Tracht der Toten gehörten ein Paar kleiner, gleicharmiger, thüringischer Dreirundelfibeln mit Granateinlage und zwei Bügelfibeln, die sich auf Grund ihrer schwerpunktmäßigen Verbreitung als nordfranzösisch-fränkische Produkte ansprechen lassen. Hervorzuheben ist auch die hohe, statusindizierende Anzahl der Spinnwirtel. In Verbindung mit der am Gürtelgehänge befestigten Schere und der astragalierten Bronzehülse, welche ehemals zwei Nähnadeln enthielt, bezeugen diese Geräte eine Tätigkeit bei der Textilverarbeitung.

Ein eindrucksvolles Glanzstück der Goldschmiedekunst des frühen Mittelalters und eine Einzelanfertigung ist das Kollier. Es besteht aus fünf Anhängern aus Gold mit zellengefasster Granateinlage auf gewaffelter Folie und angelöteter, breiter, gerippter Öse, die mit vier alternierend eingesetzten filigranverzierten Goldröhrchen einen Halsschmuck bilden. Als Verschluss dienten eine goldene Riemenzunge für einen maximal 0,5 cm breiten Riemen und eine ebenso winzige, goldene, ovale Schnalle. Das Motiv der Anhänger erschließt sich nicht auf den ersten Blick. Es handelt sich um zwei antithetisch angeordnete Vogelköpfe mit gebogenen, spitz auslaufenden Schnäbeln. Die Darstellung doppelter nach unten blickender Raubvogelköpfe ist weit im Osten und Südosten Europas beheimatet und findet sich hier an Schmuckstücken der reiternomadischen Kultur der Völkerwanderungszeit, z. B. an den Aufsätzen der Diademe, Beschlägen der Schwertscheide oder des Pferdegeschirrs. In den Steppengebieten des südrussischen Raumes besitzt die Abbildung von Raubvogelköpfen schon seit skythischer Zeit Tradition. Im östlich merowingischen Kreis, bei den Thüringern und den Langobarden an Donau und March, tritt das Motiv seit der Mitte des 5. Jahrhunderts u. a. an ähnlichen Anhängern auf und ziert besonders in Mitteldeutschland Kopfplatten von Bügelfibeln.
Katharina Schneider, Marburg

II.76

II.77

II.77
Frauengrab
Grab 11

Dreireihige Halskette, noch 273 Miniaturglasperlen, ⌀ 0,2–0,3 cm, 3 Perlen aus Silberblech, ⌀ 1,2–1,4 cm, Fadenreste
Bügelfibel mit Reparatur, Silber, vergoldet, L 6,4 cm
Vogelwirbelfibel, Silber, vergoldet, rotbraune Glaseinlagen ⌀ 2,4 cm
Drei Glasperlen, Glas, ⌀ 0,6 cm, ⌀ 1,2 cm, ⌀ 1,0 cm
Gürtelschnalle mit Reparatur, Eisen, L 4,1 cm, B 3,0 cm
Spinnwirtel, Keramik, H 2,0 cm, ⌀ 3,5 cm
Zweireihiger Kamm, Knochen, Eisen, L noch 9,2 cm, B 4,2 cm
Rippenschale, Ton, H 14,8 cm, Mdm 20,4 cm
Rippenschale, Ton, H 11,0 cm, Mdm 15,0 cm
Letztes Drittel 5. Jahrhundert/Anfang 6. Jahrhundert
Mühlhausen, Mühlhäuser Museen, Stadt- und Regionalgeschichtliches Museum am Lindenbühl
Lit.: Busch 1940, 92 Abb. 44, 94; Behm-Blancke 1973, 167, 347, Abb. 115; Schmidt 1976, 148, 303 Taf. 115,6

Die Frau aus Grab 11, die im Alter zwischen 40 und 60 Jahren verstarb, besaß nur noch eine der sonst paarig getragen Bügelfibeln und diese befand sich zudem nicht in einer sonst üblichen Position, sondern neben dem linken Unterschenkel. Da die Fibel zusätzlich über eine Reparatur verfügt – die Nadel wurde, da der Nadelhalter wiederholt abgebrochen war, durch einen Faden in Position gehalten – konnte das Stück nicht mehr zum Schließen der Kleidung eingesetzt werden, sondern diente als an einem langen Band getragener Zierrat. Im Halsbereich der Frau aus Grab 11 fanden sich verstreut über 320 kleinste schwarze bis schwarzbraune Glasperlen und sechs Halbkugeln, die ehemals

II.78

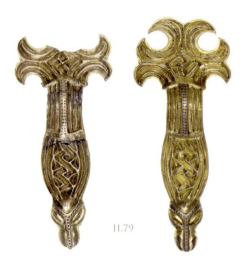

II.79

II.80

zu drei hohlen, aus Silberblech gefertigten, großen Perlen zusammengelötet waren. Dass diese Halskette ursprünglich mehrreihig getragen wurde, belegt der Fund von drei erhaltenen Fäden im Inneren einer der Silberblechperlen. Ketten dieser Art treten erstmals um die Mitte des 5. Jahrhunderts auf. Die Vogelwirbelfibel gehört auf Grund der übrigen Beigaben zu den ältesten Exemplaren dieser Fibelgruppe.
Katharina Schneider, Marburg

II.78
Frauengrab
Grab 7
Rosettenfibel, Gold, Almandine, ø 2,3 cm
1. Hälfte 6. Jahrhundert
Mühlhausen, Stadt – und Regionalgeschichtliches Museum am Lindenbühl
Lit.: Schmidt 1975, 148, T. 115/4
Foto: Erfurt, ZRW der Museen der Stadt Erfurt, Dirk Urban

Mühlhausen, Friedhof
Städtische Kiesgrube am Wendewehr

II.79
Thüringer Zangenfibelpaar
Silber, vergoldet, L 6,9 cm
E 6
6. Jahrhundert
Mühlhausen, Stadt – und Regionalgeschichtliches Museum am Lindenbühl
Lit.: Schmidt 1975, 149, T. 198/6
Foto: Erfurt, ZRW der Museen der Stadt Erfurt, Dirk Urban

II.80
Fünfknopffibelpaar mit Doppelvogel-Fußplatte
Silber, vergoldet, Almandine, L 4,9 cm
E 9
6. Jahrhundert
Mühlhausen, Stadt - und Regionalgeschichtliches Museum am Lindenbühl
Lit.: Behm-Blancke 1973,102, 346, Abb. 111; Schmidt 1975, 149
Foto: Erfurt, ZRW der Museen der Stadt Erfurt, Dirk Urban

II.81

II.81
Gleicharmige Miniaturfibel
Silber, vergoldet, sechs runde und eine rechteckige Almandineinlage, L 2,4 cm
E 11
6. Jahrhundert
Mühlhausen, Stadt- und Regionalgeschichtliches Museum am Lindenbühl
Lit.: Schmidt 1975, 150
Foto: Erfurt, ZRW der Museen der Stadt Erfurt, Dirk Urban

II.82
Zwei gleicharmige Miniaturfibeln
Silber, vergoldet, Almandine, L 2,1 cm
E 10
6. Jahrhundert
Mühlhausen, Stadt- und Regionalgeschichtliches Museum am Lindenbühl
Lit.: Schmidt 1975, 150
Foto: Erfurt, ZRW der Museen der Stadt Erfurt, Dirk Urban

II.82

II.83

II.85

II.86

II.83
Kerbschnittverzierte Vogelfibel mit Almandinauge
Silber vergoldet, Almandin, L 1,6 cm
E 12
6. Jahrhundert
Mühlhausen, Stadt- und Regionalgeschichtliches Museum am Lindenbühl
Lit.: Behm-Blancke 1973, 102, 347, Abb. 115; Schmidt 1975, 15

II.86
Miniaturfibel (S-Fibel)
Silber, vergoldet, Almandin, L 1,9 cm
Schlotheim, An der Mühle , Grab 6/77
6. Jahrhundert
Weimar, Landesamt für Archäologie mit Museum für Ur- und Frühgeschichte Thüringens

II.84

II.87   II.88

Verschiedene thüringische Fundorte

II.84
Zwei Zellenmosaik-Rundfibeln
Silber, vergoldet, Almandine, ø 2,5 cm
Schlotheim, An der Mühle, Grab 15b/ 76
6. Jahrhundert
Weimar, Landesamt für Archäologie mit Museum für Ur- und Frühgeschichte Thüringens

II.85
Miniaturfibel (S-Fibel)
Silber, vergoldet, Almandine, L 2,1 cm
Schlotheim, An der Mühle, Grab 3/77
6. Jahrhundert
Weimar, Landesamt für Archäologie mit Museum für Ur- und Frühgeschichte Thüringens

II.87
Vogelkopffibelpaar
Silber, vergoldet, Almandine, L 6,1 cm
Eischleben, Grab „Am Simmel" (Frau)
1. Hälfte 6. Jahrhundert
Erfurt, Stadtmuseum
Lit.: Schmidt 1961, T. 36; Behm-Blancke 1973, 343, Abb. 76
Foto: Erfurt, ZRW der Museen der Stadt Erfurt, Dirk Urban

II.88
Vogelkopffibel
Silber, vergoldet, Almandine, L 5,7 cm
Niederroßla, Grab 7 (Frau)
1. Hälfte 6. Jahrhundert
Weimar, Landesamt für Archäologie mit Museum für Ur- und Frühgeschichte Thüringens
Lit.: Schmidt 1970, 47, T. 42/3a
Foto: Erfurt, ZRW der Museen der Stadt Erfurt, Dirk Urban

II.89

II.90

II.90

Friedhof von Obermöllern

Das kleine Gräberfeld von Obermöllern gehörte zu einem Thüringer Herrenhof. Dafür spricht die Qualität der Grabbeigaben. Fünf Männer waren als schwerbewaffnete Krieger beigesetzt. Auch die Frauengräber enthielten einige kostbare Beigaben. Darüber hinaus zeichnet sich der Friedhof durch zwei Besonderheiten aus. Im Grab 6 lag eine ca. 60 bis 70 Jahre alte Frau mit einem künstlich deformierten Turmschädel, der einem hunnischen Schönheitsideal dieser Zeit entsprach. Aus dem Kernland des Thüringer Königreiches sind bisher 22 Bestattungen mit deformierten Schädeln bekannt. Am bedeutendsten ist ein fürstlich ausgestattetes Grab aus der 2. Hälfte des 5. Jahrhunderts, das man 1965 in Oßmannstedt entdeckte und dessen Beigaben als frühester Nachweis thüringisch-ostgotischer Beziehungen gilt. Während die junge Frau von Oßmannstedt auf der Durchreise war, vermutlich zu einem der Thüringer Königshöfe, und plötzlich verstarb, war die „Hunnin" von Obermöllern wahrscheinlich durch Heirat in die ortsansässige Gemeinschaft integriert. Sie wurde in thüringischer Tracht bestattet.

Die zweite Besonderheit resultiert aus der Tatsache, dass auf einem Gräberfeld von Schretzheim (alamannischer Siedlungsraum) „Obermöllerner" Funde zutage traten, die zu der Annahme führten, dass sich die Familien von Schretzheim und Obermöllern kannten (vgl. u.S. 173ff).

II.89
Frauengrab
Grab 6
B-Brakteat mit Hängeöse, als Charonspfennig auf den Mund gelegt, Gold, ø 2,3 cm
Zangenfibelpaar, Silber, vergoldet, L 4,6 cm, B 2 cm
Miniaturfibelpaar mit halbrunder Kopfplatte und drei Knöpfen, Silber, vergoldet, Almandineinlagen, L 2,3 cm, B 1,5 cm
Ring, Bronze, ø 6,3 cm
31 Perlen, Glas
Schnalle, Eisen, 4 cm x 2,3 cm
Messer, Eisen, L 18,2 cm
1. Drittel 6. Jahrhundert
Halle, Landesamt für Archäologie Sachsen-Anhalt und Landesmuseum für Vorgeschichte
Lit.: Holter 1925, 51–57; Schmidt 1975, 103, T. 85/2; Goldbrakteaten 1985/1.2, Kat.-Nr. 132
Foto: Erfurt, ZRW der Museen der Stadt Erfurt, Dirk Urban

II.90
Frauengrab
Grab 20
D-Brakteat mit Hängeöse, Gold, ø 2,5 cm
Goldscheibenanhänger mit Kreuzen, ø 1,6 cm
Zwei Goldscheibenanhänger mit Perlstabornament, ø 1,5 cm
Vogelkopffibelpaar, Silber, vergoldet, L 6,3 cm, B 2,75 cm
Rundfibel (ursprünglich Fibelpaar), Silber, vergoldet, Almandine, ø 1,8 cm
Kette aus sieben Glasperlen
Zwei Riemenzungen, Silber, vergoldet, L 3,2 cm, B 0,9 cm
Riemenzunge, L 2 cm, B 0,75
Vier Tonwirtel
Fragmente einer Schere, Eisen
Schale mit Schrägkanneluren, Ton, H 13,5 cm, ø 19,8 cm
6. Jahrhundert
Halle, Landesamt für Archäologie Sachsen-Anhalt und Landesmuseum für Vorgeschichte
Lit.: Holter 1925, 102–112; Schmidt 1975, 106, T. 90/2 und 188; Goldbrakteaten 1989/3.1, Kat.-Nr. 477
Foto: Erfurt, ZRW der Museen der Stadt Erfurt, Dirk Urban

Bei der Bestatteten handelt es sich vermutlich um die Hofherrin. Die aufgeführten Grabbeigaben präsentieren nicht die komplette Grabausstattung. Ein Teil ist verloren gegangen.

KATALOG: THÜRINGER KÖNIGREICH 157

II.91

II.92

II.91
Frauengrab
Grab 3
Vogelfibelpaar, Silber, vergoldet, Almandine, L 1,7 cm, B 0,8 cm
Fünf Glasperlen
Zweireihiger Dreilagenkamm, Bein, L 10,5 cm
Ovale Schnalle, Eisen, 3,2 cm x 2,1 cm
Thüringer Drehscheibenschale mit Einglättornament, Ton, H 12 cm, ø 19 cm
6. Jahrhundert
Halle, Landesamt für Archäologie Sachsen-Anhalt und Landesmuseum für Vorgeschichte
Lit.: Holter 1925, 42–47; Schmidt 1975, 103, T. 85/3 und 185
Foto: Erfurt, ZRW der Museen der Stadt Erfurt, Dirk Urban

II.92
Männergrab
Grab 15
Punzierte Lanzenspitze, Eisen, L 23,8 cm (vgl. Kat.-Nr. IV 19)
Spatha mit Holzscheidenresten, Eisen, damasziert, L 89,5 cm
Einreihiger Dreilagenkamm mit Etui, Bein, L 13,2 cm
Pinzette, Bronze, L 6,8 cm
Schere, Eisen, L noch 9,7 cm
Eisenstab
6. Jahrhundert
Halle, Landesamt für Archäologie Sachsen-Anhalt und Landesmuseum für Vorgeschichte
Lit.: Holter 1925, 85–92; Schmidt 1975, 105, T. 88
Foto: Erfurt, ZRW der Museen der Stadt Erfurt, Dirk Urban

KAPITEL III

ENTSCHEIDUNGSSCHLACHT IM JAHR 531

„.... Theuderich aber nahm seinen Bruder Chlothar und seinen Sohn Theudebert zur Hilfe mit sich und rückte ins Feld. Als die Franken nun heranzogen, stellten die Thüringer ihnen eine Falle. Auf dem Felde nämlich, wo gekämpft werden sollte, gruben sie Löcher; deren Öffnungen wurden mit dichtem Rasen bedeckt, so daß es eine ebene Fläche zu sein schien. In diese Löcher nun stürzten viele der fränkischen Reiter, als es zum Schlagen kam, und wurden schwer behindert; nachdem man aber die List gemerkt hatte, fing man an, achtsam zu sein. Als aber die Thüringer sahen, daß sie großen Verlust erlitten, wandten sie, da auch ihr König Herminafrid schon die Flucht ergriffen hatte, den Rücken und kamen bis zur Unstrut. Dort wurden so viele Thüringer niedergemacht, daß das Bett des Flußes von der Masse der Leichname zugedämmt wurde, und die Franken über sie, wie über eine Brücke, auf das jenseitige Ufer zogen. Nach diesem Siege nahmen diese sofort das Land in Besitz und brachten es unter ihre Botmäßigkeit. ..."
(Greg. Hist. III,7)

„Als er [Theuderich] in seine Heimat zurückgekehrt war, ließ er Herminafrid zu sich kommen, und gab ihm sein Wort zum Pfande, daß ihm nichts geschehen solle; er überhäufte ihn auch mit Ehrengeschenken. Da sie aber eines Tages auf der Mauer der Stadt Zülpich miteinander sprachen, erhielt Herminafrid einen Stoß, ich weiß nicht von wem, stürzte von der Mauer zur Erde und gab seinen Geist auf. Wer ihn von dort herabwarf, wissen wir nicht; man behauptet aber, daß ganz gewiß eine Hinterlist Theuderichs dabei im Spiele gewesen sei." (Greg. Hist. III,8)

Trotz der Niederlage der Franken im Jahre 529 gegen die Thüringer gaben sie ihre Eroberungspläne nicht auf. Theuderich I. schmiedete eine Allianz mit seinem Bruder Chlothar I. und beteiligte auch seinen Sohn Theudebert. Dem Ansturm der vereinigten Heere konnten die Thüringer trotz Kriegslist nichts gleichwertiges entgegensetzen. *(Fortsetzung S. 160)*

III.1
Buch der Welt: Die sächsische Weltchronik
Pergament, 30, 5 cm x 21 cm, mit Einband: 32,5 cm x 23 cm
13. Jahrhundert
*Erfurt, Universitäts- und Forschungsbibliothek Erfurt/Gotha,
Ms. Memb. I 90, fol. 4 r
In der Ausstellung: Faksimile-Edition,
Luzern: Faks.-Verlag, 1996
Foto: Erfurt, Universitäts- und Forschungsbibliothek Erfurt/Gotha*

to sime herren vnde segede ime dar he gehort hadde. diderc
sprak do sachtmodelike wol was he tornich an sime herren
we solen ten to irminfrides dieneste. vnde wol nimer mer
vns vnse vriheit we solen iedoch briken vnses hues Do
tor diderc mit groter craft vppe der duringe lant. irmin
frid vor oc wider ene mit ene starken here Se quemen to
samene to runiberg vnde stridden twe dage to samene mit
groteme schaden an beidehalf. des dridden dages ward  irminfrid segelos vnde vntflo
uppe ene burch de het schwinge
uppe d vnstrode. Diderc samne
de do sin here vnde de herren de
mit ene dar weren vnde vragede of men solde irminfride
uolgen od wid varen to lande. Etelike spraken men solde
de doden begrauen vn varen wid to lande men solde helen oc
de wunden vn mit eneme groteren here dar wider kom
Do vragede diderc enen sinen ratman de eme dicke wol gera
den hadde was he dar umbe rede. he sprac an ersamen din
gen is temm dat schoneste de volherdicheit. de helden also
vnse aldern swes so ie begonden des gingen se seldene af
od mimb. oc sin is vns harde vngelic wante we dicke vile
volkes hebbet slagen mit luttelen volke. dat lant is ny
in vnser gewalt vare we to lande so geue we in den sege dene
we behalden hebbet. Gerne vore ic selue to lande dar ic min
ding dar to hus wol geschope of ic wiste dar vnse viande de
wise oc rowen wolden mit vnse wundeden bevorstens wol
d wille is au wol de noch vnvzaget sin dar wi me na volgen
he selue au schuler alse de mus vn d vallen an siner burch dar
he inne besloten is. vn ne dar den himel van vnseme vrochten
nicht an sehn. vare we to lande he heuer wol gut dar he geuen
mach anden vremeden luden de ime helpen. he heuer oc noch

III.1

Diese prachtvolle Bilderchronik mit ca. 500 Miniaturen erzählt die Geschichte von der Erschaffung der Welt, die hier auf den 18. März datiert wird, bis zum letzten Stauferkönig Friedrich II. (Röm. König seit 1196, Kaiser seit 1220, † 1250).

Auf Grund der zentralen Bedeutung für die Sachsengeschichte schildert die Chronik ausführlich den Thüringerkrieg, eingebettet in die Iringsage.

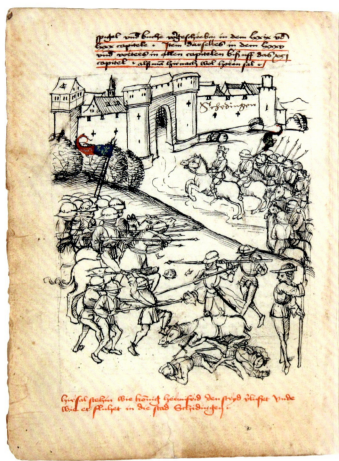
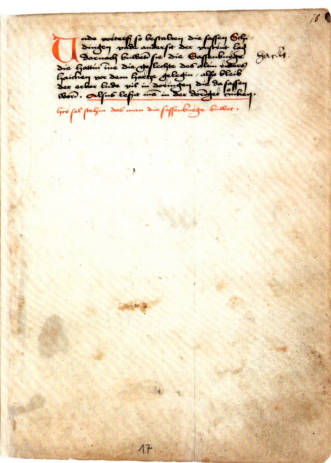

Die Entscheidungsschlacht im Jahre 531 hat zu zahlreichen Hypothesen geführt: über die Marschroute der Heere, die Lage der verschiedenen Kriegsorte und die Beteiligung der Sachsen am Geschehen. Ca. 400 Jahre später entstand „Die Sachsengeschichte des Widukind von Corvey in drei Büchern" [Widukindu monachi corbeiensis rerum gestarum Saxonicarum libri tres]. Er verbindet den Untergang des Thüringer Reiches mit dem Aufstieg des Sachsenstammes. Denn im Krieg zwischen Thüringern und Franken werden nach seiner Version die Sachsen zur Hilfe gerufen. Dabei tritt neben den bei Gregor von Tours bezeugten historischen Personen Herminafrid, Amalaberga und Theuderich eine sagenhafte Person namens Iring in Aktion. Das so genannte Iringlied bildet den Keim einer Heldensage, die bis in die Nibelungen- und Dietrichdichtung ihren Niederschlag fand.

Mit Hilfe der Sachsen gelingt der Sieg; Franken und Sachsen teilen das Land der Thüringer auf. Als Ort der Niederlage nennt Widukind Burg „Scithingi" bei „Runibergun". Aber wie verlässlich sind Widukinds Angaben? Bezeichnete er als Schauplatz der Schlacht das Ufer der Unstrut, wo sich heute auf einem Berg Schloss Burgscheidungen erhebt oder die Gegend bei Weißensee, unweit der heutigen Runneburg oder einen noch unbekannten anderen Ort? Die Frage kann heute noch nicht beantwortet werden. Zu berücksichtigen ist dabei, dass Widukind von Corvey der erste ist, der eine Burganlage bei den Thüringern erwähnt. Ihre Existenz im Thüringer Königreich ist in der Forschung umstritten. Weder Gregor von Tours beschreibt solche Anlagen noch Venantius Fortunatus im Klagelied der Radegunde.

Der Version von Widukind über den Thüringerkrieg und die Beteiligung der Sachsen folgen weitere Verfasser in ihren Landeschroniken.

III.2
Wigand Gerstenberg: Landeschronik von Thüringen und Hessen
fol. 15 v: „König Hermifrid flieht nach Schidingen"
Buch aufgeschlagen: 20,5 cm x 29,5 cm
Ende 15./ Anfang 16. Jahrhundert
Kassel, Landesbibliothek und Murhardsche Bibliothek, 4° Ms. Hass.115
In der Ausstellung: Faksimile
Lit.: Diemar 1989², 1–318
Foto: Kassel, Landesbibliothek und Murhardsche Bibliothek

III.4

Wigand Gerstenberg, geboren 1457 in Frankenberg, studierte ab 1473 an der Erfurter Universität. Im Jahre 1493 begann er mit seinen Arbeiten an der hessisch-thüringischen Landeschronik. Sie setzt sich aus einer Vorrede und zwei getrennten Teilen zusammen. Der erste Teil beginnt mit Alexander dem Großen und beschreibt die gemeinsame hessisch-thüringische Landesgeschichte bis 1247. Der zweite Teil behandelt die Geschichte Hessens ab 1247.

Grundlage seiner Chronistentätigkeit war der Zugang zum Hofe der in Marburg residierenden Landgrafen. Hier trug er die historischen Quellen zusammen.

III.3
Helm von Stößen (Rekonstruktion)
Kupfer, teilvergoldet, H 33,5 cm, ø 19,9 cm
Stößen, Grab 35
1. Viertel 6. Jahrhundert
Original: Halle, Landesamt für Archäologie Sachsen-Anhalt und Landesmuseum für Vorgeschichte
Lit.: Schmidt 1970, 26–28; Werner 1988; Hessen und Thüringen 1992, 70f; Bonifatius 2004, 101

Der Helm vom Baldenheimer Typ gehörte zum Inventar eines ausgeraubten, 3,40 m x 1,30 m großen Holzkammergrabes des bedeutenden Thüringer Gräberfeldes von Stößen. Die ältere Forschung weist den Helm als ostgotisches Erzeugnis aus, nach jüngerer Meinung stammt er aus einer byzantinischen Werkstatt. Sein Träger gehörte dem Thüringer Hochadel an. Dabei könnte es sich um einen der Brüder des Königs Herminafrid, Baderich oder Berthachar, gehandelt haben.

Auf dem Gräberfeld von Stößen wurden 140 Körper-, 3 Brand- und 4 Pferdegräber freigelegt. Es ist nach dem Nordfriedhof in Weimar (Meyer-/Friesstraße) die größte Begräbnisstätte des Thüringer Königreiches.

III.4
Spatha mit vergoldetem Scheidenmundbeschlag
Eisen, Silber vergoldet, Holz- und Fellspuren der Scheide,
L 89,5 cm
Weimar, Meyer- /Friesstraße, Grab 24
Weimar, Landesamt für Archäologie mit Museum für Ur- und Frühgeschichte Thüringens
Lit.: Schmidt 1970, 79, T. 80/1
Foto: Weimar, Landesamt für Archäologie mit Museum für Ur- und Frühgeschichte Thüringens, Brigitte Stefan

III.5
Spatha
Eisen, L 84 cm
Weimar, Meyer- /Friesstraße, Grab 32
Weimar, Landesamt für Archäologie mit Museum für Ur- und Frühgeschichte Thüringens
Lit.: Schmidt 1970, 81, T. 84/2a

III.6
Skramasax
Eisen, L 14,5 cm
Weimar, Meyer- /Friesstraße, Grab 1/56
Weimar, Landesamt für Archäologie mit Museum für Ur- und Frühgeschichte Thüringens

III.7
Franziska
Eisen, L 19 cm, B 11 cm
Weimar, Meyer- /Friesstraße, Grab 4/69
Weimar, Landesamt für Archäologie mit Museum für Ur- und Frühgeschichte Thüringens

III.8
Lanzenspitze
Eisen, L 50,5 cm
Weimar, Meyer- /Friesstraße, Grab 10
Weimar, Landesamt für Archäologie mit Museum für Ur- und Frühgeschichte Thüringens
Lit.: Schmidt 1970, 77, T. 74/2b

III.9
Lanzenspitze
Eisen, L 57,5 cm
Weimar, Meyer- /Friesstraße, ohne Grab-Nr.
Weimar, Landesamt für Archäologie mit Museum für Ur- und Frühgeschichte Thüringens

III.10
Schwert
Eisen, L 87,5 cm
Weimar, Cranachstraße, Grab 10
Weimar, Landesamt für Archäologie mit Museum für Ur- und Frühgeschichte Thüringens

III.11
Kurzschwert
Eisen, L 45 cm
Weimar, Cranachstraße, Grab 18
Weimar, Landesamt für Archäologie mit Museum für Ur- und Frühgeschichte Thüringens

III.12
Schwert
Eisen, L 86,5 cm
Axt
Eisen, L 12,5 cm, B 10 cm
Weimar, Cranachstraße, Grab 28
Weimar, Landesamt für Archäologie mit Museum für Ur- und Frühgeschichte Thüringens

III.13
Schwert
Eisen, L 84,5 cm
Weimar, Rießstraße, Grab 17
Weimar, Landesamt für Archäologie mit Museum für Ur- und Frühgeschichte Thüringens

III.14
Lanzenspitze
Eisen, L 37 cm
Oberweimar, LPG E. Hörnle, Grab 70/56
Weimar, Landesamt für Archäologie mit Museum für Ur- und Frühgeschichte Thüringens

III.15
Drei Pfeilspitzen
Eisen, L 11,5 cm, L 12 cm, L 12,6 cm
Oberweimar, LPG E. Hörnle, Grab 5/56
Weimar, Landesamt für Archäologie mit Museum für Ur- und Frühgeschichte Thüringens

III.16
Schildbuckel
Eisen, ø 17 cm, H 8,5 cm
Oberweimar, LPG E. Hörnle, Grab 4/55
Weimar, Landesamt für Archäologie mit Museum für Ur- und Frühgeschichte Thüringens

III.17
Schildbuckel
Eisen, ø 17,4 cm, H 8 cm
Oberweimar, LPG E. Hörnle, Grab 10/56
Weimar, Landesamt für Archäologie mit Museum für Ur- und Frühgeschichte Thüringens

III.18
Schwert mit Griffangel
Eisen, L 85 cm
Niederroßla
Weimar, Landesamt für Archäologie mit Museum für Ur- und Frühgeschichte Thüringens

KAPITEL IV
THÜRINGER IM AUSLAND

„... Zur Zeit dieser Herrscher verließ auch jene Basina [Frau des Thüringerkönigs Bisin], ..., ihren Gemahl und kam zu Childerich. Und als er sie besorgt fragte, weshalb sie aus so weiter Ferne zu ihm käme, soll sie ihm zur Antwort gegeben haben: „Ich kenne deine Tüchtigkeit und weiß, daß du sehr tapfer bist, deshalb bin ich gekommen, bei dir zu wohnen. .... Da freute er sich über ihre Rede und nahm sie zur Ehe. Und sie empfing und gebar einen Sohn und nannte ihn Chlodwig. ..." (Greg. Hist. II, 12)

„Danach starb auch Brachio, der Abt des Klosters Menat [Region Auvergne]. Er war von Geburt ein Thüringer, der einst ein Jäger in Diensten des Herzogs Sigivald gewesen war, ..." (Greg. Hist. V, 12)

Schriftliche Nachrichten über Thüringer in der Fremde sind spärlich. Archäologisch werden thüringische Aussiedler vor allem durch Besonderheiten ihrer Bestattungssitten und spezielle Grabbeigaben fassbar, die aus der Eigenheit ihrer Kleidung, des Schmucks und der Keramik resultierten.

Herausragend für die thüringisch-fränkische Geschichte ist der älteste Hinweis für eine Verbindung beider Königshäuser durch die Heirat des Frankenkönigs Childerich mit der thüringischen Prinzessin Basina. Diese Fremdheirat war in der damaligen Zeit nichts ungewöhnliches. Solche Hochzeiten dienten zur Absicherung von Machtstrukturen und Bündnisvereinbarungen. Basina gilt als verantwortlich, dass ihr Mann, König Childerich I., unter einem Grabhügel bestattet wurde, wie er bisher bei den Franken nicht üblich war.

Eine zweite Ursache für das Verlassen der Heimat waren Militärdienste. Archäologische Hinterlassenschaften belegen, dass Thüringer in gallischen Heeren dienten. 486 besiegte Chlodwig I. den römischen Heeresmeister Syagrius bei Soissons und eroberte große Teile Galliens. Die Thüringer, die in römischen Diensten gestanden hatten, blieben trotz Niederlage in ihrer neuen Heimat und wurden von Chlodwig I. in sein Heer übernommen, standen fortan unter fränkischer Herrschaft und vertraten als Gefolgschaft des Königs, offenbar auf einem Treueid basierend, seine Interessen.

Eine gezielte Siedlungs- und Bevölkerungspolitik der Frankenkönige zur Herrschaftssicherung mit Unterstützung thüringischer Gefolgsleute ist außer in den eroberten gallischen Regionen im alamannischen Siedlungsraum nachweisbar. Ende des 5. Jahrhunderts hatten die Alamannen, die sich aus mehreren Stämmen zusammen setzten, ihr Siedlungsareal bis an den Mittelrhein erweitert. Das führte zu Konflikten mit den ebenfalls expandierenden Rheinfranken, denen der Frankenkönig Chlodwig I. zu Hilfe kam. Gregor von Tour (Hist. II.30) berichtet, dass im 15. Jahr seiner Regierung (496/97) die Entscheidungsschlacht stattfand. Dieses Ereignis war im doppelten Sinn bedeutungsvoll, denn im Vorfeld der Schlacht legte Chlodwig I. das Taufgelübde ab. Zur Sicherung der eroberten Gebiete im alamannischen Raum wurden fränkische Stützpunkte (Herrenhöfe) eingerichtet. Eine größere Zahl von thüringischen Funden beweist die Beteiligung der Thüringer seit etwa 500.

Nach der Zerstörung des Thüringer Königreiches im Jahr 531 wird es auch zu Verschleppungen durch die Franken gekommen sein. Hinweise finden sich in schriftlichen Quellen. Diese Zwangsumsiedlungen sind allerdings im archäologischen Befund nicht als repressive Maßnahme erkennbar.

Thüringer in Gallien

IV.1
Kindergrab
Arcy-Sainte-Restitue (Frankreich, Dép. Aisne), Grab 1777
Thüringisches Miniaturfibelpaar mit drei Knöpfen,
Silber, vergoldet, L 2,6 cm
Spitzbecher mit Fadenauflage,
Glas, H 8,9 cm
Miniaturgefäß mit Ritzdekor,
Ton, H 4,1 cm
2. Drittel 5. Jahrhundert
Saint-Germain-en-Laye, Musée des Antiquités Nationales
Lit.: Franken 1996, Bd. 1, 355; Bd. 2, 846
Foto: RMN, Saint-Germain-en-Laye, Musée des Antiquités Nationales, Vertrieb bpk Berlin

IV.1

IV.2

Thüringer Vogelkopffibel,
Silber, vergoldet, Almandineinlagen,
L 5,8 cm, B 2,5 cm
Sur-Yvonne (Frankreich, Dép. Nièvre), Grab 35
1. Hälfte 6. Jahrhundert
Clamecy, Musée d' Art et d' Histoire Romain Rolland
Foto: Clamecy, Musée d' Art et d' Histoire Romain Rolland

Die Anlage des Fiedhofes von Sur-Yvonne erfolgte seit den 30er Jahren des 6. Jahrhunderts mit Brandbestattungen und Gräbern thüringischer Einwanderer.

IV.3

Thüringer Zangenfibelpaar
Silber, vergoldet, Almandineinlagen, L 5,1 cm, B 2,6 cm
Sur-Yvonne (Frankreich, Dép. Nièvre), Grab 16
1. Hälfte 6. Jahrhundert
Clamecy, Musée d' Art et d' Histoire Romain Rolland
Foto: Clamecy, Musée d' Art et d' Histoire Romain Rolland

IV.4

Frauengrab
Ciply (Belgien, Prov. Hainaut), Grab 194
Thüringischer glattverzierter Topf, Ton, H 13 cm
Armband aus Glasperlen und einer Tonperle
Zwei Schnallen, Eisen
Fragmente eines Winkeleisens, Eisen
Gürtelfragmente aus gewebter Wolle

2. Hälfte 6. Jahrhundert
Morlanwelz, Musée Royal de Mariemont
Lit.: Franken 1996, Bd. 1, 355f; Bd. 2, 846
Foto: Morlanwelz, Musée Royal de Mariemont

Das merowingische Gräberfeld von Ciply, ausgegraben von 1879 bis 1894, weist mehr als 1200 Bestattungen auf, darunter typisch thüringische Grabensemble.

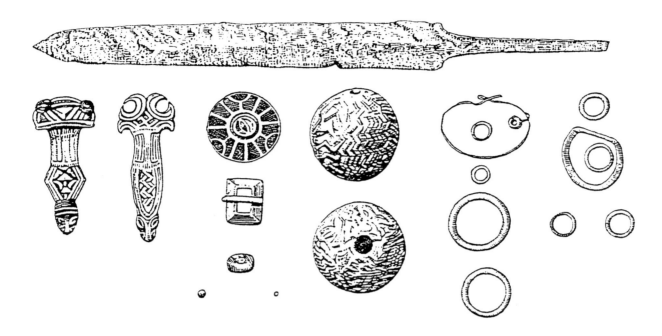

IV.5

IV.5
Frauengrab
Villey-Saint-Etienne (Frankreich, Dép. Meurthe-et-Moselle), Grab 16
Zellenmosaik-Rundfibelpaar, Silber, Almandine, ø 2,9 cm, ø 3,0 cm
Thüringer Vogelkopffibel, Bronze, vergoldet, L 6 cm
Thüringer Zangenfibel, Bronze, vergoldet, L 6,0 cm
Perlenkette, Glas, L ca. 40 cm
Große Glasperle, ø 4 cm, H 4 cm
Schnalle, Bronze, vergoldet, 3 cm x 2 cm
Armring, Bronze, 8 cm x 7 cm
Gürtel aus 10 Bronzeringen
Messer, Eisen, L 14 cm
Webschwert, Eisen, L 50 cm
2. Viertel 6. Jahrhundert
Nancy, Musée Lorrain
Lit.: Franken 1996, Bd. 2, 887
Foto: Nancy, Musée Lorrain

Das Grab gehört zu einem teilweise zerstörten Friedhof mit über 70 Bestattungen, der 1936 ausgegraben wurde. Die Verstorbene ist durch die Fibeln und das Webschwert als Thüringerin ausgewiesen.

Friedhof von Harmignies, Nimy (Belgien, Prov. Hainaut)

Das Gräberfeld von Harmignies wurde in den Jahren 1865/66 entdeckt. Von 1884 bis 1891 wurden archäologische Ausgrabungen durchgeführt und 351 Gräber untersucht. Anhand der Grabbeigaben konnten 78 Männergräber und 66 Frauengräber nachgewiesen werden. Ferner wurde festgestellt, dass auf diesem Friedhof auch 93 Kinder bestattet sind. Die Verstorbenen lagen mit oder auch ohne Sarg zwischen 0,60 m und 2,05 m Tiefe und waren mit Ausnahme von fünf nord-südlich angelegten Gräbern west-östlich ausgerichtet. Die Belegung beginnt Anfang des 5. Jahrhunderts und setzt sich bis Anfang des 9. Jahrhunderts fort. Im ausgehenden 5. und 6. Jahrhundert sind thüringisch-mitteldeutsche Bevölkerungsanteile anhand der Grabbeigaben nachweisbar. Ausführliche Untersuchungsresultate wurden bisher noch nicht publiziert.
Alexandra de Poorter und Joke Delrue, Brüssel

IV.6
Mädchengrab
Harmignies, Nimy (Belgien, Prov. Hainaut), Grab 82
Brakteatenanhänger, Messing, ø 2,5 cm
Schnalle, Bronze, Eisen (Dorn)
Schlüsselbart, Bronze, L 3 cm
Ring, daran Gewebereste, Eisen, ø 2,7 cm
Kette aus fünf Perlen, Glas, Bernstein
Fragment einer Schere, L 6,3 cm
Bodenfragment eines Spitzbechers, Glas, H 3,7 cm
Flasche, Ton, H 9 cm
4. Viertel 5. Jahrhundert
Brüssel, Musées royaux d'Art et d'Histoire
Lit.: Franken 1996, Bd. 2, 846
Foto: Brüssel, Musées royaux d'Art et d'Histoire

IV.6

IV.7
Frauengrab
Harmignies, Nimy (Belgien, Prov. Hainaut), Grab 118
Thüringer Vogelkopf-Fibelpaar, Silber, vergoldet, Almandinaugen ausgefallen, L 6,2 cm
Vierpaßfibelpaar, Bronze, vergoldet, 2,1 cm x 2,1 cm
Kette aus 116 Perlen, Glas, Bernstein
Amulett, Glas, ø 3,5 cm
Schnalle, Eisen, L 3,5 cm
Schere, Eisen, L 14 cm
Messer, Eisen, L 16,1 cm
Kamm, Bein, L 9 cm
Topf, Ton, H 8,9 cm
1. Viertel 6. Jahrhundert
Brüssel, Musées royaux d'Art et d'Histoire
Lit.: Franken 1996, 845f
Foto: Brüssel, Musées royaux d'Art et d'Histoire

IV.7

IV.9

IV..9

IV.9

Thüringer in den Grenzregionen zu den Alamannen

Bestattungssitten und Grabbeigaben belegen, dass Thüringer die Franken bei der Neuorganisation der Regionen am nördlichen Oberrhein und in den Rheinlanden unterstützten. Beispielhafte Funde traten auf dem Gräberfeld Koblenz-Rübenach und in Worms zu Tage.

IV.8
Pferdegrab
Koblenz-Rübenach, Grab 46
Beschlagteile des Zaumzeugs:
Schnalle, Eisen, 3,7 cm x 2,8 cm
Schnalle, Silber, L 3 cm
Riemendurchzug, Bronze, Silber (Niete), L 4,3 cm
Drei Riemenzungen, Silber , L 4,3 cm
Neun Niete, Silber, ø 1,6 cm
Riemendurchzug, Bronze
Fragment eines Knickwandtopfes, Ton
Anfang 6. Jahrhundert
Bonn, Rheinisches Landesmuseum
Lit.: Neuffer-Müller/Ament 1973, 26f

Das 2,75 m x 1,19 m große NW-SO ausgerichtete Grab war gestört und teilweise ausgeraubt. Insgesamt wurden auf dem Gräberfeld vier Pferdebestattungen freigelegt, darunter zwei Pferdedoppelbestattungen. Derartige Anlagen sind aus dem späten 5. Jahrhundert von den Thüringern bekannt. Bei den rheinischen Franken war die Sitte der Pferdebestattung nicht verbreitet. Möglicherweise deutet das auf einen Zuzug von Thüringern.

IV.9
Frauengrab
Worms, „Bollwerk" Grab 1
Bügelfibelpaar. Die flachen Einfassungen mit winzigen Dreiecken in Niellotechnik verziert. Auf dem Mittelgrat des Bügels Zickzacklinie. Die Felder sind durchgehend mit scharf gepunzten Strichrillen ausgefüllt. Silberblech, L 9,8 cm, B 4,5 cm
Vogelfibelpaar, Schnabel, Flügel und Schwanz durch Kerbschnitt verziert. Vergleichsstücke fanden sich in Weimar, Meyer-/Friesstraße, Grab 35. Silber, vergoldet, Almandinauge L 2,9 cm
Rundfibel, Silber, 9 sternförmig um ein Kreuz angeordnete flache dreieckige Almandine
Löffelgriff eines Sieblöffels, Spitze des Griffes und Laffe fehlen, U-förmiges Punzmuster, Silber, L noch 8,2 cm
Thüringische Rippenschale, freihändig geformt, unter dem Rand zwei geritzte Linien, auf dem Hals schräge sich überschneidende Ritzliniengruppen, am Ansatz zur Schulter eingestochene dreieckige Punkte zwischen Linien; Schulter-Bauchzone ist mit plastischen Rippen versehen, in den Vertiefungen Gruppen aus drei bis vier senkrechten Ritzlinien, Ton, H 16,8 cm, ø Rand 16,8 cm, ø Boden 11,5 cm
Gefäß, freihändig geformt; es wurde zunächst rund getöpfert, dann im Schulterbereich viereckig geformt und an jeder Ecke eine runde Tülle ausgebildet, Ton, H 7 cm, ø Mittelöffnung 5,1 cm, ø Boden 4,8 cm, ø Tülle 1,7 cm
Nicht mehr auffindbar: Goldmünze des Totila (541–552), eisernes Webschwert
3. Viertel 6. Jahrhundert
Worms, Museum im Andreasstift
Lit.: Werner 1935, 85, T. 6; Behrens 1946/48, 141; Franken 1996, Bd., 901f
Foto: Klaus Baranenko, Worms
Mathilde Grünewald, Worms

IV.9

IV.10

Thüringische Wohnsitze im alamannischen Siedlungsraum

Friedhof von Pleidelsheim

Das Gräberfeld von Pleidelsheim dokumentiert, dass sich bei den alteingesessenen alamannischen Bauern, die bereits seit fünf Generationen ihre Toten auf dem Friedhof bestatteten, Franken und thüringische Gefolgsleute niederließen. Den Thüringern wurde das östliche Friedhofsareal zugewiesen, auf dem sie vier Männer und vier Frauen bestatteten. Vermutlich lebten sie auf einem Hof zusammen. Da die Männer mit Waffenausrüstung bestattet waren, leisteten sie offensichtlich militärische Dienste im fränkischen Heer.

IV.10
Frauengrab
Grab 9
Bügelfibelpaar vom thüringischen Typ Rositz, Bronze, Eisen, L 6,2 cm, B 3,2 cm
S-Fibelpaar, Anlehnung an thüringische Vorlagen, deren Form bereits in der zweiten Hälfte des 5. Jahrhunderts entwickelt wurde, Bronze, Vergoldung, Granat, Eisen, L 2,9 cm
Schneckenhaus
Klingenfragment eines Messers, Eisen
Messer mit Resten des Holzgriffes, Eisen, Holz, L 12 cm
Unbestimmtes Knochenfragment, Bein, Eisen, L noch 5,8 cm
Zwei Hakenschlüssel und zwei weitere Geräte an einem Ring, Eisen, max. L 10 cm
Fragmente einer Schnalle, Eisen, B 4,4 cm
68 Perlen, Bergkristall, Gagat, Glas, Bernstein
Fingerring, Bronze, ø 1,55 cm
Zwei Stifte, Eisen, max. L 1,4 cm
Spinnwirtel, Ton, ø 3,2 cm
Glasscheibe, Millefioriglas
Drei Riemenbeschläge, auf Lederriemen montiert, Eisen, verzinnte Bronze, L ca. 3,6 cm bis 4 cm
Schnalle und Riemenzunge, auf Lederriemen montiert, Eisen, verzinnte Bronze, L ca. 3,6 cm bis 4 cm

Schnalle, auf Lederriemen montiert, Bronze, B 1,4 cm
Amulett, auf Lederriemen montiert, Glas mit gekämmter Fadenauflage, ø 4,3 cm
Niet, Bronze, L 0,5 cm
Blech, Bronze, L 21 cm
Knickwandtopf mit Rollrädchenverzierung, Ton, scheibengedreht, H 14,2 cm, Mdm 16,5 cm
2. Viertel 6. Jahrhundert
Stuttgart, Württembergisches Landesmuseum
Lit.: Alamannen 1997, 227f; Koch 2001, 203–207
Foto: Stuttgart, Landesmuseum Württemberg, P. Frankenstein, H. Zwietasch

Die Bestattete war eine in thüringische Fibeltracht gekleidete Frau mit einem Ziergehänge, bestehend aus Eisenstäben, Hakenschlüsseln und einem großen Glaswirtel, dem als Amulett heilende Kräfte zugeschrieben wurden.

IV.11
Frauengrab
Grab 89
Ostgotisches Bügelfibelpaar, Silber, vergoldet, Almandine, Eisen, L ca. 14 cm
29 Bernsteinperlen
52 Glasperlen, darunter fünf Millefioriperlen
Bärenzahn, L noch 5,5 cm
Messer, Eisen, L 9 cm
Zweireihiger Dreilagenkamm, Bein, Eisen, L 8,5 cm
Zellenmosaik-Rundfibelpaar, Silber, vergoldet, Almandine, Bronze, ø 3 cm
Schnalle, Potin, Eisen, B 3,4 cm
Viertelsiliqua, Justinianus I. (540–552), Ravenna, Silber, 0,81 g
Ring, ø 4,7 cm
Hackeisen / Flachsbreche, Eisen, B 22,2 cm
Drei Riemenbeschläge, auf Lederriemen montiert, Eisen, Bronze verzinnt, L ca. 3,6 cm bis 4,2 cm
Schnalle, auf Lederriemen montiert, Eisen, B 1,35 cm
Zwei Hakenschlüssel an einem Ring, an Lederriemen montiert, Eisen, L 9,7 cm
Riemenzunge, Eisen, L 1,7 cm
Drei Blechkrampen, teilweise fragmentarisch, Bronze
Mitte 6. Jahrhundert
Stuttgart, Württembergisches Landesmuseum

IV.10

Lit.: Alamannen 1997, 227f; Koch 2001, 228–232
Foto: Stuttgart, Landesmuseum Württemberg, P. Frankenstein, H. Zwietasch

Die ostgotischen Fibeln lassen zum einen vermuten, dass ihre Trägerin möglicherweise eine Ostgotin gewesen sein könnte, andererseits wurden ostgotische Fibeln auch in Thüringen getragen. Darüber hinaus weist die Tracht mit dem Ziergehänge Bestandteile auf, wie sie die Thüringerin im Grab 9 trug.

IV.12
Männergrab
Grab 95
Lanzenspitze, Eisen, L 28 cm
Sax, Eisen, L 32,2 cm
Sturzbecher, Glas, H 9,6 cm, ø 7,4 cm bis 8,3 cm
Pfeilspitze, Eisen, L 8,9 cm
Silex, L 2,4 cm
Silex, L 2 cm
Schnalle, Bronze, B 3,5 cm
Schnalle, Eisen
Feuerstahl, bandförmig mit aufgerollten Enden
Messer, Eisen, L 16,9 cm
Unbestimmter Gegenstand, Eisen L 6,8 cm
Wölbwandtopf, Ton, H 10,1 cm, Rdm 13 cm
2. Drittel 6. Jahrhundert
Stuttgart, Württembergisches Landesmuseum
Lit.: Alamannen 1997, 227f; Koch 2001, 301–303
Foto: Stuttgart, Landesmuseum Württemberg, P. Frankenstein, H. Zwietasch

Der Verstorbene von etwa 20 Jahren gehörte der thüringischen Oberschicht an. Nach ihrem Brauch war er in einem Holzkammergrab beigesetzt. Über der Grabkammer lag eine Pferdebestattung.

Friedhof von Schretzheim

Das Gräberfeld mit 630 Gräbern wurde von 1890 bis 1934 archäologisch untersucht. Ähnlich wie in Pleidelsheim konnte auch in Schretzheim eine thüringische Bevölkerungsgruppe mit militärischen Aufgaben nachgewiesen werden. Es wurden mindestens vier thüringische Krieger bestattet. Fünf Frauengräber beinhalteten thüringischen Fibelschmuck. Dabei entdeckte man Bügel- und Rundfibeln sowie eine punzierte Lanzenspitze, die ihre Entsprechungen unter den Beigaben vom kleinen Gräberfeld Obermöllern nahe Naumburg haben. Es fanden sich in Schretzheim außerdem vier Goldbrakteaten, die mit der gleichen Model hergestellt waren, wie ein Vergleichsstück in Obermöllern. Darüber hinaus enthielten die Gräber typisch thüringische Keramik vom Typ Obermöllern. Vermutlich siedelten diese thüringischen Auswanderer ohne Umwege direkt von Obermöllern nach Schretzheim um und brachten wie allgemein üblich ihren Besitz mit.

Vielleicht hatten sie nach dem Sieg der Franken im Jahre 531 dem fränkischen König den Treueid geschworen und waren in seiner Gefolgschaft mitgezogen. Eine gewaltsame Umsiedlung ist eher unwahrscheinlich.

Lit.: Koch 1977; Martin 2005, 285–302

IV.13
Vier Brakteatenanhänger
Gold, ø 2,5 cm
Grab 33
6. Jahrhundert
Dillingen, Stadt- und Hochstiftmuseum
Lit.: Koch 1977, Teil 2, 18; Alamannen 1997, 229
Foto: Erfurt, ZRW der Museen der Stadt Erfurt, Dirk Urban

Die gehenkelten Brakteaten zeigen ein reptilienhaftes Phanatasiewesen.

IV.14 IV.15 IV.16

IV.14
Brakteatenanhänger
Gold, ø 2,5 cm
Obermöllern, Grab 20
6. Jahrhundert
Halle, Landesamt für Archäologie Sachsen-Anhalt und Landesmuseum für Vorgeschichte
Lit.: Schmidt 1975, 106, T. 188g
Foto: Erfurt, ZRW der Museen der Stadt Erfurt, Dirk Urban

IV.15
Zellenmosaik-Rundfibelpaar
Silber, vergoldet, grünes Glas, Almandine, ø 1,8 cm
Grab 197
6. Jahrhundert
Dillingen, Stadt- und Hochstiftmuseum
Lit.: Koch 1977, Teil 2, 45; Alamannen 1997, 229
Foto: Erfurt, ZRW der Museen der Stadt Erfurt, Dirk Urban

IV.16
Zellenmosaik-Rundfibel
Silber, vergoldet, Almandine, ø 1,8 cm
Obermöllern, Grab 20
6. Jahrhundert
Halle, Landesamt für Archäologie Sachsen-Anhalt und Landesmuseum für Vorgeschichte
Lit.: Schmidt 1975, 106, T. 90/2
Foto: Erfurt, ZRW der Museen der Stadt Erfurt, Dirk Urban

IV.17
Thüringer Vogelkopffibelpaar
Silber, vergoldet, L 6,3 cm
Obermöllern, Grab 20
6. Jahrhundert
Halle, Landesamt für Archäologie Sachsen-Anhalt und Landesmuseum für Vorgeschichte
Lit.: Schmidt 1975, 106, T. 90/2; Koch 1977, Teil 2, 45, T. 191/5
Foto: Erfurt, ZRW der Museen der Stadt Erfurt, Dirk Urban
Die gleichen Fibeln wurden in Schretzheim, Grab 219 geborgen. Leider sind sie verschollen.

IV.17

IV.18

IV.19

IV.18
Thüringer Bügelfibelpaar
Silber, vergoldet, L 6,4 cm
Grab 197
6. Jahrhundert
Dillingen, Stadt- und Hochstiftmuseum
Lit.: Koch 1977, Teil 2, 44, T. 48/1–2, 191/6–7
Foto: Erfurt, ZRW der Museen der Stadt Erfurt, Dirk Urban

IV.19
Punzverzierte Lanzenspitze
Eisen, L 23,8 cm
Obermöllern, Grab 15
6. Jahrhundert
Halle, Landesamt für Archäologie Sachsen-Anhalt und Landesmuseum für Vorgeschichte
Lit.: Schmidt 1975, 105, T. 88 g; Koch 1977, Teil 2, 11, T. 6/4
Foto: Erfurt, ZRW der Museen der Stadt Erfurt, Dirk Urban
 Eine auffallend ähnliche Lanze fand sich in Schretzheim, Grab 13. Sie gilt als verschollen.

IV.20
Prunklanzenspitze
Eisen, L 28,7 cm
Schretzheim, Grab 74
6. Jahrhundert
Dillingen, Stadt- und Hochstiftmuseum
Lit.: Koch 1977, Teil 2, 25
 Diese nur wenig jüngere stempelverzierte Lanze ist vermutlich nach dem Obermöllerner Vorbild angefertigt.

IV.21

Drei Kümpfe, Ton, H 9,4 cm,
H 9,2 cm, H 7,5 cm
Grab 239, 244, 255
6. Jahrhundert
*Dillingen, Stadt- und Hochstiftmuseum
Lit.: Koch 1977, Teil 2, 56, 57, 60;
Alamannen 1997, 228
Foto: Erfurt, ZRW der Museen der Stadt
Erfurt, Dirk Urban*
Nur in den thüringischen Kindergräbern des Friedhofes von Schretzheim fanden sich diese grobwandigen Kümpfe. Sie waren mit Brei gefüllt.

IV.22

Topf mit gebuckelter Wandung,
Ton, H 14,5 cm
Grab 46
6. Jahrhundert
*Dillingen, Stadt- und Hochstiftmuseum
Lit.: Koch 1977, Teil 2, 21
Foto: Erfurt, ZRW der Museen der Stadt
Erfurt, Dirk Urban*

IV.23

Topf mit Strichdekor, Ton, H 13,5 cm
Grab 246
Rippenbecher mit Strichdekor,
Ton, H 7,3 cm
Grab 261
Rippenschale mit Strichdekor
Ton, H 11,4 cm
Grab 591
6. Jahrhundert
*Dillingen, Stadt- und Hochstiftmuseum
Lit.: Koch 1977, Teil 2, 57
Foto: Erfurt, ZRW der Museen der Stadt
Erfurt, Dirk Urban*

KAPITEL V
FRANKEN – DIE NEUEN HERREN THÜRINGENS

„Wer aber von den Frankenkönigen der erste gewesen ist, ist vielen unbekannt. Denn obwohl das Geschichtswerk des Sulpicius Alexander [nicht erhalten] vieles von den Franken berichtet, nennt er doch den ersten König derselben nicht, sondern spricht davon, daß sie Herzöge hatten. ...

Viele erzählen aber, die Franken seien aus Pannonien gekommen, und hätten sich zuerst an den Ufern des Rheins niedergelassen, dann seien sie über den Rhein gegangen und nach Thoringien gezogen, dort hätten sie nach Gauen und Stadtbezirken gelockte Könige über sich gesetzt, aus ihrem ersten und sozusagen adligsten Geschlecht. ... Wir finden ferner in den Konsullisten, daß der Frankenkönig Theudomer, der Sohn weiland Richimers, und seine Mutter Ascyla mit dem Schwerte getötet worden seien. Damals soll Chlogio, ein tüchtiger und sehr vornehmer Mann unter seinem Volke, König der Franken gewesen sein, ... Aus seinem Stamm, behaupten einige, sei der König Merovech entsprossen, dessen Sohn Childerich war." (Greg. Hist. II,9)

„Zu dieser Zeit herrschte nach Childerichs Tode [481/82] an seiner Stelle sein Sohn Chlodwig. ... Viele Kriege führte er fortan und gewann viele Siege. ..." (Greg. Hist. II,27)

„... Also bekannte der König [Chlodwig] den allmächtigen Gott als den dreieinigen, und ließ sich taufen im Namen des Vaters, des Sohnes und des heiligen Geistes, und wurde gesalbt mit dem heiligen Öl unter dem Zeichen des Kreuzes Christi. Von seinem Heer aber wurden mehr als dreitausend getauft. ..." (Greg. Hist. II, 31)

„Als Chlodwig gestorben war [511], kam sein Reich an seine vier Söhne: Theuderich, Chlodomer, Childebert und Chlothar, und sie teilten es unter sich zu gleichen Teilen. ..." (Greg. Hist. III, 1)

„... [nach Chlothars Tod im Jahr 561] machten dann diese vier [Chlothars Söhne] – nämlich Charibert, Gunthram, Chilperich und Sigibert – unter sich eine rechtmäßige Teilung. Dem Charibert erteilte das Los Childeberts Reich zu, und als seinen Königssitz sollte er Paris haben, dem Gunthram Chlodomers Reich mit dem Königssitz Orleans, Chilperich aber sollte das Reich seines Vaters Chlothar mit dem Herrschersitz Soissons empfangen, Sigibert schließlich das Reich des Theuderich mit Reims als dem Sitz der Herrschaft." (Greg. Hist. IV, 22)

V.1
Joannes Jacob Chifletius
Die merowingischen und die karolingischen Könige bis zu Karl dem Großen
Kupferstich
Antwerpen 1655
Foto: Wolfenbüttel, Herzog August Bibliothek, 299.4 Hist. 2°, S. 3

Childerich I. ist der erste historisch eindeutig belegbare König der Franken. Sein Sohn Chlodwig I. gilt als Grundsteinleger des Frankenreiches. Während seiner ca. 30jährigen Regentschaft beseitigte er die römische Präsenz in Gallien, schwächte maßgeblich das Westgotenreich und unterwarf neben den Alamannen verschiedene Völker entlang des Rheins. Im gesamten fränkischen Herrschaftsterritorium setzte er die Anerkennung des Königtums der Merowinger durch. Dabei gelang es ihm, adlige und kirchliche Mächte in sein Staatsgefüge einzubinden. Ein Ereignis von welthistorischer Bedeutung war die Taufe Chlodwigs und der damit verbundene Übertritt seiner Gefolgschaften zum katholischen Christentum.

Seine Söhne Theuderich I., Chlodomer, Childebert I. und Chlothar I. führten sein Werk fort, obwohl das Reich gemäß fränkischen Rechts unter ihnen aufgeteilt wurde. Sie vollzogen die Frankisierung Mittel- und Süddeutschlands. Das betraf auch das Königreich der Thüringer. Theuderich und sein Sohn Theudebert verleibten es dem austrischen Reichsteil ein. Im thüringischen Kernland änderte sich durch den Anschluss an das Frankenreich zunächst kaum etwas. Im Jahr 555 verwüsteten die Franken Thüringer Gebiet, weil die Thüringer angeblich die Sachsen unterstützten, um die fränkische Vorherrschaft abzuschütteln. Archäologisch ist seit der Zeit um 600 fränkischer Fundniederschlag zu erkennen. Es entstanden an strategisch wichtigen Punkten fränkische Straßenstationen, u.a. auch in Alach, vor den Toren Erfurts.

Nach dem Tod des letzten Sohnes von Chlodwig, Chlothar I., im Jahre 561 wurde das Reich wie 511 unter den Söhnen aufgeteilt. Nach Gregor von Tours setzte nun die Zeit der „bella civilia" (Bürgerkriege) ein.

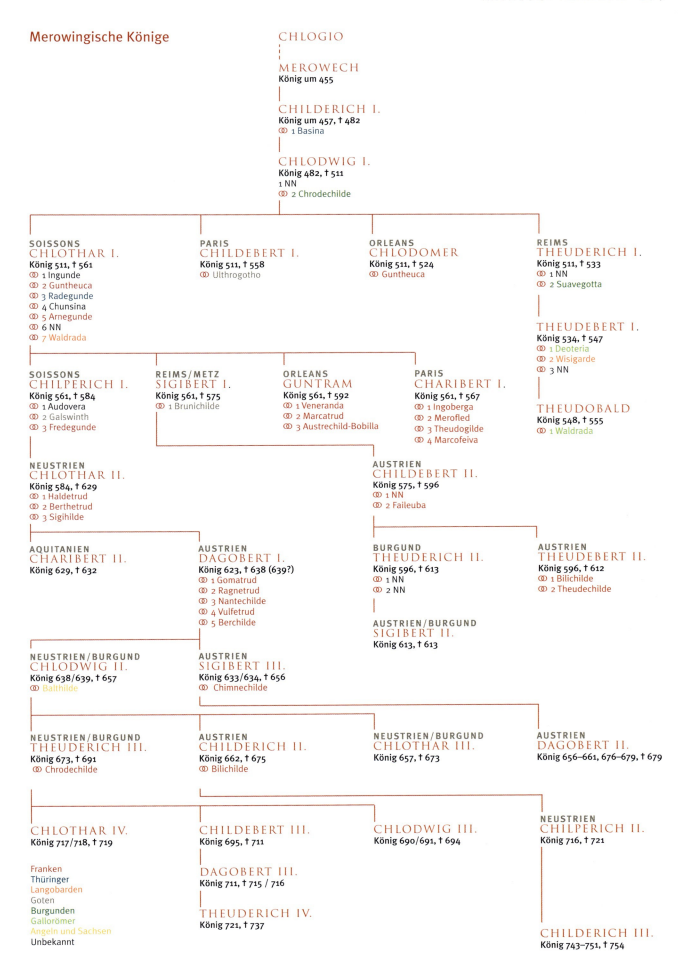

V.2

V.2
Dagobertthron
Original: 1. Hälfte 9. Jahrhundert
Bronze, Spuren von Vergoldung, H 104 cm, B 82 cm
Bibliothèque national de France, Cabinet des Médailles
In der Ausstellung: Nachbildung, Mainz, Römisch-Germanisches Zentralmuseum
Lit.: Hartmann 2003, 94f; Corsepius 2004; Wamers 2005, 45f
Foto: RGMZ Mainz, Sabine Steidl

Der Thron gilt als Herrschaftszeichen des Königs. Der zusammenklappbare Stuhl ist bereits in der Antike bezeugt. Er konnte überallhin mitgeführt und aufgestellt werden. In dieser Eigenschaft als beweglicher Thron nutzte ihn 1802 Napoleon im Feldlager bei Boulogne und ersann auf ihm sitzend den Orden der Französischen Ehrenlegion.

Die Bezeichnung als Dagobertthron erhielt der Stuhl im 12. Jahrhundert von Abt Suger von Saint-Denis. Dagobert I. (um 606, König seit 623, † 638/39) gilt als letzter Merowingerkönig.

Zu den ältesten Teilen des Sitzes gehören die Beine mit Löwenköpfen und -tatzen sowie die Querstreben. Die durchbrochenen Seitenlehnen und die Rückenlehne wurden später angefügt.

V.3

V.3
Elfenbeintafel mit Szenen aus dem Leben des hl. Remigius
Untere Szene: Taufe Chlodwigs
H 18,3 cm, B 12,2 cm
Original: 9. Jahrhundert
Amiens, Musée de Picardie
In der Ausstellung: Gipskopie
Lit.: Goldschmidt 1914, 31 f, T. XXIII, Abb. 57
Foto: Amiens, Musée de Picardie, Hugo Maertens

V.4

Die Elfenbeintafel schildert in drei Szenen Begebenheiten aus dem Leben des hl. Remigius (geb. 437, seit 459 Bischof von Reims, † 533): Oben erweckt er ein Mädchen aus Toulouse zum Leben; in der Mitte bittet ein Kranker um die Taufe und durch das Gebet des Remigius füllen sich die leeren Gefäße mit dem heiligen Öl.

Der größte Verdienst für die katholische Kirche war die Vollziehung der Taufe Chlodwigs und der darauf folgende Übertritt eines großen Teils der Untergebenen des fränkischen Königs zum Katholizismus. Dieses herausragende politische Ereignis thematisiert das untere Bildfeld. Remigius in der Bildmitte hat seine Hand auf Chlodwigs Stirn zur Segnung gelegt, der hockend in einem Taufbecken mit zwei Säulen und darüber gespannten Bogen dargestellt ist. Der hl. Vedast unterstützt die Taufhandlung. Hinter ihm, am äußersten Rand der Tafel, steht Königin Chlothilde. Über Chlodwig schwebt eine Taube, die das Salbgefäß für die Weihe des Königs bringt. An der Zeremonie nehmen noch drei weitere Personen teil.

Die Elfenbeintafel ist die älteste bekannte Darstellung der Taufe des Frankenkönigs.

Alach, Fränkisches Gräberfeld
Ende 6./ Anfang 7. Jahrhundert

Der Friedhof fränkischer Siedler in Alach hat für den Erfurter Raum herausragende Bedeutung. Er wurde in einem Zeitraum von 40 bis 50 Jahren, vom späten 6. bis in das frühe 7. Jahrhundert, genutzt. Es wurden 23 Bestattungen freigelegt. Drei Männergräber, von denen zwei (Nr. 1/81 und Nr. 15/81) sehr reich ausgestattet waren, lagen in einem auf besondere Weise abgegrenzten Bereich: 11 Pferde, die in fünf Doppelgräbern und einem Einzelgrab bestattet waren, bildeten einen Halbkreis um sie herum. Es handelte sich um die Besitzer der Tiere. Die Männer nahmen offenbar eine führende Stellung ein. Umfangreiche Waffenausrüstungen, Gürtelgarnituren, Pferdezaumzeug, Gefäße, Feinwaagen, Beschläge, Schnallen, Ringe u.a. Trachtenbestandteile kennzeichnen den gehobenen sozialen Stand der Alacher Siedler, die um 600 in der Nähe des Zentralortes Erfurt wichtige Positionen im Fernhandel inne hatten.

Lit.: Timpel 1990

V.4
Männergrab
Grab 1/81
Schilddornschnalle, Bronze, L 5 cm, B 2 cm
Kette, Muschelscheiben, Glas, Bronze, L ca. 6 cm
Zwei ovale Schnallen mit rechteckigen Laschenbeschlägen, Bronze, L 3 cm, B 2 cm
Eckiger Beschlag mit 3 Nieten, Bronze, versilbert, L 2 cm, B 2,5 cm
Kumpf, Ton, H 8,5 cm, ø 8,5 cm

Weimar, Landesamt für Archäologie mit Museum für Ur- und Frühgeschichte Thüringens
Foto: Erfurt, ZRW der Museen der Stadt Erfurt, Dirk Urban

Darüber hinaus fanden sich in diesem herausragenden Grab Fragmente einer Feinwaage, Reste eines Holzeimers, eine Perlrandschale, Teile eines silbernen Mundbleches von einem Becher, eine komplette Waffenausrüstung, Pferdetrense, Tierknochen, Eierschalen und diverse andere Gegenstände des persönlichen Bedarfs.

V.5
Männergrab
Grab 12/81
Schwert, Eisen, L 71 cm
Messer, Eisen, L 11,5 cm
Lanzenspitze mit Schlitztülle, Eisen, L 57 cm
Flacher Feuerstahl, Eisen, L 6,9 cm, B 1 cm
Pfriem, Eisen, L 8,4 cm, B 1,3 cm
Zwei Schnallen, Bronze, L 2,8 cm, 3 cm, B 2 cm,
Schale, Ton, H 10,7 cm, Mdm 13,5 cm, ø 18,1 cm
Weimar, Landesamt für Archäologie mit Museum für Ur- und Frühgeschichte Thüringens

Es handelt sich um das Grab eines wohlhabenden Kriegers, der mit voller Bewaffnung bestattet wurde. Die Waffenausrüstung veranlasst zu der Vermutung, dass diesem Grab möglicherweise eines der Pferdegräber zugeordnet werden kann.

V.6
Männergrab
Grab 2/81
Breitsax, Eisen, L 32 cm, B 4,3 cm
Pinkeisen, Eisen, L 10 cm, B 3 cm
Feuerstein mit Abschlagspuren, L 4 cm, B 3 cm, H 1,5 cm
Zweireihiger Dreilagenkamm, Bein, L 10 cm, B 4 cm
Zwei ovale Schnallen mit Dorn, Eisen, L 5 cm, B 3,5 cm
Weimar, Landesamt für Archäologie mit Museum für Ur- und Frühgeschichte Thüringens

Dieses und das nachfolgende Grab 9 gehören zu den einfach bis gering ausgestatteten Gräbern.

V.7

V.7
Männergrab
Grab 9/81
Schmalsax, Eisen, L 28,5 cm
Messer, Eisen, L 15,5 cm
Pinzette, Bronze, L 7 cm
Weimar, Landesamt für Archäologie mit Museum für Ur- und Frühgeschichte Thüringens
Foto: Erfurt, ZRW der Museen der Stadt Erfurt, Dirk Urban

V.8

V.9

V.8
Männergrab
Grab 10/81
Pfeilspitze mit Schlitztülle, Eisen, L 10 cm
Schildbuckel, Eisen, H 5,5 cm, ø 16 cm
Messer, Eisen, L 21 cm
Riemenschieber, Bestandteil einer Gürtelgarnitur,
Eisen, L 2,5 cm, B 1 cm, H 1,5 cm
Fünf Beschläge einer Gürtelgarnitur, Eisen,
L 2,5 cm, Br 2,5 cm
Weimar, Landesamt für Archäologie mit Museum für Ur- und Frühgeschichte Thüringens
Foto: Erfurt, ZRW der Museen der Stadt Erfurt, Dirk Urban

Diese Bestattung einer begüterten Person zählt mit zu den jüngsten des Gräberfeldes. Dafür spricht die vielteilige Gürtelgarnitur.

Friedhof Erfurt-Mittelhausen, Am Roten Berg, Mittelhäuser Tongrube

In den Jahren 1903 bis 1909 wurden vom Grundstückseigentümer Sahlender ein Reitergrab, 16 Körpergräber und drei Pferdebestattungen untersucht und geborgen. Die Funde weisen das Gräberfeld als fränkischen Bestattungsplatz aus.

Im Grab 5 fanden sich neben der Waffenausrüstung des Kriegers ein fränkischer Doppelkonus mit Stempelornament.
Lit.: Schmidt, 1970, 57–59

V.9
Männergrab
Grab 5
Fränkischer Doppelkonus mit Stempelornament,
Ton, H 14,2 cm, ø 13,5 cm
Schildbuckel, Eisen, H 9 cm, ø 19 cm
Lanzenspitze, Eisen, L 23,5 cm
Bronzedorn, L 5,4 cm
7. Jahrundert
Erfurt, Stadtmuseum
Foto: Erfurt, ZRW der Museen der Stadt Erfurt, Dirk Urban

V.10 V.11 V.12

Fränkische Fibeln von verschiedenen Thüringer Fundplätzen

V.10
Fränkische Fünfknopffibel
Bronze, Almandine, L 8,8 cm
Weimar, Meyer- /Friesstraße, Grab 45 (Frau)
6. Jahrhundert
Weimar, Landesamt für Archäologie mit Museum für Ur- und Frühgeschichte Thüringens
Lit.: Schmidt 1970, 83, T. 87/1d; Behm-Blancke 1973, 346, Abb. 108
Foto: Erfurt, ZRW der Museen der Stadt Erfurt, Dirk Urban

V.11
Fränkische Goldblechscheibenfibel
Goldblech auf Kupfer mit Glas- , Almandin- und Steineinlagen, ø 4,3 cm
Ammern, Sandgrube, Frauengrab 75/6
um 600
Mühlhausen, Mühlhäuser Museen, Stadt- und Regionalgeschichtliches Museum am Lindenbühl
Foto: Erfurt, ZRW der Museen der Stadt Erfurt, Dirk Urban

Seit dem späten 6. Jahrhundert trugen die Franken nach mediterranem Vorbild Scheibenfibeln, die einen Umhang oder Mantel verschlossen. Die Goldblechscheibenfibel stammt aus einem reich ausgestatteten Frauengrab. Sie besteht aus einer kupfernen Grundplatte und einer goldenen Deckplatte mit erhabener Mittelzelle, deren zentrale Einlage verloren gegangen ist. Blauer und grüner Glasfluss, rote Turmalineinlagen sowie reiche Filigranverzierung schmücken das Goldblech. Diese Fibel ist die einzige ihrer Art aus dieser Zeit auf thüringischem Boden. Ihre Provenienz ist die östliche Francia.

V.12
Scheibenfibel
Eisen, Bronze, Silber, ø 6,9 cm
Waltersleben, Straße nach Eischleben, Grab 18
7. Jahrhundert
Erfurt, Stadtmuseum
Lit.: Schmidt 1961, 134f; Schmidt 1970, 62
Foto: Erfurt, ZRW der Museen der Stadt Erfurt, Dirk Urban

Die Scheibenfibel wurde 1939 aus einer W-O gerichteten Bestattung eines Reihengräberfeldes geborgen. Sie besteht aus einer bronzenen Grundplatte und einer Eisenauflage mit Silbertauschierung, die in der Mitte ein großes griechisches Kreuz zeigt. Im Zentrum ist ein Bronzeknopf auf weißer Masse aufgebracht. Die Fibel stammt vermutlich aus einer mittelrheinischen Werkstatt.

KAPITEL VI
RADEGUNDE

„...Chlothar aber führte Radegunde, die Tochter König Berthachars, bei seiner Rückkehr als Gefangene mit sich und nahm sie zur Frau; ihren Bruder ließ er später ungerechtweise durch schändliche Menschen töten. Sie aber wandte sich zu Gott, legte das weltliche Gewand ab und baute sich ein Kloster in der Stadt Poitiers. Durch Gebet, Fasten und Almosengeben trat sie so leuchtend hervor, dass sie einen großen Namen unter dem Volke gewann." (Greg. Hist. III, 7)

„...Mit welcher Frömmigkeit und Genügsamkeit, Liebe und Friede, Demut und Sittsamkeit, Glaube und Eifer sie gelebt hat, das zu beschreiben, ist auf keine Weise möglich. ..." (Ven. Fort. Vita b. Koch, Kap. 35)

„...Immer um den Frieden bemüht und jedes Mal, wenn die verschiedenen Königreiche (ihrer Stiefsöhne) aufeinander stießen, um das Wohl des Vaterlandes besorgt; ... Wenn sie erfuhr, daß zwischen ihnen schändlicher Streit aufgebrochen war, dann zitterte sie am ganzen Körper und schickte Briefbotschaften zu dem einen wie dem anderen, nur damit sie nicht zu den Waffen greifen und einen Krieg vom Zaun brechen, ... " (Baudonivia, Vita, Kap. 8)

In seinen Historien berichtete Gregor von Tours über verschiedene Ereignisse aus dem Leben Radegundes: ihre Herkunft, die Klostergründung, die Aufnahme der Kreuzreliquien, die Auseinandersetzung mit Bischof Maroveus. Außerdem erwähnte er ihr Begräbnis, das er selbst leitete, und beschrieb ausführlich den Nonnenaufstand nach ihrem Tod im Jahre 589. Er fügte zwei Originaldokumente ein: einen Brief der Bischöfe an Radegunde und ihr so genanntes Testament - das Schreiben Radegundes an die Bischöfe. Eine zusammenhängende Lebensbeschreibung lieferte er nicht. Dieser Aufgabe widmeten sich zwei Autoren, die wie Gregor von Tours Radegunde persönlich gekannt haben. Die erste Vita verfasste der Dichter, Sekretär und Vertraute Radegundes, Venantius Fortunatus (540 – ca. 609). Er schrieb auch zahlreiche Gedichte, die vor allem seine innige Freundschaft zu Radegunde dokumentieren. Darüber hinaus entstanden sie aus Anlass bestimmter Ereignisse wie der Ankunft der Kreuzreliquien in Poitiers. Das Briefgedicht „Vom Untergang des Thüringer Königreiches" an Radegundes Jugendfreund Amalafred formulierte Fortunatus in ihrem Namen. Darin beklagte sie den Verlust ihrer thüringischen Heimat und Verwandten.

Die zweite Vita schrieb Baudonivia, Nonne des Heiligkreuzklosters, im Auftrag der Äbtissin Dedima kurz nach 600. Sie kennzeichnete ihre Schrift ausdrücklich als Zusatzvita zu der von Fortunatus.

Radegunde, die Tochter des verstorbenen Thüringerkönigs Berthachar, wurde um 518/ 520 geboren. Ihr genaues Geburtsdatum als auch der Geburtsort sind unbekannt. Sie wurde mit ihrem namentlich unbekannten Bruder am Hof ihres Onkels Herminafrid, der mit der ostgotischen Prinzessin und Nichte Theoderich des Großen, Amalaberga, verheiratet war, aufgenommen und zusammen mit dessen Sohn Amalafred erzogen.

Nach dem Sieg der Franken über die Thüringer war die thüringische Prinzessin die herausragendste Kriegsbeute. Durch eine Heirat konnten die Eroberer legal die Herrscher Thüringens werden. Die Heirat mit Chlothar I. fand um 540 in Soissons statt. Um 550/ 555 zog sich Radegunde aus dem weltlichen Leben zurück. Noch vor 561, dem Todesjahr Chlothars I., richtete sie mit seiner Zustimmung und Unterstützung ein Kloster in Poitiers ein.

Am 13. August 587 verstarb Radegunde. Gregor von Tours leitete persönlich die Trauerfeierlichkeiten.

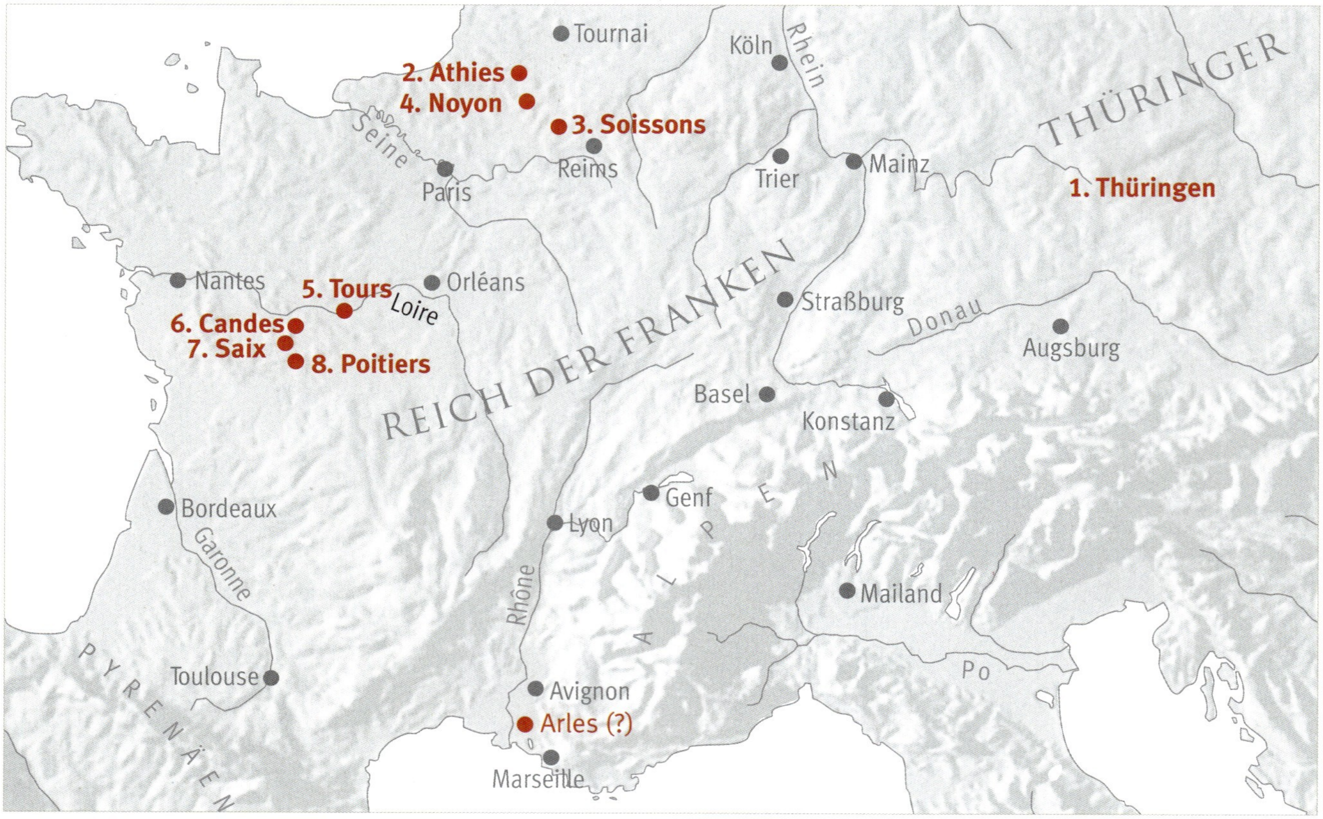

Lebensstationen der Radegunde

VI.1
Kirchenfenster mit Szenen aus dem Leben der hl. Radegunde
Poitiers, Kirche der hl. Radegunde

In der Ausstellung: Großfotos
Foto: Ch. Vignaud, Musées de la Ville de Poitiers

Szenen Fenster 1

a) – Radegunde spielt mit ihrem Bruder am Hof des Königs Herminafrid Schach.
c) – Erziehung und Ausbildung von Radegunde in der Königsvilla Athies.
e) – Meuchelmord an Radegundes Bruder auf Befehl von Chlothar.
g) – Radegunde verlässt Chlothar und flieht mit ihrer Dienerschaft aus der Stadt.
i) – Radegunde betritt das Kloster und überzeugt ihre Begleiterinnen zu folgen.
k) – In Tours, beim Grabmal des hl. Martin, bittet Bischof Germanns den König, Radegunde nicht zu verfolgen.
m) – Radegunde veranlasst die Errichtung eines Klosters in Poitiers.
o) – Der Tod Radegundes in Gegenwart ihres Schutzengels und der Äbtissin Agnes.

Szenen Fenster 2

b) – Radegunde und ihr Bruder werden als Gefangene an den Hof Chlothars I., König von Soisonns, geführt.
d) – Radegunde heiratet den Frankenkönig Chlothar I.
f) – Radegunde weint am Sarg ihres Bruders.
h) – In Nyon bittet Radegunde Bischof Medardus sie zur Diakonin zu weihen.
j) – Chlothar auf der Suche nach Radegunde.
l) – Radegunde liest und schreibt Gedichte.
n) – Radegunde empfängt von einem Boten des Kaisers Justinian II. die Heiligkreuzreliquie.
p) – Gregor von Tours findet durch das Wunder der Öllampe Stärkung am Grabmal der hl. Radegunde.

KATALOG: RADEGUNDE 187

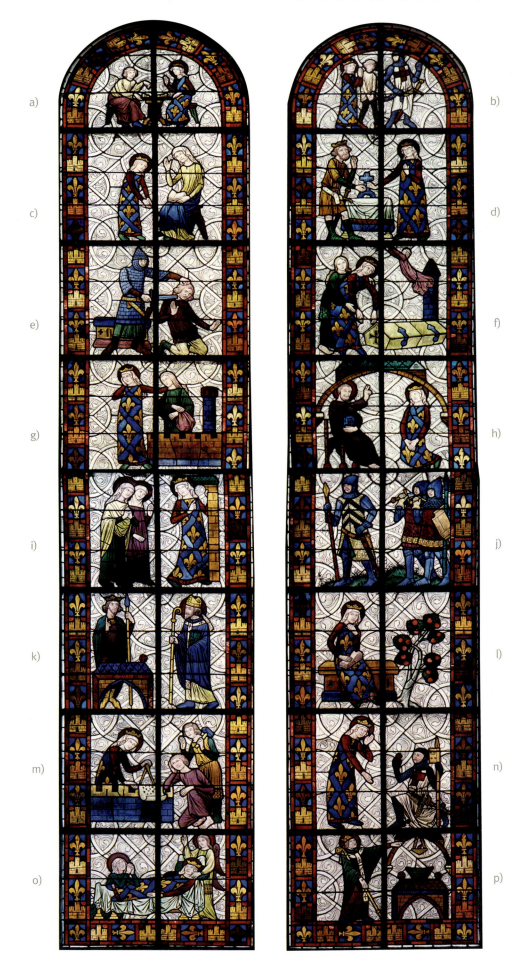

VI.1

KAPITEL VI.I.
GEFANGENE

„... Unter den Siegern, deren Beute das königliche Mädchen geworden war, entstand Streit um die Gefangene. Wäre sie nicht nach Beendigung des Kampfes einem bestimmten Manne zugesprochen worden, so hätten die Könige noch die Waffen gegeneinander erhoben. So kam sie in die Gewalt des Königs Chlothar; sie wurde nach Athies in der Grafschaft Vermondois, einem königlichen Gut, geführt und den dortigen Lehrern zur Erziehung übergeben. Das Mädchen wurde neben den Arbeiten, die ihrem Geschlecht zukommen, in den Wissenschaften unterrichtet.... " (Ven.Fort. b. Koch, Kap. 3)

Nach der siegreichen Schlacht gegen die Thüringer im Jahre 531 sollen sich die beiden fränkischen Könige und Brüder Chlothar I. und Theuderich I. um die thüringische Prinzessin Radegunde gestritten haben. Schließlich erhielt sie Chlothar I.

Trotz ihres de facto rechtlosen Status als Gefangene galt sie als sehr wertvolle Kriegsbeute, denn eine Eheverbindung mit ihr sicherte dem Frankenkönig Besitzrechte am einstig mächtigen Thüringer Königreich. Dieser Fakt war ausschlaggebend für die Art ihrer Unterbringung und Versorgung. Das war nicht die Regel: Die Mehrzahl der Gefangenen wurde auf der Stelle getötet oder in die Sklaverei verkauft. Nur Höhergestellte waren für die Sieger von Wert und konnten auf eine privilegierte Behandlung hoffen.

Radegunde musste als Erstes auf ihre künftige Rolle als fränkische Königin vorbereitet werden. In der Königsvilla Athies erhielt sie eine entsprechende Erziehung und Ausbildung mit Sprachunterricht in Latein, vielleicht auch in Griechisch, lernte Schriften von Kirchenvätern und Klassikern kennen, übte sich im Weben und Sticken. Hier lernte sie zum ersten Mal das Christentum in seiner katholischen Form kennen. Vielleicht wurde sie auch katholisch getauft.

Während ihres Aufenthaltes am Hof des Thüringer Königs Herminafrid war sie, beeinflusst von der Ostgotin Amalaberga, mit den Glaubensvorstellungen des arianischen Christentums in Berührung gekommen, obwohl Kaiser Theodosius (379–395) den Arianismus beim Konzil von Konstantinopel (381) endgültig verboten hatte. Aber die Auffassungen des Arianismus lebten bei den Goten und Langobarden weiter. Die Mitglieder ihrer Oberschicht verbreiteten sie noch im 5. und 6. Jahrhundert. Kernfrage der Glaubensstreitigkeiten arianischer und katholischer Christen war die Lehre von der Trinität. Arius (um 280–336), von dessen Namen die Bezeichnung Arianismus abgeleitet ist, vertrat die Ansicht, dass Jesus Teil der Schöpfung sei und somit nicht Teil der Trinität sein könne.

VI.I.1
Jean Bouchet
Histoire et cronique de Clotaire premier de ce nom VII roy des Francois et monarque des Gaules. Et de sa très illustre espouse madame saincte Radegonde: extraicte au vray de plusieurs cronicques antiques et modernes
fol. 16 r: Chlothar I. erhält nach einer Auseinandersetzung mit seinem Bruder Theuderich I. Radegunde
Poitiers: Enguilbert de Marnef, 1527
Papier, 94 Blätter, 4°
Poitiers, Bibliothèque municipale, La médiathèque Francois Mitterrand, DP 1142
Foto: Poitiers, CESCM, O. Nenillé

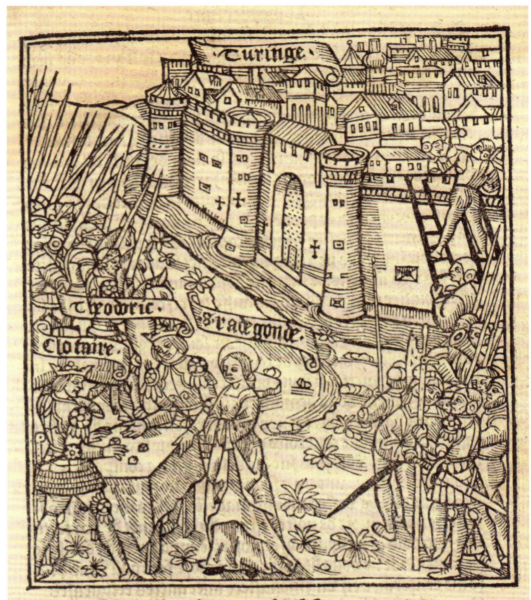

VI.I.2
Bibelfragmente
Lukas 22,66–23,17 und Matthäus 22,34–23,5
Italien, Ende 4./ Anfang 5. Jahrhundert
Pergament, 2 Blätter, H 21,2 cm, B 14,8 cm
Lavanttal, Stift St. Paul, Bibliothek
Lit.: Schatzhaus Kärntens 1991 (Katalog), 157
Foto: Lavanttal, Stift St. Paul

Die Handschrift, eine der frühesten Beispiele der Vulgataversion des Neuen Testaments, wurde zerlegt und zum Buchbinden verwendet.

„Lehrbücher" im frühen Mittelalter

Einhard (um 770–840), der Verfasser der Biographie Karl des Großen, berichtete über dessen Bildung: „Die Sieben Freien Künste pflegte er mit großem Eifer …".

Die „septem artes liberales" teilte der Philosoph Boethius (um 475–524) in das Quadrivium (Arithmetik, Geometrie, Musik, Astronomie) und das Trivium (Grammatik, Dialektik, Rhetorik). Auch die Erziehung und Ausbildung in der Merowingerzeit dürfte für die Kleriker sowie für die Angehörigen des Königshauses und der Adelskreise auf der Basis der sieben freien Künste, in enger Anlehnung an die Spätantike, erfolgt sein.

VI.I.3

VI.I.3
Ambrosius-Codex (De Fide Catholica)
Italien, 1. Hälfte 5. Jahrhundert
Pergament, 155 Blätter, H 24,7 cm, B 22,5 cm, fol. 72 v
Lavanttal, Stift St. Paul, Bibliothek
Lit.: Schatzhaus Kärntens 1991 (Katalog), 128; Sitar 2000, 124–126
Foto: Lavanttal, Stift St. Paul

Der in breiter Uniziale geschriebene Text basiert auf einer Vorlage des Kirchenvaters Ambrosius (um 340–397). Als Theologe, Prediger und Seelsorger bekämpfte er arianisches und heidnisches Gedankengut und beschäftigte sich mit der Schriftauslegung.

Die ganzseitige Illustration zeigt in einem symbolisierten Erdkreis den thronenden Christus als Weltenherrscher zwischen Petrus und Paulus (?). Die Handschrift ist das älteste Beispiel Reichenauer Buchschmuckes.

VI.I.4
Lukasevangelium (Fragmente) mit St. Pauler Lukasglossen
Lukas 1,64–2,51
6./7. Jahrhundert
Glossen: Reichenau, um 800
Pergament, 1 Doppelblatt, H 25,5 cm, B 20,8 cm
Lavanttal, Stift St. Paul, Bibliothek
Lit.: Schatzhaus Kärntens 1991 (Katalog), 158

Der Text aus dem Lukasevangelium wird in der Form der Vetus Latina dargeboten. Um 800 wurde die Schrift vermutlich auf der Reichenau mit althochdeutschen Glossen versehen.

Im 14. Jahrhundert wurde das Blatt dem Ambrosiuscodex als Vorsatzblatt beigebunden und erst im Zuge der Neukatalogisierung wieder herausgelöst.

VI.I.5

VI.I.5
Pliniuspalimpsest (Hieronymus: In Ecclesiasten)
5./ 7. Jahrhundert
Pergament, 138 Blätter, H 21,5 cm, B 13,5 cm
Lavanttal, Stift St. Paul, Bibliothek
Lit.: Schatzhaus Kärntens 1991 (Katalog), 158
Foto: Lavanttal, Stift St. Paul

Plinius der Ältere (23/24–79 u.Z.) ist vor allem durch seine 37 Bände umfassende Enzyklopädie der Natur- und Kunstwissenschaften, die den Namen „Naturalis historia" trägt und dem römischen Kaiser Titus gewidmet ist, bekannt geworden.

Die Bücher XI bis XV sind in einer Uniziale des 5. Jahrhunderts geschrieben und wurden im 7. Jahrhundert von einem Hieronymustext überschrieben. Die Handschrift wurde mit einer Chemikalie behandelt, was zur Folge hatte, dass auf vielen Blättern keiner der beiden Texte mehr lesbar ist.

VI.I.6
Traktate antiker Grammatiker
England, 8. Jahrhundert
Pergament, 75 Blätter, H 33 cm, B 23,5 cm
Lavanttal, Stift St. Paul, Bibliothek
Lit.: Schatzhaus Kärntens 1991 (Katalog), 154; Sitar 2000, 127f

Die Textabschnitte, die alle aus dem Bereich der Grammatik sind und für den Schulgebrauch bestimmt waren, haben eine blockweise Anordnung. Die einzelnen Segmente werden durch kolorierte Doppelinitialen eingeleitet. Bis in die zweite Hälfte des 18. Jahrhunderts wurde das Werk gefaltet aufbewahrt. Erst danach versah man es mit einer Bindung.

VI.I.7
Schulschreibheft
Reichenau (?), 9. Jahrhundert
Pergament, 8 Blätter, H 30,2 cm, B 20,3 cm
Lavanttal, Stift St. Paul, Bibliothek
Lit.: Schatzhaus Kärntens 1991 (Katalog), 155; Sitar 2000, 127

Das Heft enthält eine Vokabellehre in griechischen und lateinischen Lettern sowie verschiedene Texte. Die Schrift wird als „insular" gewertet, d.h. sie lehnt sich an angelsächsische Schreibkunst an.

VI.I.8
Liber geometriae
Weingarten, 10. Jahrhundert
Pergament
Lavanttal, Stift St. Paul, Bibliothek

Diese Handschrift behandelt verschiedene geometrische und mathematische Fragen.

KAPITEL VI.II.
FRÄNKISCHE KÖNIGIN

„Der König [Chlothar] hatte von verschiedenen Frauen sieben Söhne: von der Ingunde nämlich Gunthar, Childerich, Charibert, Gunthramn, Sigibert und eine Tochter Chlodosinde, von der Arnegunde ferner, Ingundens Schwester, Chilperich; von der Chunsina endlich Chramn. Was aber der Grund war, daß er seiner eigenen Gemahlin Schwester zum Weibe nahm, will ich erzählen. Als er Ingunde schon zur Ehe genommen hatte und sie mit ausschließlicher Liebe verehrte, da hörte er eine Bitte von ihr. „Mein Herr, sagte sie, hat mit seiner Magd getan, wie ihm beliebte und mich seinem Lager zugesellt. ... Ich bitte Euch, bestellt meiner Schwester, die eure Sklavin ist, einen angesehenen und wohlhabenden Mann,...." Als er dies hörte, wurde er, da er allzu ausschweifend war, von Begier nach Arnegunde befallen, nahm seinen Weg zu dem Hofe, wo sie wohnte, und vermählte sich mit ihr. ..." (Greg. Hist. IV, 3)

„... Sie [Radegunde] wurde nach Soissons geführt und zur Königin erhoben; ... Sie heiratete den irdischen Fürsten, ohne sich von ihrem himmlischen zu trennen. ..." (Ven. Fort. b. Koch, 3)

„..., sie ließ in Athies ein Haus bauen und gute Betten aufschlagen, um bedürftige Frauen aufzunehmen. Sie selbst wusch diese im Bade, verband die Wunden der Kranken, wusch den Kopf der Männer und bediente, die sie vorher gewaschen hatte; sie gab ihnen eigenhändig zu trinken, um die Ermüdeten durch einen Trunk zu stärken. So hat sie, die hehre Frau, Königin von Geburt und Königin durch Heirat, Herrin im Königspalast, an den Armen wie eine Magd Dienste getan. " (Ven. Fort. b. Koch, 4)

„...Die dem weltlichen Fürsten Verbundene war eher eine himmlische als eine irdische Königin gewesen...." (Baudonivia, Vita, Kap. 1)

Für Chlothar I. sind insgesamt sieben Ehen nachgewiesen. Diese für das merowingische Königshaus typische Ehepraxis zeigt sich kaum von christlichen Vorstellungen beeinflusst, dennoch verweist Gregor von Tours nur in einem Fall (Ehe mit Waldrada) auf eine Missbilligung seitens der Kirche. *(Fortsetzung auf Seite 195)*

VI.II.1

Rekonstruktionszeichnung der Kleidung und Trageweise der zugehörigen Trachtelemente nach Max Martin

VI.II.1
Frauengrab
Saint-Denis (Dep. Seine-Saint-Denis), Basilika Grab 49
Ring mit Monogramm, Legende: ARNEGUNDIS REGINE, Gold, 1,8 x 2,1 cm
Zwei Kugelkopfnadeln, Gold, L 5,4 und 5,8 cm
Die Nadeln wurden neben dem Schädel gefunden und befestigten die Haube.
Zwei Ohrringe, Gold
Gewandnadel, Gold, Almandineinlagen, L 26,4 cm
Die auf ihrer Brust gefundene Gewandnadel hielt vermutlich den Schleier zusammen.
Scheibenfibelpaar, Gold, Almandineinlagen, ø 4,2 cm
Die zwei Scheibenfibeln verschlossen am Hals und auf der Brust den Mantel.
Schnalle mit Gegenbeschlag, Bronze, Silber, Gold, Niello, Almandin- und Glaseinlagen, L 16,3 cm
Die Schnalle war Bestandteil eines Gürtels, der die Tunika in der Taille raffte.
Wadenbindegarnitur (Riemenzungen, Schnallen), Kupfer, Silber, L 4,6 cm
Schuhgarnitur (Riemenzungen, Schnallen), Kupfer, Silber, Vergoldung, ziseliert und nielliert, L 5,0 cm und 5,5 cm
Um 565
Saint-Germain-en-Laye
In der Ausstellung Rekonstruktionen von Bruno France-Lanord, Paris
Foto: Bruno France-Lanord, Paris

KATALOG: FRÄNKISCHE KÖNIGIN 195

Die Eheschließung von Chlothar I. und Radegunde erfolgte nach dem Tod seiner ersten Gattin Ingunde um 540 in Soissons.
Als Königin lebte Radegunde ca. 10 Jahre am Hof in Soissons. Ihre Ehe blieb kinderlos. In Athies richtete sie ein Hospital ein. Möglich wurde diese karitative Freigebigkeit durch das materielle Vermögen, das Radegunde als Königin zur Verfügung stand.

Die Erzählung Gregor von Tours über die Eheschließung Chlothars mit Arnegunde suggeriert dem Leser, dass Ingunde die gleichzeitige Ehe des Königs mit ihrer Schwester tolerierte. Diese Eintracht wird in der Regel unter den Gemahlinnen nicht geherrscht haben. An anderen Stellen finden sich zahlreiche Hinweise auf Eifersucht bis hin zu einem Mord.

Im Jahr 1959 wurde in der Basilika von St. Denis ein besonders reich ausgestattetes Frauengrab entdeckt. Die Verstorbene im Alter von ca. 45 Jahren konnte aufgrund des Monogramms in ihrem goldenen Siegelring am Daumen der linken Hand als fränkische Königin Arnegunde identifiziert werden. Es ist das erste Grab, das Informationen über Tracht und Schmuck einer merowingischen Königin liefert. Die Bekleidung bestand aus sieben Teilen: Haube, darüber hüftlanger roter Seidenschleier, Mantel aus braunroter leinengefütterter Seide mit weiten Ärmeln und goldbestickten Manschetten, knielange Tunika aus violettblauer Seide mit kurzen Ärmeln, Hemd aus Wolle, Wollstrümpfe mit Strumpfbändern aus Leder und Metallbeschlägen, Lederschuhe. Die Anordnung der Schmucksachen im Grab erlaubt Rückschlüsse auf ihre Trageweise.

VI.II.2

Radegunde
Lindenholz, farbig gefasst, H mit Sockel ca. 0,80 cm
18. Jahrhundert
Müdesheim, Pfarrkirche St. Markus und St. Ulrich
Foto: Pfr. Engelbert Braun, Arnstein

Die Barockplastik zeigt Radegunde im Goldgewand als Königin, die ihre Krone abgelegt hat und als Zeichen der Geringschätzung irdischer Macht mit dem linken Fuß auf sie tritt. Die Krone ist deshalb umgedreht. In der rechten Hand hält Radegunde das Kreuz.

VI.II.2

KAPITEL VI.III.

KLOSTERGRÜNDERIN

„Unter göttlicher Vorsehung geschah es durch einen Zufall, daß ein Unglück für sie zum Segen wurde. Ihr unschuldiger Bruder wurde ermordet. Sie eilte vom König fort, ging zum heiligen Medardus von Nyon und bat diesen inständig, ihr Kleid vertauschen und sich dem Herrn weihen zu dürfen...." (Ven. Fort. b. Koch, Kap. 9)

„....Da ich mich vorlängst, von den Banden des weltlichen Lebens befreit, durch die Fürsorge und Eingebung der göttlichen Gnade unter Christi Leitung aus freiem Antriebe zu einem klösterlichen Leben gewandt und mit allem Eifer und ganzer Seele auch auf das Wohl andrer meine Gedanken gerichtet habe, so habe ich, damit meine guten Absichten auch für andere unter Gottes Beistand Nutzen brächten, ein Nonnenkloster in der Stadt Poitiers eingerichtet, das der durchlauchtigste Herr König Chlothar begründet und reich beschenkt hat; und nach seiner Begründung habe ich diesem Kloster durch eine Schenkung alle die Güter, welche mir der König in seiner Freigebigkeit geschenkt hatte, verliehen; ..." (Greg. Hist. IX, 42)

„.... Zu Sigiberts Zeit aber, ..., erbat sich die heilige Radegunde Empfehlungsbriefe von König Sigibert und entsandte aus Glaubenskraft und Frömmigkeit Geistliche nach dem Osten, daß sie von dort ein Stück Holz vom Kreuze des Herrn und Reliquien von den Aposteln und anderen Märtyrern holen sollten. ... " (Greg. Hist. IX, 40)

„...Wie die heilige Helena, die Mutter des großen Konstantin, die der Legende nach das Kreuz des Herrn in Jerusalem aufgefunden hatte und betend davor in die Knie gesunken war, tat es Radegunde in Gallien...." (Baudonivia, Vita, Kap. 16)

Um 550/ 555 gab Chlothar I. vermutlich den Auftrag zur Tötung des Bruders von Radegunde. Zeitgleich versuchten die Sachsen, unterstützt von den Thüringern, den fränkischen Hegemonialanspruch zurückzudrängen. Es ist nahe liegend, dass die Maßnahme Chlothars eine Reaktion auf die Rolle der Thüringer beim Sachsenaufstand war. Zeitgleich trennte sich Radegunde vom fränkischen König.

Sie ließ sich von Bischof Medardus († vor 561) in Noyon zur Diakona weihen, begab sich dann zum Grab des hl. Martin nach Tours und gründete dort für das „Seelenheil des Königs" ein Männerkloster. Nach dem Besuch verschiedener weiterer Kirchen erreichte sie über Candes, den Sterbeort Martins, das königliche Gut Saix. Es ist nicht bekannt, wie lange sie an diesem Ort weilte, ebenso wann und warum Radegunde Poitiers, die Stadt des hl. Hilarius, für ihre Klostergründung wählte, die Chlothars Zustimmung und finanzielle Unterstützung fand. Dieses Engagement Chlothars ist die einzige Klosterförderung, die uns von ihm überliefert ist. *(Fortsetzung S. 198, rechte Sp.)*

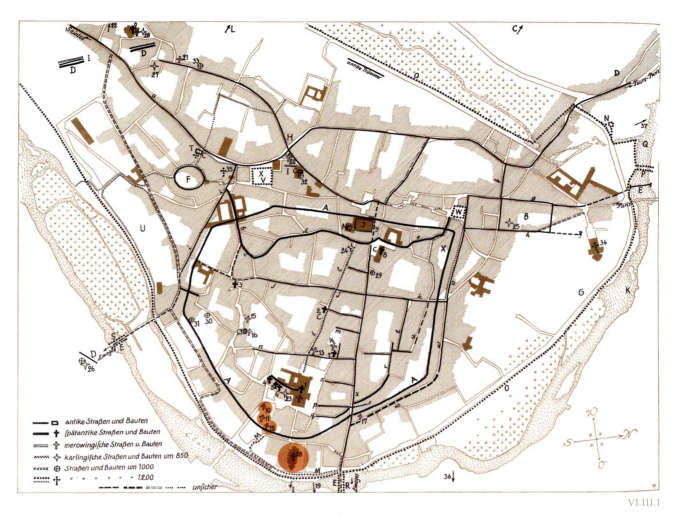

VI.III.1

Stadtplan von Poitiers mit der spätantiken Stadtmauer sowie der Kennzeichnung des frühmittelalterlichen Stadtbereiches, der Lage des Klosters sowie der anderen Sakralbauten

Vorlage: Claude, 1960, Beilage

Legende:
- **A** Spätantike Stadtmauer
- **B** Thermen
- **C** Tempel
- **D** Friedhöfe
- **E** Furten
- **F** Amphitheater
- **G** Ruinen auf dem Gebiet des botanischen Gartens
- **H** Siedlung bei der späteren Kirche Saint-Sauveur
- **I** Merowingischer Friedhof
- **J** Karolingische Pfalz
- **K** Mühlen von Chassaigne
- **L** Mühlen an der Boivre
- **M** Ummauerung von Sainte Radegonde (Verlauf hypothetisch)
- **N** Türme aus dem 11. Jahrhundert
- **O** zweite Stadtummauerung (12. Jh.)
- **P** Brücke von Rochereuil
- **Q** Siedlung Rochereuil
- **R** Pont Joubert
- **S** Pont Saint-Cyprien
- **T** Trois Piliers
- **U** Clausum Warini
- **W** Marche Neuf.
- **X** Fief d'Angeuitard

- **a** Rue de la Tranchée
- **b** Rue du Lycée
- **c** Rue Denfert
- **d** Rue de l'Ancienne Comédie
- **e** Rue des Flageolles
- **f** Rue de la Champagne
- **g** Rue Jean Bouchet
- **h** Rue da la Bretonnerie
- **I** Rue Jean-Alexandre (r.de la Paille)
- **j** Rue Arsène-Orillard
- **k** Rue Riffault
- **l** Rue de la Cathédrale
- **m** Rue Montgautier
- **n** Rue Pascal-le-Cocq
- **o** Rue Saint-Maixent
- **p** Rue Saint-Fortunat
- **q** Rue Barbatte
- **r** Rue des Carmes
- **s** Impasse Saint-Michel
- **t** Rue Monseigneur-Agounard
- **u** Rue Saint-Denis
- **v** Rue Sylvain Drault
- **w** Rue des Feuillants
- **x** Grand' Rue
- **Y** Annonerie (minagium)

1. Kathedrale Saint-Pierre (spätantik)
2. Saint-Paul (spätantik ?)
3. Saint-Hilaire de la Celle (4. Jh.)
4. Baptisterium Saint-Jean (4. Jh.)
5. Saint-Hilaire entre les deux églises (4. Jh.?)
6. Saint-Martin (5. Jh.?)
7. Saint-Savin (spätantik ?)
8. Notre-Dame la Grande (4./5. Jh.?)
9. Saint-Hilaire (spätantik)
10. Sainte-Croix (6. Jh.)
11. Oratorium S. Mariae (6. Jh.)
12. Cella der hl. Radegunde (16. Jh.)
13. Saint-Luc (7. Jh.)
14. Saint-Léger (7. Jh.?)
15. Notre-Dame l'Ancienne (merowing.)
16. Saint-Pierre le Puellier (merowing.?)
17. Saint-Michel (merowing.)
18. Sainte-Radegonde (6. Jh.)
19. Memoria des Mellobaudes (7./8. Jh.)
20. Saint-Sauveur (merowing.)
21. Saint-Barthélémy (merowing.?)
22. Sainte-Triaise (merowing.?)
23. Kathedralkloster (karoling.)
24. Notre-Dame la Petite (karoling.?)
25. Saint-Jean/Saint-Germain (karoling.)
26. Saint-Cyprien (karoling.)
27. Saint-Pierre l'Hospitalier (karoling.)
28. Saint-Michel (bei Saint-Hilaire; karoling.)
29. Saint-Etienne (10. Jh.)
30. Trinité (10. Jh.)
31. Resurrection (10. Jh)
32. Saint-Porchaire (10. Jh.)
33. Notre-Dame de la Chandelière (10. Jh.)
34. Montierneuf (11. Jh.)
35. Saint-Nicolas (11. Jh)
36. Saint-Saturnin (10. Jh. ?)
37. Saint-Lazare

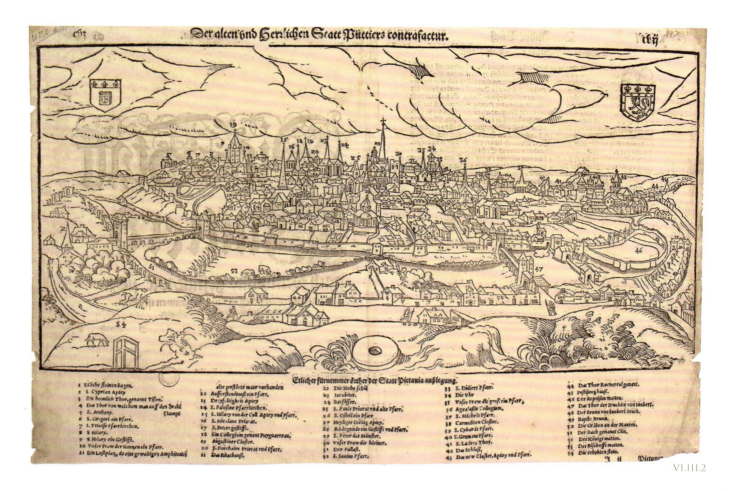

VI.III.2
Francois de Belleforest nach Antoine Du Pinet
De la Ville de Poytiers (Ansicht der Stadt Poitiers)
1575
Colorierter Holzschnitt,
27 cm x 39,8 cm (im.), 34,5 cm x 42,8 cm (f.)
*Poitiers, Bibliothèque municipale, La médiathèque
Francois Mitterrand
Foto: Poitiers, CESCM, O. Nenillé*

Trotz königlicher Erlaubnis und Ausstattung mit Königsgut war es nicht im eigentlichen Sinn ein Königskloster, sondern rein rechtlich der Oberaufsicht des städtischen Bischofs unterworfen. Aber Radegunde überschritt bei ihren zahlreichen Aktivitäten in liturgischen Angelegenheiten und ihren Beziehungen zu merowingischen Königshöfen die Grenzen, was einer Nonne erlaubt war. Sie trat als „Königin-Nonne" in Konkurrenz zum Stadtbischof, dessen Hilariuskloster als eines der Hauptheiligtümer im Frankenreich galt. Spannungen waren die Folge.

Zum Ausbruch des Konfliktes kam es, als Radegunde mit königlichem Empfehlungsbrief vom byzantinischen Kaiser Justinian II. (565–578) und seiner Frau Sophia Reliquien vom Heiligen Kreuz für ihr Kloster erhielt. Wiederum nutzte Radegunde ihren Einfluss und stellte das Kloster unter Königsschutz.

Die Klostergründung im östlichen Teil der Civitas auf vermutlich königlichem Fiskalland war zunächst Maria geweiht und wurde nach dem Erhalt der Kreuzreliquien zum Heiligkreuzkloster. Über die frühen Klostergebäude sind die Informationen spärlich. Gregor von Tours erwähnt ein Oratorium, das Maria geweiht war, ein Bad und als Wohnort der Nonnen Zellen. Vor der Stadtmauer ließ Radegunde eine Marienbasilika als Begräbniskirche errichten. Nach dem Tod der Klostergründerin erhielt sie den Namen Radegundes. Bei Ausgrabungen wurden die Grundmauern von Radegundes Klosterzelle (4,35 x 4,70 m), der daran anschließenden sog. Pas-de-Dieu-Kapelle (4,20 x 4,50 m) und der ersten Kirche Sainte Marie (12,40 x 12,85 x 6,60 m) freigelegt.

KATALOG: KLOSTERGRÜNDERIN 199

VI.III.3

VI.III.4

VI.III.3
Mosaik vom Kloster Sainte-Croix
Karolingische Zeit
112 cm x 79 cm
Saint-Benoît, Kloster Sainte-Croix
Lit.: Favreau (Hrsg.) 2000, 38

Bei den archälogischen Untersuchungen der ältesten erhaltenen Reste der Klosterkirche Sainte Croix, die 1958 abgeschlossen wurden, entdeckte man Reste eines Fußbodenmosaiks.

Auf einem Fragment (vgl. Abb. S. 68) ist O CRVX A lesbar, das zu O CRVX AVE SPES UNICA (Ich grüße dich Kreuz, einzige Hoffnung) zu ergänzen ist. Dieser Schriftzug nimmt Bezug auf die Reliquie des Heiligen Kreuzes, die 569 in Poitier eintraf. Venantius Fortunatus verfasste anlässlich ihrer Ankunft die Hymne „Vexilla regis".

VI.III.4
Bronzekreuz
Aquitaine (?), 2. Hälfte 6./ Anfang 7. Jahrhundert
Bronze mit Resten von Gold- und Silberverzierungen,
12,6 cm x 11 cm
Saint-Benoît, Kloster Sainte-Croix
Lit.: Favreau (Hrsg.) 2000, 32
Foto: Erfurt, Artus.Atelier

Das Mittelteil des Kreuzes besteht aus einem großen Medaillon. Daran setzen vier nach außen geschweifte Arme an, von denen der untere etwas länger ist und eine Stabhalterung besitzt. Ursprünglich waren die Flächen des Kreuzes mit Einlagen versehen, die sich nicht erhalten haben.

Nach der lokalen Tradition soll dieses Kreuz Radegunde gehört haben.

VI.III.5

VI.III.5
Modell Klosterzelle der Radegunde mit anschließender sog. Pas-de-Dieu-Kapelle
2006
Anfertigung von Artus.Atelier Erfurt

VI.III.6

Ikonografische Zeugnisse zur Kirche Sainte Radegonde

VI.III.6
O. Roissy nach A. Lecarnux;
Poitiers: Gesamtansicht der Stadt Poitiers von dem Stadtteil „Die Dünen" aus betrachtet
1830
Lithographie, 21 cm x 29,4 cm (im. avec légende et encadrement), 26,2 cm x 32,9 cm (f.)
Poitiers, Bibliothèque municipale, La médiathèque Francois Mitterrand
Foto: Poitiers, CESCM, O. Nenillé

VI.III.7
Amédée Pichot nach Drausin-Puisilieux, P.
Ste Radegonde (Ansicht der Kirche „Heilige Radegunde", vom Ufer des Flusses Clain aus betrachtet)
1837
Lithographie, 18,8 cm x 23,7 cm (im., avec triple encadrement), 26 cm x 34,8 cm (f.)
Poitiers, Bibliothèque municipale, La médiathèque Francois Mitterrand
Foto: Poitiers, CESCM, O. Nenillé

VI.III.8
Langblume nach Francois Thiollet
Elévation géométrique de l'Eglise de Ste-Radegonde et vue du tombeau primitif de cette sainte (Geometrische Zeichnung der Kirche und Blick auf die Grabstelle der Heiligen Radegunde)
1823
Lithographie, 35,6 cm x 21,6 cm (im.), 22 cm x 38,3 cm (f.)
Poitiers, Bibliothèque municipale, La médiathèque Francois Mitterrand
Foto: Poitiers, CESCM, O. Nenillé

KATALOG: KLOSTERGRÜNDERIN 201

VI.III.7

VI.III.9
Alfred Perlat
Kirchturm von Ste-Radegonde mit Baugerüst , 7.Mai 1894
Baugerüst am Haupeingang
Foto, 20,9 cm x 13,9 cm (im.), 35 cm x 27 cm (f).
Poitiers, Bibliothèque municipale, La médiathèque Francois Mitterrand

VI.III.8

In der Tradition Radegundes

Ca. 100 Jahre nach der Einrichtung des Klosters in Poitiers erfolgte durch die fränkische Königin Balthilde († vor 680), Gemahlin von König Chlodwig II., eine zweite Klostergründung durch eine königliche „Wohltäterin". Balthilde hatte nach dem Tod Chlothars II. von 657 bis 664/665 selbst die Regentschaft übernommen und in den Jahren 658/659 die Frauenabtei Chelles errichtet. Nach der Machtübergabe an ihre Söhne zog sie sich dorthin zurück.

Von Balthilde haben sich mehrere Kleidungsstücke erhalten. Zum einen wurden sie mit den Gebeinen dem Sarkophag entnommen, zum anderen waren sie nach ihrem Tod im Kloster unter Verschluss gehalten worden. Dass Gewänder von herausragenden Klosterinsassinnen Aufbewahrung fanden, war kein Einzelfall. Von Radegunde war ihr Mantel zurückgelegt worden. Er fiel allerdings 1562 den Brandschatzungen der Hugenotten zum Opfer.
Lit.: Laporte/Boyer 1991; Krone und Schleier 2005, 288–290

VI.III.10
Mantel
Seide, Leinen, ø 2,50 m
Um 680
Chelles, Musée municipal Alfred Bonno
Lit.: Laporte/Boyer 1991, 26

Der Mantel ist als halbkreisförmiger Umhang mit Seidenfransen gearbeitet. Er gehörte zur Grabkleidung und ist inbesondere an der Rückenpartie durch den Körperzerfall zerstört worden. Am hinteren Kragen war ein zusätzliches Stoffdreieck aufgenäht, um einen besseren Faltenwurf in Höhe der Schultern und des Rückens zu erhalten. Über der Brust wurden diese Umhänge von einer Scheibenfibel zusammengehalten.

VI.III.11
Brettchengewebte Bänder
Seide, B 1,8 cm, B 4 cm
Um 680
Chelles, Musée municipal Alfred Bonno
Lit.: Laporte/Boyer 1991, 28f; Krone und Schleier 2005, 246
Foto: Chelles, Musée municipal Alfred Bonno

Diese Bänder wurden einem Bündel von Kleidungsstücken entnommen. Sie zeichnen sich durch eine gute Stabilität aus und konnten als Gürtel, Tragbänder oder Gewandschmuck zum Einsatz kommen. Die schmaleren Fragmente zieren geometrische Muster. Ingesamt wurden 23 verschiedene Motive festgestellt. Das breitere Band zeigt einen Tierfries mit sich wiederholenden fünf stilisierten Tiermotiven.

VI.III.12
Band mit Haarsträhne
Seide, L 4,91 m
Um 680
Chelles, Musée municipal Alfred Bonno
Lit.: Laporte/Boyer 1991, 28f; Krone und Schleier 2005, 289

Diese Art Bänder diente zum Flechten und Befestigen von langen Haaren. Zum besseren Halt der Frisur waren in Abständen rote, gelbe, grüne und goldene Fäden eingeknotet.

Eine Besonderheit stellt die Haarsträhne dar. Es wird vermutet, dass sie im Jahre 833, bei der Überführung der Gebeine in eine neue Kirche, abgeschnitten und als Reliquie verehrt wurde.

VI.III.13
Großes Kleid
Leinen
Um 680
Chelles, Musée municipal Alfred Bonno
Lit.: Laporte/Boyer 1991, 46
Foto: Chelles, Musée municipal Alfred Bonno

Das große Kleid gehörte nicht zu den Grabfunden, sondern wurde nach ihrem Tod im Kloster aufbewahrt, ebenso wie ein Schultertuch und ihre Tunika, die mittels einer kunstvollen Stickerei merowingischen Goldschmuck imitiert.

Das Kleid besteht aus mehreren Schnittteilen. Es hat eine Länge von 3,38 m und ist 1,22 m breit. Die Länge der Ärmel beträgt 1,33 m. In der Taille wurde das Kleid mit einem Gürtel eng zusammengebunden und drapiert; die Ärmel wurden vermutlich gerollt. Es handelt sich bei diesem Kleidungsstück wahrscheinlich um eine Art Robe, welche man über einem anderen Kleid trug.

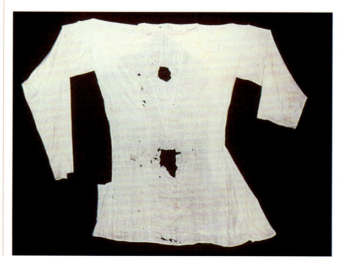

KAPITEL VI.IV.
KLOSTERLEBEN

„ ...; überdies habe ich der Gemeinschaft, welche ich dort unter Christi Beistand versammelt habe, die Regel gegeben, unter welcher einst die heilige Caesaria lebte und welche der heilige Bischof Caesarius von Arles in seiner Fürsorge aus den Anordnungen der heiligen Väter trefflich zusammengestellt hat. Unter Zustimmung der heiligen Bischöfe in dieser wie auch in den andren Städten, und nach der Wahl der Nonnen selbst habe ich meine Herrin und Schwester Agnes, die ich von Jugend an wie eine Tochter liebte und erzog, zur Äbtissin des Klosters eingesetzt und mich selbst nächst Gott ihrem Gebot nach der Regel unterworfen. Endlich habe ich selbst und meine Schwestern dem apostolischen Beispiel folgend alles, was wir an irdischen Gütern besaßen, urkundlich dem Kloster übergeben, indem wir, das Schicksal des Ananias und der Sapphira befürchtend, bei unsrem Eintritte in das Kloster nichts als unser eigen behielten...." (Greg. Hist. IX, 42)

„....Sie erhob sich früher als die Klostergemeinde, um die Psalmen zu beten, denn die Klosterdienste gefielen ihr nur, wenn sie sie als erste verrichtete. Sie strafte sich selbst, wenn sie das Gute erst als zweite tat." (Ven. Fort. b. Koch, Kap. 18)

„Bald schon begann ihre Lebensführung in Demut, Liebe, Reinheit und Fasten zu glühen, in ganzer Liebe übergab sie sich dem himmlischen Bräutigam. " (Baudonivia, Vita, Kap. 5)

Radegunde hatte sich mit einer Schar von Frauen umgeben, die um Christi Willen bereit waren auf persönliches Eigentum und die Ehe zu verzichteten. Damit diese christlich gesinnte Gemeinschaft, die beim Tod der Gründerin schon 200 Personen zählte, dauerhaft funktionieren konnte, brauchte sie eine „Hausregel" mit klaren Verboten und Richtlinien über die Pflichten und Aufgaben jeder einzelnen. Radegunde wählte als Richtschnur des gemeinsamen religiösen Lebens die „Regula Sanctarum Virginum" des Caesarius von Arles (Bischof 502–542) aus, die dieser für die Klostergründung seiner Schwester Caesaria verfasst hatte. Sie fordert in erster Linie die vollkommene Klausur und eine kontemplative Lebensweise.

Lesungen, Gebete und Nachtwachen sollten neben den gemeinsamen Verrichtungen der im Kloster anfallenden Arbeiten den Tagesablauf der Nonnen prägen. Brutale Selbstfolterungen als letzte Steigerung der Askese werden von Caesarius nicht gefordert. Persönliches Eigentum war untersagt, ebenso der Austritt aus der Gemeinschaft. Insbesondere die dauerhafte Bindung der Nonnen an das Kloster schien anfänglich nicht selbstverständlich.

Krankenpflege und soziale Fürsorge sowie anderweitige häufige Kontakte mit der „Außenwelt" waren nicht im Sinne der Regel, aber Realität im klösterlichen Leben der Radegunde. Das trifft auch auf Badebetrieb und Brettspiele zu. Keine Vorschrift untersagte diese Dinge adliger Lebensweise, aber sie widersprachen der klösterlichen Weltabkehr.

Erste Äbtissin des Klosters war Radegundes „Pflegetochter" Agnes. Formal unterwarf sich Radegunde der Äbtissin. Aber als „königliche" Autorität stand sie jederzeit über der Gemeinschaft und bestimmte die Geschicke.

Das Gewicht ihrer Führungsrolle zeigte sich zwei Jahre nach ihrem Tod. Gregor von Tours berichtet 589 von einem Nonnenaufstand, angezettelt von merowingischen Prinzessinnen. In Radegundes Brief an die Bischöfe ist eine Vorahnung auf diese Geschehnisse bereits ablesbar.

Das Aufeinandertreffen von Adelsprestige und Demutsideal lieferte in jener Frühzeit ein Konfliktpotential, denn das Ordensleben und sein Geist waren den Merowingern noch wenig vertraut.

VI.IV.1

VI.IV.1
Gürtelschnalle des hl. Caesarius
6. Jahrhundert
Elfenbein, H 5,1 cm, B 10,5 cm
Arles, Musée de l'Arles et de la Provence antiques
Foto: Arles, Musée de l'Arles et de la Provence antiques

Die Elfenbeinschnalle ist die älteste erhaltene französische Elfenbeinschnitzerei und wird nach örtlicher Tradition Caesarius von Arles zugeschrieben. Der rechteckige Teil zeigt von einem Eierstabfries umrahmt zwei auf ihren Lanzen schlafende Krieger, die das hl. Grab von Jerusalem bewachen. Über ein Scharnier schließt sich der eigentliche ovale Schnallenrahmen an, der mit Weinreben und Trauben verziert ist. Der Dorn fehlt.

Stilistisch wurden Gemeinsamkeiten mit zeitgleichen Sarkophagen aus Arles entdeckt.

VI.IV.2
Miniatur: Caesarius überreicht zwei Nonnen das Regelbuch
In: Regelbuch aus dem Stift Niedermünster
Regensburg, St. Emmeram
um 990
Pergament, H 22,5 cm, B 17 cm
Original: Staatsbibliothek Bamberg, Msc. Lit. 142, fol. 65 r
In der Ausstellung: Faksimile
Lit.: Krone und Schleier 2005, 186
Foto: Bamberg, Staatsbibliothek

Caesarius von Arles hält in Pontifikalkleidung und mit Nimbus ein aufgeschlagenes Buch. In Goldbuchstaben steht: „Om(ne)s unianimit(er) et concorditer vivite" (Lebt alle einträchtig im Sinne und im Herzen). Am rechten Bildrand stehen zwei Nonnen, von denen die vordere das Buch mit verhüllten Händen entgegen nimmt. Über der Dreifigurengruppe wird der Bildinhalt erklärt: „S(an)c(tu)s C(a)esarius commendans ius monachab(us)" (Der heilige Caesarius übergibt den Nonnen die Regel).

VI.IV.3

VI.IV.3
Lesepult der Radegunde
Ende 5. Jahrhundert/ 1. Hälfte 6. Jahrhundert
Holz (Nussbaum oder Buchsbaum?), H 10 cm, B 16,5 cm, Platte 26 cm x 21,5 cm
Saint-Benoit, Kloster Sainte Croix
In der Ausstellung: Nachbildung, Poitiers, Musée Municipal
Lit.: Roth 1986, 93f, 286 (Kat.-Nr. 92); Favreau (Hrsg.) 2000, 30f
Foto: Erfurt, Artus.Atelier

Dieses Pult gilt als Eigentum von Radegunde. Sie soll es angeblich als Geschenk anlässlich ihres Besuches in Arles erhalten haben. Nach den Regeln des Caesarius waren neben Armut, Gehorsam, Demut, Arbeit, auch Lesen und Schreiben zur Pflicht gemacht.

Die Platte des Pultes, die durch gedrechselte, doppelkonische Säulchen in der Schräge gehalten wird, war beim Lesen mit einem Tuch oder einem Kissen abgedeckt, um das Verrutschen des Buches zu vermeiden. Die Holzschnitzereien der neun Bildfelder verweisen auf mediterranen Einfluß. Im Hauptfeld ist ein Lamm zwischen zwei Palmenblättern dargestellt. Das Feld darüber zeigt das Christusmonogramm Chi-Rho zwischen zwei Tauben. Das Pendant unten ist ähnlich, nur mit Ankerkreuz. Zu Seiten der Lammdarstellung sind zwei lateinische Kreuze. Die kleinen Felder in den Ecken zieren die vier Evangelistensymbole (Adler – Johannesevangelium, Mensch – Matthäusevangelium, Stier – Lukasevangelium, Löwe – Markusevangelium).

VI.IV.4
Lektionar von St. Radegunde
15. Jahrhundert
Pergament, H 35 cm, B 25 cm
Poitiers, Bibliothèque municipale, La médiathèque Francois Mitterrand, Ms 253

Das Lektionar ist ein liturgisches Buch, welches Texte für alle biblischen Lesungen und Predigttexte sämtlicher Sonn-, Fest- und Gedenktage des Kirchenjahres enthält.

KATALOG: KLOSTERLEBEN 207

VI.IV.5

VI.IV.6

VI.IV.5
20 Spielsteine
Herbolzheim/ Jagst (Kr. Heilbronn), Grab 11/1975
Zweites Viertel 6. Jahrhundert
Bein, H 1,1 bis 1,9 cm, ø 2,0 cm bis 2,8 cm
Stuttgart, Württembergisches Landesmuseum
Lit.: Koch 1982, 413f
Foto: Stuttgart, Württembergisches Landesmuseum

In der Merowingerzeit erhielten nur die Verstorbenen aus den vornehmsten Familien Spielsteine ins Grab gelegt. Neben dem Brettspiel war das Würfelspiel beliebt.

VI.IV.6
Leier (Rekonstruktion)
Seitlingen-Oberflacht (Kr. Tuttlingen), Grab 84
6./ 7. Jahrhundert
Mainz, Römisch-Germanisches Zentralmuseum
Lit.: Schiek 1992
Foto: RGZM Mainz, Volker Iserhardt

Zum Musizieren sind in merowingischer Zeit Blas- und Saiteninstrumente belegt. Letztere gelten als höfisches Instrumente.

KAPITEL VI.V.
VOLKSHEILIGE

„...Sie starb aber am 13. August und wurde nach drei Tagen begraben. Welche Wunder aber an diesem Tage geschahen und wie sie bestattet wurde, habe ich ausführlich aufzuzeichnen im Buche der Wunder mich befleißigt." (Greg. Hist. IX, 2)

Als Radegunde im August 587 in Poitiers starb, entwickelte sich sehr schnell ein Heiligenkult. In ihrem Kloster wurden als Reliquien ihr Mantel sowie drei Federn aufbewahrt, die Seeleute mitgebracht hatten, nachdem sie durch Anrufung Radegundes beim Erscheinen einer Taube aus Seenot gerettet worden waren. Leider fielen diese Reliquien, über die Baudonivia berichtete und die das Kloster zum Kultzentrum machten, 1562 neben Büchern, Urkunden und Gebeinen der Radegunde den Brandschatzungen der Hugenotten zum Opfer.

Legenden entstanden vor allem in den Gegenden, wo sie sich persönlich aufgehalten hatte. Das sind der Norden Frankreichs um Soissons und Athies, das Gebiet zwischen Tours und Poitiers sowie die Gegend zwischen Poitiers und Arles.

Heute tragen neun französische Orte den Namen Ste. Radegonde, in 150 weiteren wird Radegunde verehrt.

Im deutschsprachigen Raum ist ein im Mittelalter nachweisbares Patrozinium der hl. Radegunde selten anzutreffen. Auf dem Gebiet des ehemaligen Thüringer Königreiches ist es in Mühlberg westlich von Arnstadt und in einer nicht mehr existierenden Kirche eines ottonischen Königshofes bei Helfta, in der Nähe von Eisleben, bezeugt.

Im Jahre 726 wird im Testament des Missionars Willibrord eine Kirche erwähnt, „die im Ort Mulnaim errichtet ist". Ob damit Mühlberg bzw. das „castellum Mulenberge" gemeint ist, welches 704 erstmals erwähnt und von Herzog Heden II. an Bischof Willbrord von Utrecht übertragen wurde, gilt nicht als sicher. Um 1120 schenkte dann Graf Wilhelm von Orlamünde die Mühlburg dem Mainzer Erzbischof Adalbert I. Eine „Kapelle der hl. Radegunde vor der Burg" wird erstmals 1333 im Besitzverzeichnis der Erzbischöfe von Mainz erwähnt. Wahrscheinlich gelangte erst durch ihre westeuropäisch-lothringischen Verbindungen das Radegundepatrozinium nach Mühlberg.

In Helfta war die Situation anders. Die Radegundeverehrung fand ihren Weg über den ottonische Königshof. Später wurde sie durch das Patrozinium der hl. Gertrud (1256–1302) abgelöst.

Auch im heutigen Bistum Würzburg, das einst zu großen Teilen zum thüringischen Herrschaftsgebiet gehörte, ist das Radegundepatrozinium anzutreffen, ebenso im Erzbistum München.

VI.V.1

Kirchenfenster mit Szenen der Wundertaten der hl. Radegunde
Poitiers, Kirche der hl. Radegunde
In der Ausstellung: Großfotos
Foto: Ch. Vignaud, Musées de la Ville de Poitiers

Szenen Fenster 1

a) – Auferstehung des Kindes von Anderedus aus dem Büßergewand der Radegunde.
c) – Die kniende Heilige erweckt in ihrer Kapelle ein junges Mädchen zum Leben.
e) – Radegunde erscheint während eines Gebets Maria mit dem Jesuskind.
g) – Durch die Anbetung Radegundes rettet ein Fischer sein Boot vor dem Versinken.
i) – Für die Genesung ihres Kindes Goda schenkten die Eltern Radegunde einen Strumpf und zündeten eine Kerze an.
k) – In der Hauskapelle von Péronne erfreut sich die kniende Radegunde des Anblickes befreiter Gefangener.
m) – Die Heilung des Priesters Abbon durch das hängende Tuch über dem Grabmal der Radegunde.
o) – Das Fässchen, das nie leer wird.

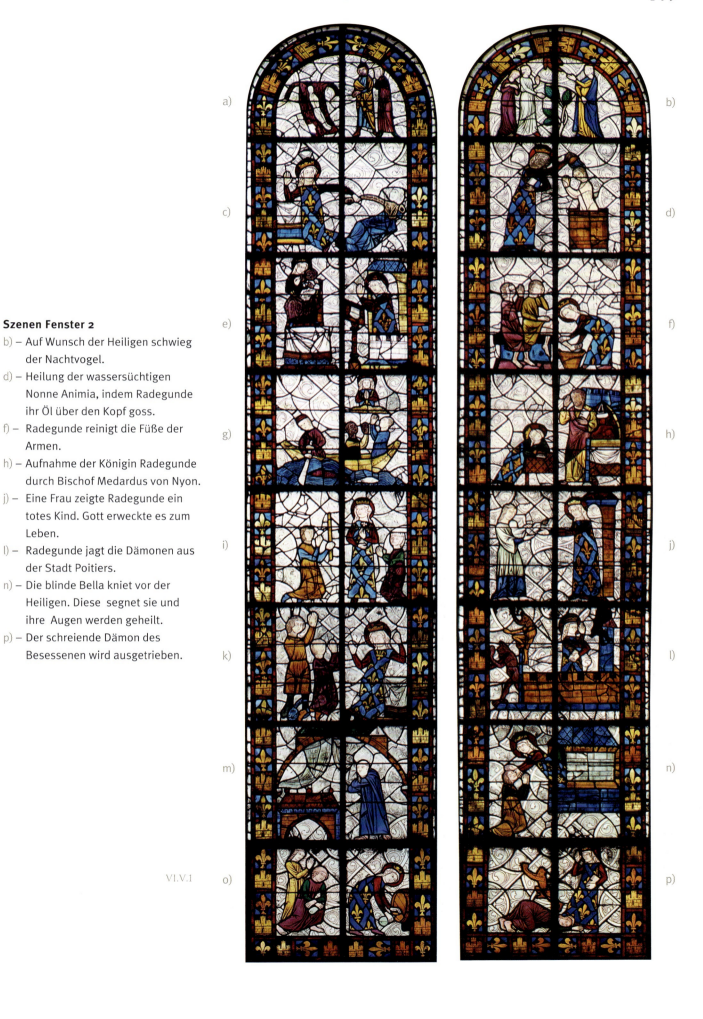

Szenen Fenster 2

b) – Auf Wunsch der Heiligen schwieg der Nachtvogel.
d) – Heilung der wassersüchtigen Nonne Animia, indem Radegunde ihr Öl über den Kopf goss.
f) – Radegunde reinigt die Füße der Armen.
h) – Aufnahme der Königin Radegunde durch Bischof Medardus von Nyon.
j) – Eine Frau zeigte Radegunde ein totes Kind. Gott erweckte es zum Leben.
l) – Radegunde jagt die Dämonen aus der Stadt Poitiers.
n) – Die blinde Bella kniet vor der Heiligen. Diese segnet sie und ihre Augen werden geheilt.
p) – Der schreiende Dämon des Besessenen wird ausgetrieben.

VI.V.2

VI.V.2
Drache (Grand' Goule)
1677 („Gargot fecit 1677")
Holz, H 80 cm, B 120 cm
Poitiers, Musée Municipal
Lit.: Briand 1898, 395–398
Foto: Ch. Vignaud, Musées de la Ville de Poitiers

Nach der Legende von Poitou schlich der Drache durch die unterirdischen Gänge des Kloster Sainte-Croix und verschlang Nonnen. Als Radegunde ihm ansichtig wurde, nachdem er gerade ein Opfer verspeist hatte, rief sie Gott an und der Drache fiel tot vor ihre Füße.

In den Akten wird der Drache als Prozessionsgerät von Sainte Croix erstmals 1466 und 1496 erwähnt. Seine Trophäe stand für den Sieg Christi über das Böse.

VI.V.3
Unbekannter Künstler
Das Haferwunder
17. Jahrhundert
Öl auf Leinwand, 137 cm x 160 cm
Poitiers, Kirche Sainte Radegonde

Die französische Kirche feiert heute noch das Fest der wunderbaren Errettung der hl. Radegunde. Sein Ursprung geht auf eine Legende in der Gegend von Avoines zurück: Radegunde hatte sich nach ihrer Trennung von Chlothar zunächst auf dem Königsgut in Saix niedergelassen. In dieser Zeit soll Chlothar einen Versuch unternommen haben, Radegunde zurückzuholen. Auf ihrer Flucht versteckte sich Radegunde mit ihren Begleiterinnen auf einem Feld, wo ein Bauer Hafer säte. Als der König und sein Gefolge das Feld erreichten, verbarg der plötzlich erntehoch sprießende Hafer die Flüchtlinge.

Auf Grund der Anordnung und Proportionen der Dargestellten gilt König Chlothar zu Pferde das Hauptaugenmerk. Radegunde und dem Bauern sind eher Nebenrollen vorbehalten.

VI.V.4
Reliquienstatue der hl. Radegunde
16./ 17. Jahrhundert (?)
Holz, H 43 cm
Saint-Benoît, Kloster Sainte-Croix

VI.V.5

VI.V.5
Reliquienschrein der hl. Radegunde
1854
Holz, Email, Gold, H 75 cm, L 52 cm, T 25 cm
Lit.: Briand 1898, 404f
Foto: Erfurt, Artus.Atelier

Im Jahre 1850 veranstaltete Kardinal Pie eine Kollekte für die Anfertigung eines Reliquienschreines, welcher der Würde der Frankenkönigin angemessen sei. In einer Inschrift wird mitgeteilt: „Im Jahr 1854 entstand dieser Reliquienschrein, finanziert von den Geistlichen und den Gläubigen, gesegnet von Ludwig Eduard, Bischof von Poitiers, der die Reliquien von Kopf und Arm der Heiligen eingeschlossen hat, die im Kloster Sainte-Croix aufbewahrt waren. Jean-Baptiste Lassus hat die Zeichnungen des Schreins und Achilles Legost die Ziselierarbeiten angefertigt."

Der Reliquienschrein ist die Wiedergabe einer Kirche des 13. Jahrhunderts. Die Verzierung entspricht dem Stil des 19. Jahrhunderts. Auf der einen Längsseite überreicht Radegunde in der Mittelarkade Bischof Pient Brot, welches sie für die heilige Kommunion selbst gebacken hat. In den Arkaden zu Seiten stehen Agnes und Disciola. Auf dem Schrägdach darüber thematisieren die zwei Emaillearbeiten die Segnung Radegundes durch Bischof Medardus und das Haferwunder.

Auf der gegenüberliegenden Seite des Schreines empfängt Radegunde in der Mittelarkade die Kreuzreliquie, rechts hält Fortunatus eine Pergamentrolle mit den Versen von „Vexilla Regis", links trägt der hl. Junien das Büßergewand, als Symbol der Freundschaft mit der hl. Radegunde. Die Medaillons auf dem Schrägdach zeigen die Erscheinung Christi und Radegundes Beisetzung durch Gregor von Tours.

An den zwei Schmalseiten ist zum einen ein Arm angebracht, zum anderen die Büste der hl. Radegonde. Außerdem finden sich die Wappen von Alphonse de France, Graf von Poitou, und von Kardinal Pie.

VI.V.6

VI.V.7

VI.V.6
Pichot und Gruat nach S. Cazenave
Le Pas de Dieu
1873
Lithographie, 28,3 cm x 16,8 cm (im.), 39 cm x 25,9 cm (f.)
Poitiers, Bibliothèque municipale, La médiathèque Francois Mitterrand
Foto: Poitiers, CESCM, O. Nenillé

 Wie die Überlieferung zuerst 1392 berichtet, erschien am 7. August 587, sechs Tage vor Radegundes Tod, Christus und hinterließ einen Fußabdruck im Stein.

VI.V.7
Langblume nach Francois Thiollet
Crypte dans laquelle est la Chapelle de Ste Radegonde
Vue du tombeau de Ste Rdegonde
1823
Lithographie, 15,7 cm x 21 cm (im.), 47 cm x 30,4 cm (f.)
Poitiers, Bibliothèque municipale, La médiathèque Francois Mitterrand
Foto: Poitiers, CESCM, O. Nenillé

VI.V.8

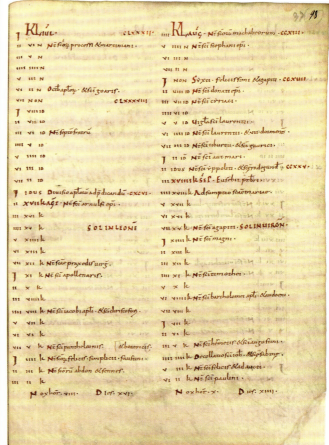

VI.V.9

Radegundeverehrung in Deutschland

VI.V.8
Robineau
Tombeau de Ste Radegonde (Erinnerung an die Wallfahrt 1873)
1873
Lithographie, 33,5 cm x 23,5 cm (im.), 41,5 cm x 31,2 cm (f.)
Poitiers, Bibliothèque municipale, La médiathèque Francois Mitterrand
Foto: Poitiers, CESCM, O. Nenillé

VI.V.9
Kalendar mit Eintrag 13. August Radegunde von Poitiers
Ende 9. Jahrhundert
Pergament, 118 Blätter, 30,8 cm x 22,5 cm
Erfurt, Universitäts- und Forschungsbibliothek Erfurt/Gotha, Dep. Erf., CA 2° 64
Foto: Erfurt, Universitäts- und Forschungsbibliothek Erfurt/Gotha

Diese Handschrift gehört zu den Codices Amploniani, die auf Amplonius Rating de Bercka zurückgehen. Er stiftete seine Bücher noch zu Lebzeiten im Jahre 1412 der Erfurter Universität.

Bl. 99 r, Zeile 13 weist innerhalb des „Horologium et kalendarium Bed(a)e" unter den Iden des August den Eintrag „Ippoliti et Radegundt" auf.

VI.V.10
Gregorius Sulzböth
Votivtafel mit Darstellungen der Wundertaten der hl. Radegunde
um 1669
Öl auf Leinwand, 165 cm x 153 cm
Gars am Inn, Kloster- und Pfarrkirche Maria Himmelfahrt und St. Radegund
Foto: Erfurt, ZRW der Museen der Stadt Erfurt, Dirk Urban

Über das Patrozinium zu Ehren der Gottesmutter und der hl. Radegunde verfügt die Kloster-und Pfarrkirche Gars am Inn mit dem Neubau als romanische Kirche des zum Generalvikariat Salzburg gehörenden damaligen Augustiner-Chorherrenstifts seit dem 12. Jahrhundert.

Wahrscheinlich brachte der hl. Emmeram, im 7. Jahrhundert Bischof von Poitiers, auf seiner Missionsreise zur Verbreitung des Christentums entlang der Donau den Kult der Radegundeverehrung nach Gars. Von den erhaltenen Darstellungen der zweiten Schutzpatronin dieses Gotteshauses beschreibt und illustriert diese Votivtafel detailliert „das Wunder-und Gnadenwerk" (Originaltext Votivtafel) der hl. Radegunde.

Die zeitlich vorangegangene Fassung war 1643 von Matthias Wilhelm Strohvogel vermutlich als Andachtsbild gefertigt worden. Über 20 Jahre später gibt Propst Athanasius Peitlhauser (1648-98) den Auftrag für die Votivtafel an den Maler Gregorius Sülzböth, geb. ca. 1636 in Eggenfelden und in Wasserburg seit 1658 durch die Heirat der Witwe des ortsansässigen Malers der ersten Radegunde-Andachtstafel, Matthias Wilhelm Strohvogel, nachweisbar.

Zur Darstellung kommen auf der Votivtafel in drei Zeilen zu je vier kurz erläuterten Bildern zwölf Lebenssituationen, in denen von Krankheiten und Unfällen, von Schwierigkeiten im Leben aller Art berichtet wird und in denen die hl. Radegunde den nach Fürbitte Flehenden Hilfe und Segen, aber auch Strafe zuteil werden lässt. Erkennbar ist sie für den Betrachter zumeist in der oberen rechten Bildhälfte in Begleitung der ersten Schutzpatronin der Garser Klosterkirche, der hl. Maria Mutter Gottes mit dem Kind auf einer Wolke thronend. Ihrer Verehrung im Chorstift entsprechend, trägt die gekrönte Radegunde das Gewand einer Augustinernonne und erhebt segenspendend das flammende Herz oder das Kreuz, strafend die Peitsche in den beiden letzten Darstellungen der Tafel.

Karola Weidemüller, Erfurt

VI.V.11
Radegunde als Benediktinerin gekleidet
17. Jahrhundert
Holz, H ca. 80 cm
Müdesheim, Radegundekapelle
Foto: Pfr. Engelbert Braun, Arnstein

KAPITEL VII
LEBENSBESCHREIBUNGEN ÜBER RADEGUNDE

„... Sollte dich, Bischof des Herrn, wer du auch sein magst, unser Martianus in den sieben freien Künsten unterrichtet und dich gelehrt haben, in der Grammatik zu lesen, in der Dialektik streitige Sätze zu entscheiden, in der Rhetorik die verschiedenen Arten des Versbaus zu erkennen, in der Geometrie Flächen und Längenmaße zu berechnen, in der Astrologie den Lauf der Gestirne zu beobachten, in der Arithmetik die Gattungen der Zahlen zu erkennen, in der Harmonie verschiedene Klänge mit dem lieblichen Tonfall der Gedichte in Übereinstimmung zu bringen – solltest du in allem diesem so bewandert sein, daß unser Stil dir bäurisch erscheint, so bitte ich dich dennoch nicht wegzunehmen, was ich geschrieben habe. Wenn dir aber daran etwas gefällt, so habe ich nichts dawider, daß du es in Versen behandelst, sofern du nur unser Werk unberührt läßt! ..." (Greg. Hist. X, 31)

Der Aufforderung Gregors von Tours am Ende seiner „Decem libri historiam" kamen bezüglich der Beschäftigung mit dem Leben der thüringischen Prinzessin, fränkischen Königin, Diakonin, Klostergründerin und Heiligen zahlreiche Autoren nach. Denn im Mittelalter war der Wunsch groß, das Leben von verehrten Heiligen zu kennen. Ziel der Heiligenviten war weniger die genaue historische Überlieferung des Lebenslaufes als die Hervorhebung der Beispielhaftigkeit der Heiligen zur Unterweisung des Lesers und Verbreitung des christlichen Glaubens. Wenn eine Vita von einem Zeitgenossen geschrieben wurde, der wie im Falle von Venantius Fortunatus und Baudonivia die zu schildernde Person sogar persönlich kannte, stehen die Chancen gut, dass die historischen Gegebenheiten relativ zuverlässig dargestellt wurden.

Der italienische Dichter und Priester Venantius Fortunatus kam um 567 nach Poitiers und wurde zum engen Vertrauten Radegundes und der Äbtissin Agnes, die für ihn „Mutter und Schwester" waren. Er nahm gegenüber Königen und Würdenträgern die Interessen des Klosters wahr. Seine Lebensbeschreibung über Radegunde ist chronologisch aufgebaut und gliedert sich in vier Hauptabschnitte: 1. Herkunft, Jugend Heirat, 2. Ehe mit Chlothar I., 3. Leben als Diakonin, 4. Klosterzeit. An die Abschnitte zwei bis vier schließen sich Wundererzählungen an. Hauptaugenmerk legte Fortunatus auf die Schilderung der Tugendhaftigkeit von Radegunde und ihren strengen asketischen und weltabgewandten Lebenswandel. Sie war die „Beste" unter den Nonnen. Wichtige Ereignisse wie die Klostergründung, die Einführung der Caesariusregel, die Beschaffung und Ankunft der Kreuzreliquie fehlen; Agnes, die enge Vertraute, „Pflegetochter" und erste Äbtissin wird nicht erwähnt.

Ein anderes Bild vermittelt die zweite, von der Nonne Baudonivia verfasste Vita. In ihr wird neben vielen Wundern über die Taten von Radegunde berichtet, die für das Kloster von zentraler Bedeutung waren: die Gründung, die Ausstattung mit Reliquien, die Nonnenregel, die Einsetzung einer Äbtissin. Neben Radegundes Verdiensten um das Kloster betont Baudonivia ihre Autorität als „domna et mater".

Beide Lebensbeschreibungen lieferten für nachfolgende Autoren, die sich dem Leben der hl. Radegunde widmeten, die Quellenbasis.

VII.1
Vita der hl. Radegunde
Poitiers, Ende 11. Jahrhundert
Pergamenthandschrift mit 21 Deckfarbenminiaturen, 79 Blätter
H 28,2 cm, B 21,8 cm
Poitiers, Bibliothèque municipale, La médiathèque Francois Mitterrand, Ms 250
In der Ausstellung: „Turning-the-Pages"-Animation der Radegunden-Vita, mit Kommentaren von Hedwig Röckelein (Göttingen) und Kristin Böse (Köln), produziert für die Ausstellung „Krone und Schleier", 2005
Essen, Ruhrlandmuseum

VII.2
Miniatur: Venantius Fortunatus
In: Vita der hl. Radegunde, Poitiers, Ende 11. Jahrhundert, fol. 21 v
Pergament, H 28,2 cm, B 21,8 cm
Original: Poitiers, Bibliothèque municipale, La médiathèque Francois Mitterrand, Ms 250
In der Ausstellung: Faksimile
Foto: Poitiers, CESCM, O. Nenillé

VII.3
Venantius Fortunatus
Gedruckt in Mainz von M. Demen, 1630
Papier, 296 Seiten, H 20,8 cm, B 16,5 cm
Mannheim, Universitätsbibliothek

VII.4
Miniatur: Autorenbildnis der Baudonivia
In: Vita der hl. Radegunde, Poitiers, Ende 11. Jahrhundert, fol. 43 v
Pergament, H 28,2 cm, B 21,8 cm
Original: Poitiers, Bibliothèque municipale, La médiathèque Francois Mitterrand, Ms 250
In der Ausstellung: Faksimile
Foto: Poitiers, CESCM, O. Nenillé

VII.2
VII.4

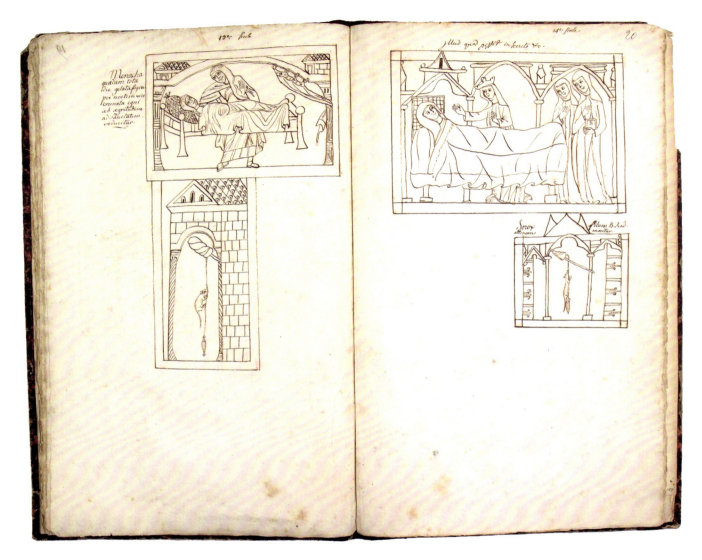

VII.5

VII.5
Dom Pernetry
Federstrichzeichnungen mit Darstellungen aus dem Leben der hl. Radegunde
18. Jahrhundert
Poitiers, Bibliothèque municipale, La médiathèque Francois Mitterrand, Ms 251
Foto: Poitiers, CESCM, O. Nenillé

Dieses Buch zeigt auf Doppelseiten jeweils links Reproduktionen der romanischen Miniaturbilder aus der Vita der hl. Radegunde (Poitiers, Ms 250) und rechts Reproduktionen von Darstellungen aus einem Manuskript des 14. Jahrhunderts. Der besondere Wert dieser Federzeichnungen besteht in der Reproduktion von einem romanischen Miniaturbild, das heute im Manuskript Ms 250 nicht mehr erhalten ist (fol. 19 v unten).

Lebensbilder der hl. Radegunde im Spätmittelalter und der frühen Neuzeit

VII.6
Hartmann Schedel
Liber chronicarum
Nürnberg: Anton Koberger, 1493
Papier, H 41,5 cm, B 30,5 cm
Erfurt, Universitäts- und Forschungsbibliothek Erfurt/Gotha, Dep. Erf., I 2º 232, fol. 148r
Foto: Erfurt, Universitäts- und Forschungsbibliothek Erfurt/Gotha

In seiner heilsgeschichtlichen Chronik, die mit der Schöpfungsgeschichte beginnt und im Jahre 1492 endet, reiht Schedel kurze, summarische Lebensgeschichten von Heiligen aneinander, die von glühender Verehrung getragen sind und deren Wunder unkritisch akzeptiert werden.

Die Vorlagen für die Holzschnitte lieferten Michael Wolgemut (1434–1519) und Wilhelm Pleydenwurff († 1494).

VII.6

VII.7
Sebastian Brant
Der heiligen leben nüw getruckt. Mit vil schönen figure vnd etliche zusatz andrer Heilige
Straßburg: Grüninger, 1510
Papier, 2º
Lavanttal, Stift St. Paul, Bibliothek

Anliegen des Autors war es einen Überblick über die vorbildhaften Menschen des Christentums zu geben und ihr Leben zur Nachahmung zu empfehlen. Zu dieser Reihe der Vorbilder zählte auch Radegunde.

Die Holzschnitte sind von Hans Schäufelein (1480–1540).

VII.8
Jean Bouchet

Histoire et cronique de Clotaire premier de ce nom VII roy des Francois et monarque des Gaules. Et de sa très illustre espouse madame saincte Radegonde: extraicte au vray de plusieurs cronicques antiques et modernes

[Geschichte und Chronik von Chlothar dem Ersten, VII. König der Franken und Monarch der Gallier, und seiner sehr berühmten Ehefrau der Heiligen Radegunde: Auszug auf Echtpapier aus mehreren antiken und modernen Chroniken]

Poitiers: Enguilbert de Marnef, 1527
Papier, 94 Blätter, 4º

Poitiers, Bibliothèque municipale, La médiathèque Francois Mitterrand, DP 1142
Foto: Poitiers, CESCM, O. Nenillé

Jean Bouchet wurde 1476 in Poitiers geboren und starb um 1550. Er gilt als einer der bedeutendsten Schriftsteller Poitiers. Sein Werk zum Leben der hl. Radegunde ist mit zahlreichen Holzschnitten versehen.

VII.9
Vincent Barthélemy

Panégyrique de sainte Radegonde, autrefois reine de France et de turinge, contenant sa vie ses miracles, selon ce qu'en ont écrit plusieurs célèbres autheurs ... avec une paraphrase en vers des litanies à cette sainte Princesse

[Feierliche Lobrede über die hl. Radegunde, ehemals Königin der Franken und von Thüringen, zu ihrem Leben und ihren Wundertaten, nach dem, was mehrere berühmte Autoren darüber geschrieben haben ... Ein Gedicht an die hl. Prinzessin]

Paris: Charles Fosset, 1686
Papier, 12º

Poitiers, Bibliothèque municipale, La médiathèque Francois Mitterrand, DP 59

Quellen

BAUDONIVIA, Vita Radegundis. – Monumenta Germaniae historica. Sciptores rerum Merovingicarum, Bd. 2, ed. Bruno Krusch/Wilhelm Levison. Hannover 1888, 377–395

FAVREAU, ROBERT (Hg.), La vie de Sainte Radegonde par Fortunat, (lat./frz.), mit Faksimile der Handschrift Poitiers, Bibliothèque Municipale, ms. 250. Paris 1995

GREGOR VON TOURS, Historiam Libri Decem – Zehn Bücher Geschichten, Übersetzung W. Giesebrecht, neu bearbeitet von Rudolf Buchner, 2 Bände. Darmstadt ⁸2000

KOCH, KARL (Hg.), Das Leben der heiligen Radegunde von Venantius Fortunatus. – In: Hildegard von Bingen und ihre Schwestern. Leipzig 1935

Literatur

BEHM-BLANCKE, GÜNTER, Gesellschaft und Kunst der Germanen. Die Thüringer und ihre Welt. Dresden 1973

BONIFATIUS – ZWISCHEN HEIDENOPFERN UND CHRISTUSKREUZ, hg. v. Hardy Eidam, Marina Moritz, Gerd-Rainer Riedel, Kai-Uwe Schierz im Auftrag der Stadtverwaltung Erfurt Kulturdirektion. Erfurt 2004

BRIAND, EMILE, Histoire de Sainte Radegunde, reine de France et des sanctuaires et pèlerinages en son honneur. Paris, Poitiers 1898

BUSCH, OTTO, Vorgeschichte unseres Heimatkreises Mühlhausen – Langensalza. Eisenach 1940

BUTZMANN, HANS, Die Wolfenbütteler Fragmente der Historien des Gregor von Tours. – Scriptorium, Bd. XXI. Brüssel 1966, 31 – 40

CLAUDE, DIETRICH, Topographie und Verfassung der Städte Bourges und Poitiers bis in das 11. Jahrhundert. – Historische Studien, Heft 380. Lübeck, Hamburg 1960

CORSEPIUS, KATHARINA, Der Dagobertthron in Saint-Denis als „profane Reliquie". – Opus Tessellatum: Modi und Grenzgänge der Kunstwissenschaft. Festschrift für Cornelius Clausen. Hildesheim 2004, 139–151

DIE ALAMANNEN, hg. v. Archäologischen Landesmuseum Baden-Württemberg. Stuttgart 1997

DIE FRANKEN – WEGBEREITER EUROPAS. Vor 1500 Jahren: König Chlodwig und seine Erben, Kataloghandbuch in 2 Teilen. Mannheim, Mainz 1996

DIEMAR, HERMANN, Die Chroniken des Wigand Gerstenberg von Frankenberg. Marburg ²1989

DUŠEK, SIGRID, Ur- und Frühgeschichte Thüringens. Stuttgart 1999

AVREAU, ROBERT (Hg.), Le supplice et la Gloire. La croix en Poitou. Paris 2000

DIE GOLDBRAKTEATEN DER VÖLKERWANDERUNGSZEIT, Ikonographischer Katalog. – Münsterische Mittelalter-Schriften Bd. 24/ 1,1 (Morten Axboe, Klaus Düwel, Lutz von Padberg, Ulrike Smyra und Cajus Wypior). München 1985

– DERS., Ikonographischer Katalog. – Münsterische Mittelalter-Schriften Bd. 24/ 1,2 (Morten Axboe, Urs Clavadetscher, Klaus Düwel, Karl Hauck und Lutz von Padberg. München 1985

– DERS., Ikonographischer Katalog. – Münsterische Mittelalter-Schriften Bd. 24/ 3,1 (Morten Axboe, Klaus Düwel, Karl Hauck, Lutz von Padberg und Heike Rulffs). München 1989

GOLDSCHMIDT, ADOLPH, Die Elfenbeinskulpturen aus der Zeit der karolingischen und sächsischen Kaiser, 8. – 11. Jahrhundert, Bd. 1. Berlin 1914

GÖTZE, ALFRED / HÖFER, PAUL / ZSCHIESCHE, PAUL, Die Vor- und Frühgeschichtlichen Altertümer Thüringens. Würzburg 1909

HARTMANN, MARTINA, Aufbruch ins Mittelalter. Darmstadt 2003

HEINZELMANN, MARTIN, Gregor von Tours (538–594). Zehn Bücher Geschichte. Histographie und Gesellschaftskonzept im 6. Jahrhundert. Darmstadt 1994

HESSEN UND THÜRINGEN – Von den Anfängen bis zur Reformation. Eine Ausstellung des Landes Hessen. Marburg 1992

HOLTER, FRIEDRICH, Das Gräberfeld bei Obermöllern aus der Zeit des alten Thüringen. –Jahresschrift für die Vorgeschichte der sächsisch-thüringischen Länder, Bd. 12, Heft 1. Halle 1925

KLEINMANN, DOROTHÉE, Radegunde: eine europäische Heilige. Verehrung und Verehrungsstätten im deutschsprachigen Raum. Graz 1998

KOCH, URSULA, Gräberfeld von Herbholzheim. – Fundberichte aus Baden-Württemberg, Bd. 7. Stuttgart 1982

– DERS., Das alamannisch-fränkische Gräberfeld bei Pleidelsheim. Stuttgart 2001

KRONE UND SCHLEIER. Kunst aus mittelalterlichen Frauenklöstern, hg. von der Kunst- und Ausstellungshalle der Bundesrepublik Deutschland, Bonn und dem Ruhrlandmuseum Essen. München 2005

LAPORTE, JEAN-PIERRE / BOYER, RAYMOND, Tresors De Chelles: Sépultures et reliques de la reine Bathilde et de l' abbesse Bertille. Chelles 1991

MARTIN, MAX, Tradition und Wandel der fibelgeschmückten frühmittelalterlichen Frauenkleidung. – Jahrb. RGMZ 38/2, 1991, 629–680

– DERS., Thüringer in Schretzheim. – Reliquiae Gentium. Festschrift für Horst Wolfgang Böhme zum 65. Geburtstag. Teil 1, hg. v. Claus Dobiat. Rahden/ Westf. 2005, 285–302

NEUFFER-MÜLLER, CHRISTIANE / AMENT, HERMANN, Das fränkische Gräberfeld von Rübenach. – Germanische Denkmäler der Völkerwanderungszeit, Serie B, Die fränkischen Altertümer des Rheinlandes, Bd. 7, hrsg. von Kurt Böhner. Berlin 1973

SCHATZHAUS KÄRNTENS, Landesausstellung St. Paul 1991, 900 Jahre Benediktinerstift, Bd. 1. Katalog, hg. v. Ausstellungskuratorium. Klagenfurt 1991

SCHMIDT, BERTHOLD, Die späte Völkerwanderungszeit in Mitteldeutschland. – Veröffentlichungen des Landesmuseums in Halle, Heft 18. Halle 1961

– DERS., Die späte Völkerwanderungszeit in Mitteldeutschland. Katalog (Südteil). – Veröffentlichungen des Landesmuseums in Halle, Band 25. Berlin 1970

– DERS., Die späte Völkerwanderungszeit in Mitteldeutschland. Katalog (Nord- und Ostteil). – Veröffentlichungen des Landesmuseums in Halle, Band 29. Berlin 1975

SCZECH, KARIN, Bericht zur Stadtarchäologie. – Mitteilungen des Vereins für die Geschichte und Altertumskunde von Erfurt. 63. Heft, Neue Folge / Heft 10. Erfurt 2002, 137–153

SITAR, GERFRIED, Die Abtei im Paradies. Das Stift St. Paul im Lavanttal. Wien 2000

TIMPEL, WOLFGANG, Das altthüringische Wagengrab von Erfurt-Gispersleben. – Alt-Thüringen, 17. Bd. Weimar 1980, 181–240

– DERS., Das fränkische Gräberfeld von Alach, Kreis Erfurt. – Alt-Thüringen, 25. Bd. Weimar 1980

WEDDIGE, HILKERT, Heldensage und Stammessage. Iring und der Untergang des Thüringerreiches in Histographie und heroischer Dichtung. Tübingen 1989

WERNER, JOACHIM, Neues zur Herkunft der frühmittelalterlichen Spangenhelme vom Baldenheimer Typus. – Germania 66, 2. Halbband. Mainz 1988, 521–528

ZSCHIESCHE, PAUL, Funde aus der merowingischen Zeit in Erfurt und der Umgebung. – Mitteilungen des Vereins für die Geschichte und Altertumskunde von Erfurt, 24. Heft, 2. Teil. Erfurt 1903